XINGSHI BIANHU SHIWU
CAOZUO JIQIAO

# 刑事辩护实务操作技巧

（第二版）

吴立伟　编著

法律出版社
LAW PRESS·CHINA
——北京——

**图书在版编目(CIP)数据**

刑事辩护实务操作技巧 / 吴立伟编著. -- 2 版. -- 北京 : 法律出版社, 2023
ISBN 978 - 7 - 5197 - 7840 - 8

Ⅰ. ①刑… Ⅱ. ①吴… Ⅲ. ①刑事诉讼 - 辩护 - 基本知识 - 中国 Ⅳ. ①D925.21

中国国家版本馆 CIP 数据核字(2023)第 069869 号

**刑事辩护实务操作技巧(第二版)**
**XINGSHI BIANHU SHIWU CAOZUO JIQIAO(DI - ER BAN)**

吴立伟 编著

责任编辑 朱轶佳
装帧设计 汪奇峰

**出版发行** 法律出版社
**编辑统筹** 司法实务出版分社
**责任校对** 王晓萍 王语童
**责任印制** 胡晓雅
**经　　销** 新华书店

**开本** 710 毫米 × 1000 毫米 1/16
**印张** 19.25 **字数** 333 千
**版本** 2023 年 7 月第 2 版
**印次** 2023 年 7 月第 1 次印刷
**印刷** 永清县金鑫印刷有限公司

地址:北京市丰台区莲花池西里 7 号(100073)
网址:www.lawpress.com.cn
投稿邮箱:info@lawpress.com.cn
举报盗版邮箱:jbwq@lawpress.com.cn

销售电话:010 - 83938349
客服电话:010 - 83938350
咨询电话:010 - 63939796



**书号**:ISBN 978 - 7 - 5197 - 7840 - 8
**定价**:68.00 元

凡购买本社图书,如有印装错误,我社负责退换。电话:010 - 83938349

# 第二版序

承蒙广大读者厚爱,拙作《刑事辩护实务操作技巧》(2020年出版)售罄,并应邀修订再版。

本书出版后,笔者收到来自各个读者群体的赞许、意见、建议,对此深表谢意!其中,诸多警界朋友表示,书中关于证据的内容,对他们侦查、取证工作颇具指导意义。一书多效,令笔者欣慰。

自本书出版以来,我国刑事立法和司法实践又有了一定的发展,全国人民代表大会常务委员会通过了《中华人民共和国刑法修正案(十一)》,最高司法机关亦发布了诸多重要的司法解释,如最高人民检察院于2019年12月发布了《人民检察院刑事诉讼规则》,公安部于2020年7月发布了修正的《公安机关办理刑事案件程序规定》,最高人民法院于2021年1月发布了《关于适用〈中华人民共和国刑事诉讼法〉的解释》,最高人民法院、最高人民检察院于2021年6月发布了《关于常见犯罪的量刑指导意见(试行)》,最高人民法院、最高人民检察院于2021年12月发布了《关于办理危害食品安全刑事案件适用法律若干问题的解释》,最高人民法院于2022年2月发布了修正的《关于审理非法集资刑事案件具体应用法律若干问题的解释》等。本次再版,对书内涉及的相关法律、法规、司法解释等,根据近三年的修改做了更新。全书替换、新增近30个案例,尤其是在本书第六章"量刑辩护"一章中,增加了近20个案例,以便读者更加具体、深入地理解何为"具体犯罪的司法解释中涉及的大量量刑情节"。

本次再版注意全面准确反映近年来我国刑法立法和司法解释的发展变化

与司法实践中的经验和情况,并对相对应的理论进行了修改、完善,注意研究和合理吸纳刑法理论研究的新进展、新成果,以期更好地给广大同仁提供参考、借鉴。

吴立伟

2023年5月

# 序

不经意间发现，立伟已经执业三十余年了，其间他在公安高校还任教了二十五年，也与我有过师生和共事的经历。因此，在立伟编著的《刑事辩护实务操作技巧》一书即将付梓之际，他请我为此书作序，我欣然应允。

随着我国法治建设不断推进，法学理论研究、立法和司法改革等方面进步显著，但不容忽视的是：由于历史、理念等原因，法治发展过程中理论与实务相脱节的问题也日益突出。

虽然我国现行法律制度仍存有不尽如人意之处，但是，对于律师的刑事辩护工作，我们还是有很多工作可以做。也正是基于立伟个人的丰富经历，本书的一个突出特点即理论与实务相结合：一方面，注重对辩护问题的理论归纳与总结，对于深入研究刑事辩护问题、推动刑事诉讼理论的发展，具有启发意义；另一方面，汇集了丰富的刑事案例，并进行系统分析，归纳总结了多种辩护技巧。

成功的刑事辩护，离不开正确的辩护理念指导。本书从刑事辩护的宗旨出发，提出要摆正律师在刑事诉讼中的位置，明确强调律师为谁而辩护；要从宏观上把握整个案件，从微观上发现辩点。本书介绍的刑事辩护实务操作技巧，不仅对于律师同行提升辩护能力有一定的参考价值，而且对于一般读者了解刑事律师的辩护思路也是一种重要的学习资料。

经过几代中国律师的努力和探索，中国律师在刑事辩护中逐步形成了一些特有的风格和模式。这些风格和模式不是某一个或某一些律师所具有的，而是中国刑事律师在一种“集体无意识”中所共同形成的。

在当前的刑事辩护工作中,“无罪辩护”“罪轻辩护”“量刑辩护”等辩护策略的划分也越来越明显。无罪辩护的参照系是有罪辩护,也就是通常所说的罪轻辩护以及量刑辩护。无罪辩护应该说是最复杂、最重要,也是目前难度最高的一种辩护形态。罪轻辩护实际上包括了罪名上的“轻罪辩护”和各自量刑情节上的“罪轻辩护”。我国目前正在推动相对独立的量刑程序改革,因此,对量刑辩护这种辩护形态的探讨就显得极为紧迫和必要。一名专业的刑事辩护律师,必须能结合各种情况,十分清楚地判断哪种策略才是对当事人最好的策略。

当然,笔者认为,一个优秀的、用心的、成功的律师应当不仅着眼于具体的辩护活动,还要关注立法和司法的整体环境,只有整体环境改善和进步了,律师辩护的环境才能更进一步地改善。与此同时,一名优秀的律师不仅要总结自己的辩护经验,还要进一步总结立法和司法的经验。律师要把自己的辩护活动与整个立法和司法环境结合起来,融为一体,才能在大环境中更充分地展示自己,同时进一步发挥个案推动立法和司法的作用,促进法治大环境的整体改善。

总言之,希望类似本书这样融合理论与实践价值于一体的作品,能够越来越多;希望有更多的刑事辩护律师,在执业过程中尽职尽责的同时,能够有所思考、有所创新、有所传承,共同为推进中国律师队伍的专业化和法治化建设贡献力量。

是为序!

# 自　　序

刑辩于我，先事业而后谋生。

我于20世纪80年代初跨入法学专业，迄今已近四十载，所事、所好、所长皆关乎“刑”。

时间久远，大学里诸多轶事似已朦胧，唯有足以体现我热爱刑辩、适宜刑辩的二事铭记于心：一是刑法课堂案例讨论，“翻墙入室盗得财物后，听事主开大门回来，即从他处翻墙出院，财物藏于墙外砖垛旁暂逃。应为既遂还是未遂？”我提出“一墙之隔”决定性质之观点。二是1986年撰写毕业论文，在当时对受贿罪没有任何立法解释、司法解释的情况下，我写的《论受贿罪的客观方面》，对“为他人谋取利益是否受贿罪的必备要件”“所谋利益的合法非法是否影响受贿罪的成立”“行为人为他人谋利，家人收受财物”“先谋利，事后（较长时间间隔，意图割裂谋利与财物的关系）收受财物”“在职时谋利，离职甚至退休后收受财物”“低价买卖”等受贿罪客观方面进行了列举、分析、论证。若干年后我欣喜发现，自己大学论文的观点竟与贪污受贿司法解释的观点完全一致！

离开大学校园，即入警营执教，主讲刑法、刑诉。二十五载间，教学相长，得以深谙公安业务，做起刑辩亦得心应手。执教与刑辩双兼，理论在实践中得以沉淀，实践在理论的支撑下游刃有余。

专于刑辩三十余载，自觉有所积累与感悟，遂成此书，以期对初入刑辩界之后生有所启迪。若能被师长及贤能赐教，定会使我未及欣慰砖玉之功，即觉受教之获！若能如上，不枉此书之笔墨。

# 目　录

# 案 例 目 录

# 第一章　以正确的理念指导刑事辩护

## 一、刑事辩护的宗旨

《刑事诉讼法》第 37 条规定:“辩护人的责任是根据事实和法律,提出犯罪嫌疑人、被告人无罪、罪轻或者减轻、免除其刑事责任的材料和意见,维护犯罪嫌疑人、被告人的诉讼权利和其他合法权益。”

《刑事诉讼法》关于刑事辩护律师责任的这一规定,可以理解为刑事辩护的宗旨即通过追求犯罪嫌疑人/被告人无罪、罪轻或者减轻、免除刑事责任的结果,维护犯罪嫌疑人/被告人的合法权益,实现其权益的最大化。

刑事辩护律师对刑事辩护的宗旨应有正确、深刻的认识,才能保证辩护活动的目标和方向明确;不至于因为辩护偏离轨道,而使犯罪嫌疑人/被告人的合法权益得不到保障。这里必须要明确的是,不要认为任何一个刑事案件经过律师辩护,都必然获得无罪、罪轻或者减轻、免除刑事责任的结果之一,更不能以此作为判断辩护是否成功的标准。否则,可能导致一些律师盲目追求不现实的结果,置案件事实于不顾,无理无据地进行无罪辩护或者罪轻辩护;个别律师甚至采用让犯罪嫌疑人/被告人违背案件事实翻供、诱使证人作伪证等非法手段来追求所谓“好的辩护效果”。

笔者认为,刑事辩护不是“结果犯”,而是“行为犯”,即不应以判决结果作为衡量辩护是否成功的标准,而应注重辩护律师在参与刑事诉讼过程中,是否从程序上和实体上充分行使辩护权,使犯罪嫌疑人/被告人的合法权益得到充分保障。刑事辩护律师辩护的宗旨应该是让无罪的人不受刑事追究,犯轻罪的人免受重罚,真正犯有重罪的人也罚当其罪。刑事辩护律师的任务是督促公权力谨慎行使,或者帮助没有能力或处于弱势的人保护自己。如果有不法不公的行为存在,辩护律师要救济,如果不存在不法不公的行为,辩护律师的作用就是防微杜渐。世界上不存在百分之百的正义,辩护律师要运用法律的理性,在规则限度内努力让“扭曲的事物”

趋于恢复,这既是辩护律师的作用,也是其价值所在。对刑事辩护的宗旨有了正确认识,刑事辩护律师就不至于脱离实际地去追求无罪、罪轻的结果。

## 二、正确理解律师在刑事诉讼中的地位

正确理解控、辩、审三方在刑事诉讼中的地位和相互关系,客观面对司法实践中的现实情况,能使刑事辩护律师对自己的辩护人身份有一个正确的定位,进而依法在刑事诉讼中更好地发挥作用。

律师辩护权,来自犯罪嫌疑人/被告人依法享有的辩护权,其权利属性属于私权。而刑事诉讼中的控方和审方是国家司法机关,属于公权。辩护权的私权属性决定了其相对于属于公权的控诉权及审判权来说,处于弱势地位。这种权利、地位的不均衡,源于我国刑事诉讼制度的相关规定。仅就控辩双方来说,对于案件判决结果控方除享有与被告人及其辩护人的上诉权相对应的抗诉权外,还具有法律监督职能(监察体制改革前检察院还具有针对包括法官在内的国家工作人员的贪污贿赂、渎职行为的侦查权);加之《刑法》分则有与律师辩护活动相关的定罪条款,辩护律师必须既要专业细致、敢说敢辩,又要严格依法、小心谨慎。务必把握好其中的度。

一方面,司法机关作为国家机器,通过适用法律实现法律对社会的调整;另一方面,律师这种私权利,虽是通过为犯罪嫌疑人/被告人辩护,维护当事人合法权益的方式参与法律实施,但其实质上不仅是为了维护私权利,也是为了正确适用法律,保障法律的权威,提高法律的公信力。因此,律师是法律共同体的一员,是加强法治建设,推进依法治国不可或缺的重要力量之一。应充分发挥律师制度的积极作用,促进社会的和谐发展。

## 三、为谁辩护

诚然,从最表面、最直接的角度看,刑事辩护律师的工作是为犯罪嫌疑人/被告人争取无罪、罪轻或者减轻、免除刑事责任的结果。这不仅是一些律师的看法,也是公诉机关、审判机关个别工作人员的看法。这一认识误区是一把"双刃剑",既不利于律师将自己的辩护意识提升到一定高度;也可能使个别司法人员对律师的辩护意见不够重视。为此,有必要端正律师为谁辩护、为什么辩护的理念。

刑事辩护制度的确立,主旨是通过辩护律师在刑事诉讼中提出与控方有罪、罪重相反的无罪、罪轻的事实与理由,追求案件达到事实清楚,证据确实充分,定性准

确，量刑适当的公正结果，最大限度地维护犯罪嫌疑人/被告人的合法权益。

在中国共产党十八届四中全会确立的依法治国的社会主义法治环境下，最高人民检察院、最高人民法院相继制定了充分保障律师行使权利的相关规定。这是律师的辩护权及当事人的合法权益得以保护的制度保障。

在司法实践中真正使律师的辩护权及相应的合法权益得到充分保障，重要的是必须让司法人员充分认识到律师的辩护不仅是对当事人负责，维护当事人的合法权益，也是对国家法律负责，是为了维护国家法律的公平正义，进而确立和提高法律的权威性和公信力。这与司法机关的执法宗旨是一致的。只有在这个问题上达成共识，才能在司法实践中实现控、辩、审三方追求共同的目标，分工负责、各司其职的协作关系。

律师是任何一个法治社会都不可或缺的重要力量。是否重视律师制度，是否重视律师的地位和作用，在某种意义上是判断一个国家是否真正实现法治的标志。

辩护律师并非要在每一个案件中都一味地追求无罪，而应根据事实和法律，提出有利于犯罪嫌疑人/被告人的事实和理由，以利于法院作出的裁判最大限度地达到客观、公正。在刑事诉讼过程中，对于构成犯罪的当事人，律师会向其释明法律，使其对自己的行为有一个正确认识，以便早日认罪、悔罪。从这个意义上说，律师也是教育、挽救违法犯罪人员的力量之一。

## 四、宏观看案件，微观找辩点

任何一起案件都发生在一定的时空中，并且都有错综复杂的政治、经济、文化、社会、家庭等背景因素。这些背景因素，除决定案件的发生、形成外，往往还对案件的走向及结果有着一定的，甚至是重大的影响。因此，刑事辩护律师在代理案件过程中，首先要对案件的上述宏观因素进行了解和揣摩，进而分析、预判案件的大方向，然后再回到案件上来，根据案件的具体事实及证据等情况，寻找精准、可行的辩点。如果不能跳出案件看案件，仅就案件谈案件，往往不能实现预期效果，反而会使犯罪嫌疑人/被告人的合法权益得不到充分的维护和保障，甚至受损。

例如，曾经备受媒体及公众关注的“星二代”李某某等五人强奸案，尽管案件的具体事实和证据可能存在一定的瑕疵，但根据当时案件的宏观形势预判，案件不可能作出无罪判决结果。因此，该案中坚持无罪辩护的李某某丧失了从轻处罚的机会，而认罪态度好、积极赔偿、作罪轻辩护的被告人，都获得了相对较轻的处罚。再如，选秀歌手李某沫容留他人吸毒案，被媒体广泛报道，公众关注度也极高，甚至有不了解情况的公众预判、期待较重的判决结果,形势对被告人李某沫极为不利。笔者在办理该案过程中,充分认识到这种形势,适时向媒体披露了李某沫不是被“抓现行”,并且正是由于其积极供述并提供线索才使案件得以侦破和认定的事实情况,使媒体以及公众对李某沫由批判、指责转为同情、谅解,扭转了不利的局面。最后,法院采纳了辩护人从轻处罚的辩护意见,仅判处李某沫 9 个月有期徒刑。

由此可见,司法机关的执法理念之一就是强调案件的法律效果和社会效果并重。如果刑事辩护律师只是一味地、狭隘地考虑案件的法律效果,就会失之偏颇,反而达不到预期目的。

# 第二章　刑事辩护形态概述

按照不同的划分标准，可以将刑事辩护进行不同的分类。对刑事辩护分类的意义在于，使刑事辩护律师对刑事辩护有更加深刻的感悟和认识，以利于其充分有效地行使辩护权。

## 一、按照行使辩护权主体在刑事诉讼中的身份划分

依据《刑事诉讼法》的规定，按照行使辩护权主体在刑事诉讼中的身份划分，刑事辩护可分为犯罪嫌疑人/被告人自行辩护和辩护人辩护。

**法条链接**

**《刑事诉讼法》第三十三条　【辩护的方式与辩护人的范围】*** 犯罪嫌疑人、被告人除自己行使辩护权以外，还可以委托一至二人作为辩护人。下列的人可以被委托为辩护人：

（一）律师；

（二）人民团体或者犯罪嫌疑人、被告人所在单位推荐的人；

（三）犯罪嫌疑人、被告人的监护人、亲友。

正在被执行刑罚或者依法被剥夺、限制人身自由的人，不得担任辩护人。

被开除公职和被吊销律师、公证员执业证书的人，不得担任辩护人，但系犯罪嫌疑人、被告人的监护人、近亲属的除外。

### （一）自行辩护

自行辩护，是指犯罪嫌疑人/被告人针对指控进行反驳和辩解，自己为自己所做的辩护。犯罪嫌疑人/被告人的自行辩护权贯穿整个刑事诉讼过程，也是辩护人

---

* 本书“法条链接”部分《刑事诉讼法》的相关条旨内容参见吴志伟、魏昌东、吴江编：《刑法一本通》（第16版），法律出版社2022年版。——编者注

辩护权来源的基础。但是,由于大多数犯罪嫌疑人/被告人刑事法律知识欠缺,人身自由状态可能受限,加之没有阅卷权,不能全面了解和掌握指控其犯罪的证据,自行辩护权的行使效果就可能大打折扣。2012 年修正的《刑事诉讼法》确立了律师向在押的犯罪嫌疑人/被告人"核实有关证据"的权利,使这一情况有所缓解,但遗憾的是,我国《刑事诉讼法》没有进一步规定如何保障律师行使相关权利,未能从根本上解决在司法实践中如何落实这一权利存在的问题。

现行《刑事诉讼法》除在第一编第四章"辩护与代理"中规定了包括自行辩护在内的辩护制度外,还分别在第二编第二章"侦查"、第三章"提起公诉"两部分对侦查、审查起诉和审判阶段犯罪嫌疑人/被告人的自行辩护权予以规定。其中,在侦查阶段,《刑事诉讼法》第 120 ~ 122 条对犯罪嫌疑人自行辩护权进行了规定。侦查人员在讯问犯罪嫌疑人时,应当首先讯问犯罪嫌疑人是否有犯罪行为,让他陈述有罪的情节或者无罪的辩解,然后向他提出问题。帮助聋、哑犯罪嫌疑人完善自行辩护权。对于讯问笔录,犯罪嫌疑人可以提出补充或者改正,也可以亲笔书写供述。在审查起诉阶段,《刑事诉讼法》第 173 条就审查起诉程序对犯罪嫌疑人行使自行辩护权进行了规定。关于审判阶段被告人自行辩护权的行使,《刑事诉讼法》第 187 条、第 191 条、第 195 条、第 196 条及第 198 条作了细致的规定,如被告人出席庭前会议可就回避、出庭证人名单、非法证据排除等与审判相关的问题发表意见;法庭调查时可就起诉书指控的犯罪进行陈述,对实物证据与未到庭证人、鉴定人的言词证据等发表意见;辩论终结后被告人享有最后陈述的权利;等等。

**法条链接**

**《刑事诉讼法》第一百二十条 【讯问的程序】**侦查人员在讯问犯罪嫌疑人的时候,应当首先讯问犯罪嫌疑人是否有犯罪行为,让他陈述有罪的情节或者无罪的辩解,然后向他提出问题。犯罪嫌疑人对侦查人员的提问,应当如实回答。但是对与本案无关的问题,有拒绝回答的权利。

侦查人员在讯问犯罪嫌疑人的时候,应当告知犯罪嫌疑人享有的诉讼权利,如实供述自己罪行可以从宽处理和认罪认罚的法律规定。

**第一百二十一条 【讯问聋、哑人的要求】**讯问聋、哑的犯罪嫌疑人,应当有通晓聋、哑手势的人参加,并且将这种情况记明笔录。

**第一百二十二条 【讯问笔录的制作】**讯问笔录应当交犯罪嫌疑人核对,对于没有阅读能力的,应当向他宣读。如果记载有遗漏或者差错,犯罪嫌疑人可以提出补充或者改正。犯罪嫌疑人承认笔录没有错误后,应当签名或者盖章。侦查人员也应当在笔录上签名。犯罪嫌疑人请求自行书写供述的,应当准许。必要的时候,侦查人员也可以要犯罪嫌疑人亲笔书写供词。

**第一百七十三条 【审查起诉的程序】**人民检察院审查案件,应当讯问犯罪嫌疑人,听取辩护人或者值班律师、被害人及其诉讼代理人的意见,并记录在案。辩护人或者值班律师、被害人及其诉讼代理人提出书面意见的,应当附卷。

犯罪嫌疑人认罪认罚的,人民检察院应当告知其享有的诉讼权利和认罪认罚的法律规定,听取犯罪嫌疑人、辩护人或者值班律师、被害人及其诉讼代理人对下列事项的意见,并记录在案:

(一)涉嫌的犯罪事实、罪名及适用的法律规定;

(二)从轻、减轻或者免除处罚等从宽处罚的建议;

(三)认罪认罚后案件审理适用的程序;

(四)其他需要听取意见的事项。

人民检察院依照前两款规定听取值班律师意见的,应当提前为值班律师了解案件有关情况提供必要的便利。

**第一百八十七条 【开庭前的准备】**人民法院决定开庭审判后,应当确定合议庭的组成人员,将人民检察院的起诉书副本至迟在开庭十日以前送达被告人及其辩护人。

在开庭以前,审判人员可以召集公诉人、当事人和辩护人、诉讼代理人,对回避、出庭证人名单、非法证据排除等与审判相关的问题,了解情况,听取意见。

人民法院确定开庭日期后,应当将开庭的时间、地点通知人民检察院,传唤当事人,通知辩护人、诉讼代理人、证人、鉴定人和翻译人员,传票和通知书至迟在开庭三日以前送达。公开审判的案件,应当在开庭三日以前先期公布案由、被告人姓名、开庭时间和地点。

上述活动情形应当写入笔录,由审判人员和书记员签名。

**第一百九十一条 【法庭调查】**公诉人在法庭上宣读起诉书后,被告人、被害人可以就起诉书指控的犯罪进行陈述,公诉人可以讯问被告人。

被害人、附带民事诉讼的原告人和辩护人、诉讼代理人,经审判长许可,可以向被告人发问。

审判人员可以讯问被告人。

**第一百九十五条 【调查核实物证、证据文书】**公诉人、辩护人应当向法庭出示物证,让当事人辨认,对未到庭的证人的证言笔录、鉴定人的鉴定意见、勘验笔录和其他作为证据的文书,应当当庭宣读。审判人员应当听取公诉人、当事人和辩护人、诉讼代理人的意见。

**第一百九十八条 【法庭辩论和最后陈述】**法庭审理过程中,对与定罪、量刑有关的事实、证据都应当进行调查、辩论。

经审判长许可,公诉人、当事人和辩护人、诉讼代理人可以对证据和案件情况发表意见并且可以互相辩论。

审判长在宣布辩论终结后,被告人有最后陈述的权利。

(二)辩护人辩护

辩护人辩护,是指接受犯罪嫌疑人/被告人或其近亲属委托,或由法院指定的律师、法律允许的其他自然人作为辩护人进行的辩护。

在刑事诉讼中,辩护人依据事实和法律,与承担控诉职能的一方积极对抗,从而促使法官兼听则明,在中立的基础上公正裁判。在法律标尺的刻度上,辩护人就是一群"斤斤计较"的人。与自行辩护相比,独立的辩护地位使辩护人避免了诉讼角色与其所保护的合法权益冲突带来的负累,辩护人的主观思想也是完全独立的,独立于犯罪嫌疑人/被告人,依据辩护人自己的意志进行辩护。

如前所述,对于哪些人可以做辩护人,《刑事诉讼法》第 33 条作了明确规定。从具体规定可知,辩护人包括律师辩护人和公民身份辩护人。其中,律师辩护人主要享有以下三种权利:

1. 会见权

辩护律师的会见权是为犯罪嫌疑人/被告人提供法律帮助的基础权利,也是司法制度中最基础的律师权利,同时被多个国际公约确立为刑事司法基本准则之一。根据《刑事诉讼法》的相关规定,犯罪嫌疑人自被侦查机关第一次讯问或者采取强制措施之日起,有权委托辩护人;在侦查期间,只能委托律师作为辩护人;律师凭律师执业证书、律师事务所证明、委托书或法律援助公函(三证)即可会见;律师会见直接向看守所提出,看守所必须最迟在 48 小时内予以安排;除危害国家安全犯罪、恐怖活动犯罪、特别重大贿赂犯罪案件,对在侦查期间辩护律师会见在押人员存在限制,应当经侦查机关许可外,律师辩护人在侦查期间会见在押人员的范围不受限制;律师与犯罪嫌疑人会面不被监听。

2. 阅卷权

律师辩护人有权查阅、摘抄、复制本案的案卷材料。阅卷是有效辩护的基础,也是控辩对抗的需要。刑事诉讼中,律师及时、全面地了解案情,对保障犯罪嫌疑人/

被告人的权利,维护审判的公正都具有重要的意义。

3. 调查取证权

律师在业务活动过程中有权走访当事人、证人等相关个人或单位,向其询问案件的相关情况,收集和核实有利于犯罪嫌疑人/被告人的证据。调查取证权是一项特别的权利,可以认为是犯罪嫌疑人/被告人权利的延伸。

虽然同为辩护人,但自然人身份的辩护人在会见、阅卷等方面的权利与律师相比受到更多限制,因此较难在全面、充分了解案件事实和证据的基础上作出精准辩护。

**法条链接**

**《律师法》第三十五条 【调查权】**受委托的律师根据案情的需要,可以申请人民检察院、人民法院收集、调取证据或者申请人民法院通知证人出庭作证。

律师自行调查取证的,凭律师执业证书和律师事务所证明,可以向有关单位或者个人调查与承办法律事务有关的情况。

## 二、按照辩护人的辩护权来源划分

按照辩护人的辩护权来源划分,刑事辩护可分为委托辩护和指定辩护。

### (一)委托辩护

委托辩护,是指犯罪嫌疑人/被告人或其家属依据《刑事诉讼法》第 33 条之规定,委托他人进行辩护。

关于委托辩护的时间和形式,《刑事诉讼法》第 34 条作了明确规定。犯罪嫌疑人自被侦查机关第一次讯问或者采取强制措施之日起,有权委托辩护人;在侦查期间,只能委托律师作为辩护人。被告人有权随时委托辩护人。犯罪嫌疑人/被告人在押的,也可以由其监护人、近亲属代为委托辩护人。

**法条链接**

**《刑事诉讼法》第三十三条 【辩护的方式与辩护人的范围】**犯罪嫌疑人、被告人除自己行使辩护权以外,还可以委托一至二人作为辩护人。下列的人可以被委托为辩护人:

(一)律师;

(二)人民团体或者犯罪嫌疑人、被告人所在单位推荐的人;

(三)犯罪嫌疑人、被告人的监护人、亲友。

正在被执行刑罚或者依法被剥夺、限制人身自由的人,不得担任辩护人。

被开除公职和被吊销律师、公证员执业证书的人,不得担任辩护人,但系犯罪嫌疑人、被告人的监护人、近亲属的除外。

**第三十四条 【委托辩护的时间】**犯罪嫌疑人自被侦查机关第一次讯问或者采取强制措施之日起,有权委托辩护人;在侦查期间,只能委托律师作为辩护人。被告人有权随时委托辩护人。

侦查机关在第一次讯问犯罪嫌疑人或者对犯罪嫌疑人采取强制措施的时候,应当告知犯罪嫌疑人有权委托辩护人。人民检察院自收到移送审查起诉的案件材料之日起三日以内,应当告知犯罪嫌疑人有权委托辩护人。人民法院自受理案件之日起三日以内,应当告知被告人有权委托辩护人。犯罪嫌疑人、被告人在押期间要求委托辩护人的,人民法院、人民检察院和公安机关应当及时转达其要求。

犯罪嫌疑人、被告人在押的,也可以由其监护人、近亲属代为委托辩护人。

辩护人接受犯罪嫌疑人、被告人委托后,应当及时告知办理案件的机关。

### (二)指定辩护

指定辩护,是指基于犯罪嫌疑人/被告人及其近亲属的申请,或者司法机关的通知,由法律援助机构指派律师进行辩护。

2012年修正的《刑事诉讼法》增加了申请援助制度。以往法律援助只存在一种方式,即在特定类型的被告人没有委托辩护人的情况下,法院会为其指定律师进行辩护。2012年修正的《刑事诉讼法》增加了因经济困难或者其他原因没有委托辩护人的犯罪嫌疑人/被告人,其本人及近亲属可以提出法律援助申请的规定,且将指定法律援助的机关从以前的法院,扩大到公安机关和检察院,以进一步保障特殊群体的辩护权。

**法条链接**

**《刑事诉讼法》第三十五条 【法律援助辩护】**犯罪嫌疑人、被告人因经济困难或者其他原因没有委托辩护人的,本人及其近亲属可以向法律援助机构提出申请。对符合法律援助条件的,法律援助机构应当指派律师为其提供辩护。

犯罪嫌疑人、被告人是盲、聋、哑人,或者是尚未完全丧失辨认或者控制自己行为能力的精神病人,没有委托辩护人的,人民法院、人民检察院和公安机关应当通知法律援助机构指派律师为其提供辩护。

犯罪嫌疑人、被告人可能被判处无期徒刑、死刑,没有委托辩护人的,人民法院、人民检察院和公安机关应当通知法律援助机构指派律师为其提供辩护。

## 三、按照刑事辩护的形态划分

按照刑事辩护的形态划分,刑事辩护可分为无罪辩护、罪轻辩护和量刑辩护。这种划分,也可以说是按照辩护的目标或者方向作出的。

### (一)无罪辩护

无罪辩护,是指辩护人就指控的罪名不符合犯罪构成要件或未达到法定证明标准,指控犯罪不能成立所作的辩护。

### (二)罪轻辩护

罪轻辩护,是指辩护人就被告人应构成的罪名或情节轻于指控的罪名或情节所作的辩护。

### (三)量刑辩护

量刑辩护,是指辩护人在认同指控犯罪成立的前提下,就对被告人应如何裁量决定刑罚所作的辩护。

有学者的观点认为,刑事辩护形态还包括程序性辩护和证据辩护,即共五种形态。笔者认为,在作无罪辩护、罪轻辩护和量刑辩护的过程中,已经就程序及证据方面的问题进行了论证和辩护,并且就程序和证据进行辩护的目的是追求无罪、罪轻或者从轻处罚的结果。因此,程序性辩护和证据辩护是无罪辩护、罪轻辩护和量刑辩护的手段,不宜再作单独分类。

本书仅就刑事辩护形态及其辩护技巧进行探究。

# 第三章　无罪辩护

无罪辩护，是指辩护人就指控的罪名不符合犯罪构成要件或未达到法定证明标准，指控犯罪不能成立所作的辩护。

《刑事诉讼法》第12条是我国刑事诉讼法确立的无罪推定的原则，是刑事辩护律师作无罪辩护的法律依据和理论基础。而依据《刑事诉讼法》第200条的规定，法院经过审判后，作出有罪判决需要同时符合程序上和实体上两方面的条件，即程序上"案件事实清楚，证据确实、充分"，实体上"依据法律认定被告人有罪"。作出无罪判决的情形也要分别从这两个方面进行判断，即实体上"依据法律认定被告人无罪的，应当作出无罪判决"，程序上"证据不足，不能认定被告人有罪的，应当作出证据不足、指控的犯罪不能成立的无罪判决"。据此，将无罪辩护分为实体上的无罪辩护和程序上的无罪辩护两种。

**法条链接**

**《刑事诉讼法》第十二条　【法院定罪原则】**未经人民法院依法判决，对任何人都不得确定有罪。

**第二百条　【评议、判决】**在被告人最后陈述后，审判长宣布休庭，合议庭进行评议，根据已经查明的事实、证据和有关的法律规定，分别作出以下判决：

（一）案件事实清楚，证据确实、充分，依据法律认定被告人有罪的，应当作出有罪判决；

（二）依据法律认定被告人无罪的，应当作出无罪判决；

（三）证据不足，不能认定被告人有罪的，应当作出证据不足、指控的犯罪不能成立的无罪判决。

## 一、实体上的无罪辩护

实体上的无罪辩护，是指被指控的犯罪行为不符合《刑法》规定的该罪的犯罪构成要件,辩护人为此而作的辩护。关于什么行为构成犯罪,构成什么犯罪,我国《刑法》第13条就犯罪行为的本质特征作出了规定,这是判断、衡量某一行为是否构成犯罪的总纲领。符合这一本质特征后,具体触犯了什么罪名,《刑法》分则作了具体、明确的规定。因此,从实体上作无罪辩护,首先就要考虑被指控的犯罪行为是否符合《刑法》第13条规定的本质特征。确定符合该本质特征后,再按照《刑法》分则对该行为构成犯罪所要求的必要条件去衡量。任何一个必要条件的缺失或存疑,都是该行为不构成犯罪的充分条件。

实体上的无罪辩护,可以根据案件具体情况,从以下方面进行:

### (一)犯罪主体不适格的无罪

依据《刑法》对犯罪主体的刑事责任年龄、刑事责任能力、特殊主体身份的规定,通过论证行为人不符合相关规定,因主体不适格而不构成犯罪。

1. 未达到刑事责任年龄

司法实践中,需要刑事辩护律师从刑事责任年龄上作无罪辩护的情形并不多见,只是极个别情况下,根据家属反映,犯罪嫌疑人/被告人的户籍年龄与实际年龄不符,尤其是涉及14周岁、16周岁两个界限的,刑事辩护律师应申请调取犯罪嫌疑人/被告人的户口原始档案或出生证明,必要时可以申请做骨龄鉴定。

**法条链接**

**《刑法》第十七条　【刑事责任年龄】**已满十六周岁的人犯罪,应当负刑事责任。

已满十四周岁不满十六周岁的人,犯故意杀人、故意伤害致人重伤或者死亡、强奸、抢劫、贩卖毒品、放火、爆炸、投放危险物质罪的,应当负刑事责任。

已满十二周岁不满十四周岁的人,犯故意杀人、故意伤害罪,致人死亡或者以特别残忍手段致人重伤造成严重残疾,情节恶劣,经最高人民检察院核准追诉的,应当负刑事责任。

对依照前三款规定追究刑事责任的不满十八周岁的人,应当从轻或者减轻处罚。

因不满十六周岁不予刑事处罚的,责令其父母或者其他监护人加以管教;在必要的时候,依法进行专门矫治教育。

**第十七条之一　【刑事责任年龄】**已满七十五周岁的人故意犯罪的,可以从轻或者减轻处罚;过失犯罪的,应当从轻或者减轻处罚。

2. 不具有刑事责任能力

《刑法》第 18 条第 1 款对特殊人员的刑事责任能力作出了规定。在办案过程中,如家属反映犯罪嫌疑人/被告人有既往精神病史,或刑事辩护律师通过会见、阅卷感觉犯罪嫌疑人/被告人行为异常的,应向办案机关反映,必要时申请做精神病司法鉴定。司法实践中,以行为人系无刑事责任能力的精神病人这一理由使犯罪嫌疑人/被告人免受刑事追究的极为少见。因为如有这种情况,侦查机关、检察机关也会依法终止刑事诉讼。较多的是由于行为人不能完全辨认或控制自己的行为,具有限制刑事责任能力而受到较轻刑事处罚的情况。

**法条链接**

**《刑法》第十八条　【特殊人员的刑事责任能力】**精神病人在不能辨认或者不能控制自己行为的时候造成危害结果,经法定程序鉴定确认的,不负刑事责任,但是应当责令他的家属或者监护人严加看管和医疗;在必要的时候,由政府强制医疗。

间歇性的精神病人在精神正常的时候犯罪,应当负刑事责任。

尚未完全丧失辨认或者控制自己行为能力的精神病人犯罪的,应当负刑事责任,但是可以从轻或者减轻处罚。

醉酒的人犯罪,应当负刑事责任。

3. 不具备特殊犯罪主体身份

依据《刑法》分则的规定,很多犯罪必须主体具备特殊身份才能构成。对这类犯罪,辩护时要注意本案的犯罪嫌疑人/被告人是否具有本罪所要求的特殊身份。不具有本罪要求的特殊身份,被指控的犯罪也就当然不能成立。

以下列举一起以犯罪嫌疑人/被告人不具备受贿罪的主体身份辩护而获得无罪的案例。

## 案例 1 | 郑某吉贪污受贿案①

**【起诉书指控】**

2007 年年底,被告人郑某吉利用职务便利,将某公司付给白浪村的土地租赁费 30,000 元予以隐瞒不入账,该笔款项后被其用于个人日常生活开支。2012 年 6 月

① 参见湖北省十堰市茅箭区人民法院刑事判决书,(2017)鄂 0302 刑初 216 号。

30日，郑某吉在经手发放村干部工资及防汛费的过程中，利用经手发放资金和管理财务的便利，将实发金额305,280元虚报为405,280元，后在村财务核销，虚增的100,000元被其侵吞。2010年年底，郑某吉在经手办理某公司租赁白浪村的房屋的过程中，利用职务便利，收受该公司李某给予的好处费20,000元。

公诉机关认为，被告人郑某吉身为国家工作人员，应当以贪污罪、受贿罪追究其刑事责任，其一人犯数罪，应当数罪并罚。

**【律师辩护意见】**

辩护人主要意见如下：

(1)被告人郑某吉不具有国家工作人员身份，因此不具备贪污、受贿罪的主体身份。

(2)被告人郑某吉主观上没有虚报冒领集体财产的故意，客观上其工作失误以及其他财务人员的失职造成了虚列10万元的事实，并且其没有实际占有这10万元钱，因此贪污事实不成立。

(3)某公司租赁白浪村的房屋是由白浪村村委会集体决定的，郑某吉只是具体的经办人，并没有为他人谋取不正当利益，致使公共财产遭受损失，也不符合其他情形，因此，其没有达到受贿罪的数额起点，不构成受贿罪。

(4)本案的立案时间是2015年5月29日。虽然起诉书的第一起事实没有争议，但是该事实的发生时间是2007年年底，已经超过了法律规定的5年的追诉时效期限。

**【法院裁判结果】**

被告人郑某吉为白浪村财经委员，其所从事的事务的性质，不属于国家机关委托行使行政管理职权，不符合全国人民代表大会常务委员会《关于〈中华人民共和国刑法〉第九十三条第二款的解释》规定的“其他依照法律从事公务的人员”的主体身份；被告人郑某吉所侵吞的土地租赁费3万元和虚报支出10万元，应属集体财产，郑某吉将此部分财产予以占用，实际是将村集体财产予以侵吞，侵犯了村集体财产权，符合职务侵占罪的构成要件。公诉机关指控被告人郑某吉侵吞村集体财产13万元的事实清楚，证据确实、充分，但罪名有误，应予纠正。被告人郑某吉收受某公司李某给予的好处费2万元未达到犯罪数额的追诉起点，不应认定为犯罪。被告人郑某吉在案发前全部退赃，可以酌情从轻处罚。综上所述，法院认为，被告人郑某吉犯职务侵占罪，判处有期徒刑6个月，缓刑1年。

### (二)犯罪对象不适格的无罪

依据《刑法》分则的规定,某些犯罪行为必须是针对特定对象实施的,如果不是《刑法》规定的特定对象,就不构成犯罪。例如,《刑法》第 277 条规定的“妨害公务罪”,犯罪对象必须是“依法执行职务的”“国家机关工作人员”,其中第 5 款“袭警罪”规定的行为的犯罪对象必须是“正在依法执行职务的”“人民警察”。如果通过运用证据能够从法理角度论证行为对象不符合上述要求,就可以证明行为不构成犯罪。

以下通过两起案例来说明犯罪对象决定罪与非罪的情形。

## 案例 2 | 李某危险驾驶、妨害公务案[①]

**【起诉书指控】**

1. 危险驾驶罪

2015 年 10 月 13 日 21 时 30 分许,被告人李某酒后驾驶甘 LL0 × × × 号小型普通客车,从灵台县方圆宾馆出发,沿南环路由西向东行驶至星辰宾馆门前路段时,与临时停放在路边的甘 L65 × × × 号吉利牌小型轿车尾部发生碰撞。肇事后李某驾车继续前行约 500 米至灵台县城果菜市场门前路段时,车辆自动熄火。经陕西省宝鸡市公安交通司法鉴定中心鉴定,李某血液中检出乙醇含量为 208.31 毫克/100 毫升,属于醉酒驾驶机动车。经灵台县公安局交警大队道路交通事故认定书认定,李某违反《道路交通安全法》(2011 年修正)* 第 22 条第 2 款、第 70 条第 1 款之规定,承担本起事故的全部责任。

2. 妨害公务罪

被告人李某醉酒驾驶甘 LL0 × × × 号普通客车与甘 L65 × × × 号轿车发生碰撞后车辆受损严重,继续前行约 500 米至灵台县城果菜市场门前路段时,车辆自动熄火无法前行。灵台县交通警察大队接到“110”指挥中心指令后,指派工作人员张某某、左某立即赶赴现场,随后其他民警也赶到现场。被告人李某当时坐在驾驶员位置,趴在方向盘上处于昏睡状态,车头部位冒着浓烟及蒸汽。为防止发生二次事

---

① 参见甘肃省灵台县人民法院刑事判决书,(2015)灵刑初字第 72 号。

* 本书案例中适用的若非现行有效法律法规,会括注对应年份。若现行规定已有变化或相关法律法规已失效,以脚注形式予以说明;若无变化,则不再特别说明。——编者注

故,张某某表明交通警察大队工作人员身份后劝李某下车,要求其到交通警察大队接受调查,但李某拒不配合,对民警大声叫骂,并抓住左某衣服撕扯,致其衣服右腋下处撕裂长度为12厘米,并朝其腿部连踢三脚。张某某劝说时,被告人李某朝张某某脸部打了两拳,致张某某颜面部挫伤。持续约1小时后,被告人李某在民警及朋友共同劝解下,才配合民警在灵台县交通警察大队进行了酒精含量测试和血样提取。

公诉机关认为,被告人李某在道路上醉酒驾驶机动车辆,对不特定的他人生命健康、财产构成威胁,其行为已触犯《刑法》(2015年修正)第133条之一第1款的规定;以暴力方法阻碍灵台县交通警察大队民警依法执行职务,其行为已触犯了《刑法》(2015年修正)第277条第1款的规定。事实清楚,证据确实、充分。应当以危险驾驶罪、妨害公务罪追究其刑事责任。依据《刑事诉讼法》(2012年修正)第172条①的规定,特将被告人李某提起公诉,请依法判处。

**【律师辩护意见】**

辩护人主要意见如下:

1. 对公诉人指控被告人李某构成危险驾驶罪无异议

案发后被告人能积极主动给甘L65×××号车辆所有权人任某某赔礼道歉,签订交通事故赔偿协议书,并赔偿被害人任某某全部经济损失23,000元,同时取得被害人任某某的谅解,对被告人李某应从轻处罚。

2. 被告人李某不构成妨害公务罪

第一,交通警察在案发现场对被告人李某醉酒进行规劝的行为不是依法执行职务的行为。第二,劝导和约束至酒醒是两个性质完全不同的概念。劝导不是法律义务,也就是说警察没有这种义务。而约束至酒醒则是法律明确规定给警察的义务。醉酒的人在醉酒状态中,对本人有危险或者对他人的人身、财产或者公共安全有威胁的,应当对其采取保护性措施约束至酒醒。第三,无论是劝导还是约束,其立法本意都是对处于醉酒状态的违法嫌疑人采取的一种保护性措施。第四,被告人李某主观上始终都是无意识的,没有故意的成分。第五,妨害公务罪客观方面体现为以暴力或者威胁的方法阻碍国家机关工作人员依法执行职务的行为。综观整个案发过程,被告人的行为仅体现为对交警谩骂、吵闹等行为,达不到妨害公务罪暴力或威胁的要求。第六,被告人当时处于严重醉酒状态。醉酒,即因饮酒过量而神

① 参见2018年修正的《刑事诉讼法》第176条。

志不清或者极为兴奋,无法控制自己的情绪、言语和行为。第七,事后,被告人给张某某和左某赔礼道歉,取得了二人的谅解,并保证今后绝不再犯。第八,张某某作为没有警察资格的工作人员,带领一名协警是不能处警的,交警大队两名工作人员执法主体不适格。

**【法院裁判结果】**

法院认为,被告人李某醉酒后驾驶机动车辆在道路上行驶,致使不特定人的生命、健康和重大财产安全陷入危险状态,具有危害道路交通安全的行为,其行为构成危险驾驶罪。被害人张某某、左某在处警过程中,虽然遭到被告人李某的辱骂、殴打,但二人系协警,不具备国家工作人员身份和受委托从事行政执法活动的事业编制人员身份,协警作为辅助警力,不具有独立执法权,必须在在编人员带领下开展工作。本案中无确实充分证据证实两名协警在在编警察带领下执法,二协警单独执法属于程序违法,故被告人李某的行为不构成妨害公务罪。公诉机关指控被告人李某犯危险驾驶罪罪名成立,应予确认,犯妨害公务罪罪名不能成立,不予支持。

依照《刑法》(2015 年修正)第 133 条之一第 1 款,第 42 条,第 52 条,第 72 条第 1 款、第 3 款,第 73 条第 1 款、第 3 款;《刑事诉讼法》(2012 年修正)第 195 条第 3 项①;最高人民法院、最高人民检察院、公安部《关于办理醉酒驾驶机动车刑事案件适用法律若干问题的意见》第 1 条,第 2 条第 1 项、第 2 项,第 4 条之规定,判决:

(1)被告人李某犯危险驾驶罪,判处拘役 5 个月,缓刑 10 个月,并处罚金 15,000 元。

(2)被告人李某的行为不构成妨害公务罪,宣告无罪。

## 案例 3 | 张某甲生产销售伪劣产品案②

**【起诉书指控】**

被告人张某甲系某公司股东,其与客户公司约定佳兆业项目使用聚氨酯保温板,防火等级达到 A 级,但其采购了大量非 A 级聚氨酯板用于该项目。经国家消防电子产品质量监督检验中心检测,所检项目产品的燃烧性能不能满足 GB8624—2012 中 A 级的要求。2014 年 8 月 20 日,因电焊工人施工过程中引燃施工所用外墙

① 参见 2018 年修正的《刑事诉讼法》第 200 条第 3 项。

② 参见辽宁省沈阳市沈河区人民法院刑事判决书,(2015)沈河刑初字第 00786 号。

保温板材，造成项目直接财产损失3000元后，被告人张某甲、吴某甲从大连三丰公司采购非A级聚氨酯板用于佳兆业项目，经消防局检测，仍达不到A级防火要求。

2012年，张某甲为了承接凤凰饭店商务中心项目，向该公司提供了沈阳率真公司的保温板检测报告（GB8624—2006 B标准、A2级）。该公司以此报告为依据向沈阳市消防局提出，变更项目外墙保温材料为沈阳率真公司的NP－EPS型石墨复合聚苯板。沈阳市消防局同意其变更要求并批复。被告人张某甲先后数次购买石墨聚苯板（非石墨复合聚苯板、防火级别B1级）用于该项目。本案提起诉讼时，项目已经完成、合同款已经支付。后经沈阳市消防局抽样委托辽宁新纳斯消防检测有限公司检测，被告人张某甲在项目中使用的保温工程用料未达到A级防火要求、有严重消防隐患。

2012年，经吴某甲的介绍，辽宁某公司同意与张某甲商谈紫竹茗郡二期的外墙保温工程合作。在该工程的商谈和施工过程中，张某甲和吴某甲以复合A级概念偷换A级保温材料概念，让该公司误以为吴某甲和张某甲施工的外墙保温工程能达到国家A级防火标准。为达到其非法目的，张某甲向该公司提供了沈阳率真公司的复合石墨聚苯板检测报告和沈阳山盟建设集团的保温工程施工资质的材料，而实际上，张某甲使用的外墙保温材料是B1级的石墨聚苯板，张某甲的公司也根本没有挂靠在沈阳山盟建设集团名下。从2012年8月开始，被告人张某甲先后数次在沈阳率真公司购买石墨聚苯板用于项目，且张某甲在不具备施工资质等要件的情况下进场施工完成涉案项目。后经沈阳市消防局抽样委托辽宁新纳斯消防检测有限公司检测，被告人张某甲在该项目中使用的产品未达到A级防火要求。

2014年，经被告人吴某甲介绍，被告人张某甲以沈阳华峰公司名义承包下海上五月花幼儿园的外墙保温工程，改工程指定产品品类并要求包工包料，要求A级防火，符合国家和地方防火要求或建筑设计防火规范审查通过稿要求和消防验收要求。本案提起诉讼时，项目已完工，尚未验收、尚未支付合同款。经沈阳市消防局取样委托辽宁新纳斯消防检测有限公司检测，该项目所使用的外墙保温材料未达到A级防火要求。

2013年9月，经被告人吴某甲介绍，被告人张某甲以沈阳华峰公司名义与沈阳金谷置业有限公司签订外墙保温材料销售合同，其间张某甲向沈阳金谷置业有限公司提供了一份外墙保温材料的质检报告，报告中明确外墙保温材料达到复合A2级防火标准。本案提起诉讼时，项目已经完成，并支付部分款项。经沈阳市消防局取样辽宁新纳斯消防检测有限公司检测，外墙保温材料未达到复合A2级防火要求。

根据上述事实,公诉机关指控被告人张某甲、吴某甲犯销售伪劣产品罪。

**【律师辩护意见】**

辩护人主要意见如下:

第一,被告人张某甲没有向相关单位生产、销售外墙保温材料。被告人张某甲根据建设施工合同,按照指定价格和品牌采购聚氨酯保温板,是建筑施工中的包料并且垫资采购行为。如果工程质量不合格,被告人张某甲应当按照合同进行修复或者拆改;如仍不合格,双方将会解除合同。张某甲应承担民事赔偿责任,而不是刑事责任,即建设工程质量不适用产品质量法调整。

第二,张某甲选择的保温材料为合格产品,并不是伪劣产品。2014年佳兆业工程施工过程中发生失火情况后,张某甲向"大连三丰"另行订购保温板,并及时向建设单位、监理单位进行了通报。建设单位均要求外墙保温工程质量达到A级防火标准并经验收合格后支付工程款。因此,张某甲没有生产、销售伪劣产品的主观故意。

第三,被告人张某甲与沈阳金谷置业有限公司签订的外墙保温材料销售合同中,没有保温板的防火等级的约定,没有补充合同、书面信函或者电子数据等证据证实采购A级保温板,其所销售的产品也不是伪劣产品。

第四,被告人张某甲没有与建设单位或者总承包单位签订外墙保温材料购销合同或者采购合同,也没有向建设单位生产、销售伪劣产品。

第五,本案对外墙保温材料检验、检测的单位没有司法检测、鉴定资质,且不是办案单位委托的检测、检验机构,即该检测报告是沈阳市消防局及建设单位对工程质量进行的例行抽查行为,并不是司法鉴定行为,也不是工程质量验收行为,不应作为定案证据。

**【法院裁判结果】**

公诉机关指控被告人张某甲、吴某甲犯生产、销售伪劣产品罪,在产品销售中以次充好。经查,生产、销售伪劣产品罪侵犯的客体是国家对产品质量的管理制度和消费者的合法权益,犯罪对象是伪劣产品。伪劣产品,是指生产、销售的商品,违反国家法律、法规的规定,质量低劣不合格或者失去了使用价值;客观表现为在产品中掺杂、掺假,以假充真、以次充好,或者以不合格产品冒充合格产品。以次充好,是指以低等级、低档次产品冒充高等级、高档次产品,或者以残次品冒充正品。本案佳兆业项目、凤凰饭店商务中心工程、紫竹茗郡二期综合楼外墙保温工程、海上五月花幼儿园的外墙保温工程,由被告人张某甲作为施工方包工包料,即建设单位指定外墙保温材料种类及综合单价(含材料费用),由被告人张某甲采购,在分包或者转包的建设工程施工中使用。按照约定,被告人张某甲对工程承担消防验收责任,消防验收后结算工程款。即一方是工程建设单位,另一方是建设工程分包商,双方建立的是建设工程合同的加工承揽关系,没有建立外墙保温材料产品销售关系。在包工包料的外墙保温工程中,工程款包含指定的材料费用,并不是建设单位购买外墙保温材料并给付价款。货款和工程款不是相同法律概念,也不具有相同法律性质。故认定被告人张某甲、吴某甲向工程建设单位或者总承包单位生产、销售伪劣产品,证据不够确实充分。

除凤凰饭店商务中心工程的外墙保温材料设计变更已通过消防机构审核外,其他三个外墙保温工程材料变更未经消防机构审核、检验。建设单位违反消防设计审核,变更外墙保温材料,且未严格履行建设工程消防法律规定的材料审核和检验程序,客观上已经不能保证工程防火等级质量标准。被告人张某甲违反合同约定使用B级聚氨酯保温板施工,将产品质量合格的B级聚氨酯保温板用于需要A级防火材料的工程上,不是对聚氨酯保温板产品假冒或者以次充好,而是降低工程消防设计审核防火标准,妨害的是国家对建设工程质量管理的规定和工程质量标准,并不是产品质量法调整的国家对产品质量的管理制度和消费者的合法权益范围。即认定被告人张某甲、吴某甲对聚氨酯保温板产品以次充好,证据不够确实充分。

消防机构和项目建设单位委托的外墙保温材料检验单位,没有相关司法鉴定资质,其检验结论是外墙保温工程材料防火等级,不足以认定该外墙保温材料是伪劣产品。

被告人吴某甲帮助被告人张某甲联系、介绍和转包外墙保温工程,并借款给被告人张某甲购买外墙保温材料,待工程结束后收取报酬,从事建设工程居间活动,与工程建设单位和承包单位不是生产、销售外墙保温材料的关系。故认定被告人吴某甲向项目建设单位或者项目分包单位、转包单位生产、销售伪劣产品,证据不够确实、充分。

被告人张某甲与沈阳金谷置业有限公司签订硬泡聚氨酯板销售合同,该合同内容有产品相关质量标准,没有防火等级的约定,且已按产品质量要求履行完毕。被告人张某甲虽然交给该公司一份复合A2级防火标准的检验报告,但该报告是改性聚氨酯与无机砂浆复合保温板的检验报告,不能证明是沈阳金谷置业有限公司所购买的硬泡聚氨酯板检验报告,即证明被告人张某甲销售伪劣的硬泡聚氨酯板,以及承诺聚氨酯保温板应达到A2级防火等级要求,证据不够确实、充分。

被告人吴某甲从中介绍被告人张某甲是做外墙保温材料生意的,但未与沈阳金谷置业有限公司签订硬泡聚氨酯板销售合同,也没有防火等级的承诺和保证,故认定被告人吴某甲向沈阳金谷置业有限公司销售伪劣产品,证据不够确实、充分。

综上所述,被告人张某甲、吴某甲不具有生产、销售伪劣产品的客观违法行为和主观犯罪故意。被告人张某甲、吴某甲及其辩护人提出的本案不构成生产、销售伪劣产品犯罪的相关辩护意见,应予以采纳。公诉机关指控被告人张某甲、吴某甲犯生产、销售伪劣产品罪,法院不予支持。

### (三)符合《刑法》第13条"但书"的无罪

大多数刑事辩护律师从实体上作无罪辩护时,往往只注重按照《刑法》分则各罪名的犯罪构成去论证。实践中,有的被指控为犯罪的行为从形式上看完全符合某罪的犯罪特征,辩护若仅局限于此,便找不出无罪的理由。但如果跳出思维定式,运用犯罪行为的本质特征去分析和衡量该行为,就会豁然开朗,通过论证该行为符合《刑法》第13条"但书"的规定,不具有社会危害性或者社会危害性未达到构成犯罪的程度,得出被指控的犯罪不能成立的结论。

**法条链接**

**《刑法》第十三条　【犯罪概念】**一切危害国家主权、领土完整和安全,分裂国家、颠覆人民民主专政的政权和推翻社会主义制度,破坏社会秩序和经济秩序,侵犯国有财产或者劳动群众集体所有的财产,侵犯公民私人所有的财产,侵犯公民的人身权利、民主权利和其他权利,以及其他危害社会的行为,依照法律应当受刑罚处罚的,都是犯罪,但是情节显著轻微危害不大的,不认为是犯罪。

在此列举一起符合《刑法》第13条"但书"的无罪案例。

## 案例 4 | 黎某强危险驾驶案[①]

**【起诉书指控】**

2017 年某日 23 时许,黎某强酒后在某派出所院内(内有居民楼房)驾驶小型轿车,与停在院内的三辆小型轿车发生碰撞,造成四车受损的道路交通事故。经认定,黎某强承担此次事故全部责任。经鉴定,黎某强血液中乙醇浓度为 241.2 毫克/100 毫升,属醉酒。

公诉机关认为,黎某强违反交通运输管理法规,醉酒后在道路驾驶机动车,应当以危险驾驶罪追究其刑事责任。

**【律师辩护意见】**

辩护人主要意见如下:

(1)现有证据不能排除医院抽血时使用的消毒液含有乙醇,导致黎某强血样受污染的可能性,本案对黎某强血液乙醇浓度的鉴定意见不应当作为定案依据。

(2)侦查人员在 23 时 55 分完成现场勘查后不可能在案发当日 24 时前将黎某强带至医院抽血,血样提取登记表上载明抽血时间为 6 月 5 日当天不属实。

(3)黎某强为挪车型酒驾,实际危害后果显著轻微,且事后全额赔偿,积极配合调查,属情节显著轻微危害不大,不认为是犯罪的情形。

**【一审法院裁判结果】**

一审法院认为,被告人黎某强醉酒后在单位院内挪动机动车的行为,不属于在道路上醉酒驾驶机动车,依照法律规定不构成犯罪。

**【二审法院裁判结果】**

二审判决认同一审判决内容,驳回抗诉、维持原判。

**【再审法院裁判结果】**

再审法院认为,某派出所允许办事群众车辆和社会车辆在派出所院内临时停放。故案发地点某派出所院内具有"通行"功能,属于《道路交通安全法》规定的道路。原审被告人黎某强的行为属于危险驾驶的行为。但依照《刑法》(2017 年修正)第 13 条之规定,情节显著轻微危害不大的,不认为是犯罪,故对黎某强醉酒后驾驶机动车行为的社会危害性、刑事违法性和应受惩罚性的认定应当结合本案客观事实进行评判。首先,从主观故意上看,黎某强选择在深夜、进出人员稀少的时间

---

① 参见四川省高级人民法院刑事判决书,(2019)川刑再 18 号。

段,在相对封闭的小区停车场挪动车辆,其对危险驾驶行为可能造成的危害结果并不持积极追求的主观心态,其行为对社会公共安全造成危险的可能性亦显著降低;其次,从行为目的及客观行为上看,黎某强系为了避免阻挡其他车辆进出而主动前往停车地点,仅在小区内短距离挪动机动车,并未驶离停车场,其行为的动机及社会危害性与酒后长距离驾驶机动车明显有所区别;再次,从行为结果上看,黎某强醉酒驾驶机动车的行为仅造成车辆轻微擦剐的财产损害后果,并未造成人员伤亡,损害结果显著轻微;最后,黎某强积极赔付,取得被撞车主的谅解,且真诚悔过。综上所述,法院认为,原审被告人黎某强虽然实施了酒后挪车的行为,但鉴于其行为情节显著轻微危害不大,依法可不认为是犯罪。检察机关关于黎某强构成危险驾驶罪的抗诉意见不能成立,法院不予支持。

### (四)符合“排除社会危害性行为”法律制度的无罪

“排除社会危害性行为”又称排除违法性行为,是指行为的外部特征虽然貌似符合犯罪构成要件,但实质上不仅对社会不具有危害性,而且有利于国家、集体或个人。这种行为的社会危害性(或违法性)被排除,因而被确认为合法行为,行为人不负刑事责任和民事责任。《刑法》第 20 条规定的“正当防卫”和第 21 条规定的“紧急避险”就属此列。

**法条链接**

**《刑法》第二十条 【正当防卫】**为了使国家、公共利益、本人或者他人的人身、财产和其他权利免受正在进行的不法侵害,而采取的制止不法侵害的行为,对不法侵害人造成损害的,属于正当防卫,不负刑事责任。

正当防卫明显超过必要限度造成重大损害的,应当负刑事责任,但是应当减轻或者免除处罚。

对正在进行行凶、杀人、抢劫、强奸、绑架以及其他严重危及人身安全的暴力犯罪,采取防卫行为,造成不法侵害人伤亡的,不属于防卫过当,不负刑事责任。

**第二十一条 【紧急避险】**为了使国家、公共利益、本人或者他人的人身、财产和其他权利免受正在发生的危险,不得已采取的紧急避险行为,造成损害的,不负刑事责任。

紧急避险超过必要限度造成不应有的损害的,应当负刑事责任,但是应当减轻或者免除处罚。

第一款中关于避免本人危险的规定,不适用于职务上、业务上负有特定责任的人。

由于实践中属于"紧急避险"的情形不多,在此仅就属于"正当防卫"来作无罪辩护的有关要点做具体阐述。

以正当防卫为由为犯罪嫌疑人/被告人作无罪辩护的情形下的辩护难点,即控方惯用于反驳刑事辩护律师的观点,大致有三类,分别是"防卫不适时""强度失衡""后果失衡"。

1. 关于"防卫是否适时",即不法侵害是否正在进行

对于不法侵害的正在进行,不应该仅理解为"手起刀落"的瞬间,而应把不法侵害行为作为一个持续、连贯的过程来看。只要合法权益已经面临不法侵害行为实际、紧迫的威胁,如不采取防卫措施就会使合法权益遭受重大损害,防卫者就可以采取防卫手段制止不法侵害行为。这里的难点是:防卫者在不法侵害者的侵害行为进行的过程中,或者下一个侵害动作实施之前实施了防卫行为,往往会被控方以不法侵害行为已经终了,属于"事后防卫"为由指控为犯罪。这种情况下,可以侧重论证是防卫者的防卫行为使得不法侵害行为得以停止,反问控方:有什么理由和依据判断即使没有防卫者的防卫行为不法侵害行为也已经停止了呢?

在此列举一起被控故意伤害(重伤),以正当防卫为由进行辩护,最终获得无罪释放的结果的案例。

## 案例 5 | 吕某某故意伤害案①

**【起诉书指控】**

起诉书指控称,被告人吕某某与被害人郭某某(另案处理)之前是同事关系。2014 年 6 月 30 日,吕某某应邀来到郭某某住所。当吕某某走进出租房后,郭某某随即将房门反锁。郭某某先用左手勒住吕某某脖子,后拿起一块砖头拍吕某某的头部,吕某某随即上前抢砖头。在抢砖头的过程中,吕某某用牙齿咬郭某某的手臂,郭某某拿起砖头砸吕某某的嘴巴,随后双方扭打起来。在扭打的过程中,郭某某用手紧掐吕某某脖子,吕某某见状拿起空啤酒瓶、碗等物品砸郭某某,导致郭某某的头部、手部、耳朵、脸部、胸部和口腔等多处部位受伤。案发后,吕某某致电报警并留在现场等候处理。经法医鉴定,被害人郭某某外伤致面部条状瘢痕累计长达 30.3 厘米,所受损伤已达重伤二级标准,伤残等级为九级。2014 年 7 月 11 日,公安

---

① 参见广东省东莞市第一人民法院刑事判决书,(2014)东一法刑初字第 2257 号。

人员在东莞市寮步镇寮步医院将被告人吕某某拘传到派出所调查。

公诉机关认为,被告人吕某某无视国法,故意伤害他人身体,致一人重伤二级,其行为已触犯《刑法》(2011 年修正)第 234 条第 1 款之规定,构成故意伤害罪。提请法院依法惩处。

**【律师辩护意见】**

辩护人认为,被告人的行为是正当防卫,被告人没有伤害被害人的故意,被告人的行为是为了阻止被害人的伤害行为:(1)被告人被攻击后眼镜脱落,看不清环境,没有伤害被害人的故意;(2)被告人的行为是出于正当防卫而对被害人造成的伤害,是法律规定的范围内所允许的;(3)被告人案发时面对的是被害人的不法侵害,其行为是为了制止侵害,被告人多次呼救求饶,是弱势方,一有机会就立刻逃离了现场,其与被害人力量悬殊,不可能主动伤害被害人,且其为了逃避侵害而伤害被害人的行为没有超出必要的限度;(4)被告人主动报案,配合公安机关的侦查工作,证明其自身肯定是清白的。综上所述,辩护人认为被告人的行为构成正当防卫,而不构成故意伤害罪,请求法庭依法宣告被告人无罪。

**【法院裁判结果】**

法院认为,被告人吕某某在被害人郭某某的出租屋内受到郭某某的攻击,吕某某在郭某某对其实施勒、掐脖子,用砖头拍打头部、嘴巴等行凶行为时予以反击,属于为使本人免受正在进行的不法侵害而采取制止不法侵害的行为,虽造成郭某某重伤,但吕某某的行为属正当防卫。公诉机关指控被告人吕某某犯故意伤害罪适用法律错误,被告人吕某某的行为不属防卫过当。一方面,被告人吕某某没有伤害郭某某身体健康的主观故意;另一方面,其在防卫时采取的反抗措施并未超出必要的限度。根据《刑法》(2011 年修正)第 20 条第 1 款“为了使国家、公共利益、本人或者他人的人身、财产和其他权利免受正在进行的不法侵害,而采取的制止不法侵害的行为,对不法侵害人造成损害的,属于正当防卫,不负刑事责任”以及第 3 款“对正在进行行凶、杀人、抢劫、强奸、绑架以及其他严重危及人身安全的暴力犯罪,采取防卫行为,造成不法侵害人伤亡的,不属于防卫过当,不负刑事责任”的规定,被告人吕某某的行为属于正当防卫,不构成犯罪,不应负刑事责任。对于被告人吕某某及其辩护人提出的有关被告人吕某某不构成故意伤害罪而构成正当防卫的辩解意见和辩护意见,法院予以采纳。经审判委员会讨论决定,依照《刑法》(2011 年修正）第20条第1款、第3款，《刑事诉讼法》（2012年修正）第195条第2项[①]之规定，判决被告人吕某某无罪。

2. 关于“强度失衡”，即防卫手段的强度与不法侵害行为的强度失衡

有观点认为，正当防卫所使用的手段不能明显强于不法侵害所使用的手段，如果手段不均衡，可能导致防卫行为造成的后果明显重于不法侵害行为所造成或可能造成的后果。

不可否认，一般情况下行为后果与所使用的手段及所关联的强度成正比，但这种正比关系不是绝对的，使用刀枪棍棒并非绝对就能剥夺生命，赤手空拳也并非绝对不能致命。再者，正当防卫行为都是在国家、公共利益，本人或者他人的人身、财产和其他权利受到正在进行的不法侵害时应急实施的，不能苛求行为人有充分的时间去冷静地选择手段。既然如此，从强度上判断一个行为是否属于正当防卫，就不应该机械地、教条地、无一例外地要求防卫手段必须与不法侵害行为的手段绝对均衡。

3. 关于“后果失衡”，即不法侵害的实际或可能后果与防卫行为后果失衡

有观点认为，防卫行为给不法侵害者造成的损害后果，不能重于不法侵害行为实施终了所可能造成的最重后果。例如，对于只能造成伤害的不法侵害行为，防卫时就不应该造成不法侵害者死亡的后果；对于只是侵犯人格尊严的不法侵害行为，就更不允许以剥夺不法侵害者生命的强度来防卫。笔者认为，这种观点和权益轻重的比对方法，过于机械和教条。当然，从理论上讲，在人们的众多权利中，生命权是最重要的，但也不绝对——有的被害人被强奸或被当众羞辱后会选择自杀。既然如此，对于防卫造成不法侵害者死亡的案件，就不应该以不法侵害行为不会危及生命为由，将防卫行为定性为防卫过当甚至不是正当防卫。

以下列举一起以正当防卫辩护为无罪的案例。

## 案例6 | 于某明正当防卫案[②]

**【案情简介】**

2018年8月27日21时30分许，于某明骑自行车在江苏省昆山市震川路正常

① 参见2018年修正的《刑事诉讼法》第200条第2项。

② 参见最高人民检察院第十二批指导性案例，检例第47号。

行驶,刘某醉酒驾驶小轿车(经检测,其血液酒精含量为87毫克/100毫升),向右强行闯入非机动车道,与于某明险些碰擦。刘某的一名同车人员下车与于某明争执,经同行人员劝解返回时,刘某突然下车,上前推搡、踢打于某明。虽经劝解,刘某仍持续追打于某明,并从轿车内取出一把砍刀(系管制刀具),连续用刀面击打于某明颈部、腰部、腿部。刘某在击打过程中将砍刀甩脱,于某明抢到砍刀,刘某上前争夺,在争夺中于某明持砍刀捅刺刘某的腹部、臀部,砍击其右胸、左肩、左肘。刘某受伤后跑向轿车,于某明继续追砍2刀均未砍中,其中1刀砍中轿车。刘某跑离轿车,于某明返回轿车,将车内刘某的手机取出放入自己口袋。民警到达现场后,于某明将手机和砍刀交给处警民警(于某明称,拿走刘某的手机是为了防止对方打电话召集人员报复)。刘某逃离后,倒在附近绿化带内,后经送医抢救无效,因腹部大静脉等破裂致失血性休克于当日死亡。于某明经人身检查,见左颈部条形挫伤1处、左胸及肋部条形挫伤1处。

8月27日当晚,公安机关以"于某明故意伤害案"立案侦查,8月31日公安机关查明了本案的全部事实。9月1日,江苏省昆山市公安局根据侦查查明的事实,依据《刑法》第20条第3款的规定,认定于某明的行为属于正当防卫,不负刑事责任,决定依法撤销于某明故意伤害案。其间,公安机关依据相关规定,听取了检察机关的意见,昆山市人民检察院同意公安机关的撤销案件决定。

**【检察机关的意见和理由】**

第一,关于刘某的行为是否属于"行凶"的问题。在论证过程中有意见提出,刘某仅使用刀面击打于某明,犯罪故意的具体内容不确定,不宜认定为行凶。论证后认为,对行凶的认定,应当遵循《刑法》第20条第3款的规定,以"严重危及人身安全的暴力犯罪"作为把握的标准。刘某开始阶段的推搡、踢打行为不属于"行凶",但从持砍刀击打后,其行为性质已经升级为暴力犯罪。刘某攻击行为凶狠,所持凶器可轻易致人死伤,随着事态发展,接下来会造成什么样的损害后果难以预料,于某明的人身安全处于现实的、急迫的和严重的危险之下。刘某具体抱持杀人的故意还是伤害的故意不确定,正是许多行凶行为的特征,而不是认定的障碍。因此,刘某的行为符合"行凶"的认定标准,应当认定为"行凶"。

第二,关于刘某的侵害行为是否属于"正在进行"的问题。在论证过程中有意见提出,于某明抢到砍刀后,刘某的侵害行为已经结束,不属于正在进行。论证后认为,判断侵害行为是否已经结束,应看侵害人是否已经实质性脱离现场以及是否还有继续攻击或再次发动攻击的可能。于某明抢到砍刀后,刘某立刻上前争夺,侵害行为没有停止,刘某受伤后又立刻跑向之前藏匿砍刀的汽车,于某明此时做不间断的追击也符合防卫的需要。于某明追砍两刀均未砍中,刘某从汽车旁边跑开后,于某明也未再追击。因此,在于某明抢得砍刀顺势反击时,刘某既未放弃攻击行为也未实质性脱离现场,不能认为侵害行为已经停止。

第三,关于于某明的行为是否属于正当防卫的问题。在论证过程中有意见提出,于某明本人所受损伤较小,但防卫行为却造成了刘某死亡的后果,二者对比不相适应,于某明的行为属于防卫过当。论证后认为,不法侵害行为既包括实害行为也包括危险行为,对于危险行为同样可以实施正当防卫。认为“于某明与刘某的伤情对比不相适应”的意见,只注意到了实害行为而忽视了危险行为,这种意见实际上是要求防卫人应等到暴力犯罪造成一定的伤害后果才能实施防卫,这不符合及时制止犯罪、让犯罪不能得逞的防卫需要,也不适当地缩小了正当防卫的依法成立范围,是不正确的。本案中,在刘某的行为因具有危险性而属于“行凶”的前提下,于某明采取防卫行为致其死亡,依法不属于防卫过当,不负刑事责任,于某明本人是否受伤或伤情轻重,对正当防卫的认定没有影响。公安机关认定于某明的行为系正当防卫,决定依法撤销案件的意见,完全正确。

**【案例评析】**①

笔者认为,认定于某明的行为属于正当防卫,而不是防卫过当,完全正确。

首先,根据视频内容来看,在口角发生后,刘某回到车里拿出砍刀对于某明进行砍杀,此时于某明的生命已经面临严重不法侵害的威胁了,随时都有可能一刀致命。

其次,刘某并不是逃跑,如果慑于刀砍的暴力或者体力不支导致他逃跑,这种情况下再追的话就可能构成防卫过当。但是刘某的这种跑,不能简单地从画面上、浅层次上理解为他脱离了于某明、离开一段距离就是跑,要看他跑了之后干什么。他不是开车门进车里躲藏,而是在车门和后备箱处有一个寻找东西的状态。完全可以推断他是二次回车内继续拿所谓的工具或者武器。因此这种行为不能理解为被伤害以后的逃跑,而是寻找工具,二次进攻。也就是说,在刘某受伤的时候,他的不法侵害行为并没有终止,而是暂时停顿。在这种情况下,如果于某明停止防卫,一

---

① 此为笔者在案件刚发生时接受《法制日报》采访时的观点,参见刘青、梁成栋:《宝马男持刀砍骑车男反被杀!算不算正当防卫?三位律师有话说……》,载微信公众号“法制日报”2018年8月29日,https://mp.weixin.qq.com/s/q71R1OC2doLh5t1fUYf__w。

旦刘某从箱子里再拿出一把刀或者棍棒等其他工具,肯定会对于某明再次实施侵害。

最后,法律之所以规定正当防卫制度,尤其是《刑法》第20条第3款规定了无限防卫权,就是为了弘扬正气,打击邪恶。从案件整个过程和起因来看,轻微的交通事故纠纷已经被劝阻,于某明并没有不依不饶。在这种情况下,刘某为了好勇斗狠而去车里拿刀,视人生命而不顾,随意砍杀他人,行为是很恶劣的。如果在这种情况下实施无限防卫权被视为防卫过当,不利于弘扬正气,也不利于对邪恶的打击。

### (五)无主观上罪过的无罪

犯罪的故意和过失,统称为行为人的主观罪过。根据主客观相一致的刑事责任原则,如果刑事辩护律师能证明行为人对所造成的损害后果既非出于故意,也无过失,其行为就不构成犯罪。即通过论证犯罪嫌疑人/被告人无主观罪过,做无罪辩护。根据我国《刑法》的相关规定,无主观罪过而不构成犯罪的有以下情形:

1. 意外事件

《刑法》第16条明确了在意外事件的情况下,由于行为人没有主观上的罪过,尽管其行为造成了一定的损害后果,依据主客观相一致的原则,仍不构成犯罪。

**法条链接**

**《刑法》第十六条 【不可抗力和意外事件】**行为在客观上虽然造成了损害结果,但是不是出于故意或者过失,而是由于不能抗拒或者不能预见的原因所引起的,不是犯罪。

以下列举一起由过失致人死亡罪改判为意外事件的案例。

## 案例7 | 陈某过失致人死亡案①

**【起诉书指控】**

2015年某日19时至19时8分,陈某驾驶的车辆(以下简称陈车)的左前部与周某酒后驾驶的车辆(以下简称周车)的右后门发生剐擦。周车没有停车,继续行驶,陈某于19时8分6秒打电话告知其朋友李某甲其车被人驾车剐擦,李某甲于19

① 参见内蒙古自治区呼伦贝尔市中级人民法院刑事判决书,(2017)内07刑终128号。

时8分57秒联系了交警队，陈某驾车在后方跟随周车，并于19时11分9秒报案。陈某驾车跟随周车行驶到某区某电厂北侧东升路，二人停车，周某与陈某下车交谈，陈某发现周某身上带有酒气并且走路摇晃，陈某告知周某驾车剐了自己的轿车，自己已经报警了。周某听后上车继续驾车沿东升路（此路段机动车限速为50千米/时）向南行驶，陈某见状驾车跟随。19时20分49秒，周车经过硅厂（经鉴定，车速为91～93千米/时），19时20分56秒，陈车经过硅厂（经鉴定，车速为85～87千米/时）。其间（19时12分至19时23分），陈某先后6次与交警二中队及民警李某乙电话联系。19时23分1秒，周车经过碳厂，19时23分6秒陈车经过碳厂。约19时24分，周车行驶到东升路与火炬街"┘"字路口时，驶入路基下翻车，造成周某死亡。之后，陈某再次报警说明位置并在现场等待。

公诉机关认为，被告人陈某明知被害人周某系酒后驾驶，且案发时天黑、路况不好，仍加速、超速追赶对方车辆，使得周某为躲避追赶而高速行驶，最终致其在道路转弯处驶下路基翻车身亡，其行为已构成过失致人死亡罪。

**【律师辩护意见】**

辩护人的主要意见如下：

(1)陈某没有过失，不具有过失致人死亡罪的主观构成要件。周某发生交通事故后驾车逃逸在先，陈某为保护自身合法权益驾车尾随周某并电话报警，没有试图追赶、超越、别停周某，而是采用尾随方式并向交警部门提供相关信息，等待交警部门到场处理，陈某的行为没有超越必要的限度，并不被刑法所禁止，陈某在尾随过程中多次与交警部门电话联系，交警部门并未对陈某的尾随行为予以制止，陈某不可能意识到自身的行为会导致周某的死亡，不存在疏忽大意或者过于自信的过失。

(2)陈某不具有过失致人死亡罪的客观构成要件。陈某只是驾车尾随周某，在此期间周某曾停车就赔偿事宜进行交涉，所以对于周某来说陈某的尾随行为并不会给周某合法的人身、财产权利造成心理上的紧迫性。之所以发生周某死亡的结果，是周某醉酒驾驶机动车其本人为逃避法律制裁而驾车操作不当造成的，与陈某的尾随行为没有必然的因果关系。所以周某的死亡结果与陈某的尾随行为没有必然的因果关系。

(3)陈某为维护自己的合法权益驾车尾随周某，也是在以自己的行为维护社会秩序，帮助公安机关及时缉拿违法犯罪行为人，对于这种同违法犯罪作斗争的行为，不应过于苛求。本案虽然发生了损害结果，但是并非被告人陈某出于故意或者过失，而是由于不能抗拒或者不能预见的原因所引起的，请求法院宣告陈某无罪。

**【一审法院裁判结果】**

一审法院认为,本案争议焦点在于被告人陈某是否属于疏忽大意的过失,对死亡结果的发生是否应当预见。对于本案被告人陈某是否对周某翻车死亡的结果具有预见可能性,应从行为本身的危险程度、行为时的客观环境、行为人的智能水平三个方面进行分析。被告人陈某在发生事故后,没有采取追赶、超越、别停等方式阻止周某驾车继续前行,而是采用驾车尾随方式并向交警部门致电提供位置信息,等待交警部门到场处理,根据《道路交通安全法实施条例》第 80 条“机动车在高速公路上行驶,车速超过每小时 100 公里时,应当与同车道前车保持 100 米以上的距离,车速低于每小时 100 公里时,与同车道前车距离可以适当缩短,但最小距离不得少于 50 米”之规定,根据本案证据,被告人陈某驾车跟随周某前行时两车间距保持安全距离,且在此期间双方曾停车就发生事故及赔偿事宜进行交谈,故对于周某来说陈某的尾随行为并不会给周某合法的人身、财产权利造成心理上的紧迫压力。其行为没有超越必要的限度,没有达到导致周某超速驾车翻车死亡的危险程度。案发时已天黑、案发地没有路灯照明,被告人陈某只是跟随周某的车辆行驶,交警部门未对陈某的跟随行为予以制止,陈某不可能意识到自身的行为会导致周某的死亡这一结果发生。故被告人陈某对周某翻车死亡的结果不具有预见可能性。

对于被告人陈某的行为与周某翻车死亡的结果是否具有刑事上的因果关系。根据鉴定意见及黑龙江某交通事故司法鉴定中心鉴定人王某的当庭证言,本案事故原因为发生事故时周某驾驶车辆速度过快,车辆开下路基后接触不平整的地表导致翻车。被告人陈某与周某的车辆保持安全距离,没有采取追赶、超越、别停等方式阻止周某驾车继续前行,且双方之前并未发生大的矛盾冲突以至于周某急需摆脱陈某的尾随行为,故案发时周某超速驾车行驶系其自主选择,并非出于陈某尾随行为导致的紧迫的心理压力。本案事故的发生与陈某尾随行为没有必然的因果关系。周某的死亡结果与陈某的尾随行为不具有刑事上的因果关系,故被告人陈某不构成犯罪。被告人陈某驾驶车辆尾随周某行驶的行为,既无先行行为产生的义务,也没有对周某做出危害行为,故本案系意外事件。公诉机关的指控有误,不予认定。被告人及其辩护人的观点符合事实和法律规定,予以采信。

**【二审法院裁判结果】**

二审法院认为,抗诉机关指控陈某犯罪的证据未能证实陈车与周车的距离已明显超过安全距离,亦未提出“紧迫”状态如何界定及法律依据;原审法院根据《道路交通安全法实施条例》第 80 条“机动车在高速公路上行驶,车速超过每小时 100

公里时,应当与同车道前车保持100米以上的距离,车速低于每小时100公里时,与同车道前车距离可以适当缩短,但最小距离不得少于50米”的规定,以及黑龙江某交通事故司法鉴定中心做出的陈车左后尾灯抵达硅厂监控左侧线杆位置时,周车与陈车的间隔距离在160~164米范围之内的鉴定意见,认定陈车与周车间距保持安全距离,并无不当,故据以判断陈某的行为足以造成周某的恐慌而导致翻车的证据不足。

(1)抗诉机关指控陈某犯罪的证据中,只证实了陈车与周车超速,未能证实陈车先超速还是周车先超速,无法认定在行车的全过程中,尤其是周车翻车之前,陈车是“追”还是“随”,周某是为“躲开”还是“甩开”陈车。

(2)对陈某的行为没有法律的禁止性规定,抗诉机关所提“交通警察不得驾驶机动车追缉”的规定,仅适用于交通警察,对于普通公民无约束效力,且在本案中,陈某与交警一直保持联系,交警未告知其该车车主信息,未对陈某的行为予以制止。

(3)不能忽略对被害人周某醉驾、肇事后逃逸、超速驾驶行为的否定性评价,同时无法排除被害人自主性选择超速驾驶以逃避法律处罚的可能性。

(4)陈某的行为是为维护自身合法权益,具有正当性,认定其行为构成犯罪的前提必须是能够认定其行为已超出了法律规定和正常价值判断所能容忍的必要的限度,而抗诉机关未举出此方面的法律依据和有效证据来证实陈某的行为已超出了必要的限度,故不能认定陈某的行为构成犯罪。

2. 不可抗力事件

根据《刑法》第16条的规定,不可抗力事件,是指行为在客观上虽然造成了损害结果,但不是出于行为人的故意或者过失,而是由于不能抗拒的原因所引起的。

不可抗力事件同样因为行为人无主观罪过而不构成犯罪。

3. 期待可能性

所谓期待可能性,是指根据具体情况,可以期待行为人不实施违法行为而实施其他合法行为。如果不能期待行为人实施其他合法行为,就不能对行为人的行为追究刑法上的责任。

期待可能性,主要在行为人基于一定职务或身份而实施职务范围内的行为的情况下存在。如单位领导指派某人实施属于其工作范围内的,并且形式上无违法更无犯罪迹象的行为,该行为实质上触犯了刑法,应当构成犯罪,但由于没有期待行为人不去实施该行为的可能性,就不应该以此来追究行为人的刑事责任。例如,单位司机受领导指派运送物品,作为司机其没有权利和义务在每次运送物品前都对物品查问甚至查看。如果某次运送的物品中有毒品,被警察路检时发现,也不应该以运输毒品罪追究该司机的刑事责任。

4. 以“明知”为要件的故意犯罪中,排除“明知”

《刑法》分则所规定的故意犯罪中,有一部分要求以“明知”为要件。主要表现形式包括“显性明知”和“隐性明知”两种。

(1)“显性明知”法条

“显性明知”法条的特点是在其条文中有“明知”字样。是否属于“显性明知”的犯罪,一看便知。

**法条链接**

**《刑法》第一百二十条之六 【非法持有宣扬恐怖主义、极端主义物品罪】**明知是宣扬恐怖主义、极端主义的图书、音频视频资料或者其他物品而非法持有,情节严重的,处三年以下有期徒刑、拘役或者管制,并处或者单处罚金。

**第一百三十八条 【教育设施重大安全事故罪】**明知校舍或者教育教学设施有危险,而不采取措施或者不及时报告,致使发生重大伤亡事故的,对直接责任人员,处三年以下有期徒刑或者拘役;后果特别严重的,处三年以上七年以下有期徒刑。

**第一百四十四条 【生产、销售有毒、有害食品罪】**在生产、销售的食品中掺入有毒、有害的非食品原料的,或者销售明知掺有有毒、有害的非食品原料的食品的,处五年以下有期徒刑,并处罚金;对人体健康造成严重危害或者有其他严重情节的,处五年以上十年以下有期徒刑,并处罚金;致人死亡或者有其他特别严重情节的,依照本法第一百四十一条的规定处罚。

**第一百四十五条 【生产、销售不符合标准的医用器材罪】**生产不符合保障人体健康的国家标准、行业标准的医疗器械、医用卫生材料,或者销售明知是不符合保障人体健康的国家标准、行业标准的医疗器械、医用卫生材料,足以严重危害人体健康的,处三年以下有期徒刑或者拘役,并处销售金额百分之五十以上二倍以下罚金;对人体健康造成严重危害的,处三年以上十年以下有期徒刑,并处销售金额百分之五十以上二倍以下罚金;后果特别严重的,处十年以上有期徒刑或者无期徒刑,并处销售金额百分之五十以上二倍以下罚金或者没收财产。

**第一百四十六条 【生产、销售不符合安全标准的产品罪】**生产不符合保障人身、财产安全的国家标准、行业标准的电器、压力容器、易燃易爆产品或者其他不符合保障人身、财产安全的国家标准、行业标准的产品，或者销售明知是以上不符合保障人身、财产安全的国家标准、行业标准的产品，造成严重后果的，处五年以下有期徒刑，并处销售金额百分之五十以上二倍以下罚金；后果特别严重的，处五年以上有期徒刑，并处销售金额百分之五十以上二倍以下罚金。

**第一百四十七条　【生产、销售伪劣农药、兽药、化肥、种子罪】**生产假农药、假兽药、假化肥，销售明知是假的或者失去使用效能的农药、兽药、化肥、种子，或者生产者、销售者以不合格的农药、兽药、化肥、种子冒充合格的农药、兽药、化肥、种子，使生产遭受较大损失的，处三年以下有期徒刑或者拘役，并处或者单处销售金额百分之五十以上二倍以下罚金；使生产遭受重大损失的，处三年以上七年以下有期徒刑，并处销售金额百分之五十以上二倍以下罚金；使生产遭受特别重大损失的，处七年以上有期徒刑或者无期徒刑，并处销售金额百分之五十以上二倍以下罚金或者没收财产。

**第一百四十八条　【生产、销售不符合卫生标准的化妆品罪】**生产不符合卫生标准的化妆品，或者销售明知是不符合卫生标准的化妆品，造成严重后果的，处三年以下有期徒刑或者拘役，并处或者单处销售金额百分之五十以上二倍以下罚金。

**第一百七十一条　【出售、购买、运输假币罪】**出售、购买伪造的货币或者明知是伪造的货币而运输，数额较大的，处三年以下有期徒刑或者拘役，并处二万元以上二十万元以下罚金；数额巨大的，处三年以上十年以下有期徒刑，并处五万元以上五十万元以下罚金；数额特别巨大的，处十年以上有期徒刑或者无期徒刑，并处五万元以上五十万元以下罚金或者没收财产。

**【金融工作人员购买假币、以假币换取货币罪】**银行或者其他金融机构的工作人员购买伪造的货币或者利用职务上的便利，以伪造的货币换取货币的，处三年以上十年以下有期徒刑，并处二万元以上二十万元以下罚金；数额巨大或者有其他严重情节的，处十年以上有期徒刑或者无期徒刑，并处二万元以上二十万元以下罚金或者没收财产；情节较轻的，处三年以下有期徒刑或者拘役，并处或者单处一万元以上十万元以下罚金。

伪造货币并出售或者运输伪造的货币的，依照本法第一百七十条的规定定罪从重处罚。

**第一百七十二条　【持有、使用假币罪】**明知是伪造的货币而持有、使用，数额较大的，处三年以下有期徒刑或者拘役，并处或者单处一万元以上十万元以下罚金；数额巨大的，处三年以上十年以下有期徒刑，并处二万元以上二十万元以下罚金；数额特别巨大的，处十年以上有期徒刑，并处五万元以上五十万元以下罚金或者没收财产。

**第一百七十七条之一　【妨害信用卡管理罪】**有下列情形之一，妨害信用卡管理的，处三年以下有期徒刑或者拘役，并处或者单处一万元以上十万元以下罚金；数量巨大或者有

其他严重情节的,处三年以上十年以下有期徒刑,并处二万元以上二十万元以下罚金:

(一)明知是伪造的信用卡而持有、运输的,或者明知是伪造的空白信用卡而持有、运输,数量较大的;

(二)非法持有他人信用卡,数量较大的;

(三)使用虚假的身份证明骗领信用卡的;

(四)出售、购买、为他人提供伪造的信用卡或者以虚假的身份证明骗领的信用卡的。

**【窃取、收买、非法提供信用卡信息罪】**窃取、收买或者非法提供他人信用卡信息资料的,依照前款规定处罚。

银行或者其他金融机构的工作人员利用职务上的便利,犯第二款罪的,从重处罚。

**第一百九十一条　【洗钱罪】**为掩饰、隐瞒毒品犯罪、黑社会性质的组织犯罪、恐怖活动犯罪、走私犯罪、贪污贿赂犯罪、破坏金融管理秩序犯罪、金融诈骗犯罪的所得及其产生的收益的来源和性质,有下列行为之一的,没收实施以上犯罪的所得及其产生的收益,处五年以下有期徒刑或者拘役,并处或者单处罚金;情节严重的,处五年以上十年以下有期徒刑,并处罚金:

(一)提供资金帐户的;

(二)将财产转换为现金、金融票据、有价证券的;

(三)通过转帐或者其他支付结算方式转移资金的;

(四)跨境转移资产的;

(五)以其他方法掩饰、隐瞒犯罪所得及其收益的来源和性质的。

单位犯前款罪的,对单位判处罚金,并对其直接负责的主管人员和其他直接责任人员,依照前款的规定处罚。

**第一百九十四条　【票据诈骗罪】**有下列情形之一,进行金融票据诈骗活动,数额较大的,处五年以下有期徒刑或者拘役,并处二万元以上二十万元以下罚金;数额巨大或者有其他严重情节的,处五年以上十年以下有期徒刑,并处五万元以上五十万元以下罚金;数额特别巨大或者有其他特别严重情节的,处十年以上有期徒刑或者无期徒刑,并处五万元以上五十万元以下罚金或者没收财产:

(一)明知是伪造、变造的汇票、本票、支票而使用的;

(二)明知是作废的汇票、本票、支票而使用的;

(三)冒用他人的汇票、本票、支票的;

(四)签发空头支票或者与其预留印鉴不符的支票,骗取财物的;

(五)汇票、本票的出票人签发无资金保证的汇票、本票或者在出票时作虚假记载,骗取财物的。

**【金融凭证诈骗罪】**使用伪造、变造的委托收款凭证、汇款凭证、银行存单等其他银行结算凭证的，依照前款的规定处罚。

**第二百一十条之一　【持有伪造的发票罪】**明知是伪造的发票而持有，数量较大的，处二年以下有期徒刑、拘役或者管制，并处罚金；数量巨大的，处二年以上七年以下有期徒刑，并处罚金。

单位犯前款罪的，对单位判处罚金，并对其直接负责的主管人员和其他直接责任人员，依照前款的规定处罚。

**第二百一十四条　【销售假冒注册商标的商品罪】**销售明知是假冒注册商标的商品，违法所得数额较大或者有其他严重情节的，处三年以下有期徒刑，并处或者单处罚金；违法所得数额巨大或者有其他特别严重情节的，处三年以上十年以下有期徒刑，并处罚金。

**第二百一十八条　【销售侵权复制品罪】**以营利为目的，销售明知是本法第二百一十七条规定的侵权复制品，违法所得数额巨大或者有其他严重情节的，处五年以下有期徒刑，并处或者单处罚金。

**第二百一十九条　【侵犯商业秘密罪】**有下列侵犯商业秘密行为之一，情节严重的，处三年以下有期徒刑，并处或者单处罚金；情节特别严重的，处三年以上十年以下有期徒刑，并处罚金：

（一）以盗窃、贿赂、欺诈、胁迫、电子侵入或者其他不正当手段获取权利人的商业秘密的；

（二）披露、使用或者允许他人使用以前项手段获取的权利人的商业秘密的；

（三）违反保密义务或者违反权利人有关保守商业秘密的要求，披露、使用或者允许他人使用其所掌握的商业秘密的。

明知前款所列行为，获取、披露、使用或者允许他人使用该商业秘密的，以侵犯商业秘密论。

本条所称权利人，是指商业秘密的所有人和经商业秘密所有人许可的商业秘密使用人。

**第二百四十四条　【强迫劳动罪】**以暴力、威胁或者限制人身自由的方法强迫他人劳动的，处三年以下有期徒刑或者拘役，并处罚金；情节严重的，处三年以上十年以下有期徒刑，并处罚金。

明知他人实施前款行为，为其招募、运送人员或者有其他协助强迫他人劳动行为的，依照前款的规定处罚。

单位犯前两款罪的，对单位判处罚金，并对其直接负责的主管人员和其他直接责任人员，依照第一款的规定处罚。

**第二百五十八条　【重婚罪】**有配偶而重婚的,或者明知他人有配偶而与之结婚的,处二年以下有期徒刑或者拘役。

**第二百五十九条　【破坏军婚罪】**明知是现役军人的配偶而与之同居或者结婚的,处三年以下有期徒刑或者拘役。

**【强奸罪】**利用职权、从属关系,以胁迫手段奸淫现役军人的妻子的,依照本法第二百三十六条的规定定罪处罚。

**第二百六十五条　【盗窃罪】**以牟利为目的,盗接他人通信线路、复制他人电信码号或者明知是盗接、复制的电信设备、设施而使用的,依照本法第二百六十四条的规定定罪处罚。

**第二百八十五条　【非法侵入计算机信息系统罪】**违反国家规定,侵入国家事务、国防建设、尖端科学技术领域的计算机信息系统的,处三年以下有期徒刑或者拘役。

**【非法获取计算机信息系统数据、非法控制计算机信息系统罪】**违反国家规定,侵入前款规定以外的计算机信息系统或者采用其他技术手段,获取该计算机信息系统中存储、处理或者传输的数据,或者对该计算机信息系统实施非法控制,情节严重的,处三年以下有期徒刑或者拘役,并处或者单处罚金;情节特别严重的,处三年以上七年以下有期徒刑,并处罚金。

**【提供侵入、非法控制计算机信息系统程序、工具罪】**提供专门用于侵入、非法控制计算机信息系统的程序、工具,或者明知他人实施侵入、非法控制计算机信息系统的违法犯罪行为而为其提供程序、工具,情节严重的,依照前款的规定处罚。

单位犯前三款罪的,对单位判处罚金,并对其直接负责的主管人员和其他直接责任人员,依照各该款的规定处罚。

**第二百八十七条之二　【帮助信息网络犯罪活动罪】**明知他人利用信息网络实施犯罪,为其犯罪提供互联网接入、服务器托管、网络存储、通讯传输等技术支持,或者提供广告推广、支付结算等帮助,情节严重的,处三年以下有期徒刑或者拘役,并处或者单处罚金。

单位犯前款罪的,对单位判处罚金,并对其直接负责的主管人员和其他直接责任人员,依照第一款的规定处罚。

有前两款行为,同时构成其他犯罪的,依照处罚较重的规定定罪处罚。

**第二百九十一条之一　【投放虚假危险物质罪】【编造、故意传播虚假恐怖信息罪】**投放虚假的爆炸性、毒害性、放射性、传染病病原体等物质,或者编造爆炸威胁、生化威胁、放射威胁等恐怖信息,或者明知是编造的恐怖信息而故意传播,严重扰乱社会秩序的,处五年以下有期徒刑、拘役或者管制;造成严重后果的,处五年以上有期徒刑。

**【编造、故意传播虚假信息罪】**编造虚假的险情、疫情、灾情、警情,在信息网络或者其他媒体上传播,或者明知是上述虚假信息,故意在信息网络或者其他媒体上传播,严重扰乱社会秩序的,处三年以下有期徒刑、拘役或者管制;造成严重后果的,处三年以上七年以下有期徒刑。

**第三百一十条 【窝藏、包庇罪】**明知是犯罪的人而为其提供隐藏处所、财物,帮助其逃匿或者作假证明包庇的,处三年以下有期徒刑、拘役或者管制;情节严重的,处三年以上十年以下有期徒刑。

犯前款罪,事前通谋的,以共同犯罪论处。

**第三百一十一条 【拒绝提供间谍犯罪、恐怖主义犯罪、极端主义犯罪证据罪】**明知他人有间谍犯罪或者恐怖主义、极端主义犯罪行为,在司法机关向其调查有关情况、收集有关证据时,拒绝提供,情节严重的,处三年以下有期徒刑、拘役或者管制。

**第三百一十二条 【掩饰、隐瞒犯罪所得、犯罪所得收益罪】**明知是犯罪所得及其产生的收益而予以窝藏、转移、收购、代为销售或者以其他方法掩饰、隐瞒的,处三年以下有期徒刑、拘役或者管制,并处或者单处罚金;情节严重的,处三年以上七年以下有期徒刑,并处罚金。

单位犯前款罪的,对单位判处罚金,并对其直接负责的主管人员和其他直接责任人员,依照前款的规定处罚。

**第三百四十五条 【盗伐林木罪】**盗伐森林或者其他林木,数量较大的,处三年以下有期徒刑、拘役或者管制,并处或者单处罚金;数量巨大的,处三年以上七年以下有期徒刑,并处罚金;数量特别巨大的,处七年以上有期徒刑,并处罚金。

**【滥伐林木罪】**违反森林法的规定,滥伐森林或者其他林木,数量较大的,处三年以下有期徒刑、拘役或者管制,并处或者单处罚金;数量巨大的,处三年以上七年以下有期徒刑,并处罚金。

**【非法收购、运输盗伐、滥伐的林木罪】**非法收购、运输明知是盗伐、滥伐的林木,情节严重的,处三年以下有期徒刑、拘役或者管制,并处或者单处罚金;情节特别严重的,处三年以上七年以下有期徒刑,并处罚金。

盗伐、滥伐国家级自然保护区内的森林或者其他林木的,从重处罚。

**第三百五十条 【非法生产、买卖、运输制毒物品、走私制毒物品罪】**违反国家规定,非法生产、买卖、运输醋酸酐、乙醚、三氯甲烷或者其他用于制造毒品的原料、配剂,或者携带上述物品进出境,情节较重的,处三年以下有期徒刑、拘役或者管制,并处罚金;情节严重的,处三年以上七年以下有期徒刑,并处罚金;情节特别严重的,处七年以上有期徒刑,并处罚金或者没收财产。

明知他人制造毒品而为其生产、买卖、运输前款规定的物品的,以制造毒品罪的共犯论处。

单位犯前两款罪的,对单位判处罚金,并对其直接负责的主管人员和其他直接责任人员,依照前两款的规定处罚。

**第三百六十条 【传播性病罪】**明知自己患有梅毒、淋病等严重性病卖淫、嫖娼的,处五年以下有期徒刑、拘役或者管制,并处罚金。

**第三百六十三条 【制作、复制、出版、贩卖、传播淫秽物品牟利罪】**以牟利为目的,制作、复制、出版、贩卖、传播淫秽物品的,处三年以下有期徒刑、拘役或者管制,并处罚金;情节严重的,处三年以上十年以下有期徒刑,并处罚金;情节特别严重的,处十年以上有期徒刑或者无期徒刑,并处罚金或者没收财产。

**【为他人提供书号出版淫秽书刊罪】**为他人提供书号,出版淫秽书刊的,处三年以下有期徒刑、拘役或者管制,并处或者单处罚金;明知他人用于出版淫秽书刊而提供书号的,依照前款的规定处罚。

**第三百七十条 【故意提供不合格武器装备、军事设施罪】**明知是不合格的武器装备、军事设施而提供给武装部队的,处五年以下有期徒刑或者拘役;情节严重的,处五年以上十年以下有期徒刑;情节特别严重的,处十年以上有期徒刑、无期徒刑或者死刑。

**【过失提供不合格武器装备、军事设施罪】**过失犯前款罪,造成严重后果的,处三年以下有期徒刑或者拘役;造成特别严重后果的,处三年以上七年以下有期徒刑。

单位犯第一款罪的,对单位判处罚金,并对其直接负责的主管人员和其他直接责任人员,依照第一款的规定处罚。

**第三百七十三条 【煽动军人逃离部队罪】【雇用逃离部队军人罪】**煽动军人逃离部队或者明知是逃离部队的军人而雇用,情节严重的,处三年以下有期徒刑、拘役或者管制。

**第三百七十九条 【战时窝藏逃离部队军人罪】**战时明知是逃离部队的军人而为其提供隐蔽处所、财物,情节严重的,处三年以下有期徒刑或者拘役。

**第三百九十九条 【徇私枉法罪】**司法工作人员徇私枉法、徇情枉法,对明知是无罪的人而使他受追诉、对明知是有罪的人而故意包庇不使他受追诉,或者在刑事审判活动中故意违背事实和法律作枉法裁判的,处五年以下有期徒刑或者拘役;情节严重的,处五年以上十年以下有期徒刑;情节特别严重的,处十年以上有期徒刑。

**【民事、行政枉法裁判罪】**在民事、行政审判活动中故意违背事实和法律作枉法裁判,情节严重的,处五年以下有期徒刑或者拘役;情节特别严重的,处五年以上十年以下有期徒刑。

**【执行判决、裁定失职罪】【执行判决、裁定滥用职权罪】**在执行判决、裁定活动中,严重不负责任或者滥用职权，不依法采取诉讼保全措施、不履行法定执行职责，或者违法采取诉讼保全措施、强制执行措施，致使当事人或者其他人的利益遭受重大损失的，处五年以下有期徒刑或者拘役；致使当事人或者其他人的利益遭受特别重大损失的，处五年以上十年以下有期徒刑。

司法工作人员收受贿赂，有前三款行为的，同时又构成本法第三百八十五条规定之罪的，依照处罚较重的规定定罪处罚。

**第四百一十五条　【办理偷越国（边）境人员出入境证件罪】【放行偷越国（边）境人员罪】**负责办理护照、签证以及其他出入境证件的国家机关工作人员，对明知是企图偷越国（边）境的人员，予以办理出入境证件的，或者边防、海关等国家机关工作人员，对明知是偷越国（边）境的人员，予以放行的，处三年以下有期徒刑或者拘役；情节严重的，处三年以上七年以下有期徒刑。

**第四百二十九条　【拒不救援友邻部队罪】**在战场上明知友邻部队处境危急请求救援，能救援而不救援，致使友邻部队遭受重大损失的，对指挥人员，处五年以下有期徒刑。

（2）"隐性明知"法条

"隐性明知"法条在其条文中没有"明知"字样，但根据犯罪理论和刑法立法本意，该类犯罪也要求主观上"明知"。是否属于"隐性明知"，需要运用法理去判断。

**法条链接**

**《刑法》第一百一十六条　【破坏交通工具罪】**破坏火车、汽车、电车、船只、航空器，足以使火车、汽车、电车、船只、航空器发生倾覆、毁坏危险，尚未造成严重后果的，处三年以上十年以下有期徒刑。

**第一百一十七条　【破坏交通设施罪】**破坏轨道、桥梁、隧道、公路、机场、航道、灯塔、标志或者进行其他破坏活动，足以使火车、汽车、电车、船只、航空器发生倾覆、毁坏危险，尚未造成严重后果的，处三年以上十年以下有期徒刑。

**第一百一十八条　【破坏电力设备罪】【破坏易燃易爆设备罪】**破坏电力、燃气或者其他易燃易爆设备，危害公共安全，尚未造成严重后果的，处三年以上十年以下有期徒刑。

**第一百一十九条第一款　【破坏交通工具罪】【破坏交通设施罪】【破坏电力设备罪】【破坏易燃易爆设备罪】**破坏交通工具、交通设施、电力设备、燃气设备、易燃易爆设备，造成严重后果的，处十年以上有期徒刑、无期徒刑或者死刑。

**第一百二十四条　【破坏广播电视设施、公用电信设施罪】**破坏广播电视设施、公用电信设施，危害公共安全的，处三年以上七年以下有期徒刑；造成严重后果的，处七年以上有期徒刑。

**【过失损坏广播电视设施、公用电信设施罪】**过失犯前款罪的,处三年以上七年以下有期徒刑;情节较轻的,处三年以下有期徒刑或者拘役。

需要注意的是,上述法条中所列的犯罪,要求行为人必须“明知”其破坏对象“正在使用中”,上述对象所针对的客体才是“公共安全”,否则,行为人的行为就不构成上述犯罪。

**法条链接**

**《刑法》第一百四十条 【生产、销售伪劣产品罪】**生产者、销售者在产品中掺杂、掺假,以假充真,以次充好或者以不合格产品冒充合格产品,销售金额五万元以上不满二十万元的,处二年以下有期徒刑或者拘役,并处或者单处销售金额百分之五十以上二倍以下罚金;销售金额二十万元以上不满五十万元的,处二年以上七年以下有期徒刑,并处销售金额百分之五十以上二倍以下罚金;销售金额五十万元以上不满二百万元的,处七年以上有期徒刑,并处销售金额百分之五十以上二倍以下罚金;销售金额二百万元以上的,处十五年有期徒刑或者无期徒刑,并处销售金额百分之五十以上二倍以下罚金或者没收财产。

**第一百四十一条 【生产、销售、提供假药罪】**生产、销售假药的,处三年以下有期徒刑或者拘役,并处罚金;对人体健康造成严重危害或者有其他严重情节的,处三年以上十年以下有期徒刑,并处罚金;致人死亡或者有其他特别严重情节的,处十年以上有期徒刑、无期徒刑或者死刑,并处罚金或者没收财产。

药品使用单位的人员明知是假药而提供给他人使用的,依照前款的规定处罚。

**第一百四十二条 【生产、销售、提供劣药罪】**生产、销售劣药,对人体健康造成严重危害的,处三年以上十年以下有期徒刑,并处罚金;后果特别严重的,处十年以上有期徒刑或者无期徒刑,并处罚金或者没收财产。

药品使用单位的人员明知是劣药而提供给他人使用的,依照前款的规定处罚。

**第一百四十三条 【生产、销售不符合安全标准的食品罪】**生产、销售不符合食品安全标准的食品,足以造成严重食物中毒事故或者其他严重食源性疾病的,处三年以下有期徒刑或者拘役,并处罚金;对人体健康造成严重危害或者有其他严重情节的,处三年以上七年以下有期徒刑,并处罚金;后果特别严重的,处七年以上有期徒刑或者无期徒刑,并处罚金或者没收财产。

**第一百四十四条 【生产、销售有毒、有害食品罪】**在生产、销售的食品中掺入有毒、有害的非食品原料的,或者销售明知掺有有毒、有害的非食品原料的食品的,处五年以下有期徒刑，并处罚金；对人体健康造成严重危害或者有其他严重情节的，处五年以上十年以下有期徒刑，并处罚金；致人死亡或者有其他特别严重情节的，依照本法第一百四十一条的规定处罚。

**第一百四十五条 【生产、销售不符合标准的医用器材罪】**生产不符合保障人体健康的国家标准、行业标准的医疗器械、医用卫生材料，或者销售明知是不符合保障人体健康的国家标准、行业标准的医疗器械、医用卫生材料，足以严重危害人体健康的，处三年以下有期徒刑或者拘役，并处销售金额百分之五十以上二倍以下罚金；对人体健康造成严重危害的，处三年以上十年以下有期徒刑，并处销售金额百分之五十以上二倍以下罚金；后果特别严重的，处十年以上有期徒刑或者无期徒刑，并处销售金额百分之五十以上二倍以下罚金或者没收财产。

**第一百四十六条 【生产、销售不符合安全标准的产品罪】**生产不符合保障人身、财产安全的国家标准、行业标准的电器、压力容器、易燃易爆产品或者其他不符合保障人身、财产安全的国家标准、行业标准的产品，或者销售明知是以上不符合保障人身、财产安全的国家标准、行业标准的产品，造成严重后果的，处五年以下有期徒刑，并处销售金额百分之五十以上二倍以下罚金；后果特别严重的，处五年以上有期徒刑，并处销售金额百分之五十以上二倍以下罚金。

**第一百四十七条 【生产、销售伪劣农药、兽药、化肥、种子罪】**生产假农药、假兽药、假化肥，销售明知是假的或者失去使用效能的农药、兽药、化肥、种子，或者生产者、销售者以不合格的农药、兽药、化肥、种子冒充合格的农药、兽药、化肥、种子，使生产遭受较大损失的，处三年以下有期徒刑或者拘役，并处或者单处销售金额百分之五十以上二倍以下罚金；使生产遭受重大损失的，处三年以上七年以下有期徒刑，并处销售金额百分之五十以上二倍以下罚金；使生产遭受特别重大损失的，处七年以上有期徒刑或者无期徒刑，并处销售金额百分之五十以上二倍以下罚金或者没收财产。

**第一百四十八条 【生产、销售不符合卫生标准的化妆品罪】**生产不符合卫生标准的化妆品，或者销售明知是不符合卫生标准的化妆品，造成严重后果的，处三年以下有期徒刑或者拘役，并处或者单处销售金额百分之五十以上二倍以下罚金。

**第一百四十九条 【对生产、销售伪劣商品行为的法条适用】**生产、销售本节第一百四十一条至第一百四十八条所列产品，不构成各该条规定的犯罪，但是销售金额在五万元以上的，依照本节第一百四十条的规定定罪处罚。

生产、销售本节第一百四十一条至第一百四十八条所列产品，构成各该条规定的犯罪，同时又构成本节第一百四十条规定之罪的，依照处罚较重的规定定罪处罚。

上述法条所列犯罪主体分为两类:一类是产品的制造者,另一类是产品的销售者。这里需要强调的是,对于销售者构成上述犯罪的,一定要求其"明知"是上述产品。销售者是否"明知",有两种情况:一种情况是其通过生产者或进货渠道知晓产品不是正规合格产品,这种情况下,销售者可以构成上述犯罪;另一种情况是销售者通过正常进货渠道、正常进货价格进货,其对所进产品属于上述犯罪对象主观上缺乏"明知",这种情况下,就要通过论证销售者不"明知"而不构成犯罪。

**法条链接**

**《刑法》第二百三十六条 【强奸罪】**以暴力、胁迫或者其他手段强奸妇女的,处三年以上十年以下有期徒刑。

奸淫不满十四周岁的幼女的,以强奸论,从重处罚。

强奸妇女、奸淫幼女,有下列情形之一的,处十年以上有期徒刑、无期徒刑或者死刑:

(一)强奸妇女、奸淫幼女情节恶劣的;

(二)强奸妇女、奸淫幼女多人的;

(三)在公共场所当众强奸妇女的;

(四)二人以上轮奸的;

(五)致使被害人重伤、死亡或者造成其他严重后果的。

**第二百四十四条之一 【雇用童工从事危重劳动罪】**违反劳动管理法规,雇用未满十六周岁的未成年人从事超强度体力劳动的,或者从事高空、井下作业的,或者在爆炸性、易燃性、放射性、毒害性等危险环境下从事劳动,情节严重的,对直接责任人员,处三年以下有期徒刑或者拘役,并处罚金;情节特别严重的,处三年以上七年以下有期徒刑,并处罚金。

有前款行为,造成事故,又构成其他犯罪的,依照数罪并罚的规定处罚。

**第二百六十二条 【拐骗儿童罪】**拐骗不满十四周岁的未成年人,脱离家庭或者监护人的,处五年以下有期徒刑或者拘役。

**第二百六十二条之一 【组织残疾人、儿童乞讨罪】**以暴力、胁迫手段组织残疾人或者不满十四周岁的未成年人乞讨的,处三年以下有期徒刑或者拘役,并处罚金;情节严重的,处三年以上七年以下有期徒刑,并处罚金。

**第二百六十二条之二 【组织未成年人进行违反治安管理活动罪】**组织未成年人进行盗窃、诈骗、抢夺、敲诈勒索等违反治安管理活动的,处三年以下有期徒刑或者拘役,并处罚金;情节严重的,处三年以上七年以下有期徒刑,并处罚金。

上述法条中的“不满十四周岁的幼女”“未满十六周岁的未成年人”“不满十四周岁的未成年人”“未成年人”,必须要求行为人是“明知”的。

法条链接

**《刑法》第二百七十七条 【妨害公务罪】**以暴力、威胁方法阻碍国家机关工作人员依法执行职务的,处三年以下有期徒刑、拘役、管制或者罚金。

以暴力、威胁方法阻碍全国人民代表大会和地方各级人民代表大会代表依法执行代表职务的,依照前款的规定处罚。

在自然灾害和突发事件中,以暴力、威胁方法阻碍红十字会工作人员依法履行职责的,依照第一款的规定处罚。

故意阻碍国家安全机关、公安机关依法执行国家安全工作任务,未使用暴力、威胁方法,造成严重后果的,依照第一款的规定处罚。

**【袭警罪】**暴力袭击正在依法执行职务的人民警察的,处三年以下有期徒刑、拘役或者管制;使用枪支、管制刀具,或者以驾驶机动车撞击等手段,严重危及其人身安全的,处三年以上七年以下有期徒刑。

上述犯罪,要求行为人“明知”犯罪对象是正在依法履行职务的法条所列人员。实践中,很多情况下,相关人员在履行职务时没有严格按照相关法律、法规要求着装、持证、履行完备的法律手续等,行为人即使对其有法条所列的行为,也因缺少主观上的“明知”,不应该构成本罪。

法条链接

**《刑法》第三百四十九条 【包庇毒品犯罪分子罪】【窝藏、转移、隐瞒毒品、毒赃罪】**包庇走私、贩卖、运输、制造毒品的犯罪分子的,为犯罪分子窝藏、转移、隐瞒毒品或者犯罪所得的财物的,处三年以下有期徒刑、拘役或者管制;情节严重的,处三年以上十年以下有期徒刑。

**【包庇毒品犯罪分子罪】**缉毒人员或者其他国家机关工作人员掩护、包庇走私、贩卖、运输、制造毒品的犯罪分子的,依照前款的规定从重处罚。

犯前两款罪,事先通谋的,以走私、贩卖、运输、制造毒品罪的共犯论处。

这一犯罪,要求行为人必须“明知”是走私、贩卖、运输、制造毒品的犯罪分子,或毒品犯罪所得的财物。

综上所述,通过否定“明知”来作无罪辩护,与其他辩护一样,需要有充分的理由和证据来支持。如果仅凭犯罪嫌疑人/被告人辩解其主观上不明知就推定犯罪不成立,不仅有失刑事辩护律师的水准,更重要的是,犯罪嫌疑人/被告人的合法权益反而可能得不到充分保障。要想通过排除“明知”来论证犯罪不成立,应该以不限于下列方面佐证犯罪嫌疑人/被告人“不明知”:

第一,从犯罪嫌疑人/被告人自身的年龄、文化程度、职业、经历和阅历、对犯罪对象及所涉领域的了解程度等因素来判断、论证其有无“明知”的可能性。

第二,犯罪对象的具体情况是否影响犯罪嫌疑人/被告人作出准确判断。例如,有的不满14周岁的女孩,由于发育较早,常人根本判断不出其实际年龄;再如,交易方式、交易价格等方面均无异常,购买了“赃物”,就可以确定行为人“不明知”。

第三,其他证据,例如,同案犯供述与辩解、证人证言等能否佐证犯罪嫌疑人/被告人所述“不明知”。

以下列举一起以被告人“主观不明知,没有犯罪故意,不构成犯罪”辩护为无罪的案例。

## 案例8 | 罗某之、李某龙走私珍贵动物、珍贵动物制品案①

**【起诉书指控】**

2014年2月28日,被告人罗某之、李某龙在泰国清盛码头装货物到中国关累港。同年3月7日入境至关累港后向海关申报船舶载运的货物。3月12日,西双版纳海关关累港现场查验关员对货物进行查验时,当场查获未向海关申报的象牙制品两根、净重5181克,海马制品11,936只,净重40,500克。

经鉴定,象牙制品的源动物为亚洲象,为国家Ⅰ级保护野生动物,两根象牙的价值为50万元;海马等同于中国国家二级重点保护野生动物,11,936只海马制品的价值为996.6560万元。

公诉机关认为,被告人罗某之、李某龙的行为均已构成走私珍贵动物制品罪,应当追究刑事责任。

**【律师辩护意见】**

被告人罗某之对公诉机关的指控不予认可,提出货船上拉运的所有物品均是

① 参见云南省高级人民法院刑事判决书,(2016)云刑终1539号。

交给李某龙的，并由李某龙办理相关手续，其仅是货船的驾驶人，不知道货船上拉有象牙、海马等走私物品，其行为不构成犯罪，应宣告无罪。

李某龙辩称，罗某之是“嘉智号”货船的船长、第一责任人，船要拉运什么货物均是与罗某之联系，罗某之告诉过其船上拉有工艺品，但其不知道工艺品中藏有象牙、海马等走私物品，其不构成犯罪。辩护人还提出：(1)云南云林司法鉴定中心作出的〔2015〕动鉴字第158号野生动物鉴定意见书是由相同的鉴定中心、相同的司法鉴定人作出的重新鉴定，违反司法鉴定程序，属程序违法的非法证据，应予以排除，云南濒科委司法鉴定中心作出的〔2014〕濒司鉴动(售)字第034号野生动物鉴定报告书没有鉴定人签名，且鉴定过程和方法缺乏科学性，不符合相关专业的规范要求，不能作为定案依据。而涉案物品的价值是本案是否构成犯罪、情节是否严重的依据，本案没有证据证实涉案物品的价值。(2)李某龙仅是船上的大副，不是运输工具的负责人或主要责任人，受船长的安排在自己的职责范围内工作，没有证据证明李某龙有事先通谋、集资走私，或者使用特殊的走私运输工具从事走私犯罪活动等情形，就不应追究其刑事责任。故本案没有合法证据证实李某龙有犯罪的故意，应根据“疑罪从无”的原则认定李某龙无罪，作出无罪判决。

**【发回重审后的一审法院裁判结果】**

被告人罗某之身为“嘉智号”货船的船长、第一责任人，被告人李某龙身为“嘉智号”货船大副，有多年的跑船经验，其明知入境货物要如实向海关申报，但李某龙在“嘉智号”货船入境后的报关过程中对涉案物品未进行申报，可认定二被告人主观上具有走私犯罪的故意。根据最高人民法院、最高人民检察院、海关总署《关于办理走私刑事案件适用法律若干问题的意见》第6条“走私犯罪嫌疑人主观上具有走私犯罪故意，但对其走私的具体对象不明确的，不影响走私犯罪构成，应当根据实际的走私对象定罪处罚”的规定，本案涉案2根象牙源于国家Ⅰ级重点保护野生动物亚洲象，海马属《濒危野生动植物种国际贸易公约》附录Ⅱ物种，均属于珍贵动物，故相关意见法院不予采纳。辩护人提出本案关于海马、象牙的鉴定违反程序，涉案的物品没有价值的相关辩护意见，原判认为，云林司法鉴定中心关于海马的鉴定违反了司法鉴定程序，相关鉴定意见不作为证据适用；但云南濒科委鉴定中心作出的关于象牙的鉴定是具有资质的鉴定部门和鉴定人员作出的鉴定，没有违反司法鉴定程序，真实、合法、有效，足以证实涉案物品的价值，据此，依照《刑法》(2015年修正)第151条第2款、第25条第1款、第64条之规定，以走私珍贵动物制品罪判处被告人罗某之有期徒刑7年，并处罚金5万元；判处被告人李某龙有期徒刑7年，并处罚金币5万元;查获的象牙2根、海马制品11,936只,依法没收,由查扣机关依法处理。

**【二审法院裁判结果】**

二审法院认为,在案证据不能推定二上诉人明知所运货物系珍贵动物制品及有走私的故意。二上诉人均承认只是帮熟悉的加油船老板"老曾"带9箱工艺品到关累,但"老曾"说关累有人接货;报关员黄某1证实"老曾"曾打电话让其报关,但其因无相关野生动物制品资质未接这单报关生意;这9纸箱货物的包装严密,证实二上诉人未拆开检查的说法可信,查获的货物与船上的其他2430纸箱货物包装有明显区别,在其他货物报关下船装车时,二上诉人未将这9箱货物夹带在其他货物中上岸;这9箱货物放在船上明显的位置,无藏匿、伪装等逃避海关监管的行为;根据《海关法》(2016年修正)第24条的规定,进口货物的收货人应当自运输工具申报进境之日起14日内,向海关申报,"嘉智号"2014年3月7日到关累港,货物被查获为3月12日,尚在申报期内。综上所述,根据最高人民法院、最高人民检察院、海关总署《关于办理走私刑事案件适用法律若干问题的意见》第5条的规定,在案证据不能排除二上诉人具有被蒙骗的情形,不能得出二上诉人明知运输的是象牙、查获的9箱货物不准备报关的唯一结论,进而推定二上诉人有走私的故意。

二审法院认为,不排除二上诉人有被蒙骗的情形,在存在多个反证的情况下,按照疑罪从无原则,从有利于上诉人出发,不能以二上诉人应具有的职责、经验来推定具有走私的故意;在不能认定走私故意的前提下,二上诉人未严格履行制度、未如实向海关申报的行为不构成刑事犯罪,法院对上诉理由及辩护意见的相关部分予以采纳。关于检察员所提一审定罪准确,但量刑过重,建议法院依法从轻改判的出庭意见,与查明的事实不符,法院不予采纳。综上所述,原审程序合法,但认定事实不清、证据不足。据此,根据《刑事诉讼法》(2012年)第225条第1款第3项①之规定,裁定如下:(1)撤销云南省西双版纳傣族自治州中级人民法院(2016)云28刑初216号刑事判决;(2)上诉人罗某之、李某龙无罪;(3)查获的象牙2根、海马制品11,936只,由查扣机关依法处理。

### (六)无刑法上的因果关系的无罪

发生危害结果后,要让行为人对该结果负刑事责任,就必须查明其所实施的危

① 参见2018年修正的《刑事诉讼法》第236条第1款第3项。

害行为与该结果之间具有因果关系，即刑法上的因果关系。

有的情况下，从案件的事实表面看，行为人实施一定的行为后，出现了一定的危害后果。但深入探究后才能发现，行为与结果之间没有因果关系，至少没有刑法上的因果关系。因此，刑事辩护律师可以通过论证被控的犯罪行为与犯罪结果无刑法上的因果关系来作无罪辩护。

以下列举两起通过否定因果关系的存在，证明被告人无罪的案例。

## 案例 9 | 夏某文故意伤害案[①]

**【自诉人诉称】**

2018 年 10 月 14 日，杜某甲在长岭县大兴镇义合村与被告人夏某文因为种地一事发生口角，夏某文将杜某甲打伤。杜某甲的邻居向长岭县大兴镇派出所报案。后杜某甲被送往长岭县宏光医院住院 11 天进行治疗。经公安机关伤情鉴定，鉴定伤情为轻伤二级。

自诉人杜某甲请求依法追究被告人夏某文的刑事责任，并判令被告人赔偿自诉人损失等。

**【一审法院裁判结果】**

一审法院认为，被告人夏某文手持木棒（拐棍），故意伤害他人的身体，致人轻伤二级，其行为已构成故意伤害罪。被告人夏某文是累犯，应当从重处罚，判处有期徒刑 1 年 8 个月。

**【二审期间律师辩护意见】**

辩护人请求二审法院改判上诉人无罪，理由如下：

1. 本案程序存在问题

首先，杜某甲曾提起自诉后又撤诉，现又提起自诉，法院应当裁定不予受理。其次，杜某甲第二次提起自诉后，上诉人多次对杜某甲的损伤程度提出重新鉴定申请，原审法院对上诉人提出的请求置之不理而迳行判决，致使现在杜某甲死亡，无法重新鉴定。

2. 本案实体部分存在问题

首先，上诉人夏某文抓住杜某甲的拐杖一段属于正当防卫，上诉人没有对杜某

---

① 参见吉林省松原市中级人民法院刑事判决书，（2020）吉 07 刑终 239 号。

甲实施任何伤害行为,杜某甲身体的损伤不排除是其掉入沟中摔伤所致。其次,上诉人夏某文既没有伤害杜某甲的主观故意,又没有实施伤害杜某甲的客观行为,上诉人不构成犯罪。最后,原审判决采信证人吴某的证言认定上诉人有罪是错误的,上诉人与杜某甲发生争吵时,吴某并不在场,同时,杜某甲在原审第一次庭审时陈述“吴某欠我钱”,吴某在法庭作证时称其间歇性给杜某乙打工,吴某与杜某甲、杜某乙有利害关系,其证言作为杜某甲指控上诉人犯罪的唯一证据,在没有其他证据加以佐证的情况下,不应予以认定。本案其他证人证言均与吴某的证言相矛盾,且吴某自己的在侦查阶段的证言与其在庭审出庭作证时的证言也自相矛盾,关于其家位置、案发地点、杜某甲如何回家、杜某甲抽搐时间、报警时间、杜某甲身体是否有伤等证言均存在前后矛盾之处。经辩护人现场勘查,杜某甲与夏某文发生冲突的地点距离吴某家门口为185米,冲突现场比道路低1米左右,道边杂草丛生,在吴某家门口根本无法看见冲突现场,更听不见当事人的对话。因此吴某的证言虚假,不应采信。

**【二审法院裁判结果】**

二审法院认为,本案中,仅有被害人本人的陈述及证人吴某的证言证实夏某文打了杜某甲,吴某当时并不在案发现场,而是在其家附近看到,同时其证言仅证实了夏某文有打的行为,也没看清打在什么部位,而在场的其他证人均称未看见夏某文打了杜某甲,夏某文也自始否认其有打的行为,故认定杜某甲的伤系上诉人夏某文殴打所致,证据并不充分。对上诉人及其辩护人认为上诉人不构成犯罪的上诉及辩护意见,法院予以支持。

## 案例10 | 李某玩忽职守案[①]

**【起诉书指控】**

被告人李某于2012年12月起担任太原市食品药品监督管理局小店分局(后为太原市小店区食品药品监督管理局)食品安全监督科科长,2012年10月至2013年11月兼任小店区食品药品监督管理局药品综合监督科副科长,负责对小店辖区内药品批发企业的经营行为进行监督检查,保障有关药品、医疗器械、保健食品、化妆品管理法律、法规、相关政策和质量管理规范的实施。

---

① 参见山西省太原市中级人民法院刑事判决书,(2019)晋01刑终990号。

2012年至2013年11月，张某（另案处理）、被告人李某在对山西滨海医药开发有限公司（现更名为山西瑞康医药有限公司）进行依法检查的过程中，仅对抽查疫苗的购进票据、疫苗库存账、疫苗实物名称、规格、批号、数量上是否一致，疫苗电子监管和注销情况是否正常，冷库的设置以及相关设施设备的运行状态是否合法进行了检查。二人违反《药品经营质量管理规范》、《疫苗流通和预防接种管理条例》①、《疫苗存储和运输管理规范》等规定，未依法对该公司疫苗流向的真实性进行检查、未对滨海公司疫苗的配送是否符合冷链管理规定进行检查、未能检查并发现该公司对疫苗经营的管理存在重大缺陷、未能发现滨海公司质量体系文件中对疫苗流通环节风险管控的制度设置存在重大缺陷从而依法督促企业完善制度。李某、张某的行为最终导致山西滨海医药开发有限公司疫苗部任某娟在2014年2月至3月，违法将4232支23价肺炎球菌多糖疫苗和200支B型流感嗜血杆菌结合疫苗（HIB疫苗）使用保温箱加冰袋的方式通过大巴车运输出售给山东省无疫苗经营资质的庞某卫，造成恶劣社会影响。

公诉机关认为，被告人李某作为国家工作人员，严重不负责任，不认真履行职责，造成恶劣社会影响，应当以玩忽职守罪追究其刑事责任。

**【一审法院裁判结果】**

一审法院认为，被告人李某在太原市小店区食品药品监督管理局药品综合监管科的任职时间是2012年10月至2013年11月，李某在任职期间按照相关检查要求对滨海公司的疫苗经营情况进行了检查，且李某在2013年11月之后不再兼任药品科执法人员，任某娟违法销售疫苗的时间是2014年2月至6月，根据在案证据，被告人李某的履职行为与任某娟违法销售疫苗的行为之间没有刑法上的必然因果关系，不能认定被告人李某有罪，公诉机关指控罪名不成立，判决被告人李某无罪。

**【二审期间律师辩护意见】**

辩护人认为，首先，李某的职务行为与任某娟的犯罪行为以及结果之间没有因果关系。李某的本职工作是太原市食药监局小店分局食品安全监督科科长，2012年10月至2013年11月兼任药品综合监督科副科长，2013年11月之后不再兼任药品科副科长，也就不再是该科的执法人员，而任某娟违法销售疫苗的时间是2014年2月至6月，此时李某已不再负责药品监管相关工作；同时，在此期间小店区食药监

① 《疫苗流通和预防接种管理条例》已于2020年3月27日因国务院《关于修改和废止部分行政法规的决定》而失效。

局对滨海公司于2014年3月18日进行过一次检查,执法人员为张某、王某霞,这也证明了任某娟的违法行为与李某无因果关系。

其次,李某已经尽到了监管职责。根据《药品经营质量管理规范》等规定,药品监管部门应当对供货单位和购货单位的合法性、购进药品的合法性以及供货单位销售人员、购货单位采购人员的合法资格进行审核,同时对疫苗在储存、运输、供应、销售、分发和适用环节中的质量进行监督检查。李某等人对药品、疫苗的销售渠道和具体流向的真实性进行过检查,具体方式是要求企业审核客户的经营资质、留存客户的资质复印件、建立真实完整的销售记录、销售药品要开具随货同行单,上述事实从李某等人的检查记录中可以证实。具体到滨海公司的质量管理制度和质量记录是完整的,同时检查时没有发现该公司将药品、疫苗出售给没有资质的公司或个人的情况,再者,任某娟是滨海公司的疫苗负责人,也有正式的任命文件,这些都是符合法律规定的,因此,辩护人认为,本案中李某尽到了自己应尽的监管职责,不存在玩忽职守的情形。综上所述,根据在案证据,不能证明李某的履职行为与任某娟违法销售疫苗的行为之间存在刑法上的必然因果关系,李某应当无罪。

**【二审法院裁判结果】**

二审法院认为,李某负责监管期间的履职行为与任某娟之后实施的违法销售疫苗的行为,二者之间并不具有刑法上的必然因果关系。原判认定原审被告人李某无罪正确,判决驳回抗诉,维持一审判决。

### (七)行为后果未达标的无罪

《刑法》分则的某些罪名,以造成一定的后果作为构成犯罪的条件。对于要求"重大损失"或"后果严重"才能构成犯罪的,可以通过论证本案造成的损失或后果未达到法定构成犯罪的程度,证明犯罪嫌疑人/被告人无罪。

1. 以造成重大损失来决定是否构成犯罪

以造成"严重损失"、"重大损失"或"特别重大损失"作为构成犯罪的结果条件的罪名,有的在法条中明确了"严重损失"、"重大损失"或"特别重大损失"的量化标准,可以通过对涉案"损失"的认定程序、依据等提出异议来论证未达到构成犯罪的程度。而有的罪名,其"严重损失"、"重大损失"或"特别重大损失"并无明确标准,对这种情况,除从上述角度论证之外,还可以运用罪刑法定原则来否认指控。因此,在对这些犯罪以未造成法定的"严重损失"、"重大损失"或"特别重大损失"为由作无罪辩护时,应区分具体情况来决定论证方法。

**法条链接**

**《刑法》第一百三十三条 【交通肇事罪】** 违反交通运输管理法规,因而发生重大事故,致人重伤、死亡或者使公私财产遭受重大损失的,处三年以下有期徒刑或者拘役;交通运输肇事后逃逸或者有其他特别恶劣情节的,处三年以上七年以下有期徒刑;因逃逸致人死亡的,处七年以上有期徒刑。

**第一百四十七条 【生产、销售伪劣农药、兽药、化肥、种子罪】** 生产假农药、假兽药、假化肥,销售明知是假的或者失去使用效能的农药、兽药、化肥、种子,或者生产者、销售者以不合格的农药、兽药、化肥、种子冒充合格的农药、兽药、化肥、种子,使生产遭受较大损失的,处三年以下有期徒刑或者拘役,并处或者单处销售金额百分之五十以上二倍以下罚金;使生产遭受重大损失的,处三年以上七年以下有期徒刑,并处销售金额百分之五十以上二倍以下罚金;使生产遭受特别重大损失的,处七年以上有期徒刑或者无期徒刑,并处销售金额百分之五十以上二倍以下罚金或者没收财产。

**第一百六十六条 【为亲友非法牟利罪】** 国有公司、企业、事业单位的工作人员,利用职务便利,有下列情形之一,使国家利益遭受重大损失的,处三年以下有期徒刑或者拘役,并处或者单处罚金;致使国家利益遭受特别重大损失的,处三年以上七年以下有期徒刑,并处罚金:

(一)将本单位的盈利业务交由自己的亲友进行经营的;

(二)以明显高于市场的价格向自己的亲友经营管理的单位采购商品或者以明显低于市场的价格向自己的亲友经营管理的单位销售商品的;

(三)向自己的亲友经营管理的单位采购不合格商品的。

**第一百六十七条 【签订、履行合同失职被骗罪】** 国有公司、企业、事业单位直接负责的主管人员,在签订、履行合同过程中,因严重不负责任被诈骗,致使国家利益遭受重大损失的,处三年以下有期徒刑或者拘役;致使国家利益遭受特别重大损失的,处三年以上七年以下有期徒刑。

**第一百六十八条 【国有公司、企业、事业单位人员失职罪】【国有公司、企业、事业单位人员滥用职权罪】** 国有公司、企业的工作人员,由于严重不负责任或者滥用职权,造成国有公司、企业破产或者严重损失,致使国家利益遭受重大损失的,处三年以下有期徒刑或者拘役;致使国家利益遭受特别重大损失的,处三年以上七年以下有期徒刑。

国有事业单位的工作人员有前款行为,致使国家利益遭受重大损失的,依照前款的规定处罚。

国有公司、企业、事业单位的工作人员,徇私舞弊,犯前两款罪的,依照第一款的规定从重处罚。

**第一百六十九条 【徇私舞弊低价折股、出售国有资产罪】**国有公司、企业或者其上级主管部门直接负责的主管人员，徇私舞弊，将国有资产低价折股或者低价出售，致使国家利益遭受重大损失的，处三年以下有期徒刑或者拘役；致使国家利益遭受特别重大损失的，处三年以上七年以下有期徒刑。

**第一百六十九条之一 【背信损害上市公司利益罪】**上市公司的董事、监事、高级管理人员违背对公司的忠实义务，利用职务便利，操纵上市公司从事下列行为之一，致使上市公司利益遭受重大损失的，处三年以下有期徒刑或者拘役，并处或者单处罚金；致使上市公司利益遭受特别重大损失的，处三年以上七年以下有期徒刑，并处罚金：

（一）无偿向其他单位或者个人提供资金、商品、服务或者其他资产的；

（二）以明显不公平的条件，提供或者接受资金、商品、服务或者其他资产的；

（三）向明显不具有清偿能力的单位或者个人提供资金、商品、服务或者其他资产的；

（四）为明显不具有清偿能力的单位或者个人提供担保，或者无正当理由为其他单位或者个人提供担保的；

（五）无正当理由放弃债权、承担债务的；

（六）采用其他方式损害上市公司利益的。

上市公司的控股股东或者实际控制人，指使上市公司董事、监事、高级管理人员实施前款行为的，依照前款的规定处罚。

犯前款罪的上市公司的控股股东或者实际控制人是单位的，对单位判处罚金，并对其直接负责的主管人员和其他直接责任人员，依照第一款的规定处罚。

**第一百八十六条 【违法发放贷款罪】**银行或者其他金融机构的工作人员违反国家规定发放贷款，数额巨大或者造成重大损失的，处五年以下有期徒刑或者拘役，并处一万元以上十万元以下罚金；数额特别巨大或者造成特别重大损失的，处五年以上有期徒刑，并处二万元以上二十万元以下罚金。

银行或者其他金融机构的工作人员违反国家规定，向关系人发放贷款的，依照前款的规定从重处罚。

单位犯前两款罪的，对单位判处罚金，并对其直接负责的主管人员和其他直接责任人员，依照前两款的规定处罚。

关系人的范围，依照《中华人民共和国商业银行法》和有关金融法规确定。

**第一百八十七条 【吸收客户资金不入帐罪】**银行或者其他金融机构的工作人员吸收客户资金不入帐，数额巨大或者造成重大损失的，处五年以下有期徒刑或者拘役，并处二万元以上二十万元以下罚金；数额特别巨大或者造成特别重大损失的，处五年以上有期徒刑，并处五万元以上五十万元以下罚金。

单位犯前款罪的，对单位判处罚金，并对其直接负责的主管人员和其他直接责任人员，依照前款的规定处罚。

**第一百八十八条　【违规出具金融票证罪】**银行或者其他金融机构的工作人员违反规定，为他人出具信用证或者其他保函、票据、存单、资信证明，情节严重的，处五年以下有期徒刑或者拘役；情节特别严重的，处五年以上有期徒刑。

单位犯前款罪的，对单位判处罚金，并对其直接负责的主管人员和其他直接责任人员，依照前款的规定处罚。

**第一百八十九条　【对违法票据承兑、付款、保证罪】**银行或者其他金融机构的工作人员在票据业务中，对违反票据法规定的票据予以承兑、付款或者保证，造成重大损失的，处五年以下有期徒刑或者拘役；造成特别重大损失的，处五年以上有期徒刑。

单位犯前款罪的，对单位判处罚金，并对其直接负责的主管人员和其他直接责任人员，依照前款的规定处罚。

**第二百一十九条　【侵犯商业秘密罪】**有下列侵犯商业秘密行为之一，情节严重的，处三年以下有期徒刑，并处或者单处罚金；情节特别严重的，处三年以上十年以下有期徒刑，并处罚金：

（一）以盗窃、贿赂、欺诈、胁迫、电子侵入或者其他不正当手段获取权利人的商业秘密的；

（二）披露、使用或者允许他人使用以前项手段获取的权利人的商业秘密的；

（三）违反保密义务或者违反权利人有关保守商业秘密的要求，披露、使用或者允许他人使用其所掌握的商业秘密的。

明知前款所列行为，获取、披露、使用或者允许他人使用该商业秘密的，以侵犯商业秘密论。

本条所称权利人，是指商业秘密的所有人和经商业秘密所有人许可的商业秘密使用人。

**第二百二十一条　【损害商业信誉、商品声誉罪】**捏造并散布虚伪事实，损害他人的商业信誉、商品声誉，给他人造成重大损失或者有其他严重情节的，处二年以下有期徒刑或者拘役，并处或者单处罚金。

**第二百九十条　【聚众扰乱社会秩序罪】**聚众扰乱社会秩序，情节严重，致使工作、生产、营业和教学、科研无法进行，造成严重损失的，对首要分子，处三年以上七年以下有期徒刑；对其他积极参加的，处三年以下有期徒刑、拘役、管制或者剥夺政治权利。

**【聚众冲击国家机关罪】**聚众冲击国家机关，致使国家机关工作无法进行，造成严重损失的，对首要分子，处五年以上十年以下有期徒刑；对其他积极参加的，处五年以下有期徒刑、拘役、管制或者剥夺政治权利。

**【扰乱国家机关工作秩序罪】**多次扰乱国家机关工作秩序,经行政处罚后仍不改正,造成严重后果的,处三年以下有期徒刑、拘役或者管制。

**【组织、资助非法聚集罪】**多次组织、资助他人非法聚集,扰乱社会秩序,情节严重的,依照前款的规定处罚。

**第三百零四条　【故意延误投递邮件罪】**邮政工作人员严重不负责任,故意延误投递邮件,致使公共财产、国家和人民利益遭受重大损失的,处二年以下有期徒刑或者拘役。

**第三百三十九条　【非法处置进口的固体废物罪】**违反国家规定,将境外的固体废物进境倾倒、堆放、处置的,处五年以下有期徒刑或者拘役,并处罚金;造成重大环境污染事故,致使公私财产遭受重大损失或者严重危害人体健康的,处五年以上十年以下有期徒刑,并处罚金;后果特别严重的,处十年以上有期徒刑,并处罚金。

**【擅自进口固体废物罪】**未经国务院有关主管部门许可,擅自进口固体废物用作原料,造成重大环境污染事故,致使公私财产遭受重大损失或者严重危害人体健康的,处五年以下有期徒刑或者拘役,并处罚金;后果特别严重的,处五年以上十年以下有期徒刑,并处罚金。

**【走私废物罪】**以原料利用为名,进口不能用作原料的固体废物、液态废物和气态废物的,依照本法第一百五十二条第二款、第三款的规定定罪处罚。

**第三百七十一条　【聚众冲击军事禁区罪】**聚众冲击军事禁区,严重扰乱军事禁区秩序的,对首要分子,处五年以上十年以下有期徒刑;对其他积极参加的,处五年以下有期徒刑、拘役、管制或者剥夺政治权利。

**【聚众扰乱军事管理区秩序罪】**聚众扰乱军事管理区秩序,情节严重,致使军事管理区工作无法进行,造成严重损失的,对首要分子,处三年以上七年以下有期徒刑;对其他积极参加的,处三年以下有期徒刑、拘役、管制或者剥夺政治权利。

**第三百九十七条　【滥用职权罪】【玩忽职守罪】**国家机关工作人员滥用职权或者玩忽职守,致使公共财产、国家和人民利益遭受重大损失的,处三年以下有期徒刑或者拘役;情节特别严重的,处三年以上七年以下有期徒刑。本法另有规定的,依照规定。

国家机关工作人员徇私舞弊,犯前款罪的,处五年以下有期徒刑或者拘役;情节特别严重的,处五年以上十年以下有期徒刑。本法另有规定的,依照规定。

**第三百九十九条第三款　【执行判决、裁定失职罪】【执行判决、裁定滥用职权罪】**在执行判决、裁定活动中,严重不负责任或者滥用职权,不依法采取诉讼保全措施、不履行法定执行职责,或者违法采取诉讼保全措施、强制执行措施,致使当事人或者其他人的利益遭受重大损失的,处五年以下有期徒刑或者拘役;致使当事人或者其他人的利益遭受特别重大损失的，处五年以上十年以下有期徒刑。

**第四百零三条　【滥用管理公司、证券职权罪】**国家有关主管部门的国家机关工作人员，徇私舞弊，滥用职权，对不符合法律规定条件的公司设立、登记申请或者股票、债券发行、上市申请，予以批准或者登记，致使公共财产、国家和人民利益遭受重大损失的，处五年以下有期徒刑或者拘役。

上级部门强令登记机关及其工作人员实施前款行为的，对其直接负责的主管人员，依照前款的规定处罚。

**第四百零四条　【徇私舞弊不征、少征税款罪】**税务机关的工作人员徇私舞弊，不征或者少征应征税款，致使国家税收遭受重大损失的，处五年以下有期徒刑或者拘役；造成特别重大损失的，处五年以上有期徒刑。

**第四百零五条　【徇私舞弊发售发票、抵扣税款、出口退税罪】**税务机关的工作人员违反法律、行政法规的规定，在办理发售发票、抵扣税款、出口退税工作中，徇私舞弊，致使国家利益遭受重大损失的，处五年以下有期徒刑或者拘役；致使国家利益遭受特别重大损失的，处五年以上有期徒刑。

**【违法提供出口退税证罪】**其他国家机关工作人员违反国家规定，在提供出口货物报关单、出口收汇核销单等出口退税凭证的工作中，徇私舞弊，致使国家利益遭受重大损失的，依照前款的规定处罚。

**第四百零六条　【国家机关工作人员签订、履行合同失职被骗罪】**国家机关工作人员在签订、履行合同过程中，因严重不负责任被诈骗，致使国家利益遭受重大损失的，处三年以下有期徒刑或者拘役；致使国家利益遭受特别重大损失的，处三年以上七年以下有期徒刑。

**第四百零八条之一　【食品、药品监管渎职罪】**负有食品药品安全监督管理职责的国家机关工作人员，滥用职权或者玩忽职守，有下列情形之一，造成严重后果或者有其他严重情节的，处五年以下有期徒刑或者拘役；造成特别严重后果或者有其他特别严重情节的，处五年以上十年以下有期徒刑：

（一）瞒报、谎报食品安全事故、药品安全事件的；

（二）对发现的严重食品药品安全违法行为未按规定查处的；

（三）在药品和特殊食品审批审评过程中，对不符合条件的申请准予许可的；

（四）依法应当移交司法机关追究刑事责任不移交的；

（五）有其他滥用职权或者玩忽职守行为的。

徇私舞弊犯前款罪的，从重处罚。

**第四百一十二条　【商检徇私舞弊罪】**国家商检部门、商检机构的工作人员徇私舞弊，伪造检验结果的,处五年以下有期徒刑或者拘役;造成严重后果的,处五年以上十年以下有期徒刑。

**【商检失职罪】**前款所列人员严重不负责任,对应当检验的物品不检验,或者延误检验出证、错误出证,致使国家利益遭受重大损失的,处三年以下有期徒刑或者拘役。

**第四百一十三条 【动植物检疫徇私舞弊罪】**动植物检疫机关的检疫人员徇私舞弊,伪造检疫结果的,处五年以下有期徒刑或者拘役;造成严重后果的,处五年以上十年以下有期徒刑。

**【动植物检疫失职罪】**前款所列人员严重不负责任,对应当检疫的检疫物不检疫,或者延误检疫出证、错误出证,致使国家利益遭受重大损失的,处三年以下有期徒刑或者拘役。

**第四百二十九条 【拒不救援友邻部队罪】**在战场上明知友邻部队处境危急请求救援,能救援而不救援,致使友邻部队遭受重大损失的,对指挥人员,处五年以下有期徒刑。

2. 以造成严重后果来决定是否构成犯罪

与造成"重大损失"的条款相似,以造成"严重后果"作为构成犯罪的结果条件的罪名,有的在法条中明确了"严重后果"的具体认定标准。对此,刑事辩护律师可以通过对涉案"严重后果"的认定程序、依据等提出异议来论证未达到构成犯罪的程度。而有的罪名,其"严重后果"并无明确标准,对这种情况,除从上述角度论证外,还可以运用罪刑法定原则来否定指控。因此,就这些犯罪以未造成法定的"严重后果"为由作无罪辩护时,应根据具体情况来决定论证方法。

**法条链接**

**《刑法》第一百二十八条 【非法持有、私藏枪支、弹药罪】**违反枪支管理规定,非法持有、私藏枪支、弹药的,处三年以下有期徒刑、拘役或者管制;情节严重的,处三年以上七年以下有期徒刑。

**【非法出租、出借枪支罪】**依法配备公务用枪的人员,非法出租、出借枪支的,依照前款的规定处罚。

**【非法出租、出借枪支罪】**依法配置枪支的人员,非法出租、出借枪支,造成严重后果的,依照第一款的规定处罚。

单位犯第二款、第三款罪的,对单位判处罚金,并对其直接负责的主管人员和其他直接责任人员,依照第一款的规定处罚。

**第一百二十九条 【丢失枪支不报罪】**依法配备公务用枪的人员,丢失枪支不及时报告,造成严重后果的,处三年以下有期徒刑或者拘役。

**第一百三十一条 【重大飞行事故罪】**航空人员违反规章制度,致使发生重大飞行事故,造成严重后果的,处三年以下有期徒刑或者拘役;造成飞机坠毁或者人员死亡的,处三年以上七年以下有期徒刑。

**第一百三十二条 【铁路运营安全事故罪】**铁路职工违反规章制度,致使发生铁路运营安全事故,造成严重后果的,处三年以下有期徒刑或者拘役;造成特别严重后果的,处三年以上七年以下有期徒刑。

**第一百三十四条 【重大责任事故罪】**在生产、作业中违反有关安全管理的规定,因而发生重大伤亡事故或者造成其他严重后果的,处三年以下有期徒刑或者拘役;情节特别恶劣的,处三年以上七年以下有期徒刑。

**【强令、组织他人违章冒险作业罪】**强令他人违章冒险作业,或者明知存在重大事故隐患而不排除,仍冒险组织作业,因而发生重大伤亡事故或者造成其他严重后果的,处五年以下有期徒刑或者拘役;情节特别恶劣的,处五年以上有期徒刑。

**第一百三十五条 【重大劳动安全事故罪】**安全生产设施或者安全生产条件不符合国家规定,因而发生重大伤亡事故或者造成其他严重后果的,对直接负责的主管人员和其他直接责任人员,处三年以下有期徒刑或者拘役;情节特别恶劣的,处三年以上七年以下有期徒刑。

**第一百三十五条之一 【大型群众性活动重大安全事故罪】**举办大型群众性活动违反安全管理规定,因而发生重大伤亡事故或者造成其他严重后果的,对直接负责的主管人员和其他直接责任人员,处三年以下有期徒刑或者拘役;情节特别恶劣的,处三年以上七年以下有期徒刑。

**第一百三十六条 【危险物品肇事罪】**违反爆炸性、易燃性、放射性、毒害性、腐蚀性物品的管理规定,在生产、储存、运输、使用中发生重大事故,造成严重后果的,处三年以下有期徒刑或者拘役;后果特别严重的,处三年以上七年以下有期徒刑。

**第一百三十九条 【消防责任事故罪】**违反消防管理法规,经消防监督机构通知采取改正措施而拒绝执行,造成严重后果的,对直接责任人员,处三年以下有期徒刑或者拘役;后果特别严重的,处三年以上七年以下有期徒刑。

**第一百四十六条 【生产、销售不符合安全标准的产品罪】**生产不符合保障人身、财产安全的国家标准、行业标准的电器、压力容器、易燃易爆产品或者其他不符合保障人身、财产安全的国家标准、行业标准的产品,或者销售明知是以上不符合保障人身、财产安全的国家标准、行业标准的产品,造成严重后果的,处五年以下有期徒刑,并处销售金额百分之五十以上二倍以下罚金;后果特别严重的,处五年以上有期徒刑,并处销售金额百分之五十以上二倍以下罚金。

**第一百四十八条 【生产、销售不符合卫生标准的化妆品罪】**生产不符合卫生标准的化妆品,或者销售明知是不符合卫生标准的化妆品,造成严重后果的,处三年以下有期徒刑或者拘役,并处或者单处销售金额百分之五十以上二倍以下罚金。

**第一百五十八条 【虚报注册资本罪】**申请公司登记使用虚假证明文件或者采取其他欺诈手段虚报注册资本,欺骗公司登记主管部门,取得公司登记,虚报注册资本数额巨大、后果严重或者有其他严重情节的,处三年以下有期徒刑或者拘役,并处或者单处虚报注册资本金额百分之一以上百分之五以下罚金。

单位犯前款罪的,对单位判处罚金,并对其直接负责的主管人员和其他直接责任人员,处三年以下有期徒刑或者拘役。

**第一百五十九条 【虚假出资、抽逃出资罪】**公司发起人、股东违反公司法的规定未交付货币、实物或者未转移财产权,虚假出资,或者在公司成立后又抽逃其出资,数额巨大、后果严重或者有其他严重情节的,处五年以下有期徒刑或者拘役,并处或者单处虚假出资金额或者抽逃出资金额百分之二以上百分之十以下罚金。

单位犯前款罪的,对单位判处罚金,并对其直接负责的主管人员和其他直接责任人员,处五年以下有期徒刑或者拘役。

**第一百六十条 【欺诈发行证券罪】**在招股说明书、认股书、公司、企业债券募集办法等发行文件中隐瞒重要事实或者编造重大虚假内容,发行股票或者公司、企业债券、存托凭证或者国务院依法认定的其他证券,数额巨大、后果严重或者有其他严重情节的,处五年以下有期徒刑或者拘役,并处或者单处罚金;数额特别巨大、后果特别严重或者有其他特别严重情节的,处五年以上有期徒刑,并处罚金。

控股股东、实际控制人组织、指使实施前款行为的,处五年以下有期徒刑或者拘役,并处或者单处非法募集资金金额百分之二十以上一倍以下罚金;数额特别巨大、后果特别严重或者有其他特别严重情节的,处五年以上有期徒刑,并处非法募集资金金额百分之二十以上一倍以下罚金。

单位犯前两款罪的,对单位判处非法募集资金金额百分之二十以上一倍以下罚金,并对其直接负责的主管人员和其他直接责任人员,依照第一款的规定处罚。

**第一百七十九条 【擅自发行股票、公司、企业债券罪】**未经国家有关主管部门批准,擅自发行股票或者公司、企业债券,数额巨大、后果严重或者有其他严重情节的,处五年以下有期徒刑或者拘役,并处或者单处非法募集资金金额百分之一以上百分之五以下罚金。

单位犯前款罪的,对单位判处罚金,并对其直接负责的主管人员和其他直接责任人员处五年以下有期徒刑或者拘役。

**第一百八十一条　【编造并传播证券、期货交易虚假信息罪】**编造并且传播影响证券、期货交易的虚假信息，扰乱证券、期货交易市场，造成严重后果的，处五年以下有期徒刑或者拘役，并处或者单处一万元以上十万元以下罚金。

**【诱骗投资者买卖证券、期货合约罪】**证券交易所、期货交易所、证券公司、期货经纪公司的从业人员，证券业协会、期货业协会或者证券期货监督管理部门的工作人员，故意提供虚假信息或者伪造、变造、销毁交易记录，诱骗投资者买卖证券、期货合约，造成严重后果的，处五年以下有期徒刑或者拘役，并处或者单处一万元以上十万元以下罚金；情节特别恶劣的，处五年以上十年以下有期徒刑，并处二万元以上二十万元以下罚金。

单位犯前两款罪的，对单位判处罚金，并对其直接负责的主管人员和其他直接责任人员，处五年以下有期徒刑或者拘役。

**第二百一十九条　【侵犯商业秘密罪】**有下列侵犯商业秘密行为之一，情节严重的，处三年以下有期徒刑，并处或者单处罚金；情节特别严重的，处三年以上十年以下有期徒刑，并处罚金：

（一）以盗窃、贿赂、欺诈、胁迫、电子侵入或者其他不正当手段获取权利人的商业秘密的；

（二）披露、使用或者允许他人使用以前项手段获取的权利人的商业秘密的；

（三）违反保密义务或者违反权利人有关保守商业秘密的要求，披露、使用或者允许他人使用其所掌握的商业秘密的。

明知前款所列行为，获取、披露、使用或者允许他人使用该商业秘密的，以侵犯商业秘密论。

本条所称权利人，是指商业秘密的所有人和经商业秘密所有人许可的商业秘密使用人。

**第二百二十九条　【提供虚假证明文件罪】**承担资产评估、验资、验证、会计、审计、法律服务、保荐、安全评价、环境影响评价、环境监测等职责的中介组织的人员故意提供虚假证明文件，情节严重的，处五年以下有期徒刑或者拘役，并处罚金；有下列情形之一的，处五年以上十年以下有期徒刑，并处罚金：

（一）提供与证券发行相关的虚假的资产评估、会计、审计、法律服务、保荐等证明文件，情节特别严重的；

（二）提供与重大资产交易相关的虚假的资产评估、会计、审计等证明文件，情节特别严重的；

（三）在涉及公共安全的重大工程、项目中提供虚假的安全评价、环境影响评价等证明文件，致使公共财产、国家和人民利益遭受特别重大损失的。

**【提供虚假证明文件罪】**有前款行为,同时索取他人财物或者非法收受他人财物构成犯罪的,依照处罚较重的规定定罪处罚。

**【出具证明文件重大失实罪】**第一款规定的人员,严重不负责任,出具的证明文件有重大失实,造成严重后果的,处三年以下有期徒刑或者拘役,并处或者单处罚金。

**第二百五十条　【出版歧视、侮辱少数民族作品罪】**在出版物中刊载歧视、侮辱少数民族的内容,情节恶劣,造成严重后果的,对直接责任人员,处三年以下有期徒刑、拘役或者管制。

**第二百七十七条　【妨害公务罪】**以暴力、威胁方法阻碍国家机关工作人员依法执行职务的,处三年以下有期徒刑、拘役、管制或者罚金。

以暴力、威胁方法阻碍全国人民代表大会和地方各级人民代表大会代表依法执行代表职务的,依照前款的规定处罚。

在自然灾害和突发事件中,以暴力、威胁方法阻碍红十字会工作人员依法履行职责的,依照第一款的规定处罚。

故意阻碍国家安全机关、公安机关依法执行国家安全工作任务,未使用暴力、威胁方法,造成严重后果的,依照第一款的规定处罚。

**【袭警罪】**暴力袭击正在依法执行职务的人民警察的,处三年以下有期徒刑、拘役或者管制;使用枪支、管制刀具,或者以驾驶机动车撞击等手段,严重危及其人身安全的,处三年以上七年以下有期徒刑。

**第二百八十四条　【非法使用窃听、窃照专用器材罪】**非法使用窃听、窃照专用器材,造成严重后果的,处二年以下有期徒刑、拘役或者管制。

**第二百八十六条　【破坏计算机信息系统罪】**违反国家规定,对计算机信息系统功能进行删除、修改、增加、干扰,造成计算机信息系统不能正常运行,后果严重的,处五年以下有期徒刑或者拘役;后果特别严重的,处五年以上有期徒刑。

违反国家规定,对计算机信息系统中存储、处理或者传输的数据和应用程序进行删除、修改、增加的操作,后果严重的,依照前款的规定处罚。

故意制作、传播计算机病毒等破坏性程序,影响计算机系统正常运行,后果严重的,依照第一款的规定处罚。

单位犯前三款罪的,对单位判处罚金,并对其直接负责的主管人员和其他直接责任人员,依照第一款的规定处罚。

**第二百八十六条之一　【拒不履行信息网络安全管理义务罪】**网络服务提供者不履行法律、行政法规规定的信息网络安全管理义务,经监管部门责令采取改正措施而拒不改正,有下列情形之一的,处三年以下有期徒刑、拘役或者管制,并处或者单处罚金:

（一）致使违法信息大量传播的；

（二）致使用户信息泄露，造成严重后果的；

（三）致使刑事案件证据灭失，情节严重的；

（四）有其他严重情节的。

单位犯前款罪的，对单位判处罚金，并对其直接负责的主管人员和其他直接责任人员，依照前款的规定处罚。

有前两款行为，同时构成其他犯罪的，依照处罚较重的规定定罪处罚。

**第二百八十八条 【扰乱无线电通讯管理秩序罪】**违反国家规定，擅自设置、使用无线电台（站），或者擅自使用无线电频率，干扰无线电通讯秩序，情节严重的，处三年以下有期徒刑、拘役或者管制，并处或者单处罚金；情节特别严重的，处三年以上七年以下有期徒刑，并处罚金。

单位犯前款罪的，对单位判处罚金，并对其直接负责的主管人员和其他直接责任人员，依照前款的规定处罚。

**第二百九十条 【聚众扰乱社会秩序罪】**聚众扰乱社会秩序，情节严重，致使工作、生产、营业和教学、科研、医疗无法进行，造成严重损失的，对首要分子，处三年以上七年以下有期徒刑；对其他积极参加的，处三年以下有期徒刑、拘役、管制或者剥夺政治权利。

**【聚众冲击国家机关罪】**聚众冲击国家机关，致使国家机关工作无法进行，造成严重损失的，对首要分子，处五年以上十年以下有期徒刑；对其他积极参加的，处五年以下有期徒刑、拘役、管制或者剥夺政治权利。

**【扰乱国家机关工作秩序罪】**多次扰乱国家机关工作秩序，经行政处罚后仍不改正，造成严重后果的，处三年以下有期徒刑、拘役或者管制。

**【组织、资助非法聚集罪】**多次组织、资助他人非法聚集，扰乱社会秩序，情节严重的，依照前款的规定处罚。

**第三百零八条之一 【泄露不应公开的案件信息罪】**司法工作人员、辩护人、诉讼代理人或者其他诉讼参与人，泄露依法不公开审理的案件中不应当公开的信息，造成信息公开传播或者其他严重后果的，处三年以下有期徒刑、拘役或者管制，并处或者单处罚金。

**【故意泄露国家秘密罪】【过失泄露国家秘密罪】**有前款行为，泄露国家秘密的，依照本法第三百九十八条的规定定罪处罚。

**【披露、报道不应公开的案件信息罪】**公开披露、报道第一款规定的案件信息，情节严重的，依照第一款的规定处罚。

单位犯前款罪的，对单位判处罚金，并对其直接负责的主管人员和其他直接责任人员，依照第一款的规定处罚。

**第三百二十四条 【故意损毁文物罪】**故意损毁国家保护的珍贵文物或者被确定为全国重点文物保护单位、省级文物保护单位的文物的,处三年以下有期徒刑或者拘役,并处或者单处罚金;情节严重的,处三年以上十年以下有期徒刑,并处罚金。

**【故意损毁名胜古迹罪】**故意损毁国家保护的名胜古迹,情节严重的,处五年以下有期徒刑或者拘役,并处或者单处罚金。

**【过失损毁文物罪】**过失损毁国家保护的珍贵文物或者被确定为全国重点文物保护单位、省级文物保护单位的文物,造成严重后果的,处三年以下有期徒刑或者拘役。

**第三百三十一条 【传染病菌种、毒种扩散罪】**从事实验、保藏、携带、运输传染病菌种、毒种的人员,违反国务院卫生行政部门的有关规定,造成传染病菌种、毒种扩散,后果严重的,处三年以下有期徒刑或者拘役;后果特别严重的,处三年以上七年以下有期徒刑。

**第三百三十四条第一款 【非法采集、供应血液、制作、供应血液制品罪】**非法采集、供应血液或者制作、供应血液制品,不符合国家规定的标准,足以危害人体健康的,处五年以下有期徒刑或者拘役,并处罚金;对人体健康造成严重危害的,处五年以上十年以下有期徒刑,并处罚金;造成特别严重后果的,处十年以上有期徒刑或者无期徒刑,并处罚金或者没收财产。

**第三百三十八条 【污染环境罪】**违反国家规定,排放、倾倒或者处置有放射性的废物、含传染病病原体的废物、有毒物质或者其他有害物质,严重污染环境的,处三年以下有期徒刑或者拘役,并处或者单处罚金;情节严重的,处三年以上七年以下有期徒刑,并处罚金;有下列情形之一的,处七年以上有期徒刑,并处罚金:

(一)在饮用水水源保护区、自然保护地核心保护区等依法确定的重点保护区域排放、倾倒、处置有放射性的废物、含传染病病原体的废物、有毒物质,情节特别严重的;

(二)向国家确定的重要江河、湖泊水域排放、倾倒、处置有放射性的废物、含传染病病原体的废物、有毒物质,情节特别严重的;

(三)致使大量永久基本农田基本功能丧失或者遭受永久性破坏的;

(四)致使多人重伤、严重疾病,或者致人严重残疾、死亡的。

有前款行为,同时构成其他犯罪的,依照处罚较重的规定定罪处罚。

**第三百六十八条 【阻碍军人执行职务罪】**以暴力、威胁方法阻碍军人依法执行职务的,处三年以下有期徒刑、拘役、管制或者罚金。

**【阻碍军事行动罪】**故意阻碍武装部队军事行动,造成严重后果的,处五年以下有期徒刑或者拘役。

**第三百六十九条 【破坏武器装备、军事设施、军事通信罪】**破坏武器装备、军事设施、军事通信的,处三年以下有期徒刑、拘役或者管制;破坏重要武器装备、军事设施、军事通信的，处三年以上十年以下有期徒刑；情节特别严重的，处十年以上有期徒刑、无期徒刑或者死刑。

**【过失损坏武器装备、军事设施、军事通信罪】**过失犯前款罪，造成严重后果的，处三年以下有期徒刑或者拘役；造成特别严重后果的，处三年以上七年以下有期徒刑。

战时犯前两款罪的，从重处罚。

**第三百七十条　【故意提供不合格武器装备、军事设施罪】**明知是不合格的武器装备、军事设施而提供给武装部队的，处五年以下有期徒刑或者拘役；情节严重的，处五年以上十年以下有期徒刑；情节特别严重的，处十年以上有期徒刑、无期徒刑或者死刑。

**【过失提供不合格武器装备、军事设施罪】**过失犯前款罪，造成严重后果的，处三年以下有期徒刑或者拘役；造成特别严重后果的，处三年以上七年以下有期徒刑。

单位犯第一款罪的，对单位判处罚金，并对其直接负责的主管人员和其他直接责任人员，依照第一款的规定处罚。

**第三百七十七条　【战时故意提供虚假敌情罪】**战时故意向武装部队提供虚假敌情，造成严重后果的，处三年以上十年以下有期徒刑；造成特别严重后果的，处十年以上有期徒刑或者无期徒刑。

**第四百条　【私放在押人员罪】**司法工作人员私放在押的犯罪嫌疑人、被告人或者罪犯的，处五年以下有期徒刑或者拘役；情节严重的，处五年以上十年以下有期徒刑；情节特别严重的，处十年以上有期徒刑。

**【失职致使在押人员脱逃罪】**司法工作人员由于严重不负责任，致使在押的犯罪嫌疑人、被告人或者罪犯脱逃，造成严重后果的，处三年以下有期徒刑或者拘役；造成特别严重后果的，处三年以上十年以下有期徒刑。

**第四百零八条　【环境监管失职罪】**负有环境保护监督管理职责的国家机关工作人员严重不负责任，导致发生重大环境污染事故，致使公私财产遭受重大损失或者造成人身伤亡的严重后果的，处三年以下有期徒刑或者拘役。

**第四百零八条之一　【食品、药品监管渎职罪】**负有食品药品安全监督管理职责的国家机关工作人员，滥用职权或者玩忽职守，有下列情形之一，造成严重后果或者有其他严重情节的，处五年以下有期徒刑或者拘役；造成特别严重后果或者有其他特别严重情节的，处五年以上十年以下有期徒刑：

（一）瞒报、谎报食品安全事故、药品安全事件的；

（二）对发现的严重食品药品安全违法行为未按规定查处的；

（三）在药品和特殊食品审批审评过程中，对不符合条件的申请准予许可的；

（四）依法应当移交司法机关追究刑事责任不移交的；

(五)有其他滥用职权或者玩忽职守行为的。

徇私舞弊犯前款罪的,从重处罚。

**第四百一十六条 【不解救被拐卖、绑架妇女、儿童罪】**对被拐卖、绑架的妇女、儿童负有解救职责的国家机关工作人员,接到被拐卖、绑架的妇女、儿童及其家属的解救要求或者接到其他人的举报,而对被拐卖、绑架的妇女、儿童不进行解救,造成严重后果的,处五年以下有期徒刑或者拘役。

**【阻碍解救被拐卖、绑架妇女、儿童罪】**负有解救职责的国家机关工作人员利用职务阻碍解救的,处二年以上七年以下有期徒刑;情节较轻的,处二年以下有期徒刑或者拘役。

**第四百一十九条 【失职造成珍贵文物损毁、流失罪】**国家机关工作人员严重不负责任,造成珍贵文物损毁或者流失,后果严重的,处三年以下有期徒刑或者拘役。

**第四百二十五条 【擅离、玩忽军事职守罪】**指挥人员和值班、值勤人员擅离职守或者玩忽职守,造成严重后果的,处三年以下有期徒刑或者拘役;造成特别严重后果的,处三年以上七年以下有期徒刑。

战时犯前款罪的,处五年以上有期徒刑。

**第四百二十七条 【指使部属违反职责罪】**滥用职权,指使部属进行违反职责的活动,造成严重后果的,处五年以下有期徒刑或者拘役;情节特别严重的,处五年以上十年以下有期徒刑。

**第四百二十八条 【违令作战消极罪】**指挥人员违抗命令,临阵畏缩,作战消极,造成严重后果的,处五年以下有期徒刑;致使战斗、战役遭受重大损失或者有其他特别严重情节的,处五年以上有期徒刑。

**第四百三十六条 【武器装备肇事罪】**违反武器装备使用规定,情节严重,因而发生责任事故,致人重伤、死亡或者造成其他严重后果的,处三年以下有期徒刑或者拘役;后果特别严重的,处三年以上七年以下有期徒刑。

**第四百三十七条 【擅自改变武器装备编配用途罪】**违反武器装备管理规定,擅自改变武器装备的编配用途,造成严重后果的,处三年以下有期徒刑或者拘役;造成特别严重后果的,处三年以上七年以下有期徒刑。

**第四百四十三条 【虐待部属罪】**滥用职权,虐待部属,情节恶劣,致人重伤或者造成其他严重后果的,处五年以下有期徒刑或者拘役;致人死亡的,处五年以上有期徒刑。

以下列举一起以被告人“行为未造成重大损失,社会危害性较小,不构成犯罪”辩护为无罪的案例。

## 案例 11 | 张某斌玩忽职守案[①]

**【起诉书指控】**

2008 年至 2016 年，被告人张某斌在担任奇台县房产管理局保障性住房办公室负责人期间，未认真履行廉租房和公租房租金收取职责，致使租户拖欠租金 8,145,226.92 元，后变更为 4,584,776.04 元。被告人张某斌到案后能如实供述自己的罪行。案发后，奇台县房管局共收回公租房租金 9,030,750 元，其中部分为追回为 2008 年至 2017 年的欠缴租金。

公诉机关认为，被告人张某斌作为国家机关工作人员，严重不负责任，不认真履行职责，致使国家利益遭受损失 4,584,776.04 元，属情节特别严重，应当以玩忽职守罪追究其刑事责任。被告人坦白，可以从轻处罚；奇台县房产管理局挽回了部分经济损失，可以对被告人酌定从轻处罚。

**【律师辩护意见】**

辩护人认为，被告人张某斌的行为不构成玩忽职守罪，理由如下：

(1)被告人的行为与造成的租金未按时收回的损失之间不存在具体的因果关系。租赁合同双方是被告人所在单位与具体的租住公民个人，被告人并不是解决合同约定事项未履行的适格主体。被告人除负责收取租金之外还负责多项繁杂艰巨的工作任务，已经在自己的职责与能力范围履行了职务。

(2)本案中的所谓损失，是指没有收回的租金，造成这部分损失的最主要原因是承租人不缴纳租金，因承租人自身原因没有缴纳租金，而认为是被告人个人没有积极主动努力地收取租金，是不客观全面的。

(3)公诉人将造成被告人所属单位丧失债权人资格也算作了经济损失，这是不恰当的。既然没有债权人资格，也不能算作经济损失。

(4)被告人对鉴定意见的数额有异议，但是没有申请重新鉴定，因为被告人没有自证其罪的责任。

(5)被告人开始是被以涉嫌受贿罪采取的强制措施，后来在涉嫌受贿罪的调查期间，被告人积极主动地提供了自己玩忽职守的线索，如果给本案被告人定罪，应当认定为自首情节，符合从轻处罚情节。请求法庭综合考虑，公平裁决。

---

① 参见新疆维吾尔自治区奇台县人民法院刑事判决书，(2018)新 2325 刑初 169 号。

**【法院裁判结果】**

法院认为,根据法律规定,玩忽职守罪是指国家工作人员严重不负责任,不履行或不认真履行职责,致使国家利益遭受损失的行为。首先,被告人张某斌在负责奇台县房产管理局保障性住房办公室工作期间,在收取公租房、廉租房租金方面存在实际管理责任缺失,无收取租金的计划安排,措施不当,方法单一,导致巨额租金未按规定和合同约定的时间被收缴。

其次,关于公诉人指控的4,584,776.04元是否为国家利益遭受法律上实际损失,及数额能否确定的问题。根据庭审证据,该数额只能认定为按相关规定和合同约定的时间未收回的公租房和廉租房的租金数额为4,584,776.04元。该数额中是否折减了空置房屋租金及《奇台县公共租赁住房实施办法》第23条规定的"对低保家庭、低收入家庭租赁补贴",公诉人未提供证据予以充分证明。法律意义上实际损失应当是穷尽法律赋予应当采取的措施后,确实无法挽回的损失。庭审中证人张某的证言"……在联合奇台镇各个社区、民政局等单位共同开展清查工作……2017年3月至2018年7月,共计收回租金1200余万元,目前还有1500户左右的承租人仍然没有缴纳"能够证明,可以通过合同约定,也可以通过诉讼等其他方式收回部分租金,故公诉机关指控被告人张某斌的行为致使国家利益遭受损失的数额无法确定。

综上所述,庭审中公诉人提供的证据不能充分证明被告人构成本罪中的给国家利益遭受损失数额构成要件。故公诉机关指控被告人张某斌犯玩忽职守罪的事实不清,证据不足。法院根据疑罪从无的原则,认定公诉机关指控的罪名不成立。被告人张某斌无罪。

### (八)应属民事纠纷的无罪

实践中,一些民间借贷纠纷、经济合同纠纷等,由于司法机关的认识偏差或其他因素被立为了刑事案件。在此情况下,就要运用犯罪构成理论,结合案件起因、过程、双方当事人具体情况等,通过综合分析、论证来说明该案属于民事纠纷,不应按刑事案件来处理。论证的具体方法,要根据案件具体情况,运用前文介绍的无罪辩护的某个或某几个角度作无罪辩护。

以下列举一起以普通合同纠纷为由作无罪辩护,最终意见被法院采纳的案例。

## 案例 12 | 钟某跃合同诈骗案①

**【案情简介】**

被告人钟某跃系深圳市卓越昔欧展览服务有限公司股东。2011 年,钟某跃与甘肃酒泉富康商贸(集团)有限公司(以下简称富康公司)发生一起合同纠纷,酒泉市中级人民法院两次以合同诈骗罪判其有期徒刑 15 年,钟某跃不服判决,两次提出上诉。甘肃省高级人民法院终审作出钟某跃的行为不构成合同诈骗的无罪判决。主要理由是上诉人钟某跃客观上没有实施虚构事实和隐瞒真相的行为,主观上没有非法占有合同项下工程款的故意,其行为不构成合同诈骗罪。

**【律师辩护意见】**

辩护人的主要意见如下:

(1)钟某跃没有虚构单位或者冒用他人名义签订合同。(2)钟某跃在积极履行设计和施工合同,没有诈骗的故意,也没有隐瞒真相,虚构事实,欺骗富康公司的行为。(3)钟某跃没有虚构深圳巴洛克公司为香港华原公司在内地机构的事实,香港华原公司为了结算方便,只是委托深圳巴洛克公司代为收款。(4)钟某跃没有隐瞒香港华原公司未到内地工商部门申请登记、没有内地营业执照的事实。香港华原公司在我国香港特别行政区合法登记注册,富康公司知道香港华原公司没有在内地进行工商登记,设计合同是双方真实意思表示,不存在隐瞒欺骗的事实。(5)香港华原公司不存在欺骗富康公司 148.614 万元的事实。富康公司根据合同约定,支付给香港华原公司的 200 万元工程进度款是合法收入。综上所述,上诉人及其辩护人认为,本案系合同纠纷,而非合同诈骗,上诉人钟某跃的行为不构成犯罪。

**【二审法院裁判结果】**

二审法院认为,上诉人钟某跃客观上没有实施虚构事实和隐瞒真相的行为,主观上没有非法占有合同项下工程款的故意,其行为不构成合同诈骗罪。上诉人所提上诉理由及其辩护人的本案系合同纠纷,而非合同诈骗的辩护意见成立,法院予以采纳。经法院审判委员会讨论决定,依据《刑事诉讼法》(2012 年修正)第 225 条第 1 款第 3 项、第 231 条、第 195 条第 2 项、第 233 条②之规定,判决:撤销原判,上诉人钟某跃无罪。

---

① 参见甘肃省高级人民法院刑事判决书,(2014)甘刑二终字第 38 号。

② 分别参见 2018 年修正的《刑事诉讼法》第 236 条第 1 款第 3 项、第 242 条、第 200 条第 2 项、第 244 条。

## 二、程序上的无罪辩护

程序上的无罪辩护,是指辩护人作出的由于程序上的瑕疵导致案件未达到法定证明标准,因而指控的犯罪不能成立的辩护。

我国《刑事诉讼法》及相关司法解释、规范性文件对刑事诉讼程序作了明确规定,就是为了保障刑事诉讼活动依法进行,以确保案件结果的公正性。刑事诉讼的正义包含实体正义和程序正义,程序正义是实体正义的前提和必要保障,没有程序正义,就很难有,甚至没有实体正义。因此刑事辩护不能忽视程序上的无罪辩护。

从理论上说,包括证据取得、证据形式、证据采信等在内的所有与程序有关的问题,都是刑事辩护律师作程序上的无罪辩护的理由。本书中,笔者将证据问题单独加以阐述,证据以外的其他程序问题放在一起阐述。

### (一)程序违法的无罪

如前所述,以下将证据以外的其他程序违法作为程序上的无罪辩护理由的情形进行阐述。

1. 违反职能管辖规定/无侦查权

《刑事诉讼法》及相关司法解释、规范性文件对公安局、检察院、法院的职能管辖作了明确规定。

**法条链接**

**《刑事诉讼法》第十九条 【职能管辖】**刑事案件的侦查由公安机关进行,法律另有规定的除外。

人民检察院在对诉讼活动实行法律监督中发现的司法工作人员利用职权实施的非法拘禁、刑讯逼供、非法搜查等侵犯公民权利、损害司法公正的犯罪,可以由人民检察院立案侦查。对于公安机关管辖的国家机关工作人员利用职权实施的重大犯罪案件,需要由人民检察院直接受理的时候,经省级以上人民检察院决定,可以由人民检察院立案侦查。

自诉案件,由人民法院直接受理。

**最高人民法院、最高人民检察院、公安部、国家安全部、司法部、全国人大常委会法制工作委员会《关于实施刑事诉讼法若干问题的规定》**

**一、管辖**

1. 公安机关侦查刑事案件涉及人民检察院管辖的贪污贿赂案件时,应当将贪污贿赂案件移送人民检察院；人民检察院侦查贪污贿赂案件涉及公安机关管辖的刑事案件，应当将属于公安机关管辖的刑事案件移送公安机关。在上述情况中，如果涉嫌主罪属于公安机关管辖，由公安机关为主侦查，人民检察院予以配合；如果涉嫌主罪属于人民检察院管辖，由人民检察院为主侦查，公安机关予以配合。

……

3. 具有下列情形之一的，人民法院、人民检察院、公安机关可以在其职责范围内并案处理：

（一）一人犯数罪的；

（二）共同犯罪的；

（三）共同犯罪的犯罪嫌疑人、被告人还实施其他犯罪的；

（四）多个犯罪嫌疑人、被告人实施的犯罪存在关联，并案处理有利于查明案件事实的。

**《人民检察院刑事诉讼规则》第十三条**　人民检察院在对诉讼活动实行法律监督中发现的司法工作人员利用职权实施的非法拘禁、刑讯逼供、非法搜查等侵犯公民权利、损害司法公正的犯罪，可以由人民检察院立案侦查。

对于公安机关管辖的国家机关工作人员利用职权实施的重大犯罪案件，需要由人民检察院直接受理的，经省级以上人民检察院决定，可以由人民检察院立案侦查。

**第十四条**　人民检察院办理直接受理侦查的案件，由设区的市级人民检察院立案侦查。基层人民检察院发现犯罪线索的，应当报设区的市级人民检察院决定立案侦查。

设区的市级人民检察院根据案件情况也可以将案件交由基层人民检察院立案侦查，或者要求基层人民检察院协助侦查。对于刑事执行派出检察院辖区内与刑事执行活动有关的犯罪线索，可以交由刑事执行派出检察院立案侦查。

最高人民检察院、省级人民检察院发现犯罪线索的，可以自行立案侦查，也可以将犯罪线索交由指定的省级人民检察院或者设区的市级人民检察院立案侦查。

**第十七条**　人民检察院办理直接受理侦查的案件，发现犯罪嫌疑人同时涉嫌监察机关管辖的职务犯罪线索的，应当及时与同级监察机关沟通。

经沟通，认为全案由监察机关管辖更为适宜的，人民检察院应当将案件和相应职务犯罪线索一并移送监察机关；认为由监察机关和人民检察院分别管辖更为适宜的，人民检察院应当将监察机关管辖的相应职务犯罪线索移送监察机关，对依法由人民检察院管辖的犯罪案件继续侦查。

人民检察院应当及时将沟通情况报告上一级人民检察院。沟通期间不得停止对案件的侦查。

**第十八条** 人民检察院办理直接受理侦查的案件涉及公安机关管辖的刑事案件,应当将属于公安机关管辖的刑事案件移送公安机关。如果涉嫌的主罪属于公安机关管辖,由公安机关为主侦查,人民检察院予以配合;如果涉嫌的主罪属于人民检察院管辖,由人民检察院为主侦查,公安机关予以配合。

对于一人犯数罪、共同犯罪、共同犯罪的犯罪嫌疑人还实施其他犯罪、多个犯罪嫌疑人实施的犯罪存在关联,并案处理有利于查明案件事实和诉讼进行的,人民检察院可以在职责范围内对相关犯罪案件并案处理。

**《公安机关办理刑事案件程序规定》第十四条** 根据刑事诉讼法的规定,除下列情形外,刑事案件由公安机关管辖:

(一)监察机关管辖的职务犯罪案件。

(二)人民检察院管辖的在对诉讼活动实行法律监督中发现的司法工作人员利用职权实施的非法拘禁、刑讯逼供、非法搜查等侵犯公民权利、损害司法公正的犯罪,以及经省级以上人民检察院决定立案侦查的公安机关管辖的国家机关工作人员利用职权实施的重大犯罪案件。

(三)人民法院管辖的自诉案件。对于人民法院直接受理的被害人有证据证明的轻微刑事案件,因证据不足驳回起诉,人民法院移送公安机关或者被害人向公安机关控告的,公安机关应当受理;被害人直接向公安机关控告的,公安机关应当受理。

(四)军队保卫部门管辖的军人违反职责的犯罪和军队内部发生的刑事案件。

(五)监狱管辖的罪犯在监狱内犯罪的刑事案件。

(六)海警部门管辖的海(岛屿)岸线以外我国管辖海域内发生的刑事案件。对于发生在沿海港岙口、码头、滩涂、台轮停泊点等区域的,由公安机关管辖。

(七)其他依照法律和规定应当由其他机关管辖的刑事案件。

**第二十九条** 公安机关侦查的刑事案件的犯罪嫌疑人涉及监察机关管辖的案件时,应当及时与同级监察机关协商,一般应当由监察机关为主调查,公安机关予以协助。

**第三十条** 公安机关侦查的刑事案件涉及人民检察院管辖的案件时,应当将属于人民检察院管辖的刑事案件移送人民检察院。涉嫌主罪属于公安机关管辖的,由公安机关为主侦查;涉嫌主罪属于人民检察院管辖的,公安机关予以配合。

公安机关侦查的刑事案件涉及其他侦查机关管辖的案件时,参照前款规定办理。

**第三十一条** 公安机关和军队互涉刑事案件的管辖分工按照有关规定办理。

公安机关和武装警察部队互涉刑事案件的管辖分工依照公安机关和军队互涉刑事案件的管辖分工的原则办理。

司法实践中,违反上述职能管辖的规定行使侦查权的情形时有发生,主要有以下几种:

(1)公安机关对自诉案件行使侦查权。按照规定,公安机关只能对个别情况下的自诉案件行使侦查权,但实践中有时会出现对自诉案件滥用侦查权的情况。这种情况下,刑事辩护律师就可以案件属于自诉案件,公安机关无侦查权,所取得的证据无效为由进行抗辩。

(2)公安机关对应属于检察机关侦查的案件行使侦查权。公安机关在办理一人涉嫌数个罪名的案件时,罪名中有按照职能管辖属于检察机关侦查的罪名的,应当按照规定移交检察机关或配合检察机关办案。否则,违反职能管辖的规定越权侦查部分所取得的证据,不能作为定案根据。实践中,公安机关代行检察机关侦查权的情况极为少见。

(3)检察机关对应属于公安机关侦查的案件行使侦查权。实践中,检察机关对应属于公安机关侦查的案件行使侦查权有两种情况:一是检察机关在以涉嫌职务犯罪立案侦查后,发现犯罪嫌疑人的其他犯罪线索,没有移送公安机关而自行侦查;二是检察机关在以涉嫌职务犯罪立案侦查后,发现不属于应由检察机关侦查的犯罪,应移送有侦查权的机关而不移送,自行侦查。对相关侦查行为及结果的法律效力的评定,应区分具体情况而定。

**法条链接**

**《人民检察院刑事诉讼规则》第三百五十七条**　人民检察院立案侦查时认为属于直接受理侦查的案件,在审查起诉阶段发现属于监察机关管辖的,应当及时商监察机关办理。属于公安机关管辖,案件事实清楚,证据确实、充分,符合起诉条件的,可以直接起诉;事实不清、证据不足的,应当及时移送有管辖权的机关办理。

在审查起诉阶段,发现公安机关移送起诉的案件属于监察机关管辖,或者监察机关移送起诉的案件属于公安机关管辖,但案件事实清楚,证据确实、充分,符合起诉条件的,经征求监察机关、公安机关意见后,没有不同意见的,可以直接起诉;提出不同意见,或者事实不清、证据不足的,应当将案件退回移送案件的机关并说明理由,建议其移送有管辖权的机关办理。

根据上述规定,“事实不清、证据不足的,应当及时移送有管辖权的机关办理”。如果检察机关没有移送而是直接起诉,该案就属于取证主体不合法而导致证据无效。

2. 搜查程序违法

搜查是为了搜集犯罪证据,查获犯罪人,对犯罪嫌疑人以及可能隐藏罪犯或者犯罪证据的人的身体、物品、住处和其他有关地方进行搜索和检查的一种刑事侦查措施。

**法条链接**

**《刑事诉讼法》第一百三十六条　【搜查的对象】**为了收集犯罪证据、查获犯罪人,侦查人员可以对犯罪嫌疑人以及可能隐藏罪犯或者犯罪证据的人的身体、物品、住处和其他有关的地方进行搜查。

**第一百三十七条　【协助义务的规定】**任何单位和个人,有义务按照人民检察院和公安机关的要求,交出可以证明犯罪嫌疑人有罪或者无罪的物证、书证、视听资料等证据。

**第一百三十八条　【搜查证】**进行搜查,必须向被搜查人出示搜查证。

在执行逮捕、拘留的时候,遇有紧急情况,不另用搜查证也可以进行搜查。

**第一百三十九条　【搜查的程序和要求】**在搜查的时候,应当有被搜查人或者他的家属,邻居或者其他见证人在场。

搜查妇女的身体,应当由女工作人员进行。

**第一百四十条　【搜查笔录的制作】**搜查的情况应当写成笔录,由侦查人员和被搜查人或者他的家属,邻居或者其他见证人签名或者盖章。如果被搜查人或者他的家属在逃或者拒绝签名、盖章,应当在笔录上注明。

**《人民检察院刑事诉讼规则》第二百零二条**　人民检察院有权要求有关单位和个人,交出能够证明犯罪嫌疑人有罪或者无罪以及犯罪情节轻重的证据。

**第二百零三条**　为了收集犯罪证据,查获犯罪人,经检察长批准,检察人员可以对犯罪嫌疑人以及可能隐藏罪犯或者犯罪证据的人的身体、物品、住处、工作地点和其他有关的地方进行搜查。

**第二百零四条**　搜查应当在检察人员的主持下进行,可以有司法警察参加。必要时,可以指派检察技术人员参加或者邀请当地公安机关、有关单位协助进行。

执行搜查的人员不得少于二人。

**第二百零五条**　搜查时,应当向被搜查人或者他的家属出示搜查证。

在执行逮捕、拘留的时候,遇有下列紧急情况之一,不另用搜查证也可以进行搜查:

(一)可能随身携带凶器的;

(二)可能隐藏爆炸、剧毒等危险物品的;

(三)可能隐匿、毁弃、转移犯罪证据的;

(四)可能隐匿其他犯罪嫌疑人的;

(五)其他紧急情况。

搜查结束后,搜查人员应当在二十四小时以内补办有关手续。

**第二百零六条** 搜查时,应当有被搜查人或者其家属、邻居或者其他见证人在场,并且对被搜查人或者其家属说明阻碍搜查、妨碍公务应负的法律责任。

搜查妇女的身体,应当由女工作人员进行。

**第二百零七条** 搜查时,如果遇到阻碍,可以强制进行搜查。对以暴力、威胁方法阻碍搜查的,应当予以制止,或者由司法警察将其带离现场。阻碍搜查构成犯罪的,应当依法追究刑事责任。

**《公安机关办理刑事案件程序规定》第二百二十二条** 为了收集犯罪证据、查获犯罪人,经县级以上公安机关负责人批准,侦查人员可以对犯罪嫌疑人以及可能隐藏罪犯或者犯罪证据的人的身体、物品、住处和其他有关的地方进行搜查。

**第二百二十三条** 进行搜查,必须向被搜查人出示搜查证,执行搜查的侦查人员不得少于二人。

**第二百二十四条** 执行拘留、逮捕的时候,遇有下列紧急情况之一的,不用搜查证也可以进行搜查:

(一)可能随身携带凶器的;

(二)可能隐藏爆炸、剧毒等危险物品的;

(三)可能隐匿、毁弃、转移犯罪证据的;

(四)可能隐匿其他犯罪嫌疑人的;

(五)其他突然发生的紧急情况。

**第二百二十五条** 进行搜查时,应当有被搜查人或者他的家属、邻居或者其他见证人在场。

公安机关可以要求有关单位和个人交出可以证明犯罪嫌疑人有罪或者无罪的物证、书证、视听资料等证据。遇到阻碍搜查的,侦查人员可以强制搜查。

搜查妇女的身体,应当由女工作人员进行。

**第二百二十六条** 搜查的情况应当制作笔录,由侦查人员和被搜查人或者他的家属,邻居或者其他见证人签名。

如果被搜查人拒绝签名,或者被搜查人在逃,他的家属拒绝签名或者不在场的,侦查人员应当在笔录中注明。

按照上述法律法规关于搜查的规定,实践中的搜查程序违法包括以下几种情况:

(1)非法定的特殊搜查,没有搜查证。

(2)搜查没有被搜查人或其家属、邻居或者其他见证人在场并签名或盖章。

(3)没有制作搜查笔录。

作为一种侦查措施,搜查是获取证据的重要手段之一。因此,从证据来源要合法的角度讲,只有合法搜查所获取的证据才能作为定案根据;反之,由于搜查程序不合法而取得的证据可能不被采用。也就是说,不是通过合法程序搜查取得的证据,且未能经过补正或合理解释,不能证明这些证据来自犯罪嫌疑人,与其本人和相关犯罪行为有关,当然就不能作为认定其犯罪的证据。

3. 违法扣押物证、书证

扣押物证、书证,是指侦查机关依法强行提取和扣押与案件有关的物品、文件的一种侦查行为。

扣押物证、书证,通常是在勘验、检查、搜查的过程中进行的,在勘验、检查、搜查过程中发现的可以用于证明犯罪嫌疑人有罪或无罪的物品和文件,都应当扣押,同时,扣押物证、书证又是一种独立的侦查行为,可以单独进行。

**法条链接**

**《刑事诉讼法》第一百四十条 【搜查笔录的制作】**搜查的情况应当写成笔录,由侦查人员和被搜查人或者他的家属、邻居或者其他见证人签名或者盖章。如果被搜查人或者他的家属在逃或者拒绝签名、盖章,应当在笔录上注明。

**第一百四十一条 【查封、扣押物证、书证的范围】**在侦查活动中发现的可用以证明犯罪嫌疑人有罪或者无罪的各种财物、文件,应当查封、扣押;与案件无关的财物、文件,不得查封、扣押。

对查封、扣押的物、文件,要妥善保管或者封存,不得使用、调换或者损毁。

**第一百四十二条 【扣押清单的制作】**对查封、扣押的财物、文件,应当会同在场见证人和被查封、扣押财物、文件持有人查点清楚,当场开列清单一式二份,由侦查人员、见证人和持有人签名或者盖章,一份交给持有人,另一份附卷备查。

**第一百四十三条 【扣押邮件、电报】**侦查人员认为需要扣押犯罪嫌疑人的邮件、电报的时候,经公安机关或者人民检察院批准,即可通知邮电机关将有关的邮件、电报检交扣押。

不需要继续扣押的时候,应即通知邮电机关。

**《人民检察院刑事诉讼规则》第二百零八条** 检察人员可以凭人民检察院的证明文件,向有关单位和个人调取能够证明犯罪嫌疑人有罪或者无罪以及犯罪情节轻重的证据材料,并且可以根据需要拍照、录像、复印和复制。

**第二百零九条** 调取物证应当调取原物。原物不便搬运、保存,或者依法应当返还被害人,或者因保密工作需要不能调取原物的,可以将原物封存,并拍照、录像。对原物拍照或者录像应当足以反映原物的外形、内容。

调取书证、视听资料应当调取原件。取得原件确有困难或者因保密需要不能调取原件的,可以调取副本或者复制件。

调取书证、视听资料的副本、复制件和物证的照片、录像的,应当书面记明不能调取原件、原物的原因,制作过程和原件、原物存放地点,并由制作人员和原书证、视听资料、物证持有人签名或者盖章。

**第二百一十条** 在侦查活动中发现的可以证明犯罪嫌疑人有罪、无罪或者犯罪情节轻重的各种财物和文件,应当查封或者扣押;与案件无关的,不得查封或者扣押。查封或者扣押应当经检察长批准。

不能立即查明是否与案件有关的可疑的财物和文件,也可以查封或者扣押,但应当及时审查。经查明确实与案件无关的,应当在三日以内解除查封或者予以退还。

持有人拒绝交出应当查封、扣押的财物和文件的,可以强制查封、扣押。

对于犯罪嫌疑人、被告人到案时随身携带的物品需要扣押的,可以依照前款规定办理。对于与案件无关的个人用品,应当逐件登记,并随案移交或者退还其家属。

**第二百一十一条** 对犯罪嫌疑人使用违法所得与合法收入共同购置的不可分割的财产,可以先行查封、扣押、冻结。对无法分割退还的财产,应当在结案后予以拍卖、变卖,对不属于违法所得的部分予以退还。

**第二百一十二条** 人民检察院根据侦查犯罪的需要,可以依照规定查询、冻结犯罪嫌疑人的存款、汇款、债券、股票、基金份额等财产,并可以要求有关单位和个人配合。

查询、冻结前款规定的财产,应当制作查询、冻结财产通知书,通知银行或者其他金融机构、邮政部门执行。冻结财产的,应当经检察长批准。

**第二百一十三条** 犯罪嫌疑人的存款、汇款、债券、股票、基金份额等财产已冻结的,人民检察院不得重复冻结,可以轮候冻结。人民检察院应当要求有关银行或者其他金融机构、邮政部门在解除冻结或者作出处理前通知人民检察院。

**第二百一十四条** 扣押、冻结债券、股票、基金份额等财产,应当书面告知当事人或者其法定代理人、委托代理人有权申请出售。

对于被扣押、冻结的债券、股票、基金份额等财产,在扣押、冻结期间权利人申请出售,经审查认为不损害国家利益、被害人利益,不影响诉讼正常进行的,以及扣押、冻结的汇票、本票、支票的有效期即将届满的,经检察长批准,可以在案件办结前依法出售或者变现,所得价款由人民检察院指定的银行账户保管,并及时告知当事人或者其近亲属。

**第二百一十五条** 对于冻结的存款、汇款、债券、股票、基金份额等财产,经查明确实与案件无关的,应当在三日以内解除冻结,并通知财产所有人。

**第二百一十六条** 查询、冻结与案件有关的单位的存款、汇款、债券、股票、基金份额等财产的办法适用本规则第二百一十二条至第二百一十五条的规定。

**第二百一十七条** 对于扣押的款项和物品,应当在三日以内将款项存入唯一合规账户,将物品送负责案件管理的部门保管。法律或者有关规定另有规定的除外。

对于查封、扣押在人民检察院的物品、文件、邮件、电报,人民检察院应当妥善保管。经查明确实与案件无关的,应当在三日以内作出解除或者退还决定,并通知有关单位、当事人办理相关手续。

**《公安机关办理刑事案件程序规定》第二百二十七条** 在侦查活动中发现的可用以证明犯罪嫌疑人有罪或者无罪的各种财物、文件,应当查封、扣押;但与案件无关的财物、文件,不得查封、扣押。

持有人拒绝交出应当查封、扣押的财物、文件的,公安机关可以强制查封、扣押。

**第二百二十八条** 在侦查过程中需要扣押财物、文件的,应当经办案部门负责人批准,制作扣押决定书;在现场勘查或者搜查中需要扣押财物、文件的,由现场指挥人员决定;但扣押财物、文件价值较高或者可能严重影响正常生产经营的,应当经县级以上公安机关负责人批准,制作扣押决定书。

在侦查过程中需要查封土地、房屋等不动产,或者船舶、航空器以及其他不宜移动的大型机器、设备等特定动产的,应当经县级以上公安机关负责人批准并制作查封决定书。

**第二百二十九条** 执行查封、扣押的侦查人员不得少于二人,并出示本规定第二百二十八条规定的有关法律文书。

查封、扣押的情况应当制作笔录,由侦查人员、持有人和见证人签名。对于无法确定持有人或者持有人拒绝签名的,侦查人员应当在笔录中注明。

**第二百三十条** 对查封、扣押的财物和文件,应当会同在场见证人和被查封、扣押财物、文件的持有人查点清楚,当场开列查封、扣押清单一式三份,写明财物或者文件的名称、编号、数量、特征及其来源等,由侦查人员、持有人和见证人签名,一份交给持有人,一份交给公安机关保管人员,一份附卷备查。

对于财物、文件的持有人无法确定,以及持有人不在现场或者拒绝签名的,侦查人员应当在清单中注明。

依法扣押文物、贵金属、珠宝、字画等贵重财物的，应当拍照或者录音录像，并及时鉴定、估价。

执行查封、扣押时，应当为犯罪嫌疑人及其所扶养的亲属保留必需的生活费用和物品。能够保证侦查活动正常进行的，可以允许有关当事人继续合理使用有关涉案财物，但应当采取必要的保值、保管措施。

**第二百三十一条** 对作为犯罪证据但不便提取或者没有必要提取的财物、文件，经登记、拍照或者录像、估价后，可以交财物、文件持有人保管或者封存，并且开具登记保存清单一式两份，由侦查人员、持有人和见证人签名，一份交给财物、文件持有人，另一份连同照片或者录像资料附卷备查。财物、文件持有人应当妥善保管，不得转移、变卖、毁损。

**第二百三十二条** 扣押犯罪嫌疑人的邮件、电子邮件、电报，应当经县级以上公安机关负责人批准，制作扣押邮件、电报通知书，通知邮电部门或者网络服务单位检交扣押。

不需要继续扣押的时候，应当经县级以上公安机关负责人批准，制作解除扣押邮件、电报通知书，立即通知邮电部门或者网络服务单位。

**第二百三十三条** 对查封、扣押的财物、文件、邮件、电子邮件、电报，经查明确实与案件无关的，应当在三日以内解除查封、扣押，退还原主或者原邮电部门、网络服务单位；原主不明确的，应当采取公告方式告知原主认领。在通知原主或者公告后六个月以内，无人认领的，按照无主财物处理，登记后上缴国库。

**最高人民检察院《人民检察院刑事诉讼涉案财物管理规定》第二条** 本规定所称人民检察院刑事诉讼涉案财物，是指人民检察院在刑事诉讼过程中查封、扣押、冻结的与案件有关的财物及其孳息以及从其他办案机关接收的财物及其孳息，包括犯罪嫌疑人的违法所得及其孳息、供犯罪所用的财物、非法持有的违禁品以及其他与案件有关的财物及其孳息。

**第三条** 违法所得的一切财物，应当予以追缴或者责令退赔。对被害人的合法财产，应当依照有关规定返还。违禁品和供犯罪所用的财物，应当予以查封、扣押、冻结，并依法处理。

**第四条** 人民检察院查封、扣押、冻结、保管、处理涉案财物，必须严格依照刑事诉讼法、《人民检察院刑事诉讼规则(试行)》以及其他相关规定进行。不得查封、扣押、冻结与案件无关的财物。凡查封、扣押、冻结的财物，都应当及时进行审查；经查明确实与案件无关的，应当在三日内予以解除、退还，并通知有关当事人。

严禁以虚假立案或者其他非法方式采取查封、扣押、冻结措施。对涉案单位违规的账外资金但与案件无关的，不得查封、扣押、冻结，可以通知有关主管机关或者其上级单位处理。

查封、扣押、冻结涉案财物,应当为犯罪嫌疑人、被告人及其所扶养的亲属保留必需的生活费用和物品,减少对涉案单位正常办公、生产、经营等活动的影响。

**第五条** 严禁在立案之前查封、扣押、冻结财物。立案之前发现涉嫌犯罪的财物,符合立案条件的,应当及时立案,并采取查封、扣押、冻结措施,以保全证据和防止涉案财物转移、损毁。

个人或者单位在立案之前向人民检察院自首时携带涉案财物的,人民检察院可以根据管辖规定先行接收,并向自首人开具接收凭证,根据立案和侦查情况决定是否查封、扣押、冻结。

人民检察院查封、扣押、冻结涉案财物后,应当对案件及时进行侦查,不得在无法定理由情况下撤销案件或者停止对案件的侦查。

**第六条** 犯罪嫌疑人到案后,其亲友受犯罪嫌疑人委托或者主动代为向检察机关退还或者赔偿涉案财物的,参照《人民检察院刑事诉讼规则(试行)》关于查封、扣押、冻结的相关程序办理。符合相关条件的,人民检察院应当开具查封、扣押、冻结决定书,并由检察人员、代为退还或者赔偿的人员和有关规定要求的其他人员在清单上签名或者盖章。

代为退还或者赔偿的人员应当在清单上注明系受犯罪嫌疑人委托或者主动代为犯罪嫌疑人退还或者赔偿。

**第八条** 人民检察院查封、扣押、冻结、处理涉案财物,应当使用最高人民检察院统一制定的法律文书,填写必须规范、完整。禁止使用不符合规定的文书查封、扣押、冻结、处理涉案财物。

**第十条** 人民检察院办案部门查封、扣押、冻结涉案财物及其孳息后,应当及时按照下列情形分别办理,至迟不得超过三日,法律和有关规定另有规定的除外:

(一)将扣押的款项存入唯一合规账户;

(二)将扣押的物品和相关权利证书、支付凭证以及具有一定特征能够证明案情的现金等,送案件管理部门入库保管;

(三)将查封、扣押、冻结涉案财物的清单和扣押款项存入唯一合规账户的存款凭证等,送案件管理部门登记;案件管理部门应当对存款凭证复印保存,并将原件送计划财务装备部门。

扣押的款项或者物品因特殊原因不能按时存入唯一合规账户或者送案件管理部门保管的,经检察长批准,可以由办案部门暂时保管,在原因消除后及时存入或者移交,但应当将扣押清单和相关权利证书、支付凭证等依照本条第一款规定的期限送案件管理部门登记、保管。

**第十一条** 案件管理部门接收人民检察院办案部门移送的涉案财物或者清单时,应当审查是否符合下列要求：

（一）有立案决定书和相应的查封、扣押、冻结法律文书以及查封、扣押清单，并填写规范、完整，符合相关要求；

（二）移送的财物与清单相符；

（三）移送的扣押物品清单，已经依照《人民检察院刑事诉讼规则（试行）》有关扣押的规定注明扣押财物的主要特征；

（四）移送的外币、金银珠宝、文物、名贵字画以及其他不易辨别真伪的贵重物品，已经依照《人民检察院刑事诉讼规则（试行）》有关扣押的规定予以密封，检察人员、见证人和被扣押物品持有人在密封材料上签名或者盖章，经过鉴定的，附有鉴定意见复印件；

（五）移送的存折、信用卡、有价证券等支付凭证和具有一定特征能够证明案情的现金，已经依照《人民检察院刑事诉讼规则（试行）》有关扣押的规定予以密封，注明特征、编号、种类、面值、张数、金额等，检察人员、见证人和被扣押物品持有人在密封材料上签名或者盖章；

（六）移送的查封清单，已经依照《人民检察院刑事诉讼规则（试行）》有关查封的规定注明相关财物的详细地址和相关特征，检察人员、见证人和持有人签名或者盖章，注明已经拍照或者录像及其权利证书是否已被扣押，注明财物被查封后由办案部门保管或者交持有人或者其近亲属保管，注明查封决定书副本已送达相关的财物登记、管理部门等。

**第十二条** 人民检察院办案部门查封、扣押的下列涉案财物不移送案件管理部门保管，由办案部门拍照或者录像后妥善管理或者及时按照有关规定处理：

（一）查封的不动产和置于该不动产上不宜移动的设施等财物，以及涉案的车辆、船舶、航空器和大型机械、设备等财物，及时依照《人民检察院刑事诉讼规则（试行）》有关查封、扣押的规定扣押相关权利证书，将查封决定书副本送达有关登记、管理部门，并告知其在查封期间禁止办理抵押、转让、出售等权属关系变更、转移登记手续；

（二）珍贵文物、珍贵动物及其制品、珍稀植物及其制品，按照国家有关规定移送主管机关；

（三）毒品、淫秽物品等违禁品，及时移送有关主管机关，或者根据办案需要严格封存，不得擅自使用或者扩散；

（四）爆炸性、易燃性、放射性、毒害性、腐蚀性等危险品，及时移送有关部门或者根据办案需要委托有关主管机关妥善保管；

（五）易损毁、灭失、变质等不宜长期保存的物品，易贬值的汽车、船艇等物品，经权利人同意或者申请，并经检察长批准，可以及时委托有关部门先行变卖、拍卖，所得款项存入唯一合规账户。先行变卖、拍卖应当做到公开、公平。

人民检察院办案部门依照前款规定不将涉案财物移送案件管理部门保管的,应当将查封、扣押清单以及相关权利证书、支付凭证等依照本规定第十条第一款的规定送案件管理部门登记、保管。

**第十三条** 人民检察院案件管理部门接收其他办案机关随案移送的涉案财物的,参照本规定第十一条、第十二条的规定进行审查和办理。

对移送的物品、权利证书、支付凭证以及具备一定特征能够证明案情的现金,案件管理部门审查后认为符合要求的,予以接收并入库保管。对移送的涉案款项,由其他办案机关存入检察机关指定的唯一合规账户,案件管理部门对转账凭证进行登记并联系计划财务装备部门进行核对。其他办案机关直接移送现金的,案件管理部门可以告知其存入指定的唯一合规账户,也可以联系计划财务装备部门清点、接收并及时存入唯一合规账户。计划财务装备部门应当在收到款项后三日以内将收款凭证复印件送案件管理部门登记。

对于其他办案机关移送审查起诉时随案移送的有关实物,案件管理部门经商公诉部门后,认为属于不宜移送的,可以依照刑事诉讼法第二百三十四条第一款、第二款的规定,只接收清单、照片或者其他证明文件。必要时,人民检察院案件管理部门可以会同公诉部门与其他办案机关相关部门进行沟通协商,确定不随案移送的实物。

**第十五条** 案件管理部门接收密封的涉案财物,一般不进行拆封。移送部门或者案件管理部门认为有必要拆封的,由移送人员和接收人员共同启封、检查、重新密封,并对全过程进行录像。根据《人民检察院刑事诉讼规则(试行)》有关扣押的规定应当予以密封的涉案财物,启封、检查、重新密封时应当依照规定有见证人、持有人或者单位负责人等在场并签名或者盖章。

**第十七条** 人民检察院对于查封、扣押、冻结的涉案财物及其孳息,应当如实登记,妥善保管。

根据上述相关规定,侦查人员扣押物证、书证应当遵守下列程序:

(1)扣押物证、书证只能由侦查人员进行;可以在勘验、检查和搜查时进行,也可以单独进行,单独进行时侦查人员应持有侦查机关的证明文件。

(2)扣押的物证、书证范围仅限于可用以证明犯罪嫌疑人有罪或者无罪的各种物品和文件,对与案件无关的物品、文件不得随意扣押。如果发现是违禁品,无论是否与本案有关,都应先行扣押,然后交有关部门处理。凡应当扣押的物品、文件,持有人拒绝交出或者抗拒的,可以强行扣押。

(3)对查封、扣押的财物、文件,应当会同在场见证人和被查封、扣押财物、文件的持有人查点清楚,当场开列清单一式二份,由侦查人员、见证人和持有人签名或者盖章,一份交给持有人,另一份附卷备查。

搜查的情况应当写成笔录,由侦查人员和被搜查人或者他的家属、邻居或其他见证人签名或者盖章。如果被搜查人或其家属在逃或拒绝签名、盖章,应当在笔录上注明。

(4)对于扣押的物品、文件,侦查机关应当妥善保管或者封存,不得使用或者损毁。其中若涉及国家秘密的,应当严格保守秘密。

(5)侦查人员认为需要扣押犯罪嫌疑人的邮件、电报时,经公安机关或检察院的批准,即可通知邮电机关将有关的邮件、电报检交扣押。不需要继续扣押时,应当立即通知邮电机关。

(6)检察院、公安机关根据侦查犯罪的需要,可以依照规定查询、冻结犯罪嫌疑人的存款、汇款、债券、股票、基金份额等财产。犯罪嫌疑人的存款、汇款已被冻结的,不得重复冻结。侦查机关只要查明该款项是属于犯罪嫌疑人的,无论是以何人名义、何种方式存入、汇出、汇入的款项,都可以依法予以查询和冻结。另外,根据最高人民法院、最高人民检察院、公安部等《关于实施刑事诉讼法若干问题的规定》的有关内容,侦查机关不能扣划存款、汇款、债券、股票、基金份额等财产。在侦查、审查起诉中犯罪嫌疑人/被告人死亡,对犯罪嫌疑人的存款、汇款、债券、股票、基金份额等财产应当依法予以没收或者返还被害人的,可以申请法院裁定通知冻结犯罪嫌疑人/被告人的存款、汇款、债券、股票、基金份额等财产的金融机构上缴国库或者返还被害人。

(7)对于扣押的物品、文件、邮件、电报或者冻结的存款、汇款、债券、股票、基金份额等财产,经查明确实与案件无关的,应当在3日以内解除扣押、冻结,退还原主或者原邮电机关。

对于违反上述规定扣押的物证、书证,由于其取得的程序违法,也就不能证明该物证、书证与指控的犯罪之间的关联性,当然不能作为认定犯罪成立的证据。

4. 违法辨认

辨认,是指侦查人员为了查明案情,在必要时让被害人、证人以及犯罪嫌疑人对与犯罪有关的物品、文件、场所或者犯罪嫌疑人进行辨别、确认的一种侦查行为。

辨认作为一种侦查行为,《刑事诉讼法》没有明确规定。《公安机关办理刑事案件程序规定》《人民检察院刑事诉讼规则》中作了专门规定。辨认是侦查程序中经常采用的一种手段,对于查明案件真实情况、核实证据、查获犯罪嫌疑人具有重要意义。

**法条链接**

**《公安机关办理刑事案件程序规定》第二百五十八条** 为了查明案情,在必要的时候,侦查人员可以让被害人、证人或者犯罪嫌疑人对与犯罪有关的物品、文件、尸体、场所或者犯罪嫌疑人进行辨认。

**第二百五十九条** 辨认应当在侦查人员的主持下进行。主持辨认的侦查人员不得少于二人。

几名辨认人对同一辨认对象进行辨认时,应当由辨认人个别进行。

**第二百六十条** 辨认时,应当将辨认对象混杂在特征相类似的其他对象中,不得在辨认前向辨认人展示辨认对象及其影像资料,不得给辨认人任何暗示。

辨认犯罪嫌疑人时,被辨认的人数不得少于七人;对犯罪嫌疑人照片进行辨认的,不得少于十人的照片。

辨认物品时,混杂的同类物品不得少于五件,对物品的照片进行辨认,不得少于十个物品的照片。

对场所、尸体等特定辨认对象进行辨认,或者辨认人能够准确描述物品独有特征的,陪衬物不受数量的限制。

**第二百六十一条** 对犯罪嫌疑人的辨认,辨认人不愿意公开进行时,可以在不暴露辨认人的情况下进行,并应当为其保守秘密。

**第二百六十二条** 对辨认经过和结果,应当制作辨认笔录,由侦查人员、辨认人、见证人签名。必要时,应当对辨认过程进行录音或者录像。

**《人民检察院刑事诉讼规则》第二百二十三条** 为了查明案情,必要时,检察人员可以让被害人、证人和犯罪嫌疑人对与犯罪有关的物品、文件、尸体或场所进行辨认;也可以让被害人、证人对犯罪嫌疑人进行辨认,或者让犯罪嫌疑人对其他犯罪嫌疑人进行辨认。

**第二百二十四条** 辨认应当在检察人员的主持下进行,执行辨认的人员不得少于二人。在辨认前,应当向辨认人详细询问被辨认对象的具体特征,避免辨认人见到被辨认对象,并应当告知辨认人有意作虚假辨认应负的法律责任。

**第二百二十五条** 几名辨认人对同一被辨认对象进行辨认时,应当由每名辨认人单独进行。必要时,可以有见证人在场。

**第二百二十六条** 辨认时,应当将辨认对象混杂在其他对象中。不得在辨认前向辨认人展示辨认对象及其影像资料,不得给辨认人任何暗示。

辨认犯罪嫌疑人时,被辨认的人数不得少于七人,照片不得少于十张。

辨认物品时,同类物品不得少于五件,照片不得少于五张。

对犯罪嫌疑人的辨认,辨认人不愿公开进行时,可以在不暴露辨认人的情况下进行,并应当为其保守秘密。

**第二百二十七条** 人民检察院在立案后,对于利用职权实施的严重侵犯公民人身权利的重大犯罪案件,经过严格的批准手续,可以采取技术侦查措施,交有关机关执行。

**第二百二十八条** 人民检察院办理直接受理侦查的案件,需要追捕被通缉或者决定逮捕的在逃犯罪嫌疑人、被告人的,经过批准,可以采取追捕所必需的技术侦查措施,不受本规则第二百二十七条规定的案件范围的限制。

**第二百二十九条** 人民检察院采取技术侦查措施应当根据侦查犯罪的需要,确定采取技术侦查措施的种类和适用对象,按照有关规定报请批准。批准决定自签发之日起三个月以内有效。对于不需要继续采取技术侦查措施的,应当及时解除;对于复杂、疑难案件,期限届满仍有必要继续采取技术侦查措施的,应当在期限届满前十日以内制作呈请延长技术侦查措施期限报告书,写明延长的期限及理由,经过原批准机关批准,有效期可以延长,每次不得超过三个月。

采取技术侦查措施收集的材料作为证据使用的,批准采取技术侦查措施的法律文书应当附卷,辩护律师可以依法查阅、摘抄、复制。

**第二百三十条** 采取技术侦查措施收集的物证、书证及其他证据材料,检察人员应当制作相应的说明材料,写明获取证据的时间、地点、数量、特征以及采取技术侦查措施的批准机关、种类等,并签名和盖章。

对于使用技术侦查措施获取的证据材料,如果可能危及特定人员的人身安全、涉及国家秘密或者公开后可能暴露侦查秘密或者严重损害商业秘密、个人隐私的,应当采取不暴露有关人员身份、技术方法等保护措施。必要时,可以建议不在法庭上质证,由审判人员在庭外对证据进行核实。

**第二百三十一条** 检察人员对采取技术侦查措施过程中知悉的国家秘密、商业秘密和个人隐私,应当保密;对采取技术侦查措施获取的与案件无关的材料,应当及时销毁,并对销毁情况制作记录。

采取技术侦查措施获取的证据、线索及其他有关材料,只能用于对犯罪的侦查、起诉和审判,不得用于其他用途。

根据上述有关规定,辨认应当遵循下列程序:

(1)公安机关、检察院在各自管辖案件的侦查过程中,需要辨认犯罪嫌疑人的,应当分别经办案部门负责人或者检察长批准。

(2)辨认应当在侦查人员或检察人员的主持下进行。在公安机关侦查的案件中,主持辨认的侦查人员不得少于2人。在辨认前,应当向辨认人详细询问被辨认对象的具体特征,尤其是要避免辨认人见到被辨认对象,并应当告知辨认人作虚假辨认要承担的法律责任。

(3)多个辨认人对同一辨认对象进行辨认时,应当让每位辨认人单独进行辨认。必要时,可以有证人在场。

(4)辨认时,应当将辨认对象混杂在其他人员或物品中,不得给辨认人以任何暗示。公安机关侦查的案件,在辨认犯罪嫌疑人时,被辨认的人数不得少于7人;辨认照片时,被辨认的照片不得少于10张。检察院自侦的案件,辨认犯罪嫌疑人时,被辨认的人数不得少于7人;辨认照片时,被辨认的照片不得少于10张;辨认物品时,同类物品不得少于5件。

(5)公安机关侦查的案件,辨认人不愿公开进行的,可以在不暴露辨认人的情况下进行,侦查人员应当为其保密。

(6)对于辨认的情况,应当制作笔录,由主持和参加辨认的侦查人员、辨认人、见证人签名或盖章。

对于违反上述规定所做的辨认,由于程序违法,不能保证辨认结果的客观性、真实性,辨认结果也就当然不能作为定案的依据。

下面列举一起因辨认程序违法,被告人被判无罪的案例。

## 案例13 | 钱某云抢劫案[①]

**【案情简介】**

原审被告人钱某云,别名何某云,男。2002年3月8日20时许,钱某云在天棚街中间碰见“怪物”(基本情况不详,现在逃)。“怪物”向钱某云借钱,钱某云说没钱。二人预谋抢劫后,从天棚街北头沿沼河向西走。当行至郸城县人民检察院北边一铁皮小屋附近时,见被害人高某某独自一人从东向西走,“怪物”即上前抓住高某某的头发对其拳打脚踢。之后,“怪物”从高某某身上搜走现金约20元。“怪物”给了钱某云3元,钱某云到铁皮小屋里买了一红盒散花烟。

郸城县人民法院作出(2002)郸少刑初字第16号刑事判决,以抢劫罪判处被告人钱某云有期徒刑3年。周口市中级人民法院作出(2002)周刑少终字第48号刑事

① 参见河南省高级人民法院刑事判决书,(2010)豫法刑抗字第1号。

裁定,驳回上诉,维持原判。河南省高级人民法院作出(2010)豫法刑抗字第1号判决书,撤销周口市中级人民法院(2002)周刑少终字第48号刑事裁定和郸城县人民法院(2002)郸少刑初字第16号刑事判决,宣告原审被告人钱某云无罪。

**【再审法院裁判结果】**

再审法院认为,第一,钱某云与"怪物"预谋抢劫的事实不清。钱某云在侦查阶段三次供述及庭审中均称"怪物"向其要钱后,其称没钱,"怪物"说走去那边看看。该事实只有钱某云的言词证据,无其他证据相印证,钱某云在有罪供述中并未明确有预谋抢劫事实。第二,钱某云参与实施抢劫的事实不清。钱某云三次有罪供述中均称自己为"怪物"抢劫时望风;一审庭审中其称自己案发时在现场,还因拉架挨了"怪物"一脚;本次开庭时又称自己案发时不在现场,在对面看别人打台球。被害人高某某辨认之前的陈述和证人赵某某、高某某的证言不能证明钱某云是否在抢劫现场和是否有抢劫的行为。虽然被害人高某某在侦查机关组织辨认时辨认出钱某云当时穿黑衣服,在抢劫现场,但其辨认活动违反《公安机关办理刑事案件程序规定》的相关规定,不能作为证据使用。现除辨认笔录和钱某云前后不一致的供述、辩解外,无充分证据证明钱某云在抢劫现场并实施了抢劫行为。第三,钱某云参与分赃的事实不清。钱某云在三次有罪供述中供认"怪物"给自己3元,自己买了一盒红盒散花烟,但庭审时又称烟给"怪物"了。证人赵某某虽证明"有一个年轻人买了一盒3元钱红盒散花烟就走了""我回忆买烟的外相打架没有他",但其不能证明买烟的年轻人就是钱某云。现除钱某云供述外,无其他证据证实钱某云参与了分赃。原裁判认定被告人钱某云结伙强行劫取他人财物事实不清,证据不足,经再审仍无法查清,证据不足,不能认定原审被告人钱某云有罪。公诉机关的抗诉意见应予采纳,原审被告人钱某云及其法定代理人要求改判钱某云无罪的意见亦予以采纳。

5. 违法鉴定

鉴定意见,是指各行业的专家对案件(项目)中的专门性问题所出具的专门性意见。鉴定意见的本质是一种证人证言,所以它的质证规则与证人证言的质证规则相同,包括最佳证据规则、补强证据规则、非法证据排除规则等。在对鉴定意见进行质证时,必要时可以申请专家鉴定人出庭接受质证,也可以申请其他专家以专家证人的身份出庭。

2010年6月13日,最高人民法院、最高人民检察院、公安部、国家安全部、司法部联合发布了《关于办理死刑案件审查判断证据若干问题的规定》和《关于办理刑事案件排除非法证据若干问题的规定》,2017 年 6 月 20 日,最高人民法院、最高人民检察院、公安部、国家安全部、司法部发布了《关于办理刑事案件严格排除非法证据若干问题的规定》,上述文件增加了鉴定意见的质证与审查判断规则。

其中,《关于办理死刑案件审查判断证据若干问题的规定》对鉴定意见的审查判断着重从以下十个方面进行:

(1)鉴定人是否存在应当回避而未回避的情形;

(2)鉴定机构和鉴定人是否具有合法的资质;

(3)鉴定程序是否符合法律及有关规定;

(4)检材的来源、取得、保管、送检是否符合法律及有关规定,与相关提取笔录、扣押物品清单等记载的内容是否相符,检材是否充足、可靠;

(5)鉴定的程序、方法、分析过程是否符合本专业的检验、鉴定规程和技术方法要求;

(6)鉴定意见的形式要件是否完备,是否注明提起鉴定的事由、鉴定委托人、鉴定机构、鉴定要求、鉴定过程、检验方法、鉴定文书的日期等相关内容,是否由鉴定机构加盖鉴定专用章并由鉴定人签名盖章;

(7)鉴定意见是否明确;

(8)鉴定意见与案件待证事实有无关联;

(9)鉴定意见与其他证据之间是否有矛盾;

(10)鉴定意见是否依法及时告知相关人员,当事人对鉴定意见是否有异议。

关于鉴定意见的审查判断问题,在司法部《司法鉴定程序通则》,国家发展和改革委员会、最高人民法院、最高人民检察院、公安部、财政部《关于扣押追缴没收及收缴财物价格鉴定管理的补充通知》,以及《刑事诉讼法》、《人民检察院刑事诉讼规则》、《公安机关办理刑事案件程序规定》等法律、行政法规中亦有详细明确的规定。

法条链接

**《司法鉴定程序通则》第二条** 司法鉴定是指在诉讼活动中鉴定人运用科学技术或者专门知识对诉讼涉及的专门性问题进行鉴别和判断并提供鉴定意见的活动。司法鉴定程序是指司法鉴定机构和司法鉴定人进行司法鉴定活动的方式、步骤以及相关规则的总称。

**第四条** 司法鉴定机构和司法鉴定人进行司法鉴定活动,应当遵守法律、法规、规章,遵守职业道德和执业纪律，尊重科学，遵守技术操作规范。

**第五条**　司法鉴定实行鉴定人负责制度。司法鉴定人应当依法独立、客观、公正地进行鉴定，并对自己作出的鉴定意见负责。司法鉴定人不得违反规定会见诉讼当事人及其委托的人。

**第七条**　司法鉴定人在执业活动中应当依照有关诉讼法律和本通则规定实行回避。

**第十一条**　司法鉴定机构应当统一受理办案机关的司法鉴定委托。

**第十二条**　委托人委托鉴定的，应当向司法鉴定机构提供真实、完整、充分的鉴定材料，并对鉴定材料的真实性、合法性负责。司法鉴定机构应当核对并记录鉴定材料的名称、种类、数量、性状、保存状况、收到时间等。

诉讼当事人对鉴定材料有异议的，应当向委托人提出。

本通则所称鉴定材料包括生物检材和非生物检材、比对样本材料以及其他与鉴定事项有关的鉴定资料。

**第十五条**　具有下列情形之一的鉴定委托，司法鉴定机构不得受理：

（一）委托鉴定事项超出本机构司法鉴定业务范围的；

（二）发现鉴定材料不真实、不完整、不充分或者取得方式不合法的；

（三）鉴定用途不合法或者违背社会公德的；

（四）鉴定要求不符合司法鉴定执业规则或者相关鉴定技术规范的；

（五）鉴定要求超出本机构技术条件或者鉴定能力的；

（六）委托人就同一鉴定事项同时委托其他司法鉴定机构进行鉴定的；

（七）其他不符合法律、法规、规章规定的情形。

**第十八条**　司法鉴定机构受理鉴定委托后，应当指定本机构具有该鉴定事项执业资格的司法鉴定人进行鉴定。

委托人有特殊要求的，经双方协商一致，也可以从本机构中选择符合条件的司法鉴定人进行鉴定。

委托人不得要求或者暗示司法鉴定机构、司法鉴定人按其意图或者特定目的提供鉴定意见。

**第十九条**　司法鉴定机构对同一鉴定事项，应当指定或者选择二名司法鉴定人进行鉴定；对复杂、疑难或者特殊鉴定事项，可以指定或者选择多名司法鉴定人进行鉴定。

**第二十条**　司法鉴定人本人或者其近亲属与诉讼当事人、鉴定事项涉及的案件有利害关系，可能影响其独立、客观、公正进行鉴定的，应当回避。

司法鉴定人曾经参加过同一鉴定事项鉴定的，或者曾经作为专家提供过咨询意见的，或者曾被聘请为有专门知识的人参与过同一鉴定事项法庭质证的，应当回避。

**第二十三条** 司法鉴定人进行鉴定,应当依下列顺序遵守和采用该专业领域的技术标准、技术规范和技术方法:

(一)国家标准;

(二)行业标准和技术规范;

(三)该专业领域多数专家认可的技术方法。

**第二十四条** 司法鉴定人有权了解进行鉴定所需要的案件材料,可以查阅、复制相关资料,必要时可以询问诉讼当事人、证人。

经委托人同意,司法鉴定机构可以派员到现场提取鉴定材料。现场提取鉴定材料应当由不少于二名司法鉴定机构的工作人员进行,其中至少一名应为该鉴定事项的司法鉴定人。现场提取鉴定材料时,应当有委托人指派或者委托的人员在场见证并在提取记录上签名。

**第二十五条** 鉴定过程中,需要对无民事行为能力人或者限制民事行为能力人进行身体检查的,应当通知其监护人或者近亲属到场见证;必要时,可以通知委托人到场见证。

对被鉴定人进行法医精神病鉴定的,应当通知委托人或者被鉴定人的近亲属或者监护人到场见证。

对需要进行尸体解剖的,应当通知委托人或者死者的近亲属或者监护人到场见证。

到场见证人员应当在鉴定记录上签名。见证人员未到场的,司法鉴定人不得开展相关鉴定活动,延误时间不计入鉴定时限。

**第二十七条** 司法鉴定人应当对鉴定过程进行实时记录并签名。记录可以采取笔记、录音、录像、拍照等方式。记录应当载明主要的鉴定方法和过程,检查、检验、检测结果,以及仪器设备使用情况等。记录的内容应当真实、客观、准确、完整、清晰,记录的文本资料、音像资料等应当存入鉴定档案。

**第二十九条** 司法鉴定机构在鉴定过程中,有下列情形之一的,可以终止鉴定:

(一)发现有本通则第十五条第二项至第七项规定情形的;

(二)鉴定材料发生耗损,委托人不能补充提供的;

(三)委托人拒不履行司法鉴定委托书规定的义务、被鉴定人拒不配合或者鉴定活动受到严重干扰,致使鉴定无法继续进行的;

(四)委托人主动撤销鉴定委托,或者委托人、诉讼当事人拒绝支付鉴定费用的;

(五)因不可抗力致使鉴定无法继续进行的;

(六)其他需要终止鉴定的情形。

终止鉴定的,司法鉴定机构应当书面通知委托人,说明理由并退还鉴定材料。

**第三十条** 有下列情形之一的,司法鉴定机构可以根据委托人的要求进行补充鉴定:

(一)原委托鉴定事项有遗漏的;

(二)委托人就原委托鉴定事项提供新的鉴定材料的;

(三)其他需要补充鉴定的情形。

补充鉴定是原委托鉴定的组成部分,应当由原司法鉴定人进行。

**第三十一条** 有下列情形之一的,司法鉴定机构可以接受办案机关委托进行重新鉴定:

(一)原司法鉴定人不具有从事委托鉴定事项执业资格的;

(二)原司法鉴定机构超出登记的业务范围组织鉴定的;

(三)原司法鉴定人应当回避没有回避的;

(四)办案机关认为需要重新鉴定的;

(五)法律规定的其他情形。

**第三十二条** 重新鉴定应当委托原司法鉴定机构以外的其他司法鉴定机构进行;因特殊原因,委托人也可以委托原司法鉴定机构进行,但原司法鉴定机构应当指定原司法鉴定人以外的其他符合条件的司法鉴定人进行。

接受重新鉴定委托的司法鉴定机构的资质条件应当不低于原司法鉴定机构,进行重新鉴定的司法鉴定人中应当至少有一名具有相关专业高级专业技术职称。

**第三十三条** 鉴定过程中,涉及复杂、疑难、特殊技术问题的,可以向本机构以外的相关专业领域的专家进行咨询,但最终的鉴定意见应当由本机构的司法鉴定人出具。

专家提供咨询意见应当签名,并存入鉴定档案。

**第三十四条** 对于涉及重大案件或者特别复杂、疑难、特殊技术问题或者多个鉴定类别的鉴定事项,办案机关可以委托司法鉴定行业协会组织协调多个司法鉴定机构进行鉴定。

**第三十五条** 司法鉴定人完成鉴定后,司法鉴定机构应当指定具有相应资质的人员对鉴定程序和鉴定意见进行复核;对于涉及复杂、疑难、特殊技术问题或者重新鉴定的鉴定事项,可以组织三名以上的专家进行复核。

复核人员完成复核后,应当提出复核意见并签名,存入鉴定档案。

**第三十六条** 司法鉴定机构和司法鉴定人应当按照统一规定的文本格式制作司法鉴定意见书。

**第三十七条** 司法鉴定意见书应当由司法鉴定人签名。多人参加的鉴定,对鉴定意见有不同意见的,应当注明。

**第三十八条** 司法鉴定意见书应当加盖司法鉴定机构的司法鉴定专用章。

**第三十九条** 司法鉴定意见书应当一式四份,三份交委托人收执,一份由司法鉴定机构存档。司法鉴定机构应当按照有关规定或者与委托人约定的方式,向委托人发送司法鉴定意见书。

**第四十条** 委托人对鉴定过程、鉴定意见提出询问的,司法鉴定机构和司法鉴定人应当给予解释或者说明。

**第四十一条** 司法鉴定意见书出具后,发现有下列情形之一的,司法鉴定机构可以进行补正:

(一)图像、谱图、表格不清晰的;

(二)签名、盖章或者编号不符合制作要求的;

(三)文字表达有瑕疵或者错别字,但不影响司法鉴定意见的。

补正应当在原司法鉴定意见书上进行,由至少一名司法鉴定人在补正处签名。必要时,可以出具补正书。

对司法鉴定意见书进行补正,不得改变司法鉴定意见的原意。

**第四十三条** 经人民法院依法通知,司法鉴定人应当出庭作证,回答与鉴定事项有关的问题。

**第四十五条** 司法鉴定机构应当支持司法鉴定人出庭作证,为司法鉴定人依法出庭提供必要条件。

**第四十六条** 司法鉴定人出庭作证,应当举止文明,遵守法庭纪律。

**国家发展和改革委员会、最高人民法院、最高人民检察院、公安部、财政部《关于扣押追缴没收及收缴财物价格鉴定管理的补充通知》**

……

一、各级政府价格部门设立的价格鉴证机构为国家机关指定的涉案财物价格鉴定的机构,名称统一为"价格认证中心"。原国家计委、最高人民法院、最高人民检察院、公安部制定的《扣押、追缴、没收物品估价管理办法》(计办[1997]808号)中涉及的"价格事务所"相应更改为"价格认证中心"。

二、各司法、行政执法机关在办理各自管辖刑事案件中,涉及价格不明或者价格有争议、需要对涉案财物或标的进行价格鉴定的,办案机关应委托同级政府价格部门设立的价格鉴定机构进行价格鉴定。

政府价格部门设立的价格鉴定机构可以接受办案机关的委托,对非刑事案件中涉案财物或标的进行价格鉴定。

三、各级政府价格主管部门设立的价格鉴证机构从事国家机关委托的刑事案件涉案财物价格鉴定不收费,该项鉴定费用由同级财政部门根据价格认证中心业务量大小,核定专项经费拨款或补贴。

……

**《刑事诉讼法》第一百四十六条　【鉴定的范围】【鉴定人的种类】**为了查明案情，需要解决案件中某些专门性问题的时候，应当指派、聘请有专门知识的人进行鉴定。

**第一百四十七条　【鉴定的程序及法律责任】**鉴定人进行鉴定后，应当写出鉴定意见，并且签名。

鉴定人故意作虚假鉴定的，应当承担法律责任。

**第一百四十八条　【鉴定意见的告知】【对鉴定意见的异议及其处理】**侦查机关应当将用作证据的鉴定意见告知犯罪嫌疑人、被害人。如果犯罪嫌疑人、被害人提出申请，可以补充鉴定或者重新鉴定。

**第一百四十九条　【精神病鉴定的期间规定】**对犯罪嫌疑人作精神病鉴定的期间不计入办案期限。

**《人民检察院刑事诉讼规则》第二百一十八条**　人民检察院为了查明案情，解决案件中某些专门性的问题，可以进行鉴定。

鉴定由人民检察院有鉴定资格的人员进行。必要时，也可以聘请其他有鉴定资格的人员进行，但是应当征得鉴定人所在单位同意。

**第二百一十九条**　人民检察院应当为鉴定人提供必要条件，及时向鉴定人送交有关检材和对比样本等原始材料，介绍与鉴定有关的情况，并明确提出要求鉴定解决的问题，但是不得暗示或者强迫鉴定人作出某种鉴定意见。

**第二百二十条**　对于鉴定意见，检察人员应当进行审查，必要时可以进行补充鉴定或者重新鉴定。重新鉴定的，应当另行指派或者聘请鉴定人。

**第二百二十一条**　用作证据的鉴定意见，人民检察院办案部门应当告知犯罪嫌疑人、被害人；被害人死亡或者没有诉讼行为能力的，应当告知其法定代理人、近亲属或诉讼代理人。

犯罪嫌疑人、被害人或被害人的法定代理人、近亲属、诉讼代理人提出申请，可以补充鉴定或者重新鉴定，鉴定费用由请求方承担。但原鉴定违反法定程序的，由人民检察院承担。

犯罪嫌疑人的辩护人或者近亲属以犯罪嫌疑人有患精神病可能而申请对犯罪嫌疑人进行鉴定的，鉴定费用由申请方承担。

**第二百二十二条**　对犯罪嫌疑人作精神病鉴定的期间不计入羁押期限和办案期限。

**《公安机关办理刑事案件程序规定》第二百四十八条**　为了查明案情，解决案件中某些专门性问题，应当指派、聘请有专门知识的人进行鉴定。

需要聘请有专门知识的人进行鉴定，应当经县级以上公安机关负责人批准后，制作鉴定聘请书。

**第二百四十九条** 公安机关应当为鉴定人进行鉴定提供必要的条件,及时向鉴定人送交有关检材和对比样本等原始材料,介绍与鉴定有关的情况,并且明确提出要求鉴定解决的问题。

禁止暗示或者强迫鉴定人作出某种鉴定意见。

**第二百五十条** 侦查人员应当做好检材的保管和送检工作,并注明检材送检环节的责任人,确保检材在流转环节中的同一性和不被污染。

**第二百五十一条** 鉴定人应当按照鉴定规则,运用科学方法独立进行鉴定。鉴定后,应当出具鉴定意见,并在鉴定意见书上签名,同时附上鉴定机构和鉴定人的资质证明或者其他证明文件。

多人参加鉴定,鉴定人有不同意见的,应当注明。

**第二百五十二条** 对鉴定意见,侦查人员应当进行审查。

对经审查作为证据使用的鉴定意见,公安机关应当及时告知犯罪嫌疑人、被害人或者其法定代理人。

**第二百五十三条** 犯罪嫌疑人、被害人对鉴定意见有异议提出申请,以及办案部门或者侦查人员对鉴定意见有疑义的,可以将鉴定意见送交其他有专门知识的人员提出意见。必要时,询问鉴定人并制作笔录附卷。

**第二百五十四条** 经审查,发现有下列情形之一的,经县级以上公安机关负责人批准,应当补充鉴定:

(一)鉴定内容有明显遗漏的;

(二)发现新的有鉴定意义的证物的;

(三)对鉴定证物有新的鉴定要求的;

(四)鉴定意见不完整,委托事项无法确定的;

(五)其他需要补充鉴定的情形。

经审查,不符合上述情形的,经县级以上公安机关负责人批准,作出不准予补充鉴定的决定,并在作出决定后三日以内书面通知申请人。

**第二百五十五条** 经审查,发现有下列情形之一的,经县级以上公安机关负责人批准,应当重新鉴定:

(一)鉴定程序违法或者违反相关专业技术要求的;

(二)鉴定机构、鉴定人不具备鉴定资质和条件的;

(三)鉴定人故意作虚假鉴定或者违反回避规定的;

(四)鉴定意见依据明显不足的;

(五)检材虚假或者被损坏的;

（六）其他应当重新鉴定的情形。

重新鉴定，应当另行指派或者聘请鉴定人。

经审查，不符合上述情形的，经县级以上公安机关负责人批准，作出不准予重新鉴定的决定，并在作出决定后三日以内书面通知申请人。

**第二百五十六条** 公诉人、当事人或者辩护人、诉讼代理人对鉴定意见有异议，经人民法院依法通知的，公安机关鉴定人应当出庭作证。

鉴定人故意作虚假鉴定的，应当依法追究其法律责任。

**第二百五十七条** 对犯罪嫌疑人作精神病鉴定的时间不计入办案期限，其他鉴定时间都应当计入办案期限。

**最高人民法院、最高人民检察院、公安部、国家安全部、司法部、全国人大常委会法制工作委员会《关于实施刑事诉讼法若干问题的规定》40**. 刑事诉讼法第一百四十七条①规定："对犯罪嫌疑人作精神病鉴定的期间不计入办案期限。"根据上述规定，犯罪嫌疑人、被告人在押的案件，除对犯罪嫌疑人、被告人的精神病鉴定期间不计入办案期限外，其他鉴定期间都应当计入办案期限。对于因鉴定时间较长，办案期限届满仍不能终结的案件，自期限届满之日起，应当对被羁押的犯罪嫌疑人、被告人变更强制措施，改为取保候审或者监视居住。

下面列举一起因鉴定违法，鉴定意见无效，致使被告人被判无罪的案例。

## 案例14 | 王某危险驾驶案②

**【起诉书指控】**

2014年7月1日14时50分许，被告人王某驾驶"豪爵"110型摩托车，由北向南行至昔阳县钟村路段时，与对向行驶的光某甲驾驶的"北京现代"小型轿车发生碰撞，致被告人王某受伤，车辆损坏。经山西省榆次司法鉴定中心鉴定，被告人王某血液中酒精含量为172.69毫克/100毫升。

公诉机关认为，应当以危险驾驶罪追究王某刑事责任。

**【一审法院裁判结果】**

一审法院认为，被告人王某酒后无证驾驶机动车上路行驶，与光某甲驾车发生

① 参见2018年修正的《刑事诉讼法》的第149条。

② 山西省晋中市中级人民法院刑事判决书，(2015)晋中中法刑终字第303号。

碰撞,致被告人王某受伤、两车损坏之事实存在。本案中昔阳县交警大队虽然按照《山西省公安机关办理醉酒驾驶机动车刑事案件程序规定》的程序对被告人王某进行了血样提取并送检,但未按照该规定的送检时间委托鉴定机构进行检验鉴定,违反了上述规定中的时间规定,被告人王某及其辩护人对此提出异议,对该异议意见法院予以支持,故对山西省榆次司法鉴定中心榆次区中医院的检验报告不予采信。该鉴定检验报告是该案定罪的关键证据,由此虽然被告人王某涉嫌酒驾,但仅凭现有其他证据无法达到证据确实充分的证明标准,不能充分证明被告人王某构成醉酒驾驶。法院据此判处被告人王某无罪。

**【二审期间律师辩护意见】**

王某辩护人的辩护意见如下:血样中未添加抗凝剂,抽血后血样未按规定现场密封袋密封,并由当事人、抽血人员和交警三方签字,备份血样与鉴定报告中送检血样批号不同,导致送检血样来源不明,不能排除血样被污染或替换的可能性;本案鉴定可能是由光某甲委托,而非昔阳交警大队;送检时间超出办案的程序性规定,该鉴定报告不能作为定案依据,请求维持原审无罪判决。

**【二审法院裁判结果】**

二审法院认为,原审被告人王某饮酒后驾驶机动车与受害人车辆发生碰撞,致王某受伤、两车受损为本案查明的事实。对辩护人所提血样存在被污染或替换可能性的辩解意见,法院认为,依据《山西省公安机关办理醉酒驾驶机动车刑事案件程序规定》的相关规定,提取的血样应装入密封袋,密封袋的密封材料上应注明当事人姓名、提取时间、血样用途,由当事人签名、捺指印,交通警察和专业抽血人员签名或者盖章。提取的血样应在24小时内送检,特殊原因经上一级公安机关交通管理部门负责人批准,可在3日内送检。经查,原审被告人王某的血样未按规定要求进行封装,未在规定时间内送检,迟延送检亦未经过审批,辩护人所提存在合理怀疑的可能性无法排除,本案中酒精检验报告是认定原审被告人王某是否构成犯罪的关键性证据,由于血样提取过程中存在违反法定程序的情形,故法院对据此作出的检验报告不予采信。现有证据虽然能够证实原审被告人王某酒后驾驶机动车的事实,但对其酒后驾车的行为是否构成危险驾驶罪,无法达到证据确实充分的证明标准,不能证实原审被告人王某构成危险驾驶罪,法院对该部分辩解意见予以采纳,对抗诉及支持抗诉意见不予支持。对辩护人所提血样中未添加抗凝剂、备份血样与送检血样批号不同、鉴定意见系受害人委托的辩护意见,已由侦查人员、鉴定人员出庭予以说明,故法院对该部分辩护意见不予采纳。原判认定事实清楚,证据确实、充分,适用法律正确。依照《刑事诉讼法》(2012年修正)第225条第1款第1项[①]之规定,裁定驳回抗诉,维持原判。

### (二)证据违法的无罪

非法证据排除规则,是指在刑事诉讼中,侦查机关及其工作人员使用非法手段取得的证据不得在刑事审判中被采纳的规则。

**法条链接**

**《刑事诉讼法》第五十六条　【非法证据排除规则】**采用刑讯逼供等非法方法收集的犯罪嫌疑人、被告人供述和采用暴力、威胁等非法方法收集的证人证言、被害人陈述,应当予以排除。收集物证、书证不符合法定程序,可能严重影响司法公正的,应当予以补正或者作出合理解释;不能补正或者作出合理解释的,对该证据应当予以排除。

在侦查、审查起诉、审判时发现有应当排除的证据的,应当依法予以排除,不得作为起诉意见、起诉决定和判决的依据。

上述规定奠定了非法证据排除规则的基础。为了最大限度地杜绝或减少非法证据的产生及在刑事诉讼中被采用,《刑事诉讼法》及相关法律法规、司法解释都对非法证据的采用作了禁止性规定,并明确了非法证据排除规则。由此衍生出包括《关于办理刑事案件严格排除非法证据若干问题的规定》《关于适用〈中华人民共和国刑事诉讼法〉的解释》《人民检察院刑事诉讼规则》《公安机关办理刑事案件程序规定》在内的一系列司法解释和规定。从非法证据排除的阶段、程序、方法等方面发展和完善了非法证据排除规则体系,为努力实现社会公平正义、保障人权提供了强有力的保障。

**法条链接**

**最高人民法院《关于适用〈中华人民共和国刑事诉讼法〉的解释》第一百二十三条**　采用下列非法方法收集的被告人供述,应当予以排除:

(一)采用殴打、违法使用戒具等暴力方法或者变相肉刑的恶劣手段,使被告人遭受难以忍受的痛苦而违背意愿作出的供述;

---

① 参见2018年修正的《刑事诉讼法》第236条第1款第1项。

(二)采用以暴力或者严重损害本人及其近亲属合法权益等相威胁的方法,使被告人遭受难以忍受的痛苦而违背意愿作出的供述;

(三)采用非法拘禁等非法限制人身自由的方法收集的被告人供述。

**第一百二十六条** 收集物证、书证不符合法定程序,可能严重影响司法公正的,应当予以补正或者作出合理解释;不能补正或者作出合理解释的,对该证据应当予以排除。

认定"可能严重影响司法公正",应当综合考虑收集证据违反法定程序以及所造成后果的严重程度等情况。

**第一百二十七条** 当事人及其辩护人、诉讼代理人申请人民法院排除以非法方法收集的证据的,应当提供涉嫌非法取证的人员、时间、地点、方式、内容等相关线索或者材料。

**《人民检察院刑事诉讼规则》第六十六条** 对采用刑讯逼供等非法方法收集的犯罪嫌疑人供述和采用暴力、威胁等非法方法收集的证人证言、被害人陈述,应当依法排除,不得作为移送审查逮捕、批准或者决定逮捕、移送起诉以及提起公诉的依据。

**第六十七条** 对采用下列方法收集的犯罪嫌疑人供述,应当予以排除:

(一)采用殴打、违法使用戒具等暴力方法或者变相肉刑的恶劣手段,使犯罪嫌疑人遭受难以忍受的痛苦而违背意愿作出的供述;

(二)采用以暴力或者严重损害本人及其近亲属合法权益等进行威胁的方法,使犯罪嫌疑人遭受难以忍受的痛苦而违背意愿作出的供述;

(三)采用非法拘禁等非法限制人身自由的方法收集的供述。

**第六十八条** 对采用刑讯逼供方法使犯罪嫌疑人作出供述,之后犯罪嫌疑人受该刑讯逼供行为影响而作出的与该供述相同的重复性供述,应当一并排除,但下列情形除外:

(一)侦查期间,根据控告、举报或者自己发现等,公安机关确认或者不能排除以非法方法收集证据而更换侦查人员,其他侦查人员再次讯问时告知诉讼权利和认罪认罚的法律规定,犯罪嫌疑人自愿供述的;

(二)审查逮捕、审查起诉期间,检察人员讯问时告知诉讼权利和认罪认罚的法律规定,犯罪嫌疑人自愿供述的。

**第六十九条** 采用暴力、威胁以及非法限制人身自由等非法方法收集的证人证言、被害人陈述,应当予以排除。

**第七十条** 收集物证、书证不符合法定程序,可能严重影响司法公正的,人民检察院应当及时要求公安机关补正或者作出书面解释;不能补正或者无法作出合理解释的,对该证据应当予以排除。

对公安机关的补正或者解释,人民检察院应当予以审查。经补正或者作出合理解释的,可以作为批准或者决定逮捕、提起公诉的依据。

**第七十一条** 对重大案件,人民检察院驻看守所检察人员在侦查终结前应当对讯问合法性进行核查并全程同步录音、录像,核查情况应当及时通知本院负责捕诉的部门。

负责捕诉的部门认为确有刑讯逼供等非法取证情形的,应当要求公安机关依法排除非法证据,不得作为提请批准逮捕、移送起诉的依据。

**第七十二条** 人民检察院发现侦查人员以非法方法收集证据的,应当及时进行调查核实。

当事人及其辩护人或者值班律师、诉讼代理人报案、控告、举报侦查人员采用刑讯逼供等非法方法收集证据,并提供涉嫌非法取证的人员、时间、地点、方式和内容等材料或者线索的,人民检察院应当受理并进行审查。根据现有材料无法证明证据收集合法性的,应当及时进行调查核实。

上一级人民检察院接到对侦查人员采用刑讯逼供等非法方法收集证据的报案、控告、举报,可以直接进行调查核实,也可以交由下级人民检察院调查核实。交由下级人民检察院调查核实的,下级人民检察院应当及时将调查结果报告上一级人民检察院。

人民检察院决定调查核实的,应当及时通知公安机关。

**第七十三条** 人民检察院经审查认定存在非法取证行为的,对该证据应当予以排除,其他证据不能证明犯罪嫌疑人实施犯罪行为的,应当不批准或者决定逮捕。已经移送起诉的,可以依法将案件退回监察机关补充调查或者退回公安机关补充侦查,或者作出不起诉决定。被排除的非法证据应当随案移送,并写明为依法排除的非法证据。

对于侦查人员的非法取证行为,尚未构成犯罪的,应当依法向其所在机关提出纠正意见。对于需要补正或者作出合理解释的,应当提出明确要求。

对于非法取证行为涉嫌犯罪需要追究刑事责任的,应当依法立案侦查。

**第七十四条** 人民检察院认为可能存在以刑讯逼供等非法方法收集证据情形的,可以书面要求监察机关或者公安机关对证据收集的合法性作出说明。说明应当加盖单位公章,并由调查人员或者侦查人员签名。

**《公安机关办理刑事案件程序规定》第七十一条** 采用刑讯逼供等非法方法收集的犯罪嫌疑人供述和采用暴力、威胁等非法方法收集的证人证言、被害人陈述,应当予以排除。

收集物证、书证、视听资料、电子数据违反法定程序,可能严重影响司法公正的,应当予以补正或者作出合理解释;不能补正或者作出合理解释的,对该证据应当予以排除。

在侦查阶段发现有应当排除的证据的,经县级以上公安机关负责人批准,应当依法予以排除,不得作为提请批准逮捕、移送审查起诉的依据。

人民检察院认为可能存在以非法方法收集证据情形,要求公安机关进行说明的,公安机关应当及时进行调查,并向人民检察院作出书面说明。

**最高人民法院、最高人民检察院、公安部、国家安全部、司法部《关于办理刑事案件严格排除非法证据若干问题的规定》第一条** 严禁刑讯逼供和以威胁、引诱、欺骗以及其他非法方法收集证据,不得强迫任何人证实自己有罪。对一切案件的判处都要重证据,重调查研究,不轻信口供。

**第二条** 采取殴打、违法使用戒具等暴力方法或者变相肉刑的恶劣手段,使犯罪嫌疑人、被告人遭受难以忍受的痛苦而违背意愿作出的供述,应当予以排除。

**第三条** 采用以暴力或者严重损害本人及其近亲属合法权益等进行威胁的方法,使犯罪嫌疑人、被告人遭受难以忍受的痛苦而违背意愿作出的供述,应当予以排除。

**第四条** 采用非法拘禁等非法限制人身自由的方法收集的犯罪嫌疑人、被告人供述,应当予以排除。

**第五条** 采用刑讯逼供方法使犯罪嫌疑人、被告人作出供述,之后犯罪嫌疑人、被告人受该刑讯逼供行为影响而作出的与该供述相同的重复性供述,应当一并排除,但下列情形除外:

(一)侦查期间,根据控告、举报或者自己发现等,侦查机关确认或者不能排除以非法方法收集证据而更换侦查人员,其他侦查人员再次讯问时告知诉讼权利和认罪的法律后果,犯罪嫌疑人自愿供述的;

(二)审查逮捕、审查起诉和审判期间,检察人员、审判人员讯问时告知诉讼权利和认罪的法律后果,犯罪嫌疑人、被告人自愿供述的。

**第六条** 采用暴力、威胁以及非法限制人身自由等非法方法收集的证人证言、被害人陈述,应当予以排除。

**第七条** 收集物证、书证不符合法定程序,可能严重影响司法公正的,应当予以补正或者作出合理解释;不能补正或者作出合理解释的,对有关证据应当予以排除。

**第八条** 侦查机关应当依照法定程序开展侦查,收集、调取能够证实犯罪嫌疑人有罪或者无罪、罪轻或者罪重的证据材料。

**第九条** 拘留、逮捕犯罪嫌疑人后,应当按照法律规定送看守所羁押。犯罪嫌疑人被送交看守所羁押后,讯问应当在看守所讯问室进行。因客观原因侦查机关在看守所讯问室以外的场所进行讯问的,应当作出合理解释。

**第十条** 侦查人员在讯问犯罪嫌疑人的时候,可以对讯问过程进行录音录像;对于可能判处无期徒刑、死刑的案件或者其他重大犯罪案件,应当对讯问过程进行录音录像。

侦查人员应当告知犯罪嫌疑人对讯问过程录音录像,并在讯问笔录中写明。

**第十一条** 对讯问过程录音录像,应当不间断进行,保持完整性,不得选择性地录制,不得剪接、删改。

**第十二条** 侦查人员讯问犯罪嫌疑人,应当依法制作讯问笔录。讯问笔录应当交犯罪嫌疑人核对,对于没有阅读能力的,应当向他宣读。对讯问笔录中有遗漏或者差错等情形,犯罪嫌疑人可以提出补充或者改正。

**第十三条** 看守所应当对提讯进行登记,写明提讯单位、人员、事由、起止时间以及犯罪嫌疑人姓名等情况。

看守所收押犯罪嫌疑人,应当进行身体检查。检查时,人民检察院驻看守所检察人员可以在场。检查发现犯罪嫌疑人有伤或者身体异常的,看守所应当拍照或者录像,分别由送押人员、犯罪嫌疑人说明原因,并在体检记录中写明,由送押人员、收押人员和犯罪嫌疑人签字确认。

**第十四条** 犯罪嫌疑人及其辩护人在侦查期间可以向人民检察院申请排除非法证据。对犯罪嫌疑人及其辩护人提供相关线索或者材料的,人民检察院应当调查核实。调查结论应当书面告知犯罪嫌疑人及其辩护人。对确有以非法方法收集证据情形的,人民检察院应当向侦查机关提出纠正意见。

侦查机关对审查认定的非法证据,应当予以排除,不得作为提请批准逮捕、移送审查起诉的根据。

对重大案件,人民检察院驻看守所检察人员应当在侦查终结前询问犯罪嫌疑人,核查是否存在刑讯逼供、非法取证情形,并同步录音录像。经核查,确有刑讯逼供、非法取证情形的,侦查机关应当及时排除非法证据,不得作为提请批准逮捕、移送审查起诉的根据。

**第十五条** 对侦查终结的案件,侦查机关应当全面审查证明证据收集合法性的证据材料,依法排除非法证据。排除非法证据后,证据不足的,不得移送审查起诉。

侦查机关发现办案人员非法取证的,应当依法作出处理,并可另行指派侦查人员重新调查取证。

**第十六条** 审查逮捕、审查起诉期间讯问犯罪嫌疑人,应当告知其有权申请排除非法证据,并告知诉讼权利和认罪的法律后果。

**第十七条** 审查逮捕、审查起诉期间,犯罪嫌疑人及其辩护人申请排除非法证据,并提供相关线索或者材料的,人民检察院应当调查核实。调查结论应当书面告知犯罪嫌疑人及其辩护人。

人民检察院在审查起诉期间发现侦查人员以刑讯逼供等非法方法收集证据的,应当依法排除相关证据并提出纠正意见,必要时人民检察院可以自行调查取证。

人民检察院对审查认定的非法证据,应当予以排除,不得作为批准或者决定逮捕、提起公诉的根据。被排除的非法证据应当随案移送,并写明为依法排除的非法证据。

**第十八条** 人民检察院依法排除非法证据后,证据不足,不符合逮捕、起诉条件的,不得批准或者决定逮捕、提起公诉。

对于人民检察院排除有关证据导致对涉嫌的重要犯罪事实未予认定,从而作出不批准逮捕、不起诉决定,或者对涉嫌的部分重要犯罪事实决定不起诉的,公安机关、国家安全机关可要求复议、提请复核。

**第十九条** 犯罪嫌疑人、被告人申请提供法律援助的,应当按照有关规定指派法律援助律师。

法律援助值班律师可以为犯罪嫌疑人、被告人提供法律帮助,对刑讯逼供、非法取证情形代理申诉、控告。

**第二十条** 犯罪嫌疑人、被告人及其辩护人申请排除非法证据,应当提供涉嫌非法取证的人员、时间、地点、方式、内容等相关线索或者材料。

**第二十一条** 辩护律师自人民检察院对案件审查起诉之日起,可以查阅、摘抄、复制讯问笔录、提讯登记、采取强制措施或者侦查措施的法律文书等证据材料。其他辩护人经人民法院、人民检察院许可,也可以查阅、摘抄、复制上述证据材料。

**第二十二条** 犯罪嫌疑人、被告人及其辩护人向人民法院、人民检察院申请调取公安机关、国家安全机关、人民检察院收集但未提交的讯问录音录像、体检记录等证据材料,人民法院、人民检察院经审查认为犯罪嫌疑人、被告人及其辩护人申请调取的证据材料与证明证据收集的合法性有联系的,应当予以调取;认为与证明证据收集的合法性没有联系的,应当决定不予调取并向犯罪嫌疑人、被告人及其辩护人说明理由。

**第二十三条** 人民法院向被告人及其辩护人送达起诉书副本时,应当告知其有权申请排除非法证据。

被告人及其辩护人申请排除非法证据,应当在开庭审理前提出,但在庭审期间发现相关线索或者材料等情形除外。人民法院应当在开庭审理前将申请书和相关线索或者材料的复制件送交人民检察院。

**第二十四条** 被告人及其辩护人在开庭审理前申请排除非法证据,未提供相关线索或者材料,不符合法律规定的申请条件的,人民法院对申请不予受理。

**第二十五条** 被告人及其辩护人在开庭审理前申请排除非法证据,按照法律规定提供相关线索或者材料的,人民法院应当召开庭前会议。人民检察院应当通过出示有关证据材料等方式,有针对性地对证据收集的合法性作出说明。人民法院可以核实情况,听取意见。

人民检察院可以决定撤回有关证据,撤回的证据,没有新的理由,不得在庭审中出示。

被告人及其辩护人可以撤回排除非法证据的申请。撤回申请后,没有新的线索或者材料,不得再次对有关证据提出排除申请。

**第二十六条** 公诉人、被告人及其辩护人在庭前会议中对证据收集是否合法未达成一致意见,人民法院对证据收集的合法性有疑问的,应当在庭审中进行调查;人民法院对证据收集的合法性没有疑问,且没有新的线索或者材料表明可能存在非法取证的,可以决定不再进行调查。

**第二十七条** 被告人及其辩护人申请人民法院通知侦查人员或者其他人员出庭,人民法院认为现有证据材料不能证明证据收集的合法性,确有必要通知上述人员出庭作证或者说明情况的,可以通知上述人员出庭。

**第二十八条** 公诉人宣读起诉书后,法庭应当宣布开庭审理前对证据收集合法性的审查及处理情况。

**第二十九条** 被告人及其辩护人在开庭审理前未申请排除非法证据,在法庭审理过程中提出申请的,应当说明理由。

对前述情形,法庭经审查,对证据收集的合法性有疑问的,应当进行调查;没有疑问的,应当驳回申请。

法庭驳回排除非法证据申请后,被告人及其辩护人没有新的线索或者材料,以相同理由再次提出申请的,法庭不再审查。

**第三十条** 庭审期间,法庭决定对证据收集的合法性进行调查的,应当先行当庭调查。但为防止庭审过分迟延,也可以在法庭调查结束前进行调查。

**第三十一条** 公诉人对证据收集的合法性加以证明,可以出示讯问笔录、提讯登记、体检记录、采取强制措施或者侦查措施的法律文书、侦查终结前对讯问合法性的核查材料等证据材料,有针对性地播放讯问录音录像,提请法庭通知侦查人员或者其他人员出庭说明情况。

被告人及其辩护人可以出示相关线索或者材料,并申请法庭播放特定时段的讯问录音录像。

侦查人员或者其他人员出庭,应当向法庭说明证据收集过程,并就相关情况接受发问。对发问方式不当或者内容与证据收集的合法性无关的,法庭应当制止。

公诉人、被告人及其辩护人可以对证据收集的合法性进行质证、辩论。

**第三十二条** 法庭对控辩双方提供的证据有疑问的,可以宣布休庭,对证据进行调查核实。必要时,可以通知公诉人、辩护人到场。

**第三十三条** 法庭对证据收集的合法性进行调查后,应当当庭作出是否排除有关证据的决定。必要时,可以宣布休庭,由合议庭评议或者提交审判委员会讨论,再次开庭时宣布决定。

在法庭作出是否排除有关证据的决定前,不得对有关证据宣读、质证。

**第三十四条** 经法庭审理,确认存在本规定所规定的以非法方法收集证据情形的,对有关证据应当予以排除。法庭根据相关线索或者材料对证据收集的合法性有疑问,而人民检察院未提供证据或者提供的证据不能证明证据收集的合法性,不能排除存在本规定所规定的以非法方法收集证据情形的,对有关证据应当予以排除。

对依法予以排除的证据,不得宣读、质证,不得作为判决的根据。

**第三十五条** 人民法院排除非法证据后,案件事实清楚,证据确实、充分,依据法律认定被告人有罪的,应当作出有罪判决;证据不足,不能认定被告人有罪的,应当作出证据不足、指控的犯罪不能成立的无罪判决;案件部分事实清楚,证据确实、充分的,依法认定该部分事实。

**第三十六条** 人民法院对证据收集合法性的审查、调查结论,应当在裁判文书中写明,并说明理由。

**第三十七条** 人民法院对证人证言、被害人陈述等证据收集合法性的审查、调查,参照上述规定。

**第三十八条** 人民检察院、被告人及其法定代理人提出抗诉、上诉,对第一审人民法院有关证据收集合法性的审查、调查结论提出异议的,第二审人民法院应当审查。

被告人及其辩护人在第一审程序中未申请排除非法证据,在第二审程序中提出申请的,应当说明理由。第二审人民法院应当审查。

人民检察院在第一审程序中未出示证据证明证据收集的合法性,第一审人民法院依法排除有关证据的,人民检察院在第二审程序中不得出示之前未出示的证据,但在第一审程序后发现的除外。

**第三十九条** 第二审人民法院对证据收集合法性的调查,参照上述第一审程序的规定。

**第四十条** 第一审人民法院对被告人及其辩护人排除非法证据的申请未予审查,并以有关证据作为定案根据,可能影响公正审判的,第二审人民法院可以裁定撤销原判,发回原审人民法院重新审判。

第一审人民法院对依法应当排除的非法证据未予排除的,第二审人民法院可以依法排除非法证据。排除非法证据后,原判决认定事实和适用法律正确、量刑适当的,应当裁定驳回上诉或者抗诉,维持原判;原判决认定事实没有错误,但适用法律有错误,或者量刑不当的,应当改判;原判决事实不清楚或者证据不足的,可以裁定撤销原判,发回原审人民法院重新审判。

**第四十一条** 审判监督程序、死刑复核程序中对证据收集合法性的审查、调查,参照上述规定。

> **《刑事诉讼法》第五十七条　【对非法收集证据行为的调查核实与处理】** 人民检察院接到报案、控告、举报或者发现侦查人员以非法方法收集证据的，应当进行调查核实。对于确有以非法方法收集证据情形的，应当提出纠正意见；构成犯罪的，依法追究刑事责任。

1. 非法证据排除的适用范围

根据《关于办理刑事案件严格排除非法证据若干问题的规定》的相关规定，非法证据排除的范围包括：

(1)刑讯逼供和以威胁、引诱、欺骗以及其他非法方法收集的证据。

(2)采取殴打、违法使用戒具等暴力方法或者变相肉刑的恶劣手段，使犯罪嫌疑人/被告人遭受难以忍受的痛苦而违背意愿作出的供述。

(3)采用暴力或者以严重损害本人及其近亲属合法权益等进行威胁的方法，使犯罪嫌疑人/被告人遭受难以忍受的痛苦而违背意愿作出的供述。

(4)采用非法拘禁等非法限制人身自由的方法收集的犯罪嫌疑人/被告人供述。

(5)采用刑讯逼供方法使犯罪嫌疑人、被告人作出供述，之后犯罪嫌疑人/被告人受该刑讯逼供行为影响而作出的与该供述相同的重复性供述，但下列情形除外：

①侦查期间，根据控告、举报或者自己发现等，侦查机关确认或者不能排除以非法方法收集证据而更换侦查人员，其他侦查人员再次讯问时告知诉讼权利和认罪的法律后果，犯罪嫌疑人自愿供述的；

②审查逮捕、审查起诉和审判期间，检察人员、审判人员讯问时告知诉讼权利和认罪的法律后果，犯罪嫌疑人/被告人自愿供述的。

(6)采用暴力、威胁以及非法限制人身自由等非法方法收集的证人证言、被害人陈述。

(7)收集物证、书证不符合法定程序，可能严重影响司法公正的，应当予以补正或者作出合理解释；不能补正或者作出合理解释的，对有关证据应当予以排除。

2. 非法证据排除的申请

由犯罪嫌疑人/被告人及其辩护人申请排除非法证据，并应当提供涉嫌非法取证的人员、时间、地点、方式、内容等相关线索或者材料。

犯罪嫌疑人及其辩护人在侦查期间可以向检察院申请排除非法证据。对犯罪嫌疑人及其辩护人提供相关线索或者材料的，检察院应当调查核实。调查结论应当书面告知犯罪嫌疑人及其辩护人。

审查逮捕、审查起诉期间,犯罪嫌疑人及其辩护人申请排除非法证据,并提供相关线索或者材料的,人民检察院应当调查核实。调查结论应当书面告知犯罪嫌疑人及其辩护人。

审判阶段,被告人及其辩护人申请排除非法证据,应当在开庭审理前提出,提供相关线索或者材料,但在庭审期间发现相关线索或者材料等情形的除外。法院应当在开庭审理前将申请书和相关线索或者材料的复制件送交检察院。

被告人及其辩护人在开庭审理前申请排除非法证据,按照法律规定提供相关线索或者材料的,法院应当召开庭前会议。检察院应当通过出示有关证据材料等方式,有针对性地对证据收集的合法性作出说明。法院可以核实情况,听取意见。

3. 非法证据排除的操作和运用

辩护人接受委托后,无论是侦查期间、审查逮捕、审查起诉期间,还是审判环节,会见犯罪嫌疑人/被告人以及查阅卷宗材料时,一个重要的工作内容就是了解、发现有无非法取证情况,并就涉嫌非法取证的人员、时间、地点、方式、内容等相关线索或者材料进行掌握,及时向有关机关提出。

非法证据排除,旨在最大限度地通过寻求程序公正来实现实体公正,也就是使案件真正达到事实清楚,证据确实充分,定性准确,量刑适当。理解了这一宗旨,在运用非法证据排除规则时,就应针对那些对定罪量刑起决定性作用的核心证据有无非法取证来展开,而不宜纠结于那些即使是非法证据但对定罪量刑没有影响的细枝末节。

下面列举两起运用非法证据排除规则而判无罪的案例。

## 案例 15 | 冯某顺故意伤害案①

**【起诉书指控】**

2012 年 7 月 18 日晚上 10 时许,被告人冯某顺带被害人黄某杰(男,殁年 14 岁)和叶某峰、林某裕、冯某波到后安镇安坡洋水田里捕鱼。19 日 0 时许捕鱼结束后,因摩托车一趟坐不下 5 人,冯某顺便载黄某杰、叶某峰先返回后安镇安坡村委会办公楼的庭院后,叫叶某峰回去接冯某波和林某裕。冯某顺叫黄某杰洗鱼,黄某杰

---

① 参见海南省第一中级人民法院刑事判决书,(2014)海南一中刑初字第 105 号。

不同意,二人发生口角。黄某杰便从村委会办公楼东侧围墙爬上村委会计划生育室的屋顶,继续和冯某顺吵嘴。冯某顺恼怒,于是捡起一块砖头并搬来梯子也上到计划生育室的屋顶,对黄某杰说:"叫你割个鱼会死人吗,这么'假精',你想我打你吗?"黄某杰回应说:"我没做什么你干吗要打我,有本事你就打。"冯某顺便右手持砖头打击黄某杰头部,又用脚踢黄某杰阴部,黄某杰倒下呻吟。这时,冯某顺听到叶某峰等人回来的摩托车声音,便迅速下屋并将梯子放回原处,快步走到围墙外的草丛里大便。叶某峰等人回来后不见黄某杰,冯某顺骗叶某峰等人说,刚才其大便时听到好像有人爬墙摔倒的响声,还听到呻吟的声音,就不见黄某杰了。当晚大家一起寻找未果。第二天继续寻找,至上午12时许,在村委会计划生育室屋顶发现黄某杰的尸体。经鉴定:黄某杰系因头部受外力作用致颅骨骨折与原发性脑干损伤死亡。

公诉机关认为,被告人冯某顺故意伤害黄某杰致其死亡,应当以故意伤害罪追究其刑事责任。

**【律师辩护意见】**

辩护人以本案认定被告人犯故意伤害罪事实不清,证据不够确实充分,被告人供述与辩解系非法证据,应予排除为由,作无罪辩护。

**【法院裁判结果】**

法院认为,关于被告人冯某顺审判前供述取得的合法性问题。经查,侦查机关在侦查过程中对被告人冯某顺的审讯存在以下问题:(1)侦查机关存在违反规定在看守所之外的地点讯问被告人,并将被告人在看守所外羁押过夜的情形。(2)被告人冯某顺在做有罪供述前存在被限制睡眠的情形。(3)侦查机关的侦查过程存在不能合理解释的情形,出具的证据存在矛盾。(4)经审查,被告人冯某顺辩称其受到威胁之事没有充分证据证实,但被告人冯某顺在作出有罪供述之前在看守所内被限制睡眠,以及在看守所外被羁押过夜的事实,有充分证据证实。法院认为,侦查机关违反法定程序,在看守所外过夜羁押、审讯被告人,并在之前数日内限制被告人的睡眠时间,客观上已经对被告人的生理、心理施加了压力,且被告人一直处于侦查机关的监管之下,被告人冯某顺关于其在看守所接受侦查机关和检察机关讯问时被迫承认有罪的辩解具有合理性。

公诉机关指控被告人冯某顺殴打被害人黄某杰并导致黄某杰死亡的事实,除被告人冯某顺审判前的有罪供述外,缺乏其他直接证据加以印证,并且,本案不能排除被告人冯某顺审判前的有罪供述系采用非法方法获取,被告人冯某顺的有罪供述依法不能作为定案的根据。因此,在案证据之间不能形成证据链,也不能排除存在的合理怀疑,不足以认定被告人冯某顺实施了犯罪行为。公诉机关指控被告人冯某顺犯故意伤害罪的事实不清,证据不足,指控的罪名不能成立。被告人冯某顺及其辩护人提出冯某顺无罪的辩护意见成立,予以采纳。鉴于附带民事诉讼所依附的被告人犯罪行为不成立,被告人冯某顺依法不承担民事赔偿责任。经法院审判委员会讨论决定,依照《刑事诉讼法》(2012 年修正)第 195 条第 3 项①之规定,判决:(1)被告人冯某顺无罪。(2)被告人冯某顺不承担民事赔偿责任。

## 案例 16 | 高甲、高乙、高丙非法拘禁案②

**【案情简介】**

一审法院查明,2008 年,原审被告人高乙与被害人冯某同在交口县双池大酒店工作相识,后冯某被高乙带到石楼长达 8 个月之久,后被冯某家人找回。2011 年 3 月 3 日,被害人冯某报案称,2011 年 2 月 28 日下午 4 时 30 分,在双池碧泉宾馆附近被原审被告人高甲及高乙强行拉到石楼县罗村镇西沟村高甲家,高甲持木棍对冯某实施了殴打,高乙掏走了其身上的 2430 元和一些化妆品,在原审被告人高丙看管时,冯某趁高丙不备将其打晕后逃走。再审中,三原审被告人均证明 2011 年 2 月 28 日分别在自己的住所地,均有各自的证人可证明,高甲、高乙不承认其 2 月 28 日去双池拉被害人至西沟村。根据石楼县气象局提供的证明,2 月 28 日是下雪天气,当天下雪量为 1 厘米。被告人高丙在侦查阶段的供述与被害人的陈述有相互印证之处,但在原审中高丙当庭否认了自己侦查阶段的供述。再审中,公诉机关也未提供确凿、充分的证明三被告人犯罪的证据。重审中,公诉机关补充了 2014 年 3 月 12 日对被害人冯某的讯问笔录一份、交口县气象局 2014 年 3 月 5 日证明一份、石楼县气象局证明一份,其他证据与原审所提供证据一致。被告人除原审和再审期间所提证据外,再未提供新的证据。

**【一审法院裁判结果】**

一审法院作出如下判决:(1)被告人高甲犯非法拘禁罪,判处有期徒刑 1 年;(2)被告人高乙犯非法拘禁罪,判处有期徒刑 10 个月;(3)被告人高丙犯非法拘禁

---

① 参见 2018 年修正的《刑事诉讼法》第 200 条第 3 项。

② 山西省吕梁市中级人民法院刑事判决书,(2014)吕刑终字第 268 号。

罪，判处有期徒刑10个月；(4)判令三被告人共同连带赔偿附带民事诉讼原告人冯某经济损失3762.5元。

**【二审期间律师辩护意见】**

上诉人高甲的辩护人提出：原审被告人高甲等人构成非法拘禁罪的事实严重不清，证据严重不足，不能认定被告人有罪。本案中，能够直接证明公诉机关指控的事实存在的证据，只有被害人陈述与被告人高丙在公安机关的供述，但这两项证据均存在非常明显的无法排除的矛盾和无法解释的疑问，根本不能作为定案的根据。综上所述，为坚持“疑罪从无”的原则，建议作出证据不足，指控犯罪不能成立的无罪判决。

上诉人高丙的辩护人提出：(1)高丙的庭前供述涉嫌非法证据，理应排除；(2)案发时，连续三天大雪，高丙不可能从隰县黄土镇古县村通过公共交通工具到石楼县西沟村高甲家；(3)被害人冯某的陈述纯属编造，绝对不可信；(4)高甲的供述，证人孙某、高某乙及证人尹某出庭作证的证言相互印证，证明高甲案发当天一直待在西沟村，没有外出，根本不可能见到冯某；(5)高甲没有非法拘禁被害人冯某的动机；(6)从案发现场发现并提取的“1元钱”与案件的关联性无法证明。

**【二审法院裁判结果】**

二审法院认为，原判认定上诉人高甲、高乙、高丙构成非法拘禁罪的证据主要有被害人冯某陈述、证人马某的证言、鉴定意见、物证擀面杖和皮鞭、公安机关出具的声称向被害人借手机者能证实被害人当时确实面部受伤和衣着不整的情况说明。但被害人冯某陈述无其他证据予以印证，且几次陈述在关键情节上前后矛盾；证人马某的证言系传来证据，且其来源为冯某；鉴定意见只能证明冯某的伤情，无法证明该伤情系何人所致；物证擀面杖和皮鞭并未进行检验，无法证明与案件事实的关联性；公安机关出具的情况说明与被害人冯某陈述中关于冯某借用何人手机给其母发短信这一关键情节存在明显矛盾：根据被害人冯某陈述，其先是搭乘一辆小型货车到了回龙，下了车，又在回龙车站向一个不认识的人借手机发的短信，而该情况说明证明，冯某是用货车司机的手机给其母发的短信，同时，该情况说明中提到的借用手机者本身就身份不明，故该情况说明不符合证据的基本要求，故上述证据均不能采用。同时，结合侦查机关在本案侦查阶段取得的证人孙某、高某乙、蔡某的证言，及本案再审期间三上诉人提供的多位出庭作证的证人证言，不能排除三上诉人在案发当天都在各自的住所地，没有到过案发现场的可能，故现有证据不能形成完整的证据链，不能排除合理怀疑，得出唯一的结论，现有证据不能证实三上诉人实施了非法拘禁、殴打被害人冯某的事实。三上诉人所提上诉理由及辩护人的辩护意见成立,法院予以采纳。综上所述,依照《刑事诉讼法》(2012 年修正)第 225 条第 1 款第 3 项、第 195 条第 3 项①之规定,判决:(1)撤销山西省交口县人民法院(2011)交刑初字第 73 号刑事附带民事判决及山西省交口县人民法院(2014)交刑再重字第 3 号刑事附带民事裁定。(2)上诉人(原审被告人)高甲无罪。(3)上诉人(原审被告人)高乙无罪。(4)上诉人(原审被告人)高丙无罪。(5)上诉人高甲、高乙、高丙不承担民事赔偿责任。

### (三)证据不足的无罪

依照我国《刑事诉讼法》及相关司法解释的规定,刑事案件的证明标准是“事实清楚,证据确实、充分”,达不到这个标准,从程序上就不能认定犯罪成立。因此,作无罪辩护,首先要考虑程序上是否达到了上述标准,只有在程序问题无可挑剔、事实足以认定的情况下,才考虑有无作实体上的无罪辩护的可能性。按照无罪判决情形的分析,实体上的无罪比例低于程序上的无罪。也就是说,公诉机关对案件中行为人的行为性质存在罪与非罪的误判并不多见,多数情况下是公诉机关对证明程度的误判。

证据不足导致无罪的情形主要有以下 3 种:

1. 非法证据排除

形式上看,所有定罪量刑的证据都齐备,如果这些证据都合法、有效,那么案件事实足以认定,但通过非法证据排除,使证据,尤其是核心证据缺失,导致定案证据不够确实、充分。

2. 原有证据缺失

尽管所有证据都合法有效,但由于证据,尤其是核心证据缺失,或者证据之间存在矛盾,导致定案证据不够确实、充分。

3. 原有证据被否定

辩护人提出反证,否定了原有的部分证据,导致定案证据不够确实、充分。

综上所述,刑事辩护律师运用“事实不清,证据不够确实、充分”这一理由作无罪辩护时,首先,要研判本案证据中有无需要排除的非法证据,尤其是定罪量刑的核心证据。非法证据被排除,势必使定案证据不够确实、充分,达不到定罪的法定证

① 分别参见 2018 年修正的《刑事诉讼法》第 236 条第 1 款第 3 项、第 200 条第 3 项。

明标准。其次,要掌握各类案件、各个罪名定罪的关键证据有哪些,本案中是否齐备。例如,犯罪工具、犯罪对象是否在案等。最后,在上述思路和做法不能形成案件"事实不清,证据不足"的状态时,就要考虑有无反证能否定本案的定罪证据。

下面笔者列举的四起案例中,辩护人分别从非法证据排除和核心证据缺失的角度为切入点进行辩护,最终因证据不足,被告人均获无罪。其中第一起案例是笔者经办的案件,被告人被指控为故意杀人罪,一审被判死缓,后被告人提起上诉,二审被判无罪。这起案件发生在《关于办理刑事案件排除非法证据若干问题的规定》出台之前,笔者运用了《刑事诉讼法》关于禁止刑讯逼供的规定和法律的基本原理为被告人成功辩护。

## 案例 17 | 于某某故意杀人案

**【案情简介】**

2003 年 6 月 22 日早,有人发现内蒙古自治区鄂伦春旗甘河镇镇边河套树丛中有一具女尸,死者是开修鞋店的张某某,40 岁。报警后,警察勘验了现场,提取了相关的痕迹物证。死者下身裸露,身下铺垫物上检出有一男性精液,阴道内,除有该男子的精液外,还有本案被告人于某某的精液。在未能找到另一男子的情况下,把于某某定为本案犯罪嫌疑人。内蒙古自治区呼伦贝尔市中级人民法院以故意杀人罪,判处于某某死刑,缓期 2 年执行。于某某不服一审判决,提出上诉。笔者从本案二审开始担任被告人于某某的辩护人,直至发回重审,最后无罪释放。

**【起诉书指控】**

于某某 38 岁,初中文化,原某林业公司总务科工人,无前科。2003 年 11 月 17 日因涉嫌故意杀人罪被某森林公安局刑事拘留。2003 年 12 月 9 日经该地区检察院批捕。

公诉机关认为,被告人于某某目无国法,采用暴力剥夺他人生命的行为,触犯了《刑法》(2002 年修正)第 232 条之规定,应以故意杀人罪追究其刑事责任,根据《刑事诉讼法》(1996 年修正)第 141 条①之规定,依法提起公诉,请依法判决。

**【律师辩护意见】**

本案辩护律师认为,案件中唯一的有罪证据——被告人供述与辩解应予排除,

---

① 参见 2018 年修正的《刑事诉讼法》第 176 条。

原有证据之间存在矛盾,案件事实不清,证据不够确实、充分。证据不足,指控犯罪不能成立,被告人无罪。

**【一审法院裁判结果】**

一审法院认为,被告人于某某因被害人张某某向其索要欠款,便产生杀人之念,用手掐被害人颈部致被害人窒息,见被害人不死又用石头打击被害人头部数下,其行为已构成故意杀人罪。公诉机关指控的罪名成立。被告人于某某的犯罪事实清楚、证据充分,辩护人和被告人未能提供公安机关在办案中有刑讯逼供、诱供的证据,故被告人的相关辩解理由和辩护人的辩护意见不予采纳。法院依据《刑法》(2002 年修正)第 232 条、第 57 条第 1 款的规定判决被告人于某犯故意杀人罪,判处死刑,缓期 2 年执行,剥夺政治权利终身。

**【二审及重审法院裁判结果】**

二审法院依法作出了刑事裁定书,撤销一审法院刑事判决,发回原审法院重新审判。

此案发回重审后,笔者继续代理本案的重审。该案二审及重审合议庭均依法采纳了辩护人的无罪辩护意见。在审理过程中,检察院于 2005 年 10 月 26 日向重审法院申请撤回对被告人于某某的起诉。重审法院依据《刑事诉讼法》(1996 年修正)第 142 条①的规定,准许检察院撤回对被告人于某某的起诉。

## 案例 18 | 陈某故意杀人案②

**【案情简介】**

一审法院查明,1992 年 1 月,被告人陈某搬到海口市上坡下村×××号被害人钟某所在公司的住房租住。其间,陈某因未交房租等事宜与钟某发生矛盾,钟某声称要向公安机关告发陈某私刻公章帮他人办理工商执照之事,并于同年 12 月 17 日要陈某搬出上坡下村×××号房。陈某怀恨在心,遂起杀害钟某之意。同年 12 月 25 日晚 7 时许,陈某发现上坡下村地面停电并得知钟某要返回四川老家,便从宁屯大厦窜至上坡下村×××号,见钟某正在客厅喝酒,便与其聊天,随即陈某进到房间从厨房拿起菜刀一把,趁钟某不备,朝钟某的头部、颈部、躯干部等处连砍数刀,致

① 参见 2018 年修正的《刑事诉讼法》第 177 条。

② 参见浙江省高级人民法院刑事判决书,(2015)浙刑再字第 2 号。

钟某当即死亡。接着,陈某将厨房的煤气罐搬到钟某卧室的门口,用打火机点着火,焚尸灭迹。大火烧毁了钟某住室、床及办公桌等家具,经消防人员及时赶到,才将大火扑灭。经法医鉴定,钟某身有多处锐器伤,颈动脉被割断造成失血性休克死亡。

**【一审法院裁判结果】**

一审法院认为,被告人陈某因债务纠纷而将他人杀死,并焚尸灭迹,其行为已构成故意杀人罪,且情节特别恶劣,后果特别严重,应依法严惩。此外,陈某为湮灭罪迹,纵火焚尸,在人口密集的住宅区放火,危害公共安全,又构成放火罪,应予数罪并罚。综上所述,一审法院以故意杀人罪,判处陈某死刑,缓期2年执行,剥夺政治权利终身;以放火罪,判处陈某有期徒刑9年。决定执行死刑,缓期2年执行,剥夺政治权利终身。

**【二审法院裁判结果】**

驳回抗诉,维持原判。

**【再审期间律师辩护意见】**

辩护人认为,本案有众多证人证言证明陈某没有作案时间,侦查机关也没有收集到认定陈某犯故意杀人罪、放火罪的直接证据,其他间接证据没有形成一个严密、完整的证据体系,例如,无陈某的有罪供述,且无其他证据证明陈某杀人放火的事实。陈某的有罪供述与案件事实和已查实的证据具有不可调和的矛盾,侦查人员采用了刑讯逼供等非法手段获取陈某的有罪供述,原裁判据以定罪的主要证据、陈某有罪供述的合法性和真实性存在疑问。证明陈某实施了故意杀人、放火犯罪的证据严重不足,不能认定陈某就是杀人凶手。证明陈某没有实施犯罪的证据确实、充分。本案不能排除其他人作案的可能性。应对陈某宣告无罪。

**【再审法院裁判结果】**

再审法院认为,原裁判认定系原审被告人陈某杀死被害人钟某并焚尸灭迹的事实不清,证据不足。原审被告人陈某无罪。

1.原裁判据以认定案件事实主要证据的有罪供述不能作为定案依据

本案原裁判认定原审被告人陈某故意杀人、放火的事实,主要是依据陈某的有罪供述与现场勘查笔录、法医检验报告反映的情况基本相符来定案。但陈某的有罪供述存在以下问题:

首先,原审被告人陈某的有罪供述不稳定。经再审查实,陈某在侦查阶段的供述经历了从不承认犯罪,到承认犯罪,又否认犯罪,再又承认犯罪的多次反复,到检察机关审查起诉阶段和原一审、二审时全面翻供。

其次,原审被告人陈某关于作案时间、进出现场、杀人凶器、作案手段、作案过程以及对作案时着装的处理等主要情节的供述不仅前后矛盾,而且与在案的现场勘查笔录、法医检验报告、证人证言等证据所反映的情况不符。例如,陈某供称,其持平头菜刀,趁被害人钟某不备朝钟某的头部、颈部、躯干部等处连砍数刀,与现场勘查笔录及照片、法医检验报告及照片,以及再审阶段浙江省人民检察院技术处出具的《技术性证据审查意见书》(以下简称《审查意见》)等证据反映的情况不符。上述证据证实,钟某尸体头面部、双手等部位的多处损伤系由带有尖端和锋利面的凶器所形成,而不能由平头菜刀形成。

最后,原审被告人陈某供述将自己的工作证留在现场的动机得不到合理解释。侦查机关将本案凶手锁定为陈某的关键证据,是在钟某的裤子口袋里发现了陈某的工作证。陈某曾供述,将自己原来的工作证放在钟某的裤袋里是为了让人误以为死者是自己,以逃避他人追债。但多名证人证言证明,未发现案发后陈某有任何异常,陈某也不存在有意躲藏、躲避他人的情形。

因此,原裁判据以定案的主要证据,即陈某的有罪供述及辨认笔录的客观性、真实性存疑,依法不能作为定案依据。

2. 本案除原审被告人陈某有罪供述外无其他证据指向陈某作案

首先,收集在案的现场勘查笔录、法医检验报告等证据不能证明原审被告人陈某作案。这些证据仅能证明被害人钟某被人杀害,作案现场被人为纵火的事实。

其次,案发现场提取的物证无法对原审被告人陈某的有罪供述起到印证作用。据现场勘查笔录等证据反映,侦查人员在案发现场收集到大量物证,但案内证据未显示侦查机关是否对上述物证进行过指纹、血迹鉴定,对白衬衣、工作证等物证没有进行照相留存,而且上述物证在原一审庭审前均已丢失,原一审、二审庭审中也无法出示上述物证,没有进行举证、质证,不能作为定案的依据。

再次,原裁判认定的作案凶器难以确认。原裁判认定原审被告人陈某杀死被害人钟某的凶器是案发当日侦查人员从案发现场厨房砧板上提取,并经陈某辨认的一把锈迹斑斑的木柄平头菜刀。根据现场勘查笔录和法医检验报告及照片、《审查意见》等证据证实,钟某被害前曾遭挟制,并因反抗而与作案人发生过激烈地打斗,钟某的头、面、颈部及双手有20多处损伤,系遭到过一类有尖端凶器一二十次的作用过程所致,其中尸体颈部有一横行切割创口,长度约25厘米,深至颈椎前缘,气管、左侧颈总静脉和右侧颈总动脉被割断,导致钟某死亡。陈某有罪供述交代并辨认过的作案工具平头菜刀,难以形成导致钟某死亡的相关损伤。

最后,在案证人证言只是证明了发案时的相关情况、案发前后原审被告人陈某的活动情况,以及陈某与被害人钟某的关系等,无法证明陈某实施了杀死钟某并焚尸灭迹的行为。

综上所述,原裁判认定原审被告人陈某杀死被害人钟某并焚尸灭迹的事实不具有唯一性和排他性,再审不予认定。

## 案例 19 | 聂某斌故意杀人、强奸妇女再审案[①]

**【案情简介】**

一审、二审法院查明,1994 年 8 月 5 日 17 时许,被告人聂某斌骑自行车尾随下班的石家庄市液压件厂女工康某,至石家庄市郊区孔寨村的石粉路中段,聂某斌故意用自行车将骑车前行的康某别倒,拖至路东玉米地内,用拳头猛击康某的头部、面部,致康某昏迷后将其强奸,尔后用随身携带的花上衣猛勒康某的颈部,致其窒息死亡。

一审法院认为,对于辩护人提出的指控聂某斌犯强奸妇女罪证据不足的辩护意见,因有被告人聂某斌多次供述,且与现场勘查吻合,供证一致,不予采信,以故意杀人罪判处被告人聂某斌死刑,剥夺政治权利终身;以强奸妇女罪判处其死刑,剥夺政治权利终身,决定执行死刑,剥夺政治权利终身。

二审法院判决维持对聂某斌犯故意杀人罪的定罪量刑,撤销对聂某斌犯强奸妇女罪的量刑,改判有期徒刑 15 年,与故意杀人罪并罚,决定执行死刑,剥夺政治权利终身。根据最高人民法院授权高级人民法院核准部分死刑案件的规定,河北省高级人民法院核准聂某斌死刑。

**【再审期间律师辩护意见】**

辩护人认为,原审认定聂某斌强奸妇女、故意杀人的事实不清、证据不足,应当依法宣告聂某斌无罪。主要理由如下:

(1)公安机关在没有掌握聂某斌任何犯罪事实和犯罪线索的情况下,仅凭主观推断,就将骑一辆蓝色山地车的聂某斌锁定为犯罪嫌疑人,对聂某斌采取的监视居住,实际上是非法拘禁。

(2)不能排除侦查人员采用刑讯逼供、指供、诱供方式收集聂某斌有罪供述的

① 最高人民法院刑事判决书,(2016)最高法刑再 3 号。

可能性。

(3)聂某斌的供述、证人证言和尸体检验报告均不能确定案发时间,被害人遇害时间不明,原审认定的聂某斌作案时间事实不清。

(4)原审认定的作案工具事实不清,物证彩色照片上的半袖上衣极大可能在原始案发现场并不存在,是侦查人员为印证聂某斌供述的作案工具而编造出来的物证。

(5)现场勘查笔录无见证人参与,不符合法律规定;尸体检验报告结论不具有科学性,真实性、合法性存疑,原审认定被害人系窒息死亡的证据不确实、不充分。

(6)聂某斌1994年9月23日至27日的供述材料以及聂某斌的考勤表缺失,原办案人员的解释不合理,不排除公安机关隐匿了对聂某斌有利的证据。

(7)证人余某某后来证明,被害人尸体被发现后公安机关立即展开调查,并形成了调查材料,但原审卷宗中余某某等人的多份初始证言缺失,去向不明,这些证言可能对聂某斌有利。

(8)现有卷宗中存在签字造假等问题,不排除伪造或变造案卷的可能。

(9)被害人落在案发现场的一串钥匙是本案中具有唯一性和排他性的隐蔽细节,聂某斌始终没有供出,使其所供作案过程真实性受到严重影响。

(10)王某甲异地归案后即主动交代了石家庄西郊玉米地强奸、杀人的犯罪事实,特别是供述出案发现场所留的一串钥匙,且其供述的作案时间、作案地点、作案过程以及抛埋衣物地点等都与本案情况相符,王某甲的供述应视为本案出现了新证据,其作案的可能性远远大于聂某斌。且有聂某斌的同学聂某某、仵某甲、仵某乙的证言,以证明聂某斌胆小、性格内向,思想比较保守,家庭经济状况较好,平时没有偷窃、打架等不良行为。

**【再审法院裁判结果】**

再审法院认为,原审认定原审被告人聂某斌犯故意杀人罪、强奸妇女罪的主要依据是聂某斌的有罪供述,以及聂某斌的有罪供述与在案其他证据印证一致。但综观全案,本案缺乏能够锁定聂某斌作案的客观证据,聂某斌作案时间不能确认,作案工具花上衣的来源不能确认,被害人死亡时间和死亡原因不能确认;聂某斌被抓获之后前5天的讯问笔录缺失、案发之后前50天内多名重要证人的询问笔录缺失、重要原始书证考勤表缺失;聂某斌有罪供述的真实性、合法性存疑,有罪供述与在卷其他证据供证一致的真实性、可靠性存疑,本案是否另有他人作案存疑;原判据以定案的证据没有形成完整锁链,没有达到证据确实、充分的法定证明标准,也没有达到基本事实清楚、基本证据确凿的定罪要求。原审认定聂某斌犯故意杀人罪、强奸妇女罪的事实不清、证据不足，判决聂某斌无罪。

## 案例 20 | 靳某年合同诈骗案[①]

**【案情简介】**

一审、二审法院查明，2011 年 8 月初，山西省汾阳市盛佳源钢铁有限公司（以下简称龙泉钢厂）采用议标方式对本公司所有的 1 号和 2 号高炉冶炼系统等相关的地上附属设施、设备予以整体拍卖。同年 8 月 6 日，被告人靳某年以 1140 万元的价格中标。为此甲、乙双方签订了《设备转让协议书》，该协议载明：转让价款共计 1140 万元，第一笔乙方支付 800 万元，剩余款 340 万元，在本协议签订后 10 日内给付。被告人自有资金 170 万元，向垣曲县人刘某万借款 70 余万元（含利息计 80 万元）。2011 年 8 月 7 日，被告人靳某年与山西中条山机电设备有限公司（以下简称中条山公司）签订了《废钢购销协议》，中条山公司预付被告人货款 120 万元。2011 年 8 月初，湖北省十堰市人万某、谭某霞经人介绍，于 8 月 10 日与被告人相识并实地察看了被告人购买货物及协议，8 月 11 日，双方以甲方（靳某年）、乙方（万某）的名义签订了钢、铁购销协议，协议载明：（1）甲方自愿将购买的龙泉钢厂内的废钢、生铁（半成品除外）全部售给乙方；（2）乙方应在协议签订之日起先行预付货款 300 万元，此款在乙方拉废钢时逐笔抵扣货款；……（6）乙方在预付款剩余 10 万元内时，必须先付齐 100 万元，方可拉货；（7）甲方未征得乙方同意，不得将厂内废钢、生铁卖与乙方之外任何一方，否则赔偿乙方经济损失。此协议签订后，万某于 8 月 12 日、18 日分三笔付给被告人 300 万元。后被告人又陆续收取本市及文水人李某、程某、卞某刚、王某乙等 7 人的预付款计 580 万元，交付龙泉钢厂。同年 8 月中旬，万某拉货，李某等人也开始陆续拉货。2011 年 9 月 15 日、24 日被告人以货款未付够龙泉钢厂为由，用购买龙泉钢厂废旧钢铁作为担保，向万某两次借款共计 160 万元。2011 年 10 月，被告人因病离开汾阳。其间，被告人共交付龙泉钢厂 1140 万元。

2011 年 10 月 20 日，由靳某年的委托人靳某明与购铁人卞某刚、万某、程某签订了《关于龙泉钢厂废旧铁协商处理协议》，载明：2011 年靳某年投标购买汾阳市龙泉钢厂处理的废旧铁后，收取万某 460 万元、卞某刚 40 万元、李某 80 万元、程某 120

① 参见山西省吕梁市中级人民法院刑事判决书，（2015）吕刑终字第 239 号。

万元,将收到的款交付给龙泉钢厂。由于靳某年生意亏损,上述四人在拉了一部分货物后,龙泉钢厂剩余废旧铁大约价值160万元,根本不够支付四人投资,现欠万某295万元、卞某刚22.5万元、程某37万元、李某30万元,靳某年无钱归还,其委托人与四人达成一致意见,龙泉钢厂剩余废旧铁归四人所有,剩余废旧铁在四人及靳某明的监督下出卖,销售所得的60%归万某所有,40%由李某、卞某、程某刚三人协商分配。

本次业务中被告人靳某年共投资约1190万元,销售货款约800万元,万某共拉货168.3938万元,收取退款计5万元,共计173.3938万元。

公诉机关指控被告人靳某年犯合同诈骗罪。

**【一审法院裁判结果】**

一审法院认为,被告人在本起合同业务中,明知自有资金不足以支付购货款1140万元和其他费用,违反诚实信用原则,在合同签订时采用先收款后售货、夸大履约能力的经营方式(将全部废旧钢铁出售给被害人),在合同履行时也有未经被害人书面同意将同种类的废旧钢铁售予他人的违约行为,客观上给被害人造成损失。但公诉机关所举证据不足以认定被告人主观上具有非法占有他人财物主观目的,现有证据亦不足以证实被告人具有非法占有被害人财物292万余元的行为,故被告人的行为不应以犯罪论处。被告人及其辩护人认为本案件为合同纠纷,不构成合同诈骗罪的辩护意见,法院予以采纳。公诉机关指控被告人靳某年犯合同诈骗罪,证据不足,法院不予支持。依照《刑事诉讼法》(2012年修正)第195条第3项①、最高人民法院《关于适用〈中华人民共和国刑事诉讼法〉的解释》第241条第4项②之规定,判决被告人靳某年无罪。

**【二审期间律师辩护意见】**

辩护人对原判认定的事实不持异议,且针对检察机关的抗诉,发表辩护意见认为,被告人的行为不构成合同诈骗罪。具体理由如下:(1)被告人在合同签订、履行过程中,没有非法占有的主观故意,也没有虚构事实、隐瞒真相的行为。合同履行过程中,被告人在万某没有全部给予货款的情况下,将货物又签订给其他人,且万某知情,是符合市场交易的,不存在欺骗行为。所谓全部货物是概况性的,万某的预付

---

① 参见2018年修正的《刑事诉讼法》第200条第3项。

② 参见2021年修正的最高人民法院《关于适用〈中华人民共和国刑事诉讼法〉的解释》第295条第4项。

款和靳某年货物的整体可拆解价值是不匹配的。靳某年具有履行合同能力,主观上没有任何欺骗行为,是靳某年生意失败导致被害人的损失。(2)有关款项均流向钢厂的账户,靳某年对万某交付的购货款并没有占有、使用、挥霍,检察机关抗诉的事实和理由没有足够有效证据予以支持,被告人与万某之间属于经济纠纷。

**【二审法院裁判结果】**

二审法院认为,从主观上来看:(1)靳某年与被害人万某签订协议时具有履行合同的能力,事实上也履行了交付部分废钢、废铁的能力;(2)被害人万某交付靳某年预付款和借款并非陷于认识错误;(3)现有证据也无法证实靳某年具有非法占有被害人交付财物的行为;(4)万某明知被告人将废钢、废铁出售给多人的事实,且造成损失后和卞某刚、程某、李某等人与被告人的委托人达成处理协议;(5)靳某年所出售废钢废铁的价值、销售总额及盈利情况,现有证据无法证实。因此,现有证据尚不足以证实靳某年具有非法占有他人财物的目的。抗诉机关所提原判认定万某未拉货原因不准确、靳某年部分资金来源和认定销售货款数额无证据支持的理由,并不影响本案的定性处理。

综上所述,靳某年与万某签订购销协议时虽存在隐瞒事实的情形,但其履行了部分合同,客观上给被害人造成的经济损失与被告人的违约行为不无关系,但无充分证据证实被告人主观上具有非法占有他人财物的目的,公诉机关指控被告人犯合同诈骗罪的证据不足。抗诉机关的抗诉理由不能成立,依法不予支持。原判认定事实清楚,适用法律正确,审判程序合法。根据《刑事诉讼法》(2012 年修正)第 225 条第 1 款第 1 项①的规定,裁定驳回抗诉,维持原判。

① 参见 2018 年修正的《刑事诉讼法》第 236 条第 1 款第 1 项。

# 第四章　无罪辩护策略的运用

据2023年《最高人民法院工作报告》统计显示，2022年全国法院审结一审刑事案件590.6万件，判处罪犯776.1万人，对2675名公诉案件被告人和2097名自诉案件被告人依法宣告无罪，无罪判决率不足0.1%。而在实践中，作无罪辩护的比例远远高于上述无罪判决率。这一对比充分说明，因为控、辩、审三方对定罪证据标准、被告人供认和辩解、证据的分析采信等的认识不同，即使辩护人认为，依据事实根据和法律，被告人应该是无罪的，因为上述各种客观因素的影响，被告人未必能获得无罪的结果。因此，作为刑事辩护律师，在面对具体案件时，为了最大限度地维护犯罪嫌疑人/被告人的合法权益，实现其权益最大化，是应该坚持作无罪辩护，还是转而作有罪从轻辩护，涉及无罪辩护策略的运用问题。

## 一、通过无罪辩护，得到从轻处罚

对于刑事辩护律师认为应该无罪，但根据案件综合因素预判，不易判决无罪的案件，在没有法定从轻处罚情节的情况下，如果只用其他酌定从轻处罚情节作辩护，其作用微乎其微，法院从轻判决的可能性很小。在这种情况下，应找到辩点，坚持作无罪辩护，控辩双方平等对抗，充分表达，以期控方对案件有新的理解，以此来实现从轻处罚的目的。以下通过一起案例来说明。

某村委会主任因涉嫌贪污15,000元的卖地款被指控贪污罪。此案发生于最高人民法院、最高人民检察院《关于办理贪污贿赂刑事案件适用法律若干问题的解释》出台之前。案件开庭前，主办律师就该案有无辩点与笔者进行了探讨。主办律师认为，被告人承认15,000元的卖地款由自己使用，事实清楚，无其他从轻处罚情节，找不到辩点。经过主办律师描述，笔者认为该案存在辩点。农村土地所有权的性质有两种：一种是集体所有，另一种是国家所有。该案的核心问题在于涉案土地的土地所有权性质。而本案指控被告人犯贪污罪的关键证据，也就是证明该土地是国有土地的证据,仅仅是土地局出具的一份说明,但土地的所有权权属仅能通过各级人民政府颁发的土地使用权证来证明,其他任何机构出具的"证明"均不是合法有效的。该案的突破口就在于此——无法有效证据证明该案土地是国有土地,被告人就不构成贪污罪。

该案中,公诉机关认为,该案犯罪事实清楚,证据确实充分,被告人行为构成贪污罪,应依法追究其刑事责任,并拒绝了被告人及其家属对被告人取保候审的申请。但辩护人通过找到土地所有权权属的证明问题作为核心辩点,坚持为被告人作无罪辩护,最终争取到了从轻处罚的结果。

## 二、通过无罪辩护,将重罪辩为轻罪

有些情况下,刑事辩护律师对被告人的行为构成犯罪不持异议,但对起诉书所指控罪名有异议,即认为不是此罪而是彼罪,或者不应是这个重罪而应是另一个轻罪。在这种情况下,笔者认为,不宜一概直接就被告人不构成此罪而应该构成彼罪进行辩护,而应具体问题具体分析。

在此先谈谈驳论与立论的问题。

立论,就是针对客观事物或问题,直接提出自己的见解和主张,阐明理由,表明态度。换一个角度来说,立论就是运用充分有力的证据,从正面直接证明自己论点正确性的论证形式。立论的逻辑要求是,该论点成立的全部必要条件齐备,缺一不可。

驳论,是通过驳斥对方论点,证明其是错误、荒谬的,从而证明自己观点正确性的一种论证方法。从逻辑角度讲,驳论不需要将立论的全部理由,即每一个必要条件都驳倒,只要能论证立论中的某个必要条件不成立,该立论就不成立。即将立论中的任何一个必要条件驳倒,都是立论不成立的充分条件。

在刑事诉讼中,公诉机关的起诉书,指控被告人构成犯罪,并提供一系列证据加以证明,其从逻辑上说属于立论。既然是立论,公诉机关就要用确实、充分的证据来证明其指控的犯罪符合《刑法》规定的全部构成要件。

辩护人的辩护,既可以是立论,也可以是驳论,刑事辩护律师可以根据案件具体情况进行选择和运用。如果辩护人认为被告人应该构成轻罪而非起诉书指控的重罪,可以采用驳论的方法,即不去论证被告人为什么构成另一轻罪,而是选择一点来论证指控的重罪不成立。在这种情况下,如果论证被告人行为构成某一罪名,刑事辩护律师要完成的工作,就是起诉罪名成立时控方所要完成的工作,而完成这一工作的难度是非常大的,没有非常充足的准备很难实现。在此,针对控方起诉罪名,坚持作无罪辩护,并论证指控罪名难以成立,公诉机关和法院会具体衡量,很大可能会选择另一较轻罪名。例如,起诉书起诉贪污罪,刑事辩护律师认为应该是挪用公款罪,如果刑事辩护律师直接提出应该构成挪用公款罪的辩护观点,就要从该罪的全部构成要件上去论证辩护主张,难度显而易见。如果只是以不构成贪污罪的辩点切入,就只需对本案指控贪污罪的任一要件加以驳斥,使原指控罪名因必要条件缺失或存疑而不成立。这个难度很明显比再重新立论被告构成何种犯罪要小得多。因此,在有的情况下,刑事辩护律师坚持作起诉罪名的无罪辩护,其目的在于使控方和审判方将起诉的较重罪名改为另一个较轻的罪名。

上述方法在司法实践中是一种非常好的辩护策略,在此列举一起笔者经办的案例加以说明。

某粮库副主任被指控贪污 40 万元(该案发生于最高人民法院、最高人民检察院《关于办理贪污贿赂刑事案件适用法律若干问题的解释》出台之前)。被指控的 40 万元为被告人曾任粮库出纳员期间的单位账外款,即单位“小金库”。在收到该案 40 万元账外款时,被告人请示时任粮库主任该如何处理该笔款项,时任粮库主任说:“就放你那儿吧,你先存起来,用的时候再说。”而后被告人将 10 万元现金存于家中,另外 30 万元以被告人的名字存入银行。国家审计署去该单位审计的时候发现该案的 40 万元账外款。案发后,被告人将 40 万元如数交回单位。检察院以贪污罪立案侦查并起诉。针对该案,笔者抓住了一个核心的问题,即贪污罪必须是将公共财物占为己有。单位款项在账目上已经核销、平账,在会计账簿上无此款项的痕迹,才算是占为己有。在办案过程中,笔者发现涉案的 40 万元并没有核销,而是以数名职工退还入股股金名义计入账簿,在支出项目下列入职工领取了该款项。笔者充分论证该 40 万元涉案款被告人不可能占为己有,因此不构成贪污罪。法院最终以挪用公款罪判处被告人有期徒刑 5 年。

上述案件,如果不作贪污罪的无罪辩护,而是直接以被告人的行为应该构成挪用公款罪作有罪辩护,就必须将构成挪用公款的理由论证得非常充分。且在司法实践中,即使论证得非常充分也未必能得到公诉机关的认同。上述案件正是绕开了这个难题,作贪污罪的无罪辩护后,公诉机关认识到贪污罪确实很难成立,主动将起诉罪名从重罪改成了轻罪。

前文所述的两种情况,可以称为“不以追求无罪判决结果为目的的无罪辩护”。

## 三、将无罪理由作为从轻处罚的理由

第三种情况,是直接作有罪从轻辩护,将无罪的理由作为从轻处罚的理由。也就是说,有些情况下,即使辩护人认为应该作无罪辩护,但是根据种种客观情况推测,公诉机关、法院不会认可无罪辩护的理由,也不可能通过无罪辩护达到从轻处罚的目的,在这种情况下,建议直接作有罪的从轻辩护,把辩护人认为很充分的无罪的理由作为罪轻的理由来处理,更有利于实现有效辩护。

以下列举一起笔者经办的案例加以说明。

## 案例 21 | 金源葆集资诈骗系列案

**【起诉书指控】**

2006 年 3 月 26 日,被告人史某某加盟黑龙江中科金源葆科技开发有限公司,后分别在嫩江县、杜尔伯特蒙古族自治县和黑龙江省农垦九三管理局注册“中科金源葆鲜活螺旋藻培养机商店”,以销售、出租“培养机”和藻种为依托,分别在嫩江县、杜尔伯特蒙古族自治县、黑龙江省农垦九三管理局向 400 余人销售、出租培养机 2260 余台,销售总额 17,542,000 余元,其中给购机人返款 6,453,000 余元,变相吸收公众存款 11,070,000 余元为黑龙江省中科金源葆科技开发有限公司所得。其中,史某某获得提成款 150 万余元(用于商店日常经营费用 70 余万元、购买北京现代牌汽车一辆 20 万元、自己购买机器 49 余万元、其他投入 10 万元)。

另外,被告人史某某于 2008 年 4 月 29 日、30 日收取嫩江县、农垦九三管理局购机人的购机款 887,000 余元,带回哈尔滨市准备上交总公司时发现总公司已被哈尔滨市公安局查封,其于 5 月 3 日、4 日按购机人的卡号分别在工商银行和邮政储蓄银行将相关款项全部返还给购机人。

公诉机关基于上述事实,指控被告人史某某犯非法吸收公众存款罪。

**【律师辩护意见】**

辩护人提出如下辩护意见:(1)认定被告人史某某有非法吸收公众存款犯罪的主观故意,证据不够确实、充分,即被告人史某某犯罪的主观故意不明显。(2)由于史某某不具有明显的犯罪主观故意,因此其犯罪的主观恶性不大。(3)本案的投资者当中,有相当一部分已经出局,未造成这部分人的经济损失,因此,本案的损失并非非法吸收公众存款的数额,量刑时应考虑实际损失较小这一情节。(4)被告人史某某非法获利部分已基本上投入进一步经营,并且这些财物已被司法机关扣缴。量刑时也应考虑被告人未将非法获利据为己有这一情节。(5)被告人史某某及其家属,在未实际占有非法获利的情况下,仍表示积极缴纳罚金。(6)被告人史某某无前科劣迹,一贯表现良好,系初次犯罪。(7)被告人史某某认罪、知罪、悔罪。

**【法院裁判结果】**

法院以非法吸收公众存款罪,判处被告人史某某有期徒刑4年。按照当时的法定量刑标准,史某某在所有与该案关联的犯罪案件中,处罚是最轻的。其他地区的该系列案件的一个"代理商",非法吸收存款800余万元,被判有期徒刑8年,本案被告人认定的数额是1700多万元,仅判处4年有期徒刑。

由此可见,将无罪理由作为从轻处罚的理由是一种辩护策略。如果辩护人对上述案件很机械、很僵化、很教条地认为必须作无罪辩护,那么最后被告人的合法权益很有可能得不到保障。

律师遇到无罪辩护的情况是非常多的。什么情况下应坚持作无罪辩护?什么情况下应退而求其次作有罪辩护?在实践当中还应该根据案件的具体情况来决定辩护策略。有的时候,想使被告人得到从轻处罚就直接作从轻辩护,不一定能实现目的。必须采取一定的策略,根据案件具体情况决定作无罪辩护或有罪从轻辩护,以更好地实现辩护目的。

# 第五章　罪 轻 辩 护

罪轻辩护,是辩护人就被告人应构成的罪名或情节轻于指控的罪名或情节所作的辩护。从我国目前刑事辩护的总体形势看,罪轻辩护的比例高于无罪辩护。因此,作为刑事辩护律师,更要熟练掌握罪轻辩护的策略与技巧。

## 一、由较重罪名辩为较轻罪名

《刑法》分则所规定的犯罪当中,有些罪名在认定上容易造成混淆或产生分歧。例如,故意杀人罪(既遂)与故意伤害致人死亡罪、故意杀人罪(未遂)与故意伤害罪的行为方式、强度、后果相似甚至相同;抢夺罪与抢劫罪在有的情况下行为方式是否属于暴力性质难以区分;贪污罪与挪用公款罪,职务侵占罪与挪用资金罪的主体、犯罪对象等完全相同,只是贪污罪和职务侵占罪侵犯的客体是财物的使用权,而挪用公款罪和挪用资金罪侵犯的客体是财物的占有权、使用权。因此,这些罪名之间如何选择,如何确定合法、适当的罪名,有时就会产生争议。

在出现易混淆罪名的情况下,如果犯罪嫌疑人/被告人被认定为较轻罪名,刑事辩护律师当然不会提出异议。但如果犯罪嫌疑人/被告人被认定为较重罪名,此时刑事辩护律师的辩护就尤为重要。因此,刑事辩护律师应该具有将易混淆罪名中的重罪辩为轻罪的能力。概括总结所有易混罪名后,笔者认为,根据其犯罪构成及特点,可以从以下几方面作为切入点进行辩护:

### (一)通过主观故意内容辩护

对行为方式、强度、后果相似甚至相同的不同犯罪,以主观故意内容区分罪名。如故意杀人罪(既遂)与故意伤害致人死亡罪、故意杀人罪(未遂)与故意伤害罪,区分的关键在于主观故意内容不同,一个是要剥夺生命,另一个是损害健康。

由于几乎所有犯罪嫌疑人/被告人在供述主观故意的内容时,都会避重就轻,刑事辩护律师论证行为性质应当是轻罪时,仅依据犯罪嫌疑人/被告人供述与辩解,显然是没有说服力的,也就当然不会被采信。除依靠犯罪嫌疑人/被告人供述与辩解这一证据外,刑事辩护律师还要寻找、发现并运用能够证明犯罪嫌疑人/被告人主观故意内容的其他证据,并从案件起因、犯罪嫌疑人/被告人与被害人之间平素关系、使用的工具、打击部位、打击次数、犯罪嫌疑人/被告人行为后表现等多方面来综合论证,得出一个倾向性结论。

下面这起案例,被告人以故意杀人罪被指控,经辩护,法院最终判决其构成故意伤害罪。

## 案例 22 | 成某高故意杀人案①

**【起诉书指控】**

成某高原系株洲市荷塘区银基小区 4 栋兄弟绗绣厂员工,因工资结算问题与兄弟绗绣厂老板刘某某、老板娘蒋某某发生矛盾。2013 年 10 月 25 日 20 时左右,成某高在喝了一些白酒后,独自携带一把黑色弹簧跳刀来到株洲市荷塘区银基小区 4 栋兄弟绗绣厂找刘某某索要工资,刘某某不答应,成某高随后持刀捅了刘某某左大腿一刀,刘某某被捅伤后从厂内逃至间隔几间门面的达美大型电脑绗绣厂呼救,成某高持刀跟随过去。在达美绗绣厂内,蒋某乙质问成某高为何要伤人,成某高又持刀捅了蒋某乙右大腿一刀,蒋某乙受伤后打电话报警,闻讯赶来的被害人蒋某某欲拦住成某高不让其离开,成某高欲挣脱未果,左手持刀捅了被害人蒋某某左胸部和左腋下肋部各一刀,蒋某某当即倒地,刘某某随即用钢管打掉了成某高手上的弹簧刀。成某高被现场群众和民警抓获。经鉴定,蒋某某系被他人用单刃尖形锐器刺破心脏致失血性休克、急性循环功能衰竭死亡。被害人刘某某、蒋某乙所受伤情为轻微伤。

公诉机关认为,被告人成某高持刀非法剥夺他人生命,造成一人死亡两人轻微伤的严重后果,其行为触犯了《刑法》(2011 年修正)第 232 条之规定,犯罪事实清楚,证据确实充分,应当以故意杀人罪追究其刑事责任,请求依法判处。

**【律师辩护意见】**

辩护人的主要观点如下:(1)被告人成某高主观上没有杀人的故意,只有伤害

① 参见湖南省株洲市中级人民法院刑事判决书,(2014)株中法刑一初字第 6 号。

的故意，应构成故意伤害罪。(2)本案系被告人索要工资引起，事出有因；且案发后，其家人积极赔偿5万元。(3)成某高犯罪时系未成年人，请求从轻判处。

**【法院裁判结果】**

法院认为，被告人成某高因索要工资未果而持刀故意伤害他人，造成一人死亡、两人轻微伤的严重后果，其行为构成故意伤害罪，公诉机关指控被告人成某高犯故意杀人罪罪名不当，应予以纠正。判决被告人成某高犯故意伤害罪，判处有期徒刑15年。

### (二)通过犯罪客体辩护

有些犯罪，犯罪主体、犯罪对象完全相同，犯罪客体表象相同，行为方式相似，这种情况下，主要以犯罪客体来分辨、决定罪名。例如，贪污罪与挪用公款罪、职务侵占罪与挪用资金罪，公诉机关往往把挪用公款行为、挪用资金行为认定为贪污和职务侵占，刑事辩护律师要将重罪辩为轻罪，关键是要深层次地挖掘和论证二者的不同点：贪污罪、职务侵占罪侵犯的客体是财物所有权，而挪用公款罪、挪用资金罪侵犯的客体是财物占有权和使用权。分析、论证相同的犯罪对象所体现的到底是所有权还是占有权、使用权，关键在于判断所有权是否已经转移。要判断所有权是否已经转移，要从会计学角度说明所涉财物在账目上是否已经核销，也就是账目是否已经做平。由于这属于专业问题，仅凭刑事辩护律师发表意见是不易被采信的，应当申请委托有关鉴定机构作出鉴定意见，或者申请专家证人出庭作证。

再如，在农村集体管理、使用的土地中，除集体所有的土地外，还有一部分是国有土地，村民委员会成员涉及土地及其收益实施的犯罪，其性质要根据行为所侵犯的是国有财产的所有权、使用权，还是集体财产的所有权、使用权来决定。如果认定上述人员涉嫌贪污罪、挪用公款罪，就必须有充分的、合法有效的证据证明财产的国有属性。

以下列举的两起案例中，第一起案例的被告人被指控犯有贪污罪，经辩护，法院最终判决其构成职务侵占罪；第二起案例的被告人被指控犯有职务侵占罪，经辩护，法院最终判决其构成挪用资金罪。

## 案例23 | 张某某贪污案[①]

**【起诉书指控】**

2008年6月16日,郑州市委市政府成立了第十届亚洲艺术节郑州市执行委员会(以下简称亚艺节执委会),被告人张某某任亚艺节郑州市执委会市场部副部长,具体负责亚艺节执委会市场部工作。2008年9月10日,被告人张某某代表亚艺节执委会与汉风公司签订亚艺节节标、节徽、吉祥物等的委托设计协议。在协议签订协商的过程中,被告人张某某以郑州歌舞剧院购买了设计用的设备以及郑州歌舞剧院设计中心工作人员也参与了设计工作并提供了设计工作场所为由,要求汉风公司返还设计款10万元。2008年9月16日,亚艺节郑州市执委会付给汉风公司设计款25万元。2008年10月7日,被告人张某某安排仇某到汉风公司拿取返还款。汉风公司总裁刘某根据被告人张某某的要求,安排公司副总裁卜某将9万元现金交给仇某,剩余1万元汉风公司作为税款扣除。仇某从卜某处将该笔款项取回后,交给被告人张某某。被告人张某某于2008年12月5日将该笔款项与自己家中的钱款一并存入了其个人在中信银行郑州分行的一张白金借记卡账户内,直至案发。案发后,被告人张某某退回了该9万元赃款。

公诉机关基于上述事实,指控被告人张某某犯贪污罪。

**【一审法院裁判结果】**

一审法院认为,被告人张某某身为国家工作人员,利用其郑州市歌舞剧院院长的身份,侵吞汉风公司返还给歌舞剧院的9万元设计返还款,其行为已构成贪污罪,公诉机关指控罪名成立,予以支持。被告人张某某的女儿王某出国留学签证提供的存折上的存入款时间是2008年10月30日之前,公诉机关关于被告人张某某将该笔款项用于其女儿王某出国留学验证家庭资产使用的指控,与庭审查明的事实不符,不予支持。被告人张某某关于该款是经齐某某的指示及安排保管的意见,无证据证明,不予采纳。在舞剧《云水洛神》冲奖活动中,被告人张某某持有该款而不使用,其关于该款是为了用于《云水洛神》冲奖的意见与庭审查明的事实不符,不予采纳。被告人张某某得到该笔款项后,既不上交财务,也不向时任领导闫某某汇报,亦不向郑州歌舞剧院院务会汇报,而是将该笔款项连同自己家中的钱款一起存入了自己的银行账户内,明显具有非法侵占该笔款项的故意。辩护人关于被告人张

① 参见河南省开封市中级人民法院刑事判决书,(2010)汴刑终字第107号。

某某没有非法占有该笔款项的故意的辩护意见，与庭审查明的事实不符，不予采纳。在汉风公司负责亚洲艺术节节标、节徽、吉祥物等设计工作中，郑州歌舞剧院亦投入了设备，且有设计人员参与，该笔款项是郑州歌舞剧院应得的收入，辩护人关于该笔款项是回扣，被告人张某某的行为是代表单位接收回扣，应属单位受贿的意见，与庭审查明的事实及相关法律规定不符，不予采纳。被告人张某某积极退赃，未给国家造成损失，对其可从轻处罚。依照《刑法》(2009 年第一次修正)第 382 条第 1 款、第 383 条第 2 项之规定，判决被告人张某某犯贪污罪，判处有期徒刑 5 年。

**【二审期间律师辩护意见】**

上诉人在主观上没有占有该 9 万元的故意和目的。上诉人始终没有否认自己保管了 9 万元公款的事实，该 9 万元是时任郑州歌舞剧院副院长仇某从汉风公司取回交给上诉人的，之后上诉人还曾经和仇某在一起商量此款将用于《云水洛神》的冲奖费用，也曾向时任第十届亚洲艺术节郑州市执委会市场部部长郑某某做过汇报，齐某某在侦查阶段的询问笔录是不真实的。从上诉人的一贯表现和其家庭财产情况看，上诉人没有贪污该 9 万元的必要，现有的证据不能证明张某某有贪污的故意。张某某二审当庭表示将 9 万元公款存入中信银行以备其女儿出国验资使用，辩护人尊重被告人的意见。

**【二审法院裁判结果】**

二审法院认为，原审被告人张某某身为国家工作人员，利用其郑州市歌舞剧院院长的身份，将汉风公司返还的 9 万元用于个人使用，数额较大，超过 3 个月未还，其行为已构成挪用公款罪。犯罪事实清楚，证据确实充分。原审认定被告人张某某具有非法占有该 9 万元返还款的故意，证据不足，一审法院认定原审被告人张某某构成贪污罪的罪名不当。上诉人张某某辩称构成挪用公款罪的意见成立，法院予以采纳，对其他意见不予采纳。辩护人关于现有证据不能证明上诉人有贪污故意的辩护意见成立，法院予以采纳，对其他辩护意见不予采纳。原审被告人张某某二审当庭认罪，积极退还赃款，可依法对其从轻处罚，结合其犯罪情节，适用缓刑不至于再危害社会，依法可以适用缓刑。依照《刑事诉讼法》(1996 年修正)第 189 条第 3 项①、《刑法》(2009 年第一次修正)第 384 条第 1 款、第 72 条第 1 款之规定，判决如下：

(1)撤销尉氏县人民法院(2010)尉刑初字第 5 号刑事判决，即被告人张某某犯

① 参见 2018 年修正的《刑事诉讼法》第 236 条第 3 项。

贪污罪,判处有期徒刑5年(刑期从判决执行之日起计算,判决执行以前先行羁押的,羁押一日折抵刑期一日,即自2009年7月4日起至2014年7月3日止)。

(2)被告人张某某犯挪用公款罪,判处有期徒刑3年缓刑3年(缓刑考验期从判决确定之日起计算)。

## 案例24 | 时某职务侵占案[①]

**【起诉书指控】**

被告人时某系天津新利通商贸有限公司(以下简称新利通公司)法定代表人、股东。2014年7月11日,天津金晶储运有限公司(以下简称金晶公司)向新利通公司支付购买焦炭货款2000万元。被告人时某明知该款系公司货款,却利用其经手、管理新利通公司银行账户U盾及密码的便利条件,于当日将该笔2000万元货款转账至清原满族自治县清原镇金岩采石场有限公司账户。后被告人时某离开天津前往辽宁省清原满族自治县。2014年7月14~19日,清原满族自治县清原镇金岩采石场有限公司法定代表人刘某甲分多次将上述2000万元转账至其个人银行卡内。2014年7月15日,被告人时某与刘某甲至天津港保税区,由刘某甲使用上述转入2000万元的银行卡刷卡购买猛禽汽车一辆,其余款项被刘某甲陆续转账至其本人在辽宁清原农村商业银行湾甸子支行开立的银行卡内。2014年10月13日,新利通公司股东韩某某向公安机关报案,侦查人员于同年11月7日将被告人时某抓获归案。

公诉机关基于上述事实,指控被告人时某犯职务侵占罪。

**【律师辩护意见】**

辩护人的主要意见如下:

(1)被告人时某主观上没有占有新利通公司账户款项的目的,其挪走公司款项是为了投资获利,故其行为应定性为挪用资金罪而非职务侵占罪。

(2)被告人时某是新利通公司的法定代表人,持有公司92%股权,与其他公司员工挪用公司款项应有所区别。

(3)涉案款项已全部被退回,新利通公司亦对被告人时某表示谅解。

综上所述,建议对被告人时某免予刑事处罚。

---

① 参见天津市滨海新区人民法院刑事判决书,(2015)滨刑初字第74号。

**【法院裁判结果】**

法院认为,被告人时某作为公司的工作人员,利用职务上的便利,挪用本单位资金,进行营利活动,数额巨大,其行为已构成挪用资金罪。公诉机关对被告人时某犯罪事实的指控是成立的,但指控罪名不当,应予纠正。

被告人时某挪用本单位资金2000万元,属数额巨大,对其应在3年以上10年以下有期徒刑,判处刑罚;被告人时某庭审中能如实供认其犯罪事实,认罪态度较好,且涉案赃款已全部被追回,其所在单位亦对其表示谅解,故对被告人时某可酌情予以从轻处罚。

综上所述,法院对被告人时某的犯罪事实、犯罪情节、危害后果及认罪、悔罪态度等情节综合评定后,予以量刑。依照《刑法》(2011年修正)第272条第1款之规定,判决被告人时某犯挪用资金罪,判处有期徒刑4年。

### (三)通过主体身份辩护

通过辩明行为人的主体身份,作轻罪辩护。

有些情况下,同一行为、同一对象、同样结果,但由于对行为人身份的界定不同,行为性质就自然不同。例如,利用职务上的便利收受他人财物,如果行为人的身份被界定为国家工作人员,就是受贿罪,否则就是非国家工作人员受贿罪;又如,非法占有公共财物,如果行为人的身份被界定为国家工作人员,就是贪污罪,否则就是职务侵占罪;等等。在出现行为主体具有双重身份的情况下,如果行为人的身份被认定为较轻罪名的主体,自然无须就罪名进行辩护。但如果检察机关认定其为较重罪名的主体,就需要通过辩明行为人的主体身份,作轻罪辩护。

行为人兼具多重身份时,应当根据其行为时实际利用的职权内容来认定其主体身份。例如,犯罪时如果其利用的是国家工作人员的职权,应该按照国家工作人员的身份界定其犯罪性质。如果其利用的不是国家工作人员的职权,就应该按照其非国家工作人员的身份界定犯罪性质。

下面列举两起案例进行说明。第一起案例中,检察院以贪污罪起诉,法院最终认定被告人的主体身份系非国家工作人员,判决被告人构成职务侵占罪。第二起案例的被告人被指控为贪污罪、受贿罪,辩护人通过辩护,否定了被告人"其他依照法律从事公务的人员"的身份,最终法院判决其构成职务侵占罪、非国家工作人员受贿罪。

## 案例 25 | 吴某某贪污案①

【起诉书指控】

2007 年 10 月 9 日,中国石油天然气股份有限公司玉门油田分公司郑州销售分公司(以下简称玉门油田郑州销售分公司)实际出资 150 万元注册成立郑州强标龙商贸有限公司(以下简称强标龙公司)。2008 年 9 月至 10 月,被告人吴某某在担任玉门油田郑州销售分公司经理期间,利用其实际管理强标龙公司的职务之便,通过河南天威物流有限公司、尉氏县鹏程汽车运输有限公司,以及个体运输户张某,采取虚挂运费的方式,先后套取资金共计 217,809.4 元。2009 年 8 月 25 日,被告人吴某某将其中 10 万元用于购买股票,并获利 6123 元。2011 年 2 月 22 日,强标龙公司注销。2012 年 7 月 19 日,玉门油田郑州销售分公司撤销并入陕西玉门石油化工有限公司时,被告人吴某某不但不上交该款,反而安排马某某、白某某销毁"小金库"账册,将该款据为已有。案发后被告人吴某某退回了涉案赃款及收益。

公诉机关基于上述事实,指控被告人吴某某犯贪污罪。

【律师辩护意见】

辩护人认为,被告人的主体身份不是国家工作人员,不构成贪污罪。

【法院裁判结果】

法院认为,被告人吴某某身为非国有公司、企业的工作人员,利用职务之便,非法将公司 10 万元财物据为已有,数额较大,其行为已构成职务侵占罪,应当承担刑事责任。公诉机关指控被告人吴某某的犯罪事实清楚,但指控罪名不当,予以变更。辩护人关于被告人吴某某的行为不构成贪污罪,案发后自动投案,如实供述所犯罪行,有自首情节,积极退赃,且系初犯、偶犯,具有从轻处罚情节的辩护意见成立,予以采纳。根据被告人吴某某的犯罪事实、犯罪性质、犯罪情节及对社会的危害程度。依照《刑法》(2006 年修正)第 271 条第 1 款、第 67 条第 1 款、第 64 条,最高人民法院《关于处理自首和立功具体应用法律若干问题的解释》第 1 条、第 3 条之规定,以被告人吴某某犯职务侵占罪,判处有期徒刑 1 年;被告人吴某某所退赃款及收益 106,123 元,返还中国石油天然气股份有限公司玉门油田分公司。

---

① 参见甘肃省嘉峪关市城区人民法院刑事判决书,(2015)嘉刑终字第 40 号。

## 案例 26 | 林某甲贪污、受贿案[①]

【起诉书指控】

被告人林某甲自2009年10月起任长乐市某社区党委副书记。

1. 贪污犯罪部分。2011年1月，长乐市某街道召开党政联席会议研究决定，由某社区组织实施福州滕青食品有限公司（以下简称滕青公司）仓储项目征地的填土方工程。该填土方工程由长乐市财政全额拨款。被告人林某甲与某社区干部陈某甲、林某乙、陈某乙、邹某等人（均已起诉）在协助长乐市某街道从事该项目征地填土方公务的过程中，与工头林某丁、林某丙等人合谋，通过封锁招标信息，串通投标的形式，虚高该填土方工程造价，共同骗取长乐市人民政府下拨的填土方工程款计144万元。该款被被告人林某甲及陈某甲、林某乙、陈某乙、邹某等人私分，其中被告人林某甲从中分得5.25万元。

2. 受贿事实部分。2011年4月，福建省捷康医疗设备市场有限责任公司（以下简称捷康公司）委托某社区负责该公司征地项目的填土方工程。被告人林某甲与某社区干部陈某甲、林某乙、陈某乙、邹某等人事先合谋，利用职务便利，在该项目填土方过程中为林某丁提供帮助，于2012年1月收受林某丁贿送的5万元。

案发后，被告人林某甲已将上述违法所得全部退回。

公诉机关基于上述事实，指控被告人林某甲犯贪污、受贿罪。

【律师辩护意见】

辩护人认为，被告人不是国家工作人员，也不属于"其他依照法律从事公务的人员"，该主体身份不能构成贪污罪、受贿罪。

【法院裁判结果】

法院认为，被告人林某甲利用自己身为某社区党委副书记的职务便利，伙同他人将某社区集体财产占为己有，数额共计144万元，个人分得5.25万元，数额巨大，其行为已构成职务侵占罪；被告人林某甲利用职务便利，收受他人财物计5万元，数额较大，其行为已构成非国家工作人员受贿罪。依照《刑法》（2011年修正）第271条、第163条第1款、第25条第1款、第27条、第67条第1款、第69条、第64条、第72条、第73条及最高人民法院《关于适用〈中华人民共和国刑事诉讼法〉的解释》

① 参见福建省福州市长乐市人民法院刑事判决书，（2014）长刑初字第307号。

(2012 年)第 241 条①之规定,判决如下:

(1)被告人林某甲犯职务侵占罪,判处有期徒刑 1 年,犯非国家工作人员受贿罪,判处有期徒刑 1 年 6 个月;决定执行有期徒刑 2 年 3 个月,缓刑 3 年。(缓刑考验期限,从判决确定之日起计算)

(2)被告人林某甲主动退出的犯罪所得 102,500 元,其中 52,500 元由扣押机关发还长乐市某街道某社区经济合作社;余款 50,000 元予以没收,由扣押机关上缴国库。

### (四)通过否定重罪的证据辩护

有些情况下,行为人的行为构成犯罪无可争辩,但应当构成什么罪名,就可能因为证据的证明程度不同而有不同结果。例如,在行为人身上或居住场所发现毒品,若无充分证据证明其是运输或贩卖,就只能以非法持有毒品罪来定罪量刑。又如,对明知是犯罪所得而购买或者帮助隐瞒的,对明知是犯罪的人而为其提供隐藏住所、财物,帮助其逃匿或者作假证明进行包庇的,若无充分证据证明其与前面的关联犯罪行为人事前通谋,就不能认定为前面较重罪名的共犯,只能构成掩饰、隐瞒犯罪所得罪,窝藏、包庇罪。类似情况下,刑事辩护律师要注重审查认定较重罪名的证据是否达到了确实、充分的证明标准,这是作轻罪辩护的突破口,通过否定认定较重罪名的证据,来达到被判较轻罪名的目的。

下面列举一起由笔者经办,通过否定重罪的证据进行辩护,被告人被指控为非法运输毒品罪,经辩护,最终法院判决其构成非法持有毒品罪的案例。

## 案例 27 | 洪某某非法运输毒品案

**【起诉书指控】**

被告人洪某某在几个月的时间内,经常与云南景洪一毒贩电话、短信联系,并与李某某前往景洪,几日后,洪某某返回,李某某仍留在景洪。后李某某返回。二人的上述活动,均已被公安机关监控。洪某某去机场接到李某某后,被公安机关抓获,并从车内搜出李某某带回的毒品若干。

公诉机关以非法运输毒品罪,对洪某某、李某某提起公诉,并提供了二被告人

① 参见 2021 年修正的最高人民法院《关于适用〈中华人民共和国刑事诉讼法〉的解释》第 295 条。

供述与辩解、证人证言、通话详单、短信记录、毒品照片、毒品数量等证据。

**【律师辩护意见】**

辩护律师通过会见犯罪嫌疑人、查阅卷宗证据材料后认为，起诉书指控被告人犯有非法运输毒品罪，无论从证据上，还是从定性上，都存在问题。按照本案的证据，仅能认定被告人构成非法持有毒品罪。按照本案查获的毒品数量，如果判决被告人犯非法运输毒品罪，其量刑就是死刑（或缓期二年执行），如果按照非法持有毒品罪判决，被告人的刑罚就是有期徒刑。因此，辩护人作了被告人构成非法持有毒品罪，而非非法运输毒品罪的辩护。

**【法院判决】**

法院采纳了辩护人的辩护意见，以非法持有毒品罪判处被告人洪某某有期徒刑 13 年，被告人李某某有期徒刑 10 年。

## 二、减少罪名个数

很多案件，尤其是职务犯罪、涉黑犯罪案件，往往都存在一个犯罪嫌疑人/被告人同时涉嫌或被控多个罪名的情况。如果能将其涉嫌或被控的某个或某些罪名减掉，其罪行当然就减轻了。在努力减少罪名时，实际上还是要运用无罪辩护的方法，从结果上看，由于罪名减少，罪行减轻，相应的刑罚也就轻了。

### （一）运用罪数理论辩护

运用刑法罪数理论，将被分解指控为数罪的行为辩为一罪。

有些行为按照刑法的犯罪构成看，似乎同时符合不同的犯罪构成要件，构成不同的犯罪，但是按照刑法理论及《刑法》的规定，应按照一罪处理，而不适用数罪并罚。刑事辩护律师要对属于这种情况的犯罪有所了解，以便在遇到类似案件时，能将其论证为一罪，减少罪名个数。

一罪的类型有实质的一罪、法定的一罪、处断的一罪。具体情形包括以下几种：

1. 继续犯

所谓继续犯，也称持续犯，是指作用于同一对象的一个犯罪行为从着手实行到行为终了，犯罪行为与不法状态在一定时间内同时处于继续状态的犯罪。《刑法》第 89 条第 1 款“追诉期限从犯罪之日起计算；犯罪行为有连续或者继续状态的，从犯罪行为终了之日起计算”的规定，就是将继续犯作为一罪处理的法律依据。对继续犯的处断原则是依《刑法》规定以一罪论处，不实行数罪并罚。

2. 想象竞合犯

想象竞合犯,是指一个行为触犯数个罪名的犯罪形态。对想象竞合犯的处断原则是从一重罪处理,即依照行为触犯的数个罪名中法定刑较重的犯罪定罪处罚。

3. 结果加重犯

结果加重犯,是指实施基本犯罪构成要件的行为,发生基本犯罪构成要件以外的更重结果,因而《刑法》规定加重刑罚的犯罪状态。对结果加重犯的处断原则是依照《刑法》的规定,在较重的法定刑幅度内量刑,而不实行数罪并罚。

4. 集合犯

集合犯,是指行为人以实施不定次数的同种犯罪行为为目的,虽然实施了数个同种犯罪行为,《刑法》规定还是作为一罪论处的犯罪形态。对集合犯的处断原则是无论行为人实施多少次行为,都只能根据《刑法》规定以一罪论处,不实行数罪并罚。

5. 连续犯

连续犯,是指基于同一或者概括的犯罪故意,连续实施性质相同的独立成罪的数个行为,触犯同一罪名的犯罪形态。对连续犯的处断原则是按照一罪处断,不实行数罪并罚。

6. 牵连犯

牵连犯,是指以实施某一犯罪为目的,其方法行为或者结果行为又触犯其他罪名的犯罪形态。对牵连犯的处断原则一般是从一重罪处罚,不实行数罪并罚。

7. 吸收犯

吸收犯,是指数个犯罪行为的其中一个犯罪行为吸收其他的犯罪行为,仅成立吸收的犯罪行为一个罪名的犯罪形态。对吸收犯的处断原则是依照吸收行为所构成的犯罪处断,不实行数罪并罚。

### (二)通过辩护不构成某罪来减少罪名个数

对涉嫌或被指控的数个罪名中的某个或某些罪名作不构成此罪的辩护,以期通过罪名的减少来减轻罪责。

在诸如贪污贿赂、涉黑等案件中,同一犯罪嫌疑人/被告人往往涉嫌或被指控多个罪名,这种情况下,如果刑事辩护律师认为犯罪嫌疑人/被告人不构成被指控中的某个或某些罪,尤其是某些重罪的辩护意见被法院采纳,就可以减轻犯罪嫌疑人/被告人的刑事责任。例如,被指控为涉黑案件的主犯的犯罪嫌疑人/被告人,如果刑事辩护律师能辩护其不构成组织、领导黑社会性质组织罪，除可以免除其对本罪承担刑事责任外，其还无须对其他同案犯实施的犯罪行为负责，其刑罚当然就减轻许多。

下面列举一起涉黑犯罪通过减少被指控罪名以减轻刑罚的成功案例。

## 案例 28　闻某甲组织、领导黑社会性质组织、敲诈勒索、寻衅滋事、故意毁坏财物、非法拘禁、容留他人吸毒案①

**【起诉书指控】**

闻某甲系镇江东石物贸有限公司(以下简称东石公司)、镇江京山矿业有限公司、黄石京山矿业有限公司法定代表人。自 1997 年开始，闻某甲在镇江市丹徒区高资镇先后经营高资大酒店、东石公司等经济实体，其间，陆续网罗“两劳”释解人员及社会闲散人员多次实施违法犯罪活动，形成了相对稳定的犯罪团体。2000 年下半年，闻某甲纠集多人通过拦阻、殴打韦岗籍、石马籍驾驶员，非法控制了镇江船山矿至其在高资港务处码头的运输业务。在实施犯罪活动中，形成了以东石公司为依托，人数众多，骨干成员基本固定，有明确组织者、领导者的黑社会性质组织。在该组织中，闻某甲处于组织者和领导者地位。

公安机关基于上述事实，指控闻某甲犯组织、领导黑社会性质组织罪、敲诈勒索罪、寻衅滋事罪、故意毁坏财物罪、非法拘禁罪、容留他人吸毒罪。

**【一审、二审法院裁判结果】**

一审法院作出认定闻某甲组织、领导黑社会性质组织罪，寻衅滋事罪，非法拘禁罪，敲诈勒索罪，故意毁坏财物罪，容留他人吸毒罪的有罪判决。

二审法院维持了一审判决。

**【再审期间律师辩护意见】**

辩护人的主要意见如下:(1)本案中闻某甲的行为不符合组织、领导黑社会性质组织罪同时应具备的组织特征、经济特征、行为特征和非法控制特征。(2)原审判决认定的寻衅滋事事实中，能够认定寻衅滋事定罪的，只有少数一部分行为。(3)原审判决认定的非法拘禁事实错误，适用法律错误，闻某甲的行为不构成非法

① 参见江苏省南京市中级人民法院刑事判决书，(2014)宁刑再终字第 2 号。案例由北京大成律师事务所高级合伙人赵云恒律师提供。

拘禁罪。

**【再审法院裁判结果】**

再审法院认为,现有证据不能证明原审被告人魏某甲、汤某甲系受闻某甲指使参与拦车,闻某甲不应对该起犯罪承担刑事责任。陈某明、汤某甲、魏某甲在拦车过程中随意殴打他人,造成被害人受轻微伤,其行为均构成寻衅滋事犯罪。再审法院作出撤销闻某甲等人组织、领导黑社会性质组织罪的判决。

## 三、减少涉案数额,或降低后果严重程度

《刑法》分则规定的很多罪名,都是以犯罪所得财物数额、价值,犯罪对象的数量,造成损失数额,造成后果严重程度作为定罪和量刑的主要依据的。在上述因素中,达到构成犯罪的标准后,数额大小、损失大小、数量多少等就是决定刑罚轻重的重要因素。因此,对这类案件进行辩护,就应该关注涉案相关数据,通过减少数量来减轻犯罪嫌疑人/被告人的罪责。具体而言,有以下几种情形:

### (一)以涉案财物价值和数额来决定的犯罪

对于以涉案财物的价值或数额来定罪并决定刑罚轻重的,可以用下列方法,通过减少涉案财物的价值或数额来减轻犯罪嫌疑人/被告人的刑事责任:

1. 对涉案的部分财物作事实不清,证据不够确实、充分,不能认定的辩护。

2. 对确定涉案财物价值的依据提出疑问,进而将部分涉案财物排除,或降低其价值。

**法条链接**

**《刑法》第一百五十三条　【走私普通货物、物品罪】**走私本法第一百五十一条、第一百五十二条、第三百四十七条规定以外的货物、物品的,根据情节轻重,分别依照下列规定处罚:

(一)走私货物、物品偷逃应缴税额较大或者一年内曾因走私被给予二次行政处罚后又走私的,处三年以下有期徒刑或者拘役,并处偷逃应缴税额一倍以上五倍以下罚金。

(二)走私货物、物品偷逃应缴税额巨大或者有其他严重情节的,处三年以上十年以下有期徒刑,并处偷逃应缴税额一倍以上五倍以下罚金。

(三)走私货物、物品偷逃应缴税额特别巨大或者有其他特别严重情节的,处十年以上有期徒刑或者无期徒刑,并处偷逃应缴税额一倍以上五倍以下罚金或者没收财产。

单位犯前款罪的，对单位判处罚金，并对其直接负责的主管人员和其他直接责任人员，处三年以下有期徒刑或者拘役；情节严重的，处三年以上十年以下有期徒刑；情节特别严重的，处十年以上有期徒刑。

对多次走私未经处理的，按照累计走私货物、物品的偷逃应缴税额处罚。

**第一百五十五条 【以走私罪论处的间接走私行为】**下列行为，以走私罪论处，依照本节的有关规定处罚：

（一）直接向走私人非法收购国家禁止进口物品的，或者直接向走私人非法收购走私进口的其他货物、物品，数额较大的；

（二）在内海、领海、界河、界湖运输、收购、贩卖国家禁止进出口物品的，或者运输、收购、贩卖国家限制进出口货物、物品，数额较大，没有合法证明的。

**第一百五十八条 【虚报注册资本罪】**申请公司登记使用虚假证明文件或者采取其他欺诈手段虚报注册资本，欺骗公司登记主管部门，取得公司登记，虚报注册资本数额巨大、后果严重或者有其他严重情节的，处三年以下有期徒刑或者拘役，并处或者单处虚报注册资本金额百分之一以上百分之五以下罚金。

单位犯前款罪的，对单位判处罚金，并对其直接负责的主管人员和其他直接责任人员，处三年以下有期徒刑或者拘役。

**第一百五十九条 【虚假出资、抽逃出资罪】**公司发起人、股东违反公司法的规定未交付货币、实物或者未转移财产权，虚假出资，或者在公司成立后又抽逃其出资，数额巨大、后果严重或者有其他严重情节的，处五年以下有期徒刑或者拘役，并处或者单处虚假出资金额或者抽逃出资金额百分之二以上百分之十以下罚金。

单位犯前款罪的，对单位判处罚金，并对其直接负责的主管人员和其他直接责任人员，处五年以下有期徒刑或者拘役。

**第一百六十条 【欺诈发行证券罪】**在招股说明书、认股书、公司、企业债券募集办法等发行文件中隐瞒重要事实或者编造重大虚假内容，发行股票或者公司、企业债券、存托凭证或者国务院依法认定的其他证券，数额巨大、后果严重或者有其他严重情节的，处五年以下有期徒刑或者拘役，并处或者单处罚金；数额特别巨大、后果特别严重或者有其他特别严重情节的，处五年以上有期徒刑，并处罚金。

控股股东、实际控制人组织、指使实施前款行为的，处五年以下有期徒刑或者拘役，并处或者单处非法募集资金金额百分之二十以上一倍以下罚金；数额特别巨大、后果特别严重或者有其他特别严重情节的，处五年以上有期徒刑，并处非法募集资金金额百分之二十以上一倍以下罚金。

单位犯前两款罪的，对单位判处非法募集资金金额百分之二十以上一倍以下罚金，并对其直接负责的主管人员和其他直接责任人员,依照第一款的规定处罚。

**第一百六十三条** **【非国家工作人员受贿罪】**公司、企业或者其他单位的工作人员,利用职务上的便利,索取他人财物或者非法收受他人财物,为他人谋取利益,数额较大的,处三年以下有期徒刑或者拘役,并处罚金;数额巨大或者有其他严重情节的,处三年以上十年以下有期徒刑,并处罚金;数额特别巨大或者有其他特别严重情节的,处十年以上有期徒刑或者无期徒刑,并处罚金。

公司、企业或者其他单位的工作人员在经济往来中,利用职务上的便利,违反国家规定,收受各种名义的回扣、手续费,归个人所有的,依照前款的规定处罚。

**【受贿罪】**国有公司、企业或者其他国有单位中从事公务的人员和国有公司、企业或者其他国有单位委派到非国有公司、企业以及其他单位从事公务的人员有前两款行为的,依照本法第三百八十五条、第三百八十六条的规定定罪处罚。

**第一百六十四条** **【对非国家工作人员行贿罪】**为谋取不正当利益,给予公司、企业或者其他单位的工作人员以财物,数额较大的,处三年以下有期徒刑或者拘役,并处罚金;数额巨大的,处三年以上十年以下有期徒刑,并处罚金。

**【对外国公职人员、国际公共组织官员行贿罪】**为谋取不正当商业利益,给予外国公职人员或者国际公共组织官员以财物的,依照前款的规定处罚。

单位犯前两款罪的,对单位判处罚金,并对其直接负责的主管人员和其他直接责任人员,依照第一款的规定处罚。

行贿人在被追诉前主动交待行贿行为的,可以减轻处罚或者免除处罚。

**第一百七十条** **【伪造货币罪】**伪造货币的,处三年以上十年以下有期徒刑,并处罚金;有下列情形之一的,处十年以上有期徒刑或者无期徒刑,并处罚金或者没收财产:

(一)伪造货币集团的首要分子;

(二)伪造货币数额特别巨大的;

(三)有其他特别严重情节的。

**第一百七十一条** **【出售、购买、运输假币罪】**出售、购买伪造的货币或者明知是伪造的货币而运输,数额较大的,处三年以下有期徒刑或者拘役,并处二万元以上二十万元以下罚金;数额巨大的,处三年以上十年以下有期徒刑,并处五万元以上五十万元以下罚金;数额特别巨大的,处十年以上有期徒刑或者无期徒刑,并处五万元以上五十万元以下罚金或者没收财产。

**【金融工作人员购买假币、以假币换取货币罪】**银行或者其他金融机构的工作人员购买伪造的货币或者利用职务上的便利,以伪造的货币换取货币的,处三年以上十年以下有期徒刑,并处二万元以上二十万元以下罚金;数额巨大或者有其他严重情节的,处十年以上有期徒刑或者无期徒刑，并处二万元以上二十万元以下罚金或者没收财产；情节较轻的，处三年以下有期徒刑或者拘役，并处或者单处一万元以上十万元以下罚金。

**【伪造货币罪】**伪造货币并出售或者运输伪造的货币的，依照本法第一百七十条的规定定罪从重处罚。

**第一百七十二条　【持有、使用假币罪】**明知是伪造的货币而持有、使用，数额较大的，处三年以下有期徒刑或者拘役，并处或者单处一万元以上十万元以下罚金；数额巨大的，处三年以上十年以下有期徒刑，并处二万元以上二十万元以下罚金；数额特别巨大的，处十年以上有期徒刑，并处五万元以上五十万元以下罚金或者没收财产。

**第一百七十三条　【变造货币罪】**变造货币，数额较大的，处三年以下有期徒刑或者拘役，并处或者单处一万元以上十万元以下罚金；数额巨大的，处三年以上十年以下有期徒刑，并处二万元以上二十万元以下罚金。

**第一百七十八条　【伪造、变造国家有价证券罪】**伪造、变造国库券或者国家发行的其他有价证券，数额较大的，处三年以下有期徒刑或者拘役，并处或者单处二万元以上二十万元以下罚金；数额巨大的，处三年以上十年以下有期徒刑，并处五万元以上五十万元以下罚金；数额特别巨大的，处十年以上有期徒刑或者无期徒刑，并处五万元以上五十万元以下罚金或者没收财产。

**【伪造、变造股票、公司、企业债券罪】**伪造、变造股票或者公司、企业债券，数额较大的，处三年以下有期徒刑或者拘役，并处或者单处一万元以上十万元以下罚金；数额巨大的，处三年以上十年以下有期徒刑，并处二万元以上二十万元以下罚金。

单位犯前两款罪的，对单位判处罚金，并对其直接负责的主管人员和其他直接责任人员，依照前两款的规定处罚。

**第一百七十九条　【擅自发行股票、公司、企业债券罪】**未经国家有关主管部门批准，擅自发行股票或者公司、企业债券，数额巨大、后果严重或者有其他严重情节的，处五年以下有期徒刑或者拘役，并处或者单处非法募集资金金额百分之一以上百分之五以下罚金。

单位犯前款罪的，对单位判处罚金，并对其直接负责的主管人员和其他直接责任人员，处五年以下有期徒刑或者拘役。

**第一百八十六条　【违法发放贷款罪】**银行或者其他金融机构的工作人员违反国家规定发放贷款，数额巨大或者造成重大损失的，处五年以下有期徒刑或者拘役，并处一万元以上十万元以下罚金；数额特别巨大或者造成特别重大损失的，处五年以上有期徒刑，并处二万元以上二十万元以下罚金。

银行或者其他金融机构的工作人员违反国家规定，向关系人发放贷款的，依照前款的规定从重处罚。

单位犯前两款罪的,对单位判处罚金,并对其直接负责的主管人员和其他直接责任人员,依照前两款的规定处罚。

关系人的范围,依照《中华人民共和国商业银行法》和有关金融法规确定。

**第一百八十七条 【吸收客户资金不入帐罪】**银行或者其他金融机构的工作人员吸收客户资金不入帐,数额巨大或者造成重大损失的,处五年以下有期徒刑或者拘役,并处二万元以上二十万元以下罚金;数额特别巨大或者造成特别重大损失的,处五年以上有期徒刑,并处五万元以上五十万元以下罚金。

单位犯前款罪的,对单位判处罚金,并对其直接负责的主管人员和其他直接责任人员,依照前款的规定处罚。

**第一百九十条 【逃汇罪】**公司、企业或者其他单位,违反国家规定,擅自将外汇存放境外,或者将境内的外汇非法转移到境外,数额较大的,对单位判处逃汇数额百分之五以上百分之三十以下罚金,并对其直接负责的主管人员和其他直接责任人员,处五年以下有期徒刑或者拘役;数额巨大或者有其他严重情节的,对单位判处逃汇数额百分之五以上百分之三十以下罚金,并对其直接负责的主管人员和其他直接责任人员,处五年以上有期徒刑。

**第一百九十一条 【洗钱罪】**为掩饰、隐瞒毒品犯罪、黑社会性质的组织犯罪、恐怖活动犯罪、走私犯罪、贪污贿赂犯罪、破坏金融管理秩序犯罪、金融诈骗犯罪的所得及其产生的收益的来源和性质,有下列行为之一的,没收实施以上犯罪的所得及其产生的收益,处五年以下有期徒刑或者拘役,并处或者单处罚金;情节严重的,处五年以上十年以下有期徒刑,并处罚金:

(一)提供资金帐户的;

(二)将财产转换为现金、金融票据、有价证券的;

(三)通过转帐或者其他支付结算方式转移资金的;

(四)跨境转移资产的;

(五)以其他方法掩饰、隐瞒犯罪所得及其收益的来源和性质的。

单位犯前款罪的,对单位判处罚金,并对其直接负责的主管人员和其他直接责任人员,依照前款的规定处罚。

**第一百九十二条 【集资诈骗罪】**以非法占有为目的,使用诈骗方法非法集资,数额较大的,处三年以上七年以下有期徒刑,并处罚金;数额巨大或者有其他严重情节的,处七年以上有期徒刑或者无期徒刑,并处罚金或者没收财产。

单位犯前款罪的,对单位判处罚金,并对其直接负责的主管人员和其他直接责任人员,依照前款的规定处罚。

**第一百九十三条　【贷款诈骗罪】**有下列情形之一，以非法占有为目的，诈骗银行或者其他金融机构的贷款，数额较大的，处五年以下有期徒刑或者拘役，并处二万元以上二十万元以下罚金；数额巨大或者有其他严重情节的，处五年以上十年以下有期徒刑，并处五万元以上五十万元以下罚金；数额特别巨大或者有其他特别严重情节的，处十年以上有期徒刑或者无期徒刑，并处五万元以上五十万元以下罚金或者没收财产：

（一）编造引进资金、项目等虚假理由的；

（二）使用虚假的经济合同的；

（三）使用虚假的证明文件的；

（四）使用虚假的产权证明作担保或者超出抵押物价值重复担保的；

（五）以其他方法诈骗贷款的。

**第一百九十四条　【票据诈骗罪】**有下列情形之一，进行金融票据诈骗活动，数额较大的，处五年以下有期徒刑或者拘役，并处二万元以上二十万元以下罚金；数额巨大或者有其他严重情节的，处五年以上十年以下有期徒刑，并处五万元以上五十万元以下罚金；数额特别巨大或者有其他特别严重情节的，处十年以上有期徒刑或者无期徒刑，并处五万元以上五十万元以下罚金或者没收财产：

（一）明知是伪造、变造的汇票、本票、支票而使用的；

（二）明知是作废的汇票、本票、支票而使用的；

（三）冒用他人的汇票、本票、支票的；

（四）签发空头支票或者与其预留印鉴不符的支票，骗取财物的；

（五）汇票、本票的出票人签发无资金保证的汇票、本票或者在出票时作虚假记载，骗取财物的。

**【金融凭证诈骗罪】**使用伪造、变造的委托收款凭证、汇款凭证、银行存单等其他银行结算凭证的，依照前款的规定处罚。

**第一百九十五条　【信用证诈骗罪】**有下列情形之一，进行信用证诈骗活动的，处五年以下有期徒刑或者拘役，并处二万元以上二十万元以下罚金；数额巨大或者有其他严重情节的，处五年以上十年以下有期徒刑，并处五万元以上五十万元以下罚金；数额特别巨大或者有其他特别严重情节的，处十年以上有期徒刑或者无期徒刑，并处五万元以上五十万元以下罚金或者没收财产：

（一）使用伪造、变造的信用证或者附随的单据、文件的；

（二）使用作废的信用证的；

（三）骗取信用证的；

（四）以其他方法进行信用证诈骗活动的。

**第一百九十六条 【信用卡诈骗罪】**有下列情形之一,进行信用卡诈骗活动,数额较大的,处五年以下有期徒刑或者拘役,并处二万元以上二十万元以下罚金;数额巨大或者有其他严重情节的,处五年以上十年以下有期徒刑,并处五万元以上五十万元以下罚金;数额特别巨大或者有其他特别严重情节的,处十年以上有期徒刑或者无期徒刑,并处五万元以上五十万元以下罚金或者没收财产:

(一)使用伪造的信用卡的,或者使用以虚假的身份证明骗领的信用卡的;

(二)使用作废的信用卡的;

(三)冒用他人信用卡的;

(四)恶意透支的。

前款所称恶意透支,是指持卡人以非法占有为目的,超过规定限额或者规定期限透支,并且经发卡银行催收后仍不归还的行为。

**【盗窃罪】**盗窃信用卡并使用的,依照本法第二百六十四条的规定定罪处罚。

**第一百九十七条 【有价证券诈骗罪】**使用伪造、变造的国库券或者国家发行的其他有价证券,进行诈骗活动,数额较大的,处五年以下有期徒刑或者拘役,并处二万元以上二十万元以下罚金;数额巨大或者有其他严重情节的,处五年以上十年以下有期徒刑,并处五万元以上五十万元以下罚金;数额特别巨大或者有其他特别严重情节的,处十年以上有期徒刑或者无期徒刑,并处五万元以上五十万元以下罚金或者没收财产。

**第一百九十八条 【保险诈骗罪】**有下列情形之一,进行保险诈骗活动,数额较大的,处五年以下有期徒刑或者拘役,并处一万元以上十万元以下罚金;数额巨大或者有其他严重情节的,处五年以上十年以下有期徒刑,并处二万元以上二十万元以下罚金;数额特别巨大或者有其他特别严重情节的,处十年以上有期徒刑,并处二万元以上二十万元以下罚金或者没收财产:

(一)投保人故意虚构保险标的,骗取保险金的;

(二)投保人、被保险人或者受益人对发生的保险事故编造虚假的原因或者夸大损失的程度,骗取保险金的;

(三)投保人、被保险人或者受益人编造未曾发生的保险事故,骗取保险金的;

(四)投保人、被保险人故意造成财产损失的保险事故,骗取保险金的;

(五)投保人、受益人故意造成被保险人死亡、伤残或者疾病,骗取保险金的。

有前款第四项、第五项所列行为,同时构成其他犯罪的,依照数罪并罚的规定处罚。

单位犯第一款罪的,对单位判处罚金,并对其直接负责的主管人员和其他直接责任人员,处五年以下有期徒刑或者拘役;数额巨大或者有其他严重情节的,处五年以上十年以下有期徒刑;数额特别巨大或者有其他特别严重情节的,处十年以上有期徒刑。

保险事故的鉴定人、证明人、财产评估人故意提供虚假的证明文件，为他人诈骗提供条件的，以保险诈骗的共犯论处。

**第二百条　【单位犯金融诈骗罪的处罚规定】**单位犯本节第一百九十四条、第一百九十五条规定之罪的，对单位判处罚金，并对其直接负责的主管人员和其他直接责任人员，处五年以下有期徒刑或者拘役，可以并处罚金；数额巨大或者有其他严重情节的，处五年以上十年以下有期徒刑，并处罚金；数额特别巨大或者有其他特别严重情节的，处十年以上有期徒刑或者无期徒刑，并处罚金。

**第二百零一条　【逃税罪】**纳税人采取欺骗、隐瞒手段进行虚假纳税申报或者不申报，逃避缴纳税款数额较大并且占应纳税额百分之十以上的，处三年以下有期徒刑或者拘役，并处罚金；数额巨大并且占应纳税额百分之三十以上的，处三年以上七年以下有期徒刑，并处罚金。

扣缴义务人采取前款所列手段，不缴或者少缴已扣、已收税款，数额较大的，依照前款的规定处罚。

对多次实施前两款行为，未经处理的，按照累计数额计算。

有第一款行为，经税务机关依法下达追缴通知后，补缴应纳税款，缴纳滞纳金，已受行政处罚的，不予追究刑事责任；但是，五年内因逃避缴纳税款受过刑事处罚或者被税务机关给予二次以上行政处罚的除外。

**第二百零四条　【骗取出口退税罪】**以假报出口或者其他欺骗手段，骗取国家出口退税款，数额较大的，处五年以下有期徒刑或者拘役，并处骗取税款一倍以上五倍以下罚金；数额巨大或者有其他严重情节的，处五年以上十年以下有期徒刑，并处骗取税款一倍以上五倍以下罚金；数额特别巨大或者有其他特别严重情节的，处十年以上有期徒刑或者无期徒刑，并处骗取税款一倍以上五倍以下罚金或者没收财产。

**【逃税罪】**纳税人缴纳税款后，采取前款规定的欺骗方法，骗取所缴纳的税款的，依照本法第二百零一条的规定定罪处罚；骗取税款超过所缴纳的税款部分，依照前款的规定处罚。

**第二百零五条　【虚开增值税专用发票、用于骗取出口退税、抵扣税款发票罪】**虚开增值税专用发票或者虚开用于骗取出口退税、抵扣税款的其他发票的，处三年以下有期徒刑或者拘役，并处二万元以上二十万元以下罚金；虚开的税款数额较大或者有其他严重情节的，处三年以上十年以下有期徒刑，并处五万元以上五十万元以下罚金；虚开的税款数额巨大或者有其他特别严重情节的，处十年以上有期徒刑或者无期徒刑，并处五万元以上五十万元以下罚金或者没收财产。

单位犯本条规定之罪的，对单位判处罚金，并对其直接负责的主管人员和其他直接责任人员,处三年以下有期徒刑或者拘役;虚开的税款数额较大或者有其他严重情节的,处三年以上十年以下有期徒刑;虚开的税款数额巨大或者有其他特别严重情节的,处十年以上有期徒刑或者无期徒刑。

虚开增值税专用发票或者虚开用于骗取出口退税、抵扣税款的其他发票,是指有为他人虚开、为自己虚开、让他人为自己虚开、介绍他人虚开行为之一的。

**第二百零五条之一 【虚开发票罪】**虚开本法第二百零五条规定以外的其他发票,情节严重的,处二年以下有期徒刑、拘役或者管制,并处罚金;情节特别严重的,处二年以上七年以下有期徒刑,并处罚金。

单位犯前款罪的,对单位判处罚金,并对其直接负责的主管人员和其他直接责任人员,依照前款的规定处罚。

**第二百二十七条 【伪造、倒卖伪造的有价票证罪】**伪造或者倒卖伪造的车票、船票、邮票或者其他有价票证,数额较大的,处二年以下有期徒刑、拘役或者管制,并处或者单处票证价额一倍以上五倍以下罚金;数额巨大的,处二年以上七年以下有期徒刑,并处票证价额一倍以上五倍以下罚金。

**【倒卖车票、船票罪】**倒卖车票、船票,情节严重的,处三年以下有期徒刑、拘役或者管制,并处或者单处票证价额一倍以上五倍以下罚金。

**第二百六十三条 【抢劫罪】**以暴力、胁迫或者其他方法抢劫公私财物的,处三年以上十年以下有期徒刑,并处罚金;有下列情形之一的,处十年以上有期徒刑、无期徒刑或者死刑,并处罚金或者没收财产:

(一)入户抢劫的;

(二)在公共交通工具上抢劫的;

(三)抢劫银行或者其他金融机构的;

(四)多次抢劫或者抢劫数额巨大的;

(五)抢劫致人重伤、死亡的;

(六)冒充军警人员抢劫的;

(七)持枪抢劫的;

(八)抢劫军用物资或者抢险、救灾、救济物资的。

**第二百六十四条 【盗窃罪】**盗窃公私财物,数额较大的,或者多次盗窃、入户盗窃、携带凶器盗窃、扒窃的,处三年以下有期徒刑、拘役或者管制,并处或者单处罚金;数额巨大或者有其他严重情节的,处三年以上十年以下有期徒刑,并处罚金;数额特别巨大或者有其他特别严重情节的,处十年以上有期徒刑或者无期徒刑,并处罚金或者没收财产。

**第二百六十五条 【盗窃罪】**以牟利为目的,盗接他人通信线路、复制他人电信码号或者明知是盗接、复制的电信设备、设施而使用的,依照本法第二百六十四条的规定定罪处罚。

**第二百六十六条** **【诈骗罪】**诈骗公私财物,数额较大的,处三年以下有期徒刑、拘役或者管制,并处或者单处罚金;数额巨大或者有其他严重情节的,处三年以上十年以下有期徒刑,并处罚金;数额特别巨大或者有其他特别严重情节的,处十年以上有期徒刑或者无期徒刑,并处罚金或者没收财产。本法另有规定的,依照规定。

**第二百六十七条** **【抢夺罪】**抢夺公私财物,数额较大的,或者多次抢夺的,处三年以下有期徒刑、拘役或者管制,并处或者单处罚金;数额巨大或者有其他严重情节的,处三年以上十年以下有期徒刑,并处罚金;数额特别巨大或者有其他特别严重情节的,处十年以上有期徒刑或者无期徒刑,并处罚金或者没收财产。

**【抢劫罪】**携带凶器抢夺的,依照本法第二百六十三条的规定定罪处罚。

**第二百六十八条** **【聚众哄抢罪】**聚众哄抢公私财物,数额较大或者有其他严重情节的,对首要分子和积极参加的,处三年以下有期徒刑、拘役或者管制,并处罚金;数额巨大或者有其他特别严重情节的,处三年以上十年以下有期徒刑,并处罚金。

**第二百七十条** **【侵占罪】**将代为保管的他人财物非法占为己有,数额较大,拒不退还的,处二年以下有期徒刑、拘役或者罚金;数额巨大或者有其他严重情节的,处二年以上五年以下有期徒刑,并处罚金。

将他人的遗忘物或者埋藏物非法占为己有,数额较大,拒不交出的,依照前款的规定处罚。

本条罪,告诉的才处理。

**第二百七十一条** **【职务侵占罪】**公司、企业或者其他单位的工作人员,利用职务上的便利,将本单位财物非法占为己有,数额较大的,处三年以下有期徒刑或者拘役,并处罚金;数额巨大的,处三年以上十年以下有期徒刑,并处罚金;数额特别巨大的,处十年以上有期徒刑或者无期徒刑,并处罚金。

**【贪污罪】**国有公司、企业或者其他国有单位中从事公务的人员和国有公司、企业或者其他国有单位委派到非国有公司、企业以及其他单位从事公务的人员有前款行为的,依照本法第三百八十二条、第三百八十三条的规定定罪处罚。

**第二百七十二条** **【挪用资金罪】**公司、企业或者其他单位的工作人员,利用职务上的便利,挪用本单位资金归个人使用或者借贷给他人,数额较大、超过三个月未还的,或者虽未超过三个月,但数额较大、进行营利活动的,或者进行非法活动的,处三年以下有期徒刑或者拘役;挪用本单位资金数额巨大的,处三年以上七年以下有期徒刑;数额特别巨大的,处七年以上有期徒刑。

**【挪用公款罪】**国有公司、企业或者其他国有单位中从事公务的人员和国有公司、企业或者其他国有单位委派到非国有公司、企业以及其他单位从事公务的人员有前款行为的，依照本法第三百八十四条的规定定罪处罚。

有第一款行为，在提起公诉前将挪用的资金退还的，可以从轻或者减轻处罚。其中，犯罪较轻的，可以减轻或者免除处罚。

**第二百七十四条　【敲诈勒索罪】**敲诈勒索公私财物，数额较大或者多次敲诈勒索的，处三年以下有期徒刑、拘役或者管制，并处或者单处罚金；数额巨大或者有其他严重情节的，处三年以上十年以下有期徒刑，并处罚金；数额特别巨大或者有其他特别严重情节的，处十年以上有期徒刑，并处罚金。

**第二百七十五条　【故意毁坏财物罪】**故意毁坏公私财物，数额较大或者有其他严重情节的，处三年以下有期徒刑、拘役或者罚金；数额巨大或者有其他特别严重情节的，处三年以上七年以下有期徒刑。

**第二百七十六条之一　【拒不支付劳动报酬罪】**以转移财产、逃匿等方法逃避支付劳动者的劳动报酬或者有能力支付而不支付劳动者的劳动报酬，数额较大，经政府有关部门责令支付仍不支付的，处三年以下有期徒刑或者拘役，并处或者单处罚金；造成严重后果的，处三年以上七年以下有期徒刑，并处罚金。

单位犯前款罪的，对单位判处罚金，并对其直接负责的主管人员和其他直接责任人员，依照前款的规定处罚。

有前两款行为，尚未造成严重后果，在提起公诉前支付劳动者的劳动报酬，并依法承担相应赔偿责任的，可以减轻或者免除处罚。

**第三百一十八条　【组织他人偷越国(边)境罪】**组织他人偷越国(边)境的，处二年以上七年以下有期徒刑，并处罚金；有下列情形之一的，处七年以上有期徒刑或者无期徒刑，并处罚金或者没收财产：

(一)组织他人偷越国(边)境集团的首要分子；

(二)多次组织他人偷越国(边)境或者组织他人偷越国(边)境人数众多的；

(三)造成被组织人重伤、死亡的；

(四)剥夺或者限制被组织人人身自由的；

(五)以暴力、威胁方法抗拒检查的；

(六)违法所得数额巨大的；

(七)有其他特别严重情节的。

犯前款罪，对被组织人有杀害、伤害、强奸、拐卖等犯罪行为，或者对检查人员有杀害、伤害等犯罪行为的，依照数罪并罚的规定处罚。

**第三百二十一条　【运送他人偷越国(边)境罪】**运送他人偷越国(边)境的,处五年以下有期徒刑、拘役或者管制,并处罚金;有下列情形之一的,处五年以上十年以下有期徒刑,并处罚金:

(一)多次实施运送行为或者运送人数众多的;

(二)所使用的船只、车辆等交通工具不具备必要的安全条件,足以造成严重后果的;

(三)违法所得数额巨大的;

(四)有其他特别严重情节的。

在运送他人偷越国(边)境中造成被运送人重伤、死亡,或者以暴力、威胁方法抗拒检查的,处七年以上有期徒刑,并处罚金。

犯前两款罪,对被运送人有杀害、伤害、强奸、拐卖等犯罪行为,或者对检查人员有杀害、伤害等犯罪行为的,依照数罪并罚的规定处罚。

**第三百八十三条　【贪污罪的处罚规定】**对犯贪污罪的,根据情节轻重,分别依照下列规定处罚:

(一)贪污数额较大或者有其他较重情节的,处三年以下有期徒刑或者拘役,并处罚金。

(二)贪污数额巨大或者有其他严重情节的,处三年以上十年以下有期徒刑,并处罚金或者没收财产。

(三)贪污数额特别巨大或者有其他特别严重情节的,处十年以上有期徒刑或者无期徒刑,并处罚金或者没收财产;数额特别巨大,并使国家和人民利益遭受特别重大损失的,处无期徒刑或者死刑,并处没收财产。

对多次贪污未经处理的,按照累计贪污数额处罚。

犯第一款罪,在提起公诉前如实供述自己罪行、真诚悔罪、积极退赃,避免、减少损害结果的发生,有第一项规定情形的,可以从轻、减轻或者免除处罚;有第二项、第三项规定情形的,可以从轻处罚。

犯第一款罪,有第三项规定情形被判处死刑缓期执行的,人民法院根据犯罪情节等情况可以同时决定在其死刑缓期执行二年期满依法减为无期徒刑后,终身监禁,不得减刑、假释。

**第三百八十四条　【挪用公款罪】**国家工作人员利用职务上的便利,挪用公款归个人使用,进行非法活动的,或者挪用公款数额较大、进行营利活动的,或者挪用公款数额较大、超过三个月未还的,是挪用公款罪,处五年以下有期徒刑或者拘役;情节严重的,处五年以上有期徒刑。挪用公款数额巨大不退还的,处十年以上有期徒刑或者无期徒刑。

挪用用于救灾、抢险、防汛、优抚、扶贫、移民、救济款物归个人使用的,从重处罚。

**第三百八十六条　【受贿罪的处罚规定】**对犯受贿罪的,根据受贿所得数额及情节,依照本法第三百八十三条的规定处罚。索贿的从重处罚。

**第三百八十八条之一　【利用影响力受贿罪】**国家工作人员的近亲属或者其他与该国家工作人员关系密切的人,通过该国家工作人员职务上的行为,或者利用该国家工作人员职权或者地位形成的便利条件,通过其他国家工作人员职务上的行为,为请托人谋取不正当利益,索取请托人财物或者收受请托人财物,数额较大或者有其他较重情节的,处三年以下有期徒刑或者拘役,并处罚金;数额巨大或者有其他严重情节的,处三年以上七年以下有期徒刑,并处罚金;数额特别巨大或者有其他特别严重情节的,处七年以上有期徒刑,并处罚金或者没收财产。

离职的国家工作人员或者其近亲属以及其他与其关系密切的人,利用该离职的国家工作人员原职权或者地位形成的便利条件实施前款行为的,依照前款的规定定罪处罚。

**第三百八十九条　【行贿罪】**为谋取不正当利益,给予国家工作人员以财物的,是行贿罪。

在经济往来中,违反国家规定,给予国家工作人员以财物,数额较大的,或者违反国家规定,给予国家工作人员以各种名义的回扣、手续费的,以行贿论处。

因被勒索给予国家工作人员以财物,没有获得不正当利益的,不是行贿。

**第三百九十四条　【贪污罪】**国家工作人员在国内公务活动或者对外交往中接受礼物,依照国家规定应当交公而不交公,数额较大的,依照本法第三百八十二条、第三百八十三条的规定定罪处罚。

**第三百九十五条　【巨额财产来源不明罪】**国家工作人员的财产、支出明显超过合法收入,差额巨大的,可以责令该国家工作人员说明来源,不能说明来源的,差额部分以非法所得论,处五年以下有期徒刑或者拘役;差额特别巨大的,处五年以上十年以下有期徒刑。财产的差额部分予以追缴。

**【隐瞒境外存款罪】**国家工作人员在境外的存款,应当依照国家规定申报。数额较大、隐瞒不报的,处二年以下有期徒刑或者拘役;情节较轻的,由其所在单位或者上级主管机关酌情给予行政处分。

**第三百九十六条　【私分国有资产罪】**国家机关、国有公司、企业、事业单位、人民团体,违反国家规定,以单位名义将国有资产集体私分给个人,数额较大的,对其直接负责的主管人员和其他直接责任人员,处三年以下有期徒刑或者拘役,并处或者单处罚金;数额巨大的,处三年以上七年以下有期徒刑,并处罚金。

**【私分罚没财物罪】**司法机关、行政执法机关违反国家规定,将应当上缴国家的罚没财物,以单位名义集体私分给个人的,依照前款的规定处罚。

### （二）以经营额或获利额来决定的犯罪

对于以经营额或者获利额来定罪并决定刑罚轻重的，可以从以下方面进行辩护，以期使相关数额减少：

1. 对于指控中确定经营行为的证据提出疑问，力求减少被指控的经营行为。

2. 对指控的经营额或者获利额的计算依据和方式提出疑问。

**法条链接**

**《刑法》第一百六十五条 【非法经营同类营业罪】**国有公司、企业的董事、经理利用职务便利，自己经营或者为他人经营与其所任职公司、企业同类的营业，获取非法利益，数额巨大的，处三年以下有期徒刑或者拘役，并处或者单处罚金；数额特别巨大的，处三年以上七年以下有期徒刑，并处罚金。

**第一百七十五条 【高利转贷罪】**以转贷牟利为目的，套取金融机构信贷资金高利转贷他人，违法所得数额较大的，处三年以下有期徒刑或者拘役，并处违法所得一倍以上五倍以下罚金；数额巨大的，处三年以上七年以下有期徒刑，并处违法所得一倍以上五倍以下罚金。

单位犯前款罪的，对单位判处罚金，并对其直接负责的主管人员和其他直接责任人员，处三年以下有期徒刑或者拘役。

**第一百七十六条 【非法吸收公众存款罪】**非法吸收公众存款或者变相吸收公众存款，扰乱金融秩序的，处三年以下有期徒刑或者拘役，并处或者单处罚金；数额巨大或者有其他严重情节的，处三年以上十年以下有期徒刑，并处罚金；数额特别巨大或者有其他特别严重情节的，处十年以上有期徒刑，并处罚金。

单位犯前款罪的，对单位判处罚金，并对其直接负责的主管人员和其他直接责任人员，依照前款的规定处罚。

有前两款行为，在提起公诉前积极退赃退赔，减少损害结果发生的，可以从轻或者减轻处罚。

**第二百一十四条 【销售假冒注册商标的商品罪】**销售明知是假冒注册商标的商品，违法所得数额较大或者有其他严重情节的，处三年以下有期徒刑，并处或者单处罚金；违法所得数额巨大或者有其他特别严重情节的，处三年以上十年以下有期徒刑，并处罚金。

**第二百一十七条 【侵犯著作权罪】**以营利为目的，有下列侵犯著作权或者与著作权有关的权利的情形之一，违法所得数额较大或者有其他严重情节的，处三年以下有期徒刑，并处或者单处罚金；违法所得数额巨大或者有其他特别严重情节的，处三年以上十年

以下有期徒刑,并处罚金:

(一)未经著作权人许可,复制发行、通过信息网络向公众传播其文字作品、音乐、美术、视听作品、计算机软件及法律、行政法规规定的其他作品的;

(二)出版他人享有专有出版权的图书的;

(三)未经录音录像制作者许可,复制发行、通过信息网络向公众传播其制作的录音录像的;

(四)未经表演者许可,复制发行录有其表演的录音录像制品,或者通过信息网络向公众传播其表演的;

(五)制作、出售假冒他人署名的美术作品的;

(六)未经著作权人或者与著作权有关的权利人许可,故意避开或者破坏权利人为其作品、录音录像制品等采取的保护著作权或者与著作权有关的权利的技术措施的。

**第二百一十八条 【销售侵权复制品罪】**以营利为目的,销售明知是本法第二百一十七条规定的侵权复制品,违法所得数额巨大或者有其他严重情节的,处五年以下有期徒刑,并处或者单处罚金。

### (三)以造成损失数额来决定的犯罪

对于指控犯罪嫌疑人/被告人行为所造成的损失,可以从以下方面进行辩护:

1. 行为与损失之间是否属于刑法上的因果关系。
2. 在实际损失中,有无其他因素介入导致损失增大。
3. 损失价值的计算方法是否科学、准确。

**法条链接**

**《刑法》第一百四十七条 【生产、销售伪劣农药、兽药、化肥、种子罪】**生产假农药、假兽药、假化肥,销售明知是假的或者失去使用效能的农药、兽药、化肥、种子,或者生产者、销售者以不合格的农药、兽药、化肥、种子冒充合格的农药、兽药、化肥、种子,使生产遭受较大损失的,处三年以下有期徒刑或者拘役,并处或者单处销售金额百分之五十以上二倍以下罚金;使生产遭受重大损失的,处三年以上七年以下有期徒刑,并处销售金额百分之五十以上二倍以下罚金;使生产遭受特别重大损失的,处七年以上有期徒刑或者无期徒刑,并处销售金额百分之五十以上二倍以下罚金或者没收财产。

**第一百六十六条 【为亲友非法牟利罪】**国有公司、企业、事业单位的工作人员,利用职务便利,有下列情形之一,使国家利益遭受重大损失的,处三年以下有期徒刑或者拘役,

并处或者单处罚金;致使国家利益遭受特别重大损失的,处三年以上七年以下有期徒刑,并处罚金:

(一)将本单位的盈利业务交由自己的亲友进行经营的;

(二)以明显高于市场的价格向自己的亲友经营管理的单位采购商品或者以明显低于市场的价格向自己的亲友经营管理的单位销售商品的;

(三)向自己的亲友经营管理的单位采购不合格商品的。

**第一百六十七条　【签订、履行合同失职被骗罪】**国有公司、企业、事业单位直接负责的主管人员,在签订、履行合同过程中,因严重不负责任被诈骗,致使国家利益遭受重大损失的,处三年以下有期徒刑或者拘役;致使国家利益遭受特别重大损失的,处三年以上七年以下有期徒刑。

**第一百六十八条　【国有公司、企业、事业单位人员失职罪】【国有公司、企业、事业单位人员滥用职权罪】**国有公司、企业的工作人员,由于严重不负责任或者滥用职权,造成国有公司、企业破产或者严重损失,致使国家利益遭受重大损失的,处三年以下有期徒刑或者拘役;致使国家利益遭受特别重大损失的,处三年以上七年以下有期徒刑。

国有事业单位的工作人员有前款行为,致使国家利益遭受重大损失的,依照前款的规定处罚。

国有公司、企业、事业单位的工作人员,徇私舞弊,犯前两款罪的,依照第一款的规定从重处罚。

**第一百六十九条　【徇私舞弊低价折股、出售国有资产罪】**国有公司、企业或者其上级主管部门直接负责的主管人员,徇私舞弊,将国有资产低价折股或者低价出售,致使国家利益遭受重大损失的,处三年以下有期徒刑或者拘役;致使国家利益遭受特别重大损失的,处三年以上七年以下有期徒刑。

**第一百六十九条之一　【背信损害上市公司利益罪】**上市公司的董事、监事、高级管理人员违背对公司的忠实义务,利用职务便利,操纵上市公司从事下列行为之一,致使上市公司利益遭受重大损失的,处三年以下有期徒刑或者拘役,并处或者单处罚金;致使上市公司利益遭受特别重大损失的,处三年以上七年以下有期徒刑,并处罚金:

(一)无偿向其他单位或者个人提供资金、商品、服务或者其他资产的;

(二)以明显不公平的条件,提供或者接受资金、商品、服务或者其他资产的;

(三)向明显不具有清偿能力的单位或者个人提供资金、商品、服务或者其他资产的;

(四)为明显不具有清偿能力的单位或者个人提供担保,或者无正当理由为其他单位或者个人提供担保的;

(五)无正当理由放弃债权、承担债务的;

(六)采用其他方式损害上市公司利益的。

上市公司的控股股东或者实际控制人,指使上市公司董事、监事、高级管理人员实施前款行为的,依照前款的规定处罚。

犯前款罪的上市公司的控股股东或者实际控制人是单位的,对单位判处罚金,并对其直接负责的主管人员和其他直接责任人员,依照第一款的规定处罚。

**第一百八十六条 【违法发放贷款罪】**银行或者其他金融机构的工作人员违反国家规定发放贷款,数额巨大或者造成重大损失的,处五年以下有期徒刑或者拘役,并处一万元以上十万元以下罚金;数额特别巨大或者造成特别重大损失的,处五年以上有期徒刑,并处二万元以上二十万元以下罚金。

银行或者其他金融机构的工作人员违反国家规定,向关系人发放贷款的,依照前款的规定从重处罚。

单位犯前两款罪的,对单位判处罚金,并对其直接负责的主管人员和其他直接责任人员,依照前两款的规定处罚。

关系人的范围,依照《中华人民共和国商业银行法》和有关金融法规确定。

**第一百八十七条 【吸收客户资金不入帐罪】**银行或者其他金融机构的工作人员吸收客户资金不入帐,数额巨大或者造成重大损失的,处五年以下有期徒刑或者拘役,并处二万元以上二十万元以下罚金;数额特别巨大或者造成特别重大损失的,处五年以上有期徒刑,并处五万元以上五十万元以下罚金。

单位犯前款罪的,对单位判处罚金,并对其直接负责的主管人员和其他直接责任人员,依照前款的规定处罚。

**第一百八十九条 【对违法票据承兑、付款、保证罪】**银行或者其他金融机构的工作人员在票据业务中,对违反票据法规定的票据予以承兑、付款或者保证,造成重大损失的,处五年以下有期徒刑或者拘役;造成特别重大损失的,处五年以上有期徒刑。

单位犯前款罪的,对单位判处罚金,并对其直接负责的主管人员和其他直接责任人员,依照前款的规定处罚。

**第二百一十九条 【侵犯商业秘密罪】**有下列侵犯商业秘密行为之一,情节严重的,处三年以下有期徒刑,并处或者单处罚金;情节特别严重的,处三年以上十年以下有期徒刑,并处罚金:

(一)以盗窃、贿赂、欺诈、胁迫、电子侵入或者其他不正当手段获取权利人的商业秘密的;

(二)披露、使用或者允许他人使用以前项手段获取的权利人的商业秘密的;

(三)违反保密义务或者违反权利人有关保守商业秘密的要求,披露、使用或者允许他人使用其所掌握的商业秘密的。

明知前款所列行为，获取、披露、使用或者允许他人使用该商业秘密的，以侵犯商业秘密论。

本条所称权利人，是指商业秘密的所有人和经商业秘密所有人许可的商业秘密使用人。

**第二百二十三条　【串通投标罪】**投标人相互串通投标报价，损害招标人或者其他投标人利益，情节严重的，处三年以下有期徒刑或者拘役，并处或者单处罚金。

投标人与招标人串通投标，损害国家、集体、公民的合法利益的，依照前款的规定处罚。

**第二百九十条　【聚众扰乱社会秩序罪】**聚众扰乱社会秩序，情节严重，致使工作、生产、营业和教学、科研、医疗无法进行，造成严重损失的，对首要分子，处三年以上七年以下有期徒刑；对其他积极参加的，处三年以下有期徒刑、拘役、管制或者剥夺政治权利。

**【聚众冲击国家机关罪】**聚众冲击国家机关，致使国家机关工作无法进行，造成严重损失的，对首要分子，处五年以上十年以下有期徒刑；对其他积极参加的，处五年以下有期徒刑、拘役、管制或者剥夺政治权利。

**【扰乱国家机关工作秩序罪】**多次扰乱国家机关工作秩序，经行政处罚后仍不改正，造成严重后果的，处三年以下有期徒刑、拘役或者管制。

**【组织、资助非法聚集罪】**多次组织、资助他人非法聚集，扰乱社会秩序，情节严重的，依照前款的规定处罚。

**第三百三十八条　【污染环境罪】**违反国家规定，排放、倾倒或者处置有放射性的废物、含传染病病原体的废物、有毒物质或者其他有害物质，严重污染环境的，处三年以下有期徒刑或者拘役，并处或者单处罚金；情节严重的，处三年以上七年以下有期徒刑，并处罚金；有下列情形之一的，处七年以上有期徒刑，并处罚金：

（一）在饮用水水源保护区、自然保护地核心保护区等依法确定的重点保护区域排放、倾倒、处置有放射性的废物、含传染病病原体的废物、有毒物质，情节特别严重的；

（二）向国家确定的重要江河、湖泊水域排放、倾倒、处置有放射性的废物、含传染病病原体的废物、有毒物质，情节特别严重的；

（三）致使大量永久基本农田基本功能丧失或者遭受永久性破坏的；

（四）致使多人重伤、严重疾病，或者致人严重残疾、死亡的。

有前款行为，同时构成其他犯罪的，依照处罚较重的规定定罪处罚。

**第三百三十九条　【非法处置进口的固体废物罪】**违反国家规定，将境外的固体废物进境倾倒、堆放、处置的，处五年以下有期徒刑或者拘役，并处罚金；造成重大环境污染事故,致使公私财产遭受重大损失或者严重危害人体健康的,处五年以上十年以下有期徒刑,并处罚金;后果特别严重的,处十年以上有期徒刑,并处罚金。

**【擅自进口固体废物罪】**未经国务院有关主管部门许可,擅自进口固体废物用作原料,造成重大环境污染事故,致使公私财产遭受重大损失或者严重危害人体健康的,处五年以下有期徒刑或者拘役,并处罚金;后果特别严重的,处五年以上十年以下有期徒刑,并处罚金。

**【走私废物罪】**以原料利用为名,进口不能用作原料的固体废物、液态废物和气态废物的,依照本法第一百五十二条第二款、第三款的规定定罪处罚。

**第三百九十条　【对行贿罪的处罚规定】**对犯行贿罪的,处五年以下有期徒刑或者拘役,并处罚金;因行贿谋取不正当利益,情节严重的,或者使国家利益遭受重大损失的,处五年以上十年以下有期徒刑,并处罚金;情节特别严重的,或者使国家利益遭受特别重大损失的,处十年以上有期徒刑或者无期徒刑,并处罚金或者没收财产。

行贿人在被追诉前主动交待行贿行为的,可以从轻或者减轻处罚。其中,犯罪较轻的,对侦破重大案件起关键作用的,或者有重大立功表现的,可以减轻或者免除处罚。

**第三百九十七条　【滥用职权罪】【玩忽职守罪】**国家机关工作人员滥用职权或者玩忽职守,致使公共财产、国家和人民利益遭受重大损失的,处三年以下有期徒刑或者拘役;情节特别严重的,处三年以上七年以下有期徒刑。本法另有规定的,依照规定。

国家机关工作人员徇私舞弊,犯前款罪的,处五年以下有期徒刑或者拘役;情节特别严重的,处五年以上十年以下有期徒刑。本法另有规定的,依照规定。

**第四百零三条　【滥用管理公司、证券职权罪】**国家有关主管部门的国家机关工作人员,徇私舞弊,滥用职权,对不符合法律规定条件的公司设立、登记申请或者股票、债券发行、上市申请,予以批准或者登记,致使公共财产、国家和人民利益遭受重大损失的,处五年以下有期徒刑或者拘役。

上级部门强令登记机关及其工作人员实施前款行为的,对其直接负责的主管人员,依照前款的规定处罚。

**第四百零四条　【徇私舞弊不征、少征税款罪】**税务机关的工作人员徇私舞弊,不征或者少征应征税款,致使国家税收遭受重大损失的,处五年以下有期徒刑或者拘役;造成特别重大损失的,处五年以上有期徒刑。

**第四百零五条　【徇私舞弊发售发票、抵扣税款、出口退税罪】**税务机关的工作人员违反法律、行政法规的规定,在办理发售发票、抵扣税款、出口退税工作中,徇私舞弊,致使国家利益遭受重大损失的,处五年以下有期徒刑或者拘役;致使国家利益遭受特别重大损失的,处五年以上有期徒刑。

【违法提供出口退税证罪】其他国家机关工作人员违反国家规定,在提供出口货物报关单、出口收汇核销单等出口退税凭证的工作中,徇私舞弊,致使国家利益遭受重大损失的,依照前款的规定处罚。

**第四百零六条** 【国家机关工作人员签订、履行合同失职被骗罪】国家机关工作人员在签订、履行合同过程中,因严重不负责任被诈骗,致使国家利益遭受重大损失的,处三年以下有期徒刑或者拘役;致使国家利益遭受特别重大损失的,处三年以上七年以下有期徒刑。

**第四百一十条** 【非法批准征收、征用、占用土地罪】【非法低价出让国有土地使用权罪】国家机关工作人员徇私舞弊,违反土地管理法规,滥用职权,非法批准征收、征用、占用土地,或者非法低价出让国有土地使用权,情节严重的,处三年以下有期徒刑或者拘役;致使国家或者集体利益遭受特别重大损失的,处三年以上七年以下有期徒刑。

**第四百一十二条** 【商检徇私舞弊罪】国家商检部门、商检机构的工作人员徇私舞弊,伪造检验结果的,处五年以下有期徒刑或者拘役;造成严重后果的,处五年以上十年以下有期徒刑。

【商检失职罪】前款所列人员严重不负责任,对应当检验的物品不检验,或者延误检验出证、错误出证,致使国家利益遭受重大损失的,处三年以下有期徒刑或者拘役。

**第四百一十三条** 【动植物检疫徇私舞弊罪】动植物检疫机关的检疫人员徇私舞弊,伪造检疫结果的,处五年以下有期徒刑或者拘役;造成严重后果的,处五年以上十年以下有期徒刑。

【动植物检疫失职罪】前款所列人员严重不负责任,对应当检疫的检疫物不检疫,或者延误检疫出证、错误出证,致使国家利益遭受重大损失的,处三年以下有期徒刑或者拘役。

**第四百二十一条** 【战时违抗命令罪】战时违抗命令,对作战造成危害的,处三年以上十年以下有期徒刑;致使战斗、战役遭受重大损失的,处十年以上有期徒刑、无期徒刑或者死刑。

**第四百二十二条** 【隐瞒、谎报军情罪】【拒传、假传军令罪】故意隐瞒、谎报军情或者拒传、假传军令,对作战造成危害的,处三年以上十年以下有期徒刑;致使战斗、战役遭受重大损失的,处十年以上有期徒刑、无期徒刑或者死刑。

**第四百二十八条** 【违令作战消极罪】指挥人员违抗命令,临阵畏缩,作战消极,造成严重后果的,处五年以下有期徒刑;致使战斗、战役遭受重大损失或者有其他特别严重情节的,处五年以上有期徒刑。

**第四百二十九条** 【拒不救援友邻部队罪】在战场上明知友邻部队处境危急请求救援,能救援而不救援,致使友邻部队遭受重大损失的,对指挥人员,处五年以下有期徒刑。

### (四)以犯罪对象数量来决定的犯罪

对于以犯罪对象数量来决定的犯罪,可以从以下方面进行辩护。

1. 认定某一或者某些犯罪对象系犯罪嫌疑人/被告人的犯罪行为所指时,证据是否确实、充分。有些犯罪,犯罪对象的数量决定定罪量刑。因此,要求将犯罪对象作为重要或者核心证据随案移送。在辩护时,首先就要注意随案移送的犯罪对象被确定为本案犯罪嫌疑人/被告人犯罪行为所指向的,证据是否确实、充分。例如,盗窃案件的赃款、赃物是否是本案犯罪嫌疑人/被告人所盗,毒品犯罪案件中,随案移送的毒品是否是本案犯罪嫌疑人/被告人所制造、运输或贩卖的。也就是说,要注意审查涉案财物、物品的来源是否合法,即办案机关及人员对上述犯罪对象搜查、扣押等的手续是否齐全、合法,程序是否合法等。对于没有合法手续进行的搜查行为取得的财物、物品,没有见证人在场并签名扣押的财物、物品,甚至没有犯罪嫌疑人签字的扣押财物、物品,经补正,仍不能作出合理解释的,不能作为定案证据。

2. 在犯罪对象确定无疑后,就要考虑对数量的计算依据、方式、程序等是否合法有效。若发现计算错误,便可以此减少犯罪对象的数量,被告人的罪责也会随之减轻。

**法条链接**

**《刑法》第一百七十七条之一　【妨害信用卡管理罪】**有下列情形之一,妨害信用卡管理的,处三年以下有期徒刑或者拘役,并处或者单处一万元以上十万元以下罚金;数量巨大或者有其他严重情节的,处三年以上十年以下有期徒刑,并处二万元以上二十万元以下罚金:

(一)明知是伪造的信用卡而持有、运输的,或者明知是伪造的空白信用卡而持有、运输,数量较大的;

(二)非法持有他人信用卡,数量较大的;

(三)使用虚假的身份证明骗领信用卡的;

(四)出售、购买、为他人提供伪造的信用卡或者以虚假的身份证明骗领的信用卡的。

**【窃取、收买、非法提供信用卡信息罪】**窃取、收买或者非法提供他人信用卡信息资料的,依照前款规定处罚。

银行或者其他金融机构的工作人员利用职务上的便利,犯第二款罪的,从重处罚。

**第二百零六条　【伪造、出售伪造的增值税专用发票罪】**伪造或者出售伪造的增值税专用发票的，处三年以下有期徒刑、拘役或者管制，并处二万元以上二十万元以下罚金；数量较大或者有其他严重情节的，处三年以上十年以下有期徒刑，并处五万元以上五十万元以下罚金；数量巨大或者有其他特别严重情节的，处十年以上有期徒刑或者无期徒刑，并处五万元以上五十万元以下罚金或者没收财产。

单位犯本条规定之罪的，对单位判处罚金，并对其直接负责的主管人员和其他直接责任人员，处三年以下有期徒刑、拘役或者管制；数量较大或者有其他严重情节的，处三年以上十年以下有期徒刑；数量巨大或者有其他特别严重情节的，处十年以上有期徒刑或者无期徒刑。

**第二百零七条 【非法出售增值税专用发票罪】**非法出售增值税专用发票的，处三年以下有期徒刑、拘役或者管制，并处二万元以上二十万元以下罚金；数量较大的，处三年以上十年以下有期徒刑，并处五万元以上五十万元以下罚金；数量巨大的，处十年以上有期徒刑或者无期徒刑，并处五万元以上五十万元以下罚金或者没收财产。

**第二百零九条 【非法制造、出售非法制造的用于骗取出口退税、抵扣税款发票罪】**伪造、擅自制造或者出售伪造、擅自制造的可以用于骗取出口退税、抵扣税款的其他发票的，处三年以下有期徒刑、拘役或者管制，并处二万元以上二十万元以下罚金；数量巨大的，处三年以上七年以下有期徒刑，并处五万元以上五十万元以下罚金；数量特别巨大的，处七年以上有期徒刑，并处五万元以上五十万元以下罚金或者没收财产。

**【非法制造、出售非法制造的发票罪】**伪造、擅自制造或者出售伪造、擅自制造的前款规定以外的其他发票的，处二年以下有期徒刑、拘役或者管制，并处或者单处一万元以上五万元以下罚金；情节严重的，处二年以上七年以下有期徒刑，并处五万元以上五十万元以下罚金。

**【非法出售用于骗取出口退税、抵扣税款发票罪】**非法出售可以用于骗取出口退税、抵扣税款的其他发票的，依照第一款的规定处罚。

**【非法出售发票罪】**非法出售第三款规定以外的其他发票的，依照第二款的规定处罚。

**第二百一十条之一 【持有伪造的发票罪】**明知是伪造的发票而持有，数量较大的，处二年以下有期徒刑、拘役或者管制，并处罚金；数量巨大的，处二年以上七年以下有期徒刑，并处罚金。

单位犯前款罪的，对单位判处罚金，并对其直接负责的主管人员和其他直接责任人员，依照前款的规定处罚。

**第三百四十二条 【非法占用农用地罪】**违反土地管理法规，非法占用耕地、林地等农用地，改变被占用土地用途，数量较大，造成耕地、林地等农用地大量毁坏的，处五年以下有期徒刑或者拘役，并处或者单处罚金。

**第三百四十五条 【盗伐林木罪】**盗伐森林或者其他林木,数量较大的,处三年以下有期徒刑、拘役或者管制,并处或者单处罚金;数量巨大的,处三年以上七年以下有期徒刑,并处罚金;数量特别巨大的,处七年以上有期徒刑,并处罚金。

**【滥伐林木罪】**违反森林法的规定,滥伐森林或者其他林木,数量较大的,处三年以下有期徒刑、拘役或者管制,并处或者单处罚金;数量巨大的,处三年以上七年以下有期徒刑,并处罚金。

**【非法收购、运输盗伐、滥伐的林木罪】**非法收购、运输明知是盗伐、滥伐的林木,情节严重的,处三年以下有期徒刑、拘役或者管制,并处或者单处罚金;情节特别严重的,处三年以上七年以下有期徒刑,并处罚金。

盗伐、滥伐国家级自然保护区内的森林或者其他林木的,从重处罚。

**第三百四十七条 【走私、贩卖、运输、制造毒品罪】**走私、贩卖、运输、制造毒品,无论数量多少,都应当追究刑事责任,予以刑事处罚。

走私、贩卖、运输、制造毒品,有下列情形之一的,处十五年有期徒刑、无期徒刑或者死刑,并处没收财产:

(一)走私、贩卖、运输、制造鸦片一千克以上、海洛因或者甲基苯丙胺五十克以上或者其他毒品数量大的;

(二)走私、贩卖、运输、制造毒品集团的首要分子;

(三)武装掩护走私、贩卖、运输、制造毒品的;

(四)以暴力抗拒检查、拘留、逮捕,情节严重的;

(五)参与有组织的国际贩毒活动的。

走私、贩卖、运输、制造鸦片二百克以上不满一千克、海洛因或者甲基苯丙胺十克以上不满五十克或者其他毒品数量较大的,处七年以上有期徒刑,并处罚金。

走私、贩卖、运输、制造鸦片不满二百克、海洛因或者甲基苯丙胺不满十克或者其他少量毒品的,处三年以下有期徒刑、拘役或者管制,并处罚金;情节严重的,处三年以上七年以下有期徒刑,并处罚金。

单位犯第二款、第三款、第四款罪的,对单位判处罚金,并对其直接负责的主管人员和其他直接责任人员,依照各该款的规定处罚。

利用、教唆未成年人走私、贩卖、运输、制造毒品,或者向未成年人出售毒品的,从重处罚。

对多次走私、贩卖、运输、制造毒品,未经处理的,毒品数量累计计算。

**第三百四十八条 【非法持有毒品罪】**非法持有鸦片一千克以上、海洛因或者甲基苯丙胺五十克以上或者其他毒品数量大的,处七年以上有期徒刑或者无期徒刑,并处罚金;

非法持有鸦片二百克以上不满一千克、海洛因或者甲基苯丙胺十克以上不满五十克或者其他毒品数量较大的，处三年以下有期徒刑、拘役或者管制，并处罚金；情节严重的，处三年以上七年以下有期徒刑，并处罚金。

**第三百五十一条 【非法种植毒品原植物罪】**非法种植罂粟、大麻等毒品原植物的，一律强制铲除。有下列情形之一的，处五年以下有期徒刑、拘役或者管制，并处罚金：

（一）种植罂粟五百株以上不满三千株或者其他毒品原植物数量较大的；

（二）经公安机关处理后又种植的；

（三）抗拒铲除的。

非法种植罂粟三千株以上或者其他毒品原植物数量大的，处五年以上有期徒刑，并处罚金或者没收财产。

非法种植罂粟或者其他毒品原植物，在收获前自动铲除的，可以免除处罚。

**第三百五十二条 【非法买卖、运输、携带、持有毒品原植物种子、幼苗罪】**非法买卖、运输、携带、持有未经灭活的罂粟等毒品原植物种子或者幼苗，数量较大的，处三年以下有期徒刑、拘役或者管制，并处或者单处罚金。

### （五）以后果严重程度来决定的犯罪

以严重后果作为决定罪责轻重依据的罪名，有的在《刑法》条文或者司法解释中有明确规定，有的没有规定。这使辩护有了很大空间。对于法律对“严重后果”有明确规定的，刑事辩护律师可以针对案件认定的严重后果，从认定主体资格、程序、依据等方面质疑，进行辩护。对于法律对“严重后果”未明确规定的，除运用上述辩点外，还可以着重从案件认定的严重后果有无法律依据，是否违反罪刑法定原则等角度论证。只要通过辩护，将公诉机关认定的“严重后果”否定或者使其存疑，被告人当然就会被处以较轻刑罚。

**法条链接**

**《刑法》第一百一十四条 【放火罪】【决水罪】【爆炸罪】【投放危险物质罪】【以危险方法危害公共安全罪】**放火、决水、爆炸以及投放毒害性、放射性、传染病病原体等物质或者以其他危险方法危害公共安全，尚未造成严重后果的，处三年以上十年以下有期徒刑。

**第一百一十六条 【破坏交通工具罪】**破坏火车、汽车、电车、船只、航空器，足以使火车、汽车、电车、船只、航空器发生倾覆、毁坏危险，尚未造成严重后果的，处三年以上十年以下有期徒刑。

**第一百一十七条 【破坏交通设施罪】**破坏轨道、桥梁、隧道、公路、机场、航道、灯塔、标志或者进行其他破坏活动，足以使火车、汽车、电车、船只、航空器发生倾覆、毁坏危险，尚未造成严重后果的，处三年以上十年以下有期徒刑。

**第一百一十八条 【破坏电力设备罪】【破坏易燃易爆设备罪】**破坏电力、燃气或者其他易燃易爆设备，危害公共安全，尚未造成严重后果的，处三年以上十年以下有期徒刑。

**第一百一十九条第一款 【破坏交通工具罪】【破坏交通设施罪】【破坏电力设备罪】【破坏易燃易爆设备罪】**破坏交通工具、交通设施、电力设备、燃气设备、易燃易爆设备，造成严重后果的，处十年以上有期徒刑、无期徒刑或者死刑。

**第一百二十二条 【劫持船只、汽车罪】**以暴力、胁迫或者其他方法劫持船只、汽车的，处五年以上十年以下有期徒刑；造成严重后果的，处十年以上有期徒刑或者无期徒刑。

**第一百二十三条 【暴力危及飞行安全罪】**对飞行中的航空器上的人员使用暴力，危及飞行安全，尚未造成严重后果的，处五年以下有期徒刑或者拘役；造成严重后果的，处五年以上有期徒刑。

**第一百二十四条 【破坏广播电视设施、公用电信设施罪】**破坏广播电视设施、公用电信设施，危害公共安全的，处三年以上七年以下有期徒刑；造成严重后果的，处七年以上有期徒刑。

**【过失损坏广播电视设施、公用电信设施罪】**过失犯前款罪的，处三年以上七年以下有期徒刑；情节较轻的，处三年以下有期徒刑或者拘役。

**第一百二十八条 【非法持有、私藏枪支、弹药罪】**违反枪支管理规定，非法持有、私藏枪支、弹药的，处三年以下有期徒刑、拘役或者管制；情节严重的，处三年以上七年以下有期徒刑。

**【非法出租、出借枪支罪】**依法配备公务用枪的人员，非法出租、出借枪支的，依照前款的规定处罚。

**【非法出租、出借枪支罪】**依法配置枪支的人员，非法出租、出借枪支，造成严重后果的，依照第一款的规定处罚。

单位犯第二款、第三款罪的，对单位判处罚金，并对其直接负责的主管人员和其他直接责任人员，依照第一款的规定处罚。

**第一百二十九条 【丢失枪支不报罪】**依法配备公务用枪的人员，丢失枪支不及时报告，造成严重后果的，处三年以下有期徒刑或者拘役。

**第一百三十一条 【重大飞行事故罪】**航空人员违反规章制度，致使发生重大飞行事故，造成严重后果的，处三年以下有期徒刑或者拘役；造成飞机坠毁或者人员死亡的，处三年以上七年以下有期徒刑。

**第一百三十二条 【铁路运营安全事故罪】**铁路职工违反规章制度，致使发生铁路运营安全事故，造成严重后果的，处三年以下有期徒刑或者拘役；造成特别严重后果的，处三年以上七年以下有期徒刑。

**第一百三十四条 【重大责任事故罪】**在生产、作业中违反有关安全管理的规定，因而发生重大伤亡事故或者造成其他严重后果的，处三年以下有期徒刑或者拘役；情节特别恶劣的，处三年以上七年以下有期徒刑。

**【强令、组织他人违章冒险作业罪】**强令他人违章冒险作业，或者明知存在重大事故隐患而不排除，仍冒险组织作业，因而发生重大伤亡事故或者造成其他严重后果的，处五年以下有期徒刑或者拘役；情节特别恶劣的，处五年以上有期徒刑。

**第一百三十五条 【重大劳动安全事故罪】**安全生产设施或者安全生产条件不符合国家规定，因而发生重大伤亡事故或者造成其他严重后果的，对直接负责的主管人员和其他直接责任人员，处三年以下有期徒刑或者拘役；情节特别恶劣的，处三年以上七年以下有期徒刑。

**第一百三十五条之一 【大型群众性活动重大安全事故罪】**举办大型群众性活动违反安全管理规定，因而发生重大伤亡事故或者造成其他严重后果的，对直接负责的主管人员和其他直接责任人员，处三年以下有期徒刑或者拘役；情节特别恶劣的，处三年以上七年以下有期徒刑。

**第一百三十六条 【危险物品肇事罪】**违反爆炸性、易燃性、放射性、毒害性、腐蚀性物品的管理规定，在生产、储存、运输、使用中发生重大事故，造成严重后果的，处三年以下有期徒刑或者拘役；后果特别严重的，处三年以上七年以下有期徒刑。

**第一百三十九条 【消防责任事故罪】**违反消防管理法规，经消防监督机构通知采取改正措施而拒绝执行，造成严重后果的，对直接责任人员，处三年以下有期徒刑或者拘役；后果特别严重的，处三年以上七年以下有期徒刑。

**第一百四十六条 【生产、销售不符合安全标准的产品罪】**生产不符合保障人身、财产安全的国家标准、行业标准的电器、压力容器、易燃易爆产品或者其他不符合保障人身、财产安全的国家标准、行业标准的产品，或者销售明知是以上不符合保障人身、财产安全的国家标准、行业标准的产品，造成严重后果的，处五年以下有期徒刑，并处销售金额百分之五十以上二倍以下罚金；后果特别严重的，处五年以上有期徒刑，并处销售金额百分之五十以上二倍以下罚金。

**第一百四十八条 【生产、销售不符合卫生标准的化妆品罪】**生产不符合卫生标准的化妆品，或者销售明知是不符合卫生标准的化妆品，造成严重后果的，处三年以下有期徒刑或者拘役，并处或者单处销售金额百分之五十以上二倍以下罚金。

**第一百五十八条 【虚报注册资本罪】**申请公司登记使用虚假证明文件或者采取其他欺诈手段虚报注册资本，欺骗公司登记主管部门，取得公司登记，虚报注册资本数额巨大、后果严重或者有其他严重情节的，处三年以下有期徒刑或者拘役，并处或者单处虚报注册资本金额百分之一以上百分之五以下罚金。

单位犯前款罪的，对单位判处罚金，并对其直接负责的主管人员和其他直接责任人员，处三年以下有期徒刑或者拘役。

**第一百五十九条 【虚假出资、抽逃出资罪】**公司发起人、股东违反公司法的规定未交付货币、实物或者未转移财产权，虚假出资，或者在公司成立后又抽逃其出资，数额巨大、后果严重或者有其他严重情节的，处五年以下有期徒刑或者拘役，并处或者单处虚假出资金额或者抽逃出资金额百分之二以上百分之十以下罚金。

单位犯前款罪的，对单位判处罚金，并对其直接负责的主管人员和其他直接责任人员，处五年以下有期徒刑或者拘役。

**第一百六十条 【欺诈发行证券罪】**在招股说明书、认股书、公司、企业债券募集办法等发行文件中隐瞒重要事实或者编造重大虚假内容，发行股票或者公司、企业债券、存托凭证或者国务院依法认定的其他证券，数额巨大、后果严重或者有其他严重情节的，处五年以下有期徒刑或者拘役，并处或者单处罚金；数额特别巨大、后果特别严重或者有其他特别严重情节的，处五年以上有期徒刑，并处罚金。

控股股东、实际控制人组织、指使实施前款行为的，处五年以下有期徒刑或者拘役，并处或者单处非法募集资金金额百分之二十以上一倍以下罚金；数额特别巨大、后果特别严重或者有其他特别严重情节的，处五年以上有期徒刑，并处非法募集资金金额百分之二十以上一倍以下罚金。

单位犯前两款罪的，对单位判处非法募集资金金额百分之二十以上一倍以下罚金，并对其直接负责的主管人员和其他直接责任人员，依照第一款的规定处罚。

**第一百七十九条 【擅自发行股票、公司、企业债券罪】**未经国家有关主管部门批准，擅自发行股票或者公司、企业债券，数额巨大、后果严重或者有其他严重情节的，处五年以下有期徒刑或者拘役，并处或者单处非法募集资金金额百分之一以上百分之五以下罚金。

单位犯前款罪的，对单位判处罚金，并对其直接负责的主管人员和其他直接责任人员，处五年以下有期徒刑或者拘役。

**第一百八十一条 【编造并传播证券、期货交易虚假信息罪】**编造并且传播影响证券、期货交易的虚假信息，扰乱证券、期货交易市场，造成严重后果的，处五年以下有期徒刑或者拘役，并处或者单处一万元以上十万元以下罚金。

**【诱骗投资者买卖证券、期货合约罪】**证券交易所、期货交易所、证券公司、期货经纪公司的从业人员，证券业协会、期货业协会或者证券期货监督管理部门的工作人员，故意提供虚假信息或者伪造、变造、销毁交易记录，诱骗投资者买卖证券、期货合约，造成严重后果的，处五年以下有期徒刑或者拘役，并处或者单处一万元以上十万元以下罚金；情节特别恶劣的，处五年以上十年以下有期徒刑，并处二万元以上二十万元以下罚金。

单位犯前两款罪的，对单位判处罚金，并对其直接负责的主管人员和其他直接责任人员，处五年以下有期徒刑或者拘役。

**第二百一十九条　【侵犯商业秘密罪】**有下列侵犯商业秘密行为之一，情节严重的，处三年以下有期徒刑，并处或者单处罚金；情节特别严重的，处三年以上十年以下有期徒刑，并处罚金：

（一）以盗窃、贿赂、欺诈、胁迫、电子侵入或者其他不正当手段获取权利人的商业秘密的；

（二）披露、使用或者允许他人使用以前项手段获取的权利人的商业秘密的；

（三）违反保密义务或者违反权利人有关保守商业秘密的要求，披露、使用或者允许他人使用其所掌握的商业秘密的。

明知前款所列行为，获取、披露、使用或者允许他人使用该商业秘密的，以侵犯商业秘密论。

本条所称权利人，是指商业秘密的所有人和经商业秘密所有人许可的商业秘密使用人。

**第二百二十九条　【提供虚假证明文件罪】**承担资产评估、验资、验证、会计、审计、法律服务、保荐、安全评价、环境影响评价、环境监测等职责的中介组织的人员故意提供虚假证明文件，情节严重的，处五年以下有期徒刑或者拘役，并处罚金；有下列情形之一的，处五年以上十年以下有期徒刑，并处罚金：

（一）提供与证券发行相关的虚假的资产评估、会计、审计、法律服务、保荐等证明文件，情节特别严重的；

（二）提供与重大资产交易相关的虚假的资产评估、会计、审计等证明文件，情节特别严重的；

（三）在涉及公共安全的重大工程、项目中提供虚假的安全评价、环境影响评价等证明文件，致使公共财产、国家和人民利益遭受特别重大损失的。

**【提供虚假证明文件罪】**有前款行为，同时索取他人财物或者非法收受他人财物构成犯罪的，依照处罚较重的规定定罪处罚。

**【出具证明文件重大失实罪】**第一款规定的人员，严重不负责任，出具的证明文件有重大失实，造成严重后果的，处三年以下有期徒刑或者拘役，并处或者单处罚金。

**第二百三十六条　【强奸罪】**以暴力、胁迫或者其他手段强奸妇女的,处三年以上十年以下有期徒刑。

奸淫不满十四周岁的幼女的,以强奸论,从重处罚。

强奸妇女、奸淫幼女,有下列情形之一的,处十年以上有期徒刑、无期徒刑或者死刑:

(一)强奸妇女、奸淫幼女情节恶劣的;

(二)强奸妇女、奸淫幼女多人的;

(三)在公共场所当众强奸妇女、奸淫幼女的;

(四)二人以上轮奸的;

(五)奸淫不满十周岁的幼女或者造成幼女伤害的;

(六)致使被害人重伤、死亡或者造成其他严重后果的。

**第二百四十条　【拐卖妇女、儿童罪】**拐卖妇女、儿童的,处五年以上十年以下有期徒刑,并处罚金;有下列情形之一的,处十年以上有期徒刑或者无期徒刑,并处罚金或者没收财产;情节特别严重的,处死刑,并处没收财产:

(一)拐卖妇女、儿童集团的首要分子;

(二)拐卖妇女、儿童三人以上的;

(三)奸淫被拐卖的妇女的;

(四)诱骗、强迫被拐卖的妇女卖淫或者将被拐卖的妇女卖给他人迫使其卖淫的;

(五)以出卖为目的,使用暴力、胁迫或者麻醉方法绑架妇女、儿童的;

(六)以出卖为目的,偷盗婴幼儿的;

(七)造成被拐卖的妇女、儿童或者其亲属重伤、死亡或者其他严重后果的;

(八)将妇女、儿童卖往境外的。

拐卖妇女、儿童是指以出卖为目的,有拐骗、绑架、收买、贩卖、接送、中转妇女、儿童的行为之一的。

**第二百四十三条　【诬告陷害罪】**捏造事实诬告陷害他人,意图使他人受刑事追究,情节严重的,处三年以下有期徒刑、拘役或者管制;造成严重后果的,处三年以上十年以下有期徒刑。

国家机关工作人员犯前款罪的,从重处罚。

不是有意诬陷,而是错告,或者检举失实的,不适用前两款的规定。

**第二百五十条　【出版歧视、侮辱少数民族作品罪】**在出版物中刊载歧视、侮辱少数民族的内容,情节恶劣,造成严重后果的,对直接责任人员,处三年以下有期徒刑、拘役或者管制。

**第二百七十六条之一　【拒不支付劳动报酬罪】**以转移财产、逃匿等方法逃避支付劳动者的劳动报酬或者有能力支付而不支付劳动者的劳动报酬，数额较大，经政府有关部门责令支付仍不支付的，处三年以下有期徒刑或者拘役，并处或者单处罚金；造成严重后果的，处三年以上七年以下有期徒刑，并处罚金。

单位犯前款罪的，对单位判处罚金，并对其直接负责的主管人员和其他直接责任人员，依照前款的规定处罚。

有前两款行为，尚未造成严重后果，在提起公诉前支付劳动者的劳动报酬，并依法承担相应赔偿责任的，可以减轻或者免除处罚。

**第二百七十七条 【妨害公务罪】**以暴力、威胁方法阻碍国家机关工作人员依法执行职务的，处三年以下有期徒刑、拘役、管制或者罚金。

以暴力、威胁方法阻碍全国人民代表大会和地方各级人民代表大会代表依法执行代表职务的，依照前款的规定处罚。

在自然灾害和突发事件中，以暴力、威胁方法阻碍红十字会工作人员依法履行职责的，依照第一款的规定处罚。

故意阻碍国家安全机关、公安机关依法执行国家安全工作任务，未使用暴力、威胁方法，造成严重后果的，依照第一款的规定处罚。

**【袭警罪】**暴力袭击正在依法执行职务的人民警察的，处三年以下有期徒刑、拘役或者管制；使用枪支、管制刀具，或者以驾驶机动车撞击等手段，严重危及其人身安全的，处三年以上七年以下有期徒刑。

**第二百七十八条 【煽动暴力抗拒法律实施罪】**煽动群众暴力抗拒国家法律、行政法规实施的，处三年以下有期徒刑、拘役、管制或者剥夺政治权利；造成严重后果的，处三年以上七年以下有期徒刑。

**第二百八十四条 【非法使用窃听、窃照专用器材罪】**非法使用窃听、窃照专用器材，造成严重后果的，处二年以下有期徒刑、拘役或者管制。

**第二百八十八条 【扰乱无线电通讯管理秩序罪】**违反国家规定，擅自设置、使用无线电台(站)，或者擅自占用频率，干扰无线电通讯秩序，情节严重的，处三年以下有期徒刑、拘役或者管制，并处或者单处罚金；情节特别严重的，处三年以上七年以下有期徒刑，并处罚金。

单位犯前款罪的，对单位判处罚金，并对其直接负责的主管人员和其他直接责任人员，依照前款的规定处罚。

**第二百九十一条之一 【投放虚假危险物质罪】【编造、故意传播虚假恐怖信息罪】**投放虚假的爆炸性、毒害性、放射性、传染病病原体等物质，或者编造爆炸威胁、生化威胁、放射威胁等恐怖信息，或者明知是编造的恐怖信息而故意传播，严重扰乱社会秩序的，处五年以下有期徒刑、拘役或者管制;造成严重后果的,处五年以上有期徒刑。

**【编造、故意传播虚假信息罪】**编造虚假的险情、疫情、灾情、警情,在信息网络或者其他媒体上传播,或者明知是上述虚假信息,故意在信息网络或者其他媒体上传播,严重扰乱社会秩序的,处三年以下有期徒刑、拘役或者管制;造成严重后果的,处三年以上七年以下有期徒刑。

**第三百二十一条 【运送他人偷越国(边)境罪】**运送他人偷越国(边)境的,处五年以下有期徒刑、拘役或者管制,并处罚金;有下列情形之一的,处五年以上十年以下有期徒刑,并处罚金:

(一)多次实施运送行为或者运送人数众多的;

(二)所使用的船只、车辆等交通工具不具备必要的安全条件,足以造成严重后果的;

(三)违法所得数额巨大的;

(四)有其他特别严重情节的。

在运送他人偷越国(边)境中造成被运送人重伤、死亡,或者以暴力、威胁方法抗拒检查的,处七年以上有期徒刑,并处罚金。

犯前两款罪,对被运送人有杀害、伤害、强奸、拐卖等犯罪行为,或者对检查人员有杀害、伤害等犯罪行为的,依照数罪并罚的规定处罚。

**第三百三十一条 【传染病菌种、毒种扩散罪】**从事实验、保藏、携带、运输传染病菌种、毒种的人员,违反国务院卫生行政部门的有关规定,造成传染病菌种、毒种扩散,后果严重的,处三年以下有期徒刑或者拘役;后果特别严重的,处三年以上七年以下有期徒刑。

**第三百三十四条第一款 【非法采集、供应血液、制作、供应血液制品罪】**非法采集、供应血液或者制作、供应血液制品,不符合国家规定的标准,足以危害人体健康的,处五年以下有期徒刑或者拘役,并处罚金;对人体健康造成严重危害的,处五年以上十年以下有期徒刑,并处罚金;造成特别严重后果的,处十年以上有期徒刑或者无期徒刑,并处罚金或者没收财产。

**第三百三十八条 【污染环境罪】**违反国家规定,排放、倾倒或者处置有放射性的废物、含传染病病原体的废物、有毒物质或者其他有害物质,严重污染环境的,处三年以下有期徒刑或者拘役,并处或者单处罚金;情节严重的,处三年以上七年以下有期徒刑,并处罚金;有下列情形之一的,处七年以上有期徒刑,并处罚金:

(一)在饮用水水源保护区、自然保护地核心保护区等依法确定的重点保护区域排放、倾倒、处置有放射性的废物、含传染病病原体的废物、有毒物质,情节特别严重的;

(二)向国家确定的重要江河、湖泊水域排放、倾倒、处置有放射性的废物、含传染病病原体的废物、有毒物质,情节特别严重的;

(三)致使大量永久基本农田基本功能丧失或者遭受永久性破坏的;

(四)致使多人重伤、严重疾病,或者致人严重残疾、死亡的。

有前款行为,同时构成其他犯罪的,依照处罚较重的规定定罪处罚。

**第三百六十八条 【阻碍军人执行职务罪】**以暴力、威胁方法阻碍军人依法执行职务的,处三年以下有期徒刑、拘役、管制或者罚金。

**【阻碍军事行动罪】**故意阻碍武装部队军事行动,造成严重后果的,处五年以下有期徒刑或者拘役。

**第三百六十九条 【破坏武器装备、军事设施、军事通信罪】**破坏武器装备、军事设施、军事通信的,处三年以下有期徒刑、拘役或者管制;破坏重要武器装备、军事设施、军事通信的,处三年以上十年以下有期徒刑;情节特别严重的,处十年以上有期徒刑、无期徒刑或者死刑。

**【过失损坏武器装备、军事设施、军事通信罪】**过失犯前款罪,造成严重后果的,处三年以下有期徒刑或者拘役;造成特别严重后果的,处三年以上七年以下有期徒刑。

战时犯前两款罪的,从重处罚。

**第三百七十条 【故意提供不合格武器装备、军事设施罪】**明知是不合格的武器装备、军事设施而提供给武装部队的,处五年以下有期徒刑或者拘役;情节严重的,处五年以上十年以下有期徒刑;情节特别严重的,处十年以上有期徒刑、无期徒刑或者死刑。

**【过失提供不合格武器装备、军事设施罪】**过失犯前款罪,造成严重后果的,处三年以下有期徒刑或者拘役;造成特别严重后果的,处三年以上七年以下有期徒刑。

单位犯第一款罪的,对单位判处罚金,并对其直接负责的主管人员和其他直接责任人员,依照第一款的规定处罚。

**第三百七十四条 【接送不合格兵员罪】**在征兵工作中徇私舞弊,接送不合格兵员,情节严重的,处三年以下有期徒刑或者拘役;造成特别严重后果的,处三年以上七年以下有期徒刑。

**第三百七十七条 【战时故意提供虚假敌情罪】**战时故意向武装部队提供虚假敌情,造成严重后果的,处三年以上十年以下有期徒刑;造成特别严重后果的,处十年以上有期徒刑或者无期徒刑。

**第三百八十条 【战时拒绝、故意延误军事订货罪】**战时拒绝或者故意延误军事订货,情节严重的,对单位判处罚金,并对其直接负责的主管人员和其他直接责任人员,处五年以下有期徒刑或者拘役;造成严重后果的,处五年以上有期徒刑。

**第四百条 【私放在押人员罪】**司法工作人员私放在押的犯罪嫌疑人、被告人或者罪犯的,处五年以下有期徒刑或者拘役;情节严重的,处五年以上十年以下有期徒刑;情节特别严重的,处十年以上有期徒刑。

**【失职致使在押人员脱逃罪】**司法工作人员由于严重不负责任,致使在押的犯罪嫌疑人、被告人或者罪犯脱逃,造成严重后果的,处三年以下有期徒刑或者拘役;造成特别严重后果的,处三年以上十年以下有期徒刑。

**第四百零二条　【徇私舞弊不移交刑事案件罪】**行政执法人员徇私舞弊,对依法应当移交司法机关追究刑事责任的不移交,情节严重的,处三年以下有期徒刑或者拘役;造成严重后果的,处三年以上七年以下有期徒刑。

**第四百零八条　【环境监管失职罪】**负有环境保护监督管理职责的国家机关工作人员严重不负责任,导致发生重大环境污染事故,致使公私财产遭受重大损失或者造成人身伤亡的严重后果的,处三年以下有期徒刑或者拘役。

**第四百零八条之一　【食品、药品监管渎职罪】**负有食品药品安全监督管理职责的国家机关工作人员,滥用职权或者玩忽职守,有下列情形之一,造成严重后果或者有其他严重情节的,处五年以下有期徒刑或者拘役;造成特别严重后果或者有其他特别严重情节的,处五年以上十年以下有期徒刑:

(一)瞒报、谎报食品安全事故、药品安全事件的;

(二)对发现的严重食品药品安全违法行为未按规定查处的;

(三)在药品和特殊食品审批审评过程中,对不符合条件的申请准予许可的;

(四)依法应当移交司法机关追究刑事责任不移交的;

(五)有其他滥用职权或者玩忽职守行为的。

徇私舞弊犯前款罪的,从重处罚。

**第四百一十二条　【商检徇私舞弊罪】**国家商检部门、商检机构的工作人员徇私舞弊,伪造检验结果的,处五年以下有期徒刑或者拘役;造成严重后果的,处五年以上十年以下有期徒刑。

**【商检失职罪】**前款所列人员严重不负责任,对应当检验的物品不检验,或者延误检验出证、错误出证,致使国家利益遭受重大损失的,处三年以下有期徒刑或者拘役。

**第四百一十三条　【动植物检疫徇私舞弊罪】**动植物检疫机关的检疫人员徇私舞弊,伪造检疫结果的,处五年以下有期徒刑或者拘役;造成严重后果的,处五年以上十年以下有期徒刑。

**【动植物检疫失职罪】**前款所列人员严重不负责任,对应当检疫的检疫物不检疫,或者延误检疫出证、错误出证,致使国家利益遭受重大损失的,处三年以下有期徒刑或者拘役。

**第四百一十六条　【不解救被拐卖、绑架妇女、儿童罪】**对被拐卖、绑架的妇女、儿童负有解救职责的国家机关工作人员,接到被拐卖、绑架的妇女、儿童及其家属的解救要求或者接到其他人的举报，而对被拐卖、绑架的妇女、儿童不进行解救，造成严重后果的，处五年以下有期徒刑或者拘役。

**【阻碍解救被拐卖、绑架妇女、儿童罪】**负有解救职责的国家机关工作人员利用职务阻碍解救的，处二年以上七年以下有期徒刑；情节较轻的，处二年以下有期徒刑或者拘役。

**第四百一十九条 【失职造成珍贵文物损毁、流失罪】**国家机关工作人员严重不负责任，造成珍贵文物损毁或者流失，后果严重的，处三年以下有期徒刑或者拘役。

**第四百二十五条 【擅离、玩忽军事职守罪】**指挥人员和值班、值勤人员擅离职守或者玩忽职守，造成严重后果的，处三年以下有期徒刑或者拘役；造成特别严重后果的，处三年以上七年以下有期徒刑。

战时犯前款罪的，处五年以上有期徒刑。

**第四百二十七条 【指使部属违反职责罪】**滥用职权，指使部属进行违反职责的活动，造成严重后果的，处五年以下有期徒刑或者拘役；情节特别严重的，处五年以上十年以下有期徒刑。

**第四百二十八条 【违令作战消极罪】**指挥人员违抗命令，临阵畏缩，作战消极，造成严重后果的，处五年以下有期徒刑；致使战斗、战役遭受重大损失或者有其他特别严重情节的，处五年以上有期徒刑。

**第四百三十六条 【武器装备肇事罪】**违反武器装备使用规定，情节严重，因而发生责任事故，致人重伤、死亡或者造成其他严重后果的，处三年以下有期徒刑或者拘役；后果特别严重的，处三年以上七年以下有期徒刑。

**第四百三十七条 【擅自改变武器装备编配用途罪】**违反武器装备管理规定，擅自改变武器装备的编配用途，造成严重后果的，处三年以下有期徒刑或者拘役；造成特别严重后果的，处三年以上七年以下有期徒刑。

**第四百四十三条 【虐待部属罪】**滥用职权，虐待部属，情节恶劣，致人重伤或者造成其他严重后果的，处五年以下有期徒刑或者拘役；致人死亡的，处五年以上有期徒刑。

## 四、降低被告人在犯罪中的地位和作用

降低被告人在犯罪中的地位和作用，主要是为共同犯罪中的犯罪嫌疑人/被告人进行辩护时适用。

由于共同犯罪是二人以上共同故意犯罪，相较一个行为人单独犯罪的成功率要高，社会危险性相对较大。在很多共同犯罪案件中，各行为人在共同犯罪中所处的地位和所起的作用是不同的，进而各被告人的刑事责任也不同。刑事辩护律师

应根据事实确定被告人在共同犯罪中的地位及作用,若被告人以主犯被指控,但刑事辩护律师认为,其不应是主犯,应系从犯或者胁从犯;或者依据事实,辩护律师认为其并不构成共同犯罪,这些情况下辩护意见就尤为重要,若被法院采纳,被告人的刑罚也会相应减轻。

### (一)被指控为共同犯罪,实为非共同犯罪

共同犯罪是指二人以上共同故意犯罪。在实践中,以下几种情况不属于共同犯罪:

1. 共同过失犯罪,不是共同犯罪

**法条链接**

**《刑法》第二十五条 【共同犯罪的概念】**共同犯罪是指二人以上共同故意犯罪。

二人以上共同过失犯罪,不以共同犯罪论处;应当负刑事责任的,按照他们所犯的罪分别处罚。

以上规定,表面上看似乎十分浅显——不可能被控为共同犯罪,当然也就无须辩护。笔者不这样认为。在司法实践中,尽管此类案件很少,但毕竟有过失行为被认定为间接故意犯罪的情况,如人数为二人以上,就当然被认定为共同犯罪。这种情况下,刑事辩护律师可以从行为人的主观罪过形式应当为过失而非间接故意的角度进行辩护,法院采纳此种观点后,共同犯罪就当然不成立了。

2. 同时犯,不是共同犯罪

所谓同时犯,是指二人以上无意思联络而同时在同一场所实施同一性质的犯罪。在这种情况下,虽然各行为人都实施了同一性质的犯罪行为,但由于彼此没有主观上的犯意联络,因此不是共同犯罪,应当对各个行为人按照其所犯罪行分别处罚。实践中,这种情况有时会被认定为共同犯罪。刑事辩护律师辩护时,要着重审查判断各个行为人事前、事中有无主观上的犯意联络,否定了犯意联络,共同犯罪也就不成立了。例如,事故或灾害现场多人哄抢财物,虽同时同地实施同一性质的犯罪行为,但由于行为人没有主观上的犯意联络,而是分别出于各自的犯罪故意,就不是共同犯罪。

3. 实施犯罪行为时故意内容不同,不构成共同犯罪

有些情况下,多个行为人对同一犯罪对象实施各自的犯罪行为,如果他们的主

观故意内容不同,就不能认定为同一罪名按照共同犯罪处理。

例如,甲、乙、丙等人对被害人实施殴打行为,其中甲出于剥夺生命的主观故意,乙、丙只是出于伤害的故意,由于甲的致命行为导致被害人死亡,乙、丙就不应该被认定为故意杀人罪的共犯,而应定为故意伤害罪。

再如,公司法定代表人或者股东以非法占有为目的非法吸收公众存款,其行为构成集资诈骗罪,而其聘用的工作人员,由于只是出于非法吸收公众存款的主观故意,就不应被认定为集资诈骗罪的共犯,而应按照非法吸收公众存款罪处理。

上述情况在实践中比较常见,刑事辩护律师在办理这类案件时,要注意从这个角度将被认定为共同犯罪的被告人剥离出来,进而减轻其刑事责任。

4. 事前无通谋,事后帮助的行为,不是共同犯罪

事后帮助的窝藏行为,包庇行为,掩饰、隐瞒犯罪所得行为等,是否与主罪系共犯,就在于是否事前或事中通谋,如有通谋,当然是共犯,否则就只能按行为人在他人主罪实施终了后所实施的行为定罪量刑,不能认定为共同犯罪。

下面这起案例,就印证了此观点。

## 案例 29 | 马某、陈某灵等盗窃、隐瞒犯罪所得案①

**【案情简介】**

2006 年 12 月,余某贵欲盗窃广东省潮安县官塘镇南松(潮安)玻璃工艺有限公司(以下简称南松公司)仓库中的工艺玻璃珠出售牟利,遂与被告人马某共谋实施盗窃。马某为此纠集了多名其他同案人(均另案处理)共同参与,余某贵、马某二人找到在该公司任保安员的被告人陶某,合谋盗窃工艺玻璃珠,并商定由陶某利用值班之机提供该公司人员的情况。其间,余某贵找到原在南松公司任仓库保管员的被告人王某环,告知其准备盗窃之事,提出盗窃得手后将赃物出售给王某环。为购进赃物后转手出售牟利,王某环表示同意购买。之后,余某贵、马某与王某环商定到时以现金交易方式按每公斤 100 元的价格将所盗的工艺玻璃珠销售给王某环,但余某贵私下与王某环商定每公斤的实际交易价格为 130 元,每公斤由余某贵另得 30 元。因现金不足,王某环找到此前同在南松公司务工的被告人陈某灵,告知其余某

① 最高法公布刑事指导案例第 483 号。案例选自最高人民法院刑事审判第一至五庭主办:《中国刑事审判指导案例 5》,法律出版社 2017 年版。

贵一伙要盗窃南松公司的工艺玻璃珠出售,问陈某灵是否要购买,陈某灵表示同意收购该批工艺玻璃珠。

公诉机关以马某、余某贵、陶某、王某环、陈某灵犯盗窃罪,向法院提起公诉。

**【法院裁判结果】**

法院认为,被告人余某贵、马某、陶某以非法占有为目的,合伙采用秘密手段,窃取他人财物,数额特别巨大,其行为已构成盗窃罪。被告人王某环为非法牟利,事先与余某贵一伙通谋,事后对余某贵一伙盗窃所得的赃物予以收购,系余某贵一伙盗窃犯罪的共犯,其行为已构成盗窃罪。被告人陈某灵明知是他人犯罪所得赃物,仍为非法牟利而予以收购、销售,其行为已构成隐瞒犯罪所得罪。被告人余某贵、马某在共同犯罪中均起到主要作用,系主犯,应按其组织、实施的全部犯罪进行处罚;其中,余某贵协助公安机关抓获马某,有立功情节,依法予以从轻处罚;被告人陶某、王某环在共同盗窃犯罪中均起辅助作用,系从犯,依法均予以从轻处罚。公诉机关指控被告人余某贵、马某、陶某、王某环犯盗窃罪的事实清楚,证据确实、充分,罪名成立;但指控被告人陈某灵与余某贵等人事先通谋于事后收购余某贵等人盗窃的赃物的事实缺乏依据,故指控陈某灵是盗窃犯罪的共犯不当,应予纠正。依照《刑法》(2006 年修正)第 264 条、第 312 条、第 68 条第 1 款、第 56 条第 1 款、第 55 条第 1 款、第 52 条、第 53 条、第 64 条,最高人民法院《关于执行〈中华人民共和国刑事诉讼法〉若干问题的解释》第 176 条第 2 项①之规定,判决如下:(1)被告人马某犯盗窃罪,判处有期徒刑 13 年,剥夺政治权利 4 年,并处罚金 4 万元。(2)被告人余某贵犯盗窃罪,判处有期徒刑 12 年,剥夺政治权利 4 年,并处罚金 4 万元。(3)被告人陶某犯盗窃罪,判处有期徒刑 8 年,并处罚金 2 万元。(4)被告人王某环犯盗窃罪,判处有期徒刑 8 年,并处罚金 2 万元。(5)被告人陈某灵犯隐瞒犯罪所得罪,判处有期徒刑 2 年,并处罚金 2 万元。

**【案例评析】**

本案审理中,对于销赃犯王某环与马某等人成立盗窃共犯没有异议,但对于亦属销赃犯的被告人陈某灵的行为如何定性,公诉机关与法院的意见并不一致,公诉机关认为应定盗窃共犯,法院审理认为其系单纯的事后销赃行为,应以隐瞒犯罪所

---

① 此解释已于 2013 年 1 月 1 日因最高人民法院《关于适用〈中华人民共和国刑事诉讼法〉的解释》施行而废止,相关规定参见 2021 年修正的最高人民法院《关于适用〈中华人民共和国刑事诉讼法〉的解释》第 295 条。

得罪定罪。笔者认为,在刑法理论上,对于与盗窃实行犯事先进行通谋,事后予以销赃成立盗窃共犯的依据在于,一方面,销赃犯与实行犯在主观上形成了共同犯罪的故意;另一方面,销赃犯的行为对于实行犯决意、实施犯罪起到了鼓励、支持的帮助作用,因此,符合共同犯罪的构成要件,属于共同犯罪中的帮助犯,应当以共犯论处。对于本案中被告人陈某灵向销赃犯王某环收购余某贵等人所盗赃物的行为是否构成盗窃共犯,应当从上述共同犯罪的构成要件的角度来分析。

首先,在盗窃行为实施前,被告人陈某灵与余某贵等盗窃实行犯没有共同盗窃的通谋。

共同犯罪要求各共同犯罪人之间必须有共同的犯罪故意,即共同犯罪人存在一定的意思联络,认识到其行为会发生危害社会的结果,并决意参与共同犯罪。这种意思联络,必须发生在犯罪既遂前。在犯罪行为前的共同犯罪意思联络,通常称为"事前通谋",即指各共同犯罪人在犯罪行为实施前,就犯意的提起或决定、犯罪行为实施的具体分工、犯罪所得的处理等部分或全部犯罪内容进行的意思沟通。最高人民法院曾在《关于对窝藏、包庇罪中"事前通谋的,以共同犯罪论处"如何理解的电话答复》①中指出:"我国刑法第一百六十二条第三款所说的'事前通谋',是指窝藏、包庇犯与被窝藏、包庇的犯罪分子,在犯罪活动之前,就谋划或合谋,答应犯罪分子作案后,给以窝藏或者包庇的,……如果只是知道作案人员要去实施犯罪,事后予以窝藏、包庇,或者事先知道作案人员要去实施犯罪,未去报案,犯罪发生后又窝藏包庇犯罪分子的,都不应以共同犯罪论处,而单独构成窝藏、包庇罪。"该答复对事前通谋的认定与《刑法》总则关于共同犯罪主观要件的规定是一致的,因此,该答复的精神也可用于认定销赃犯与盗窃犯的"事前通谋",即如果销赃行为人在盗窃之前,与盗窃实行犯进行谋划或者合谋,答应在盗窃以后予以窝藏、转移、收购、代为销售赃物或者以其他方式进行掩饰、隐瞒的行为是共同犯罪中的帮助行为,属于共同犯罪中的不同分工,应以盗窃罪的共犯论处。此外,如果有证据证明销赃行为人与盗窃实行犯已经形成长期、稳定、默契的"合作关系",在盗得财物后按照事先约定或默契,为盗窃实行犯窝藏、转移、收购、代为销售赃物或者以其他方式进行掩饰、隐瞒的,也应当认定为双方事先存在通谋,以共犯论处。

在认定销赃行为人与盗窃实行犯是否有事前通谋时,需要特别注意以下三点:

---

① 此答复已于2013年1月18日因最高人民法院《关于废止1980年1月1日至1997年6月30日期间发布的部分司法解释和司法解释性质文件(第九批)的决定》废止。

(1)事前通谋的时点仅限于犯罪既遂之前,销赃行为人必须在盗窃犯罪未完成之前与盗窃实行犯存在意思联络,在盗窃犯罪既遂之后才进行意思联络的,不属于事前通谋;(2)销赃行为人仅知道盗窃实行犯可能要去实施盗窃,但在盗窃前未与盗窃实行犯形成意思联络,在盗窃完成后才与盗窃实行犯共谋实施销赃等行为的,不属于事前通谋;(3)只要销赃行为人在盗窃前向盗窃实行犯承诺,盗窃完成后为实行犯收购、销售盗窃所得的赃物,就可认定双方存在事前通谋,不要求销赃行为人对盗窃犯罪的时间、地点、方法、对象、目标等具体情节都参与共谋或全面了解。

本案的盗窃实行犯是余某贵、马某等人,王某环只是在盗窃前与余某贵共谋,答应事后收购余某贵等人所盗的赃物,其未参与盗窃作案,因此,王某环只构成共同盗窃的帮助犯,并非盗窃的实行犯。陈某灵在余某贵等人盗窃以前,没有就收购赃物一事与余某贵等人有过直接事前联系;而王某环让陈某灵购买赃物一事,系王某环个人决定,余某贵等人在盗窃前、盗窃中均不知道陈某灵将向王某环收购所盗赃物,因此,就王某环、陈某灵二人事先商定收购赃物的行为,不能认定为陈某灵与余某贵等盗窃实行犯的“事前通谋”;同时,本案也没有证据证明陈某灵就收购赃物一事与余某贵等人形成长期、稳定、默契的“合作关系”。因此可以认定,被告人陈某灵在余某贵等人盗窃实施前以及实施中,均没有与余某贵等盗窃实行犯有过共同盗窃的意思联络,因此,陈某灵不具备成立共同盗窃中帮助犯的主观要件。

其次,被告人陈某灵收购赃物的行为对余某贵等人的盗窃没有起到鼓励、支持作用。

要成立共同犯罪中的帮助犯,必须具备两个客观要件:一是实施了帮助行为,这是成立帮助犯的实质要求;二是必须在实行犯犯罪前或犯罪时提供了帮助,这是成立帮助犯的时限要求。所谓帮助行为,是指对实行犯的犯罪行为予以物质或精神支持,使实行犯的犯罪行为或犯罪目的更容易实现的行为。帮助行为有两种:一种是心理帮助,又称精神帮助,主要指对实行犯的行为进行激励、助言、约定事后帮助逃跑等,使实行犯的犯罪决意得到强化或使实行犯在作案过程中的心理安全感增强等;另一种是物理帮助,主要指为实行犯提供犯罪工具、创造犯罪条件等。需要注意的是,帮助行为的实施时期必须是实行犯犯罪前或犯罪中。如果实行犯的犯罪已经实施完毕,危害结果已经发生,则不存在帮助问题。

本案的盗窃实行犯系余某贵等到盗窃现场实施盗窃的行为人,被告人王某环、陈某灵均未到盗窃现场着手实施盗窃行为，故王某环、陈某灵均不是本案的实行犯。对于被告人陈某灵而言，其在王某环与其联系时，已明确得知其即将收购的赃物是余某贵一伙将要盗窃的工艺玻璃珠。因此，陈某灵在收购赃物前，已经认识到余某贵等人将要实施盗窃行为。但是，陈某灵收购赃物之前，余某贵等人盗窃的犯罪决意早已形成，陈某灵的行为对此决意并不产生强化作用（心理帮助）；余某贵等在盗窃前以及盗窃中，也均不知道陈某灵即将购买赃物一事，陈某灵的行为也没有使余某贵等实行犯在行窃过程中产生一定心理上的鼓励。因此，可以认定，陈某灵在本案中没有对余某贵等实行犯实施心理帮助行为。

在余某贵等实行犯盗窃的过程中，陈某灵并没有到盗窃现场，也没有为余某贵等实行犯提供作案工具或创造犯罪条件，陈某灵携带现金到交易现场向王某环收购赃物时，余某贵等人的盗窃犯罪已经既遂，陈某灵携带现金向王某环收购赃物的行为发生在余某贵等实行犯盗窃已得手并将赃物转移后，故该行为不属于对余某贵等盗窃实行犯的帮助行为。因此，可以认定，陈某灵在本案中也没有对余某贵等实行犯实施客观帮助（物理帮助）。

综上所述，被告人陈某灵没有与余某贵等盗窃实行犯事前通谋；在余某贵等人盗窃的过程中，陈某灵在主观上也没有帮助余某贵等实行犯盗窃的犯罪故意；客观上其对余某贵等实行犯实施的盗窃行为既没有实施心理帮助行为，也没有实施物理帮助行为；其收购赃物的行为也不是对余某贵等实行犯实施盗窃的帮助行为，而是单纯的事后销赃行为，故陈某灵的行为不属于共同盗窃的帮助行为，不构成盗窃共犯。

虽然被告人陈某灵的行为不构成盗窃罪，但是其明知是余某贵等人盗窃所得的赃物而予以收购，其行为已触犯《刑法》（2006 年修正）第 312 条之规定。由于该行为发生在 2006 年 12 月，2006 年 6 月 29 日生效的《刑法修正案（六）》第 19 条将《刑法》第 312 条修改为："明知是犯罪所得及其产生的收益而予以窝藏、转移、收购、代为销售或者以其他方法掩饰、隐瞒的，处三年以下有期徒刑、拘役或者管制，并处或者单处罚金；情节严重的，处三年以上七年以下有期徒刑，并处罚金。"根据最高人民法院、最高人民检察院《关于执行〈中华人民共和国刑法〉确定罪名的补充规定（三）》对上述罪状确定的罪名，应当认定陈某灵的行为构成隐瞒犯罪所得罪，法院据此作出的判决是正确的。

### (二)如确系共同犯罪,区分是主犯还是从犯

**法条链接**

**《刑法》第二十六条 【主犯】**组织、领导犯罪集团进行犯罪活动的或者在共同犯罪中起主要作用的,是主犯。

三人以上为共同实施犯罪而组成的较为固定的犯罪组织,是犯罪集团。

对组织、领导犯罪集团的首要分子,按照集团所犯全部罪行处罚。

对于第三款规定以外的主犯,应当按照其所参与的或者组织、指挥的全部犯罪处罚。

**第二十七条 【从犯】**在共同犯罪中起次要或者辅助作用的,是从犯。

对于从犯,应当从轻、减轻处罚或者免除处罚。

由上述规定可见,在共同犯罪中,刑事责任的轻重,与其在犯罪中的身份和地位紧密相关,从犯的刑事责任轻于主犯,在适用死刑刑种的案件中,从犯基本可以免于一死。在普通共同犯罪中,也经常遇到起诉书中将二个以上犯罪嫌疑人/被告人均认定为主犯的情形。因此刑事辩护律师在代理共同犯罪的案件时,要作罪轻辩护,首先要考虑的就是被告人是否为从犯。如果通过判断认为其是从犯而非被指控的主犯,那么可以对其作从犯辩护,若被法院采纳,就会得到较轻的刑事处罚。

以下列举两起被指控为主犯,经辩护,最终判决为从犯身份的案例。

## 案例30 | 华伦美景(北京)科技有限公司、杨某、鲁某走私普通货物案①

**【起诉书指控】**

公诉机关认为,被告单位华伦美景(北京)科技有限公司(以下简称华伦美景公司)于2007年6月至2013年4月,由实际控制公司的被告人杨某决定并指使副总经理即被告人鲁某,采取要求境外出口商出具与货物真实成交价格不符的货物合同、发票等报关材料的手段,通过低报货物进口价格的方式,走私进口内窥镜及配件等医疗器械,经北京海关关税处计核,偷逃应缴税款共计1257万余元。被告单位华伦美景公司、被告人杨某、鲁某无视国法,以单位名义,逃避海关监管,走私普通货

① 参见北京市第三中级人民法院刑事判决书,(2014)三中刑初字第00472号。

物，情节特别严重，其行为触犯了《刑法》(2011年修正)第153条第1款第3项、第2款、第3款，第30条，第31条，应当以走私普通货物罪追究刑事责任，提请法院依法判处。

**【律师辩护意见】**

被告人鲁某的辩护人提出如下辩护意见：对于起诉书指控鲁某犯走私普通货物罪的定性不持异议，但鲁某应是从犯。(1)鲁某自2011年起才担任华伦美景公司的副总经理，其是在杨某决定并指使下实施走私的，故鲁某只应对2011年至2013年4月华伦美景公司的走私承担责任；(2)华伦美景公司低报进口、偷逃税款的行为，是在鲁某负责进口业务前业已形成的，故该模式的形成与鲁某无关；(3)鲁某所参与的走私是因受到杨某的决定和操控，故鲁某是被动执行者；(4)鲁某不是华伦美景公司走私行为的获益主体；(5)杨某将走私行为的全部责任推给被动执行者鲁某，杨某的辩解与事实不符；(6)杨某在侦查阶段的供述以及其他在案证据均已经能够充分证明本案的事实；(7)鲁某犯罪的主观恶性较小且到案后如实供述，认罪悔罪态度良好，本案应在区分主从犯的基础上，认定鲁某为从犯，并对其从轻处罚和适用缓刑；(8)杨某的辩护人提交的大量证据，只是在证据数量上的增加，对于本案定性无实质作用。

**【法院裁判结果】**

法院认为，被告单位华伦美景公司、被告人杨某、鲁某违反海关法规，逃避海关监管，以单位名义走私普通货物，偷逃应缴税额特别巨大，情节特别严重，均已构成走私普通货物罪，依法均应予以惩处。公诉机关指控被告单位华伦美景公司、被告人杨某、鲁某犯走私普通货物罪的事实清楚，证据确实、充分，指控的罪名成立。被告人杨某作为华伦美景公司的实际控制人，系对华伦美景公司实施犯罪直接负责的主管人员，应对被告单位实施走私行为承担主要责任，应依法认定为主犯。被告人鲁某在公司领导的决定和指使下实施走私行为，系在华伦美景公司犯罪中的其他直接责任人员，根据鲁某在单位走私中所起的作用，应依法认定为从犯，且鉴于被告人鲁某到案后能够如实供述犯罪事实，并当庭自愿认罪，故决定对其减轻处罚。

## 案例31 刘某晶传播淫秽物品牟利、妨害信用卡管理,杨某传播淫秽物品牟利案①

**【案情简介】**

2012年6月至2013年5月21日,被告人刘某晶经营某色情网站,并通过向网站VIP会员收费牟利。被告人杨某明知刘某晶经营的网站为色情网站,仍然为其提供服务器租赁服务,并帮助被告人刘某晶对网站进行维护。经鉴定,从上述色情网站提取的视频链接2184部、图片16,259张均为淫秽物品。上述淫秽物品中部分涉及未成年人淫秽信息。

公诉机关基于上述事实,指控刘某晶犯传播淫秽物品牟利罪、妨害信用卡管理罪,杨某犯传播淫秽物品牟利罪。

**【一审法院裁判结果】**

一审法院认为,被告人刘某晶、杨某以牟利为目的,利用互联网传播淫秽电子信息,情节特别严重,其行为均已构成传播淫秽物品牟利罪,依法应予惩处。被告人刘某晶非法持有他人信用卡,数量较大,使用虚假的身份证明骗领信用卡,其行为已构成妨害信用卡管理罪,依法亦应予惩处。被告人刘某晶一人犯数罪,依法实行数罪并罚。被告人刘某晶、杨某明知是具有描绘不满18周岁的未成年人性行为的淫秽电子信息而在自己所有、管理的网站上传播并提供直接链接,应从重处罚。鉴于被告人刘某晶、杨某到案后能够如实供述主要犯罪事实,依法从轻处罚。一审判决:(1)被告人刘某晶犯传播淫秽物品牟利罪,判处有期徒刑10年6个月,剥夺政治权利2年,并处罚金6000元;犯妨害信用卡管理罪,判处有期徒刑6个月,并处罚金10,000元,数罪并罚,决定执行有期徒刑10年8个月,剥夺政治权利2年,并处罚金16,000元。(2)被告人杨某犯传播淫秽物品牟利罪,判处有期徒刑10年,剥夺政治权利2年,并处罚金5000元。

**【二审期间律师辩护意见】**

杨某的辩护人提出如下辩护意见:一审判决认定杨某与刘某晶共同管理、维护淫秽网站,属于认定事实不清,证据不足。杨某在共同犯罪中是从犯,一审判决适用法律不当,导致对杨某的量刑明显过重。杨某认罪态度好,如实供述自己的罪行,系初犯,具有酌情从轻处罚的情节,应对杨某处3年以下有期徒刑、拘役或者管制,并

① 参见北京市第二中级人民法院刑事判决书,(2015)二中刑终字第351号。

从轻处罚。

**【二审法院裁判结果】**

二审法院认为，一审法院根据上诉人杨某、原审被告人刘某晶犯罪的事实、犯罪的性质及对于社会的危害程度作出的判决，定罪准确，审判程序合法，对刘某晶的量刑适当，应予维持。唯未认定杨某系从犯不当，予以纠正。在传播淫秽物品牟利的共同犯罪中，刘某晶起主要作用，系主犯；杨某起辅助作用，系从犯。二审判决：(1)维持一审判决主文第一项、第三项，即被告人刘某晶犯传播淫秽物品牟利罪，判处有期徒刑10年6个月，剥夺政治权利2年，并处罚金6000元；犯妨害信用卡管理罪，判处有期徒刑6个月，并处罚金10,000元，数罪并罚，决定执行有期徒刑10年8个月，剥夺政治权利2年，并处罚金16,000元……(2)撤销一审判决主文第二项，即被告人杨某犯传播淫秽物品牟利罪，判处有期徒刑10年，剥夺政治权利2年，并处罚金人5000元。(3)上诉人杨某犯传播淫秽物品牟利罪，判处有期徒刑6年，并处罚金5000元。

（三）实为胁从犯

如果刑事辩护律师通过证据论证、说明被告人系胁从犯，即可按照其犯罪情节获得减轻处罚或免除处罚。

**法条链接**

**《刑法》第二十八条　【胁从犯】**对于被胁迫参加犯罪的，应当按照他的犯罪情节减轻处罚或者免除处罚。

## 五、利用故意犯罪的停止形态辩护

行为人在产生和确立犯意以后，从其开始实施犯罪行为，到完成《刑法》规定的某个犯罪的过程中，由于主客观因素的影响或制约而停止在某个阶段，刑法理论上称这种状态为故意犯罪的停止形态。故意犯罪的停止形态包括犯罪完成形态的犯罪既遂，和犯罪未完成形态的犯罪预备、犯罪未遂、犯罪中止。显然，犯罪行为停止在未完成形态，其社会危害性当然轻于完成形态，行为人的刑事责任也就相对较轻。刑事辩护律师可以利用犯罪未完成形态的情形，为被告人作罪轻辩护。

(一)犯罪预备

为了犯罪,准备工具、制造条件的,是犯罪预备。

**法条链接**

**《刑法》第二十二条 【犯罪预备】**为了犯罪,准备工具、制造条件的,是犯罪预备。

对于预备犯,可以比照既遂犯从轻、减轻处罚或者免除处罚。

以下列举一起被认定为犯罪预备而减轻处罚的案例。

## 案例 32 | 林某放火案[①]

**【起诉书指控】**

被告人林某因被害人孙某曾经向有关部门举报其非法行医一事,产生不满心理。2000 年 9 月 4 日晚,被告人林某酒后携带火柴和汽油来到被害人孙某居住地,欲对被害人孙某居住的房屋实施放火行为。被告人林某站在该房屋东侧的简易仓房上,准备向房屋的顶部攀爬时,因踩破仓房的瓦片从简易仓房的顶部跌落下来,被告人遂离开现场。公诉机关基于上述事实,指控被告人林某的行为构成放火罪。

**【律师辩护意见】**

辩护人从被告人的行为处于犯罪未完成形态中的哪一种进行了分析论证,认为林某的行为属于犯罪预备,而不是犯罪未遂。

我国《刑法》总则规定了三种犯罪未完成形态,即犯罪预备、犯罪未遂和犯罪中止。从本案事实来看,本案的犯罪形态不属于犯罪中止,而是介于犯罪预备与犯罪未遂之间。

《刑法》(1999 年修正)第 23 条第 1 款规定:"已经着手实行犯罪,由于犯罪分子意志以外的原因而未得逞的,是犯罪未遂。"这个概念表明犯罪未遂必须具备以下三个条件:(1)犯罪分子已经着手实行犯罪;(2)犯罪未得逞;(3)未得逞是由于犯罪分子意志以外的原因。

针对放火案件来说,开始点燃目的物才是放火罪的"着手"。本案的被告人林某携带了火柴、汽油等作案工具,但并没有开始点燃被害人的住宅,其仅是处于向

① 参见李伟:《本案是犯罪预备还是犯罪未遂》,载中国法院网 2011 年 6 月 28 日,https://www.chinacourt.org/article/detail/2011/06/id/455322.shtml。

目的物,即住宅顶部攀爬的过程,并非"着手"行为。被告人林某放火未得逞虽系意志以外的原因所致,但因其行为不具备犯罪未遂必须具备的三个条件,所以本案的未完成形态不能认定为犯罪未遂。《刑法》(1999年修正)第22条第1款规定:"为了犯罪,准备工具、制造条件的,是犯罪预备。"这个概念表明犯罪预备必须具备以下三个条件:(1)为了实施某种犯罪;(2)为实施某种犯罪而进行了准备工具、制造条件等犯罪的预备活动;(3)犯罪的预备行为由于犯罪分子意志以外的原因被阻止在犯罪准备阶段的某一点上,不能继续发展为着手实施犯罪。

被告人林某因对被害人的举报行为产生不满心理,携带火柴、汽油等工具,并前往被害人的住所,欲实施放火行为。但因其向被害人居住房屋攀爬的过程中踩破瓦片,从借助攀爬的简易仓房上跌落下来,并且离开现场,而未继续去实施放火行为,完全符合犯罪预备必须具备的三个条件。因此,审理法院应依法认定被告人林某的行为系犯罪预备。依照"对于预备犯,可以比照既遂犯从轻、减轻或者免除处罚"的规定,对被告人作出对比放火罪既遂犯从轻、减轻或者免除处罚的判决。

**【法院裁判结果】**

法院经审理认为,被告人林某因对被害人的举报行为产生不满心理,遂携带作案工具火柴、汽油,欲对被害人的住宅放火焚烧,危害公共安全,其行为已构成放火罪。公诉机关指控被告人林某犯放火罪的事实及罪名成立,应予支持。被告人林某依法应予惩处。被告人林某因意志以外的原因,未开始点燃他人住宅的行为,系犯罪预备,对其可以依法减轻处罚。依照《刑法》(1999年)第114条,第22条,第72条第1款,第73条第2款、第3款的规定,判决被告人林某犯放火罪,判处有期徒刑2年,缓刑3年。

### (二)犯罪未遂

行为人已经着手实施犯罪,由于其意志以外的原因,而使犯罪未达到既遂形态的,是犯罪未遂。

**法条链接**

**《刑法》第二十三条**　**【犯罪未遂】**已经着手实行犯罪,由于犯罪分子意志以外的原因而未得逞的,是犯罪未遂。

对于未遂犯,可以比照既遂犯从轻或者减轻处罚。

“犯罪未遂”从法条字义和理论上很好解释,但具体到某个案件上,什么情况下才算“得逞”的既遂状态,什么情况下属于“未得逞”的未遂状态,其认定具有一定难度,较难掌握和论证清楚,并且对此往往控辩双方分歧较大。需要根据某一罪名的法律规定,尤其是对犯罪结果状态及形式的规定,结合案件具体事实,运用法理去深入分析和论证。

在笔者曾办理过的一起受贿、巨额财产来源不明、内幕交易案件中,针对被告人被指控的一笔受贿款项,笔者认为应认定为受贿未遂,从辩护策略的角度考虑,笔者对该笔款项作了“不应认定为受贿”的无罪辩护,以期法院能够认定为未遂。现将该部分辩护词摘录如下,以供参考。

## 案例 33 | 刘某某受贿、巨额财产来源不明、内幕交易案[①]

**【辩护词(节选)】**

关于收受马某某950万元,不应认定为受贿。一审判决书认定,自2004年起,刘某某在担任河北省发改委副主任期间,接受马某某请托,为马某某承包发电公司土建工程提供帮助,马某某与刘某某及其妻高某某约定,工程盈利双方分得。自2005年年初至2006年及2011年至2012年,刘某某先后利用其担任河北省发改委副主任、主任职务上的便利,通过国电河北龙山有限公司、国电淮安热电有限公司、大唐武安发电有限公司(原邯郸矿业集团有限公司煤矸石电厂)、内蒙古能源有限公司的负责人,帮助马某某在上述公司承包土建工程或结算工程款,为马某某谋取利益。

2012年下半年,马某某为感谢刘某某帮忙,在北京幸福家园小区刘某某家中,与刘某某妻子高某某、儿子刘某商定,将1000余万元送给刘某某,并暂由马某某保管,后高某某知会刘某某,刘某某应允。2012年年底,刘某某筹备成立三河市润堂科技小额贷款有限公司和保定白沟新城鼎合小额贷款有限公司,同时告知高某某和刘某,用马某某代其保管的1000余万元支付入股资金。后高某某将此事通知了马某某,刘某向马某某提供了两个账号。2012年12月24日和2013年1月24日,马某某根据刘某提供的账号,先后汇入三河市润堂科技小额贷款有限公司账户500万元、保定白沟新城鼎合小额贷款有限公司账户450万元,以马某某的名义入股该

① 参见河北省高级人民法院刑事判决书,(2015)冀刑二终字第63号。

两公司，为刘某某家代持股份。

一审判决书认定这950万元已经系刘某某所有，因而构成了受贿罪。辩护人认为，这一认定，无论从程序上，还是实体上，都是错误的。理由如下：

1. 如果认定四个工程，是由于刘某某的帮助才使马某某得以承包的，就应有证据证明四个电厂的招标是通过弄虚作假，甚至是违法手段进行的，但本案没有证据证明招标存在瑕疵或违法。相反，相关单位负责人及其他相关人员的证人证言均证实，工程招标都是按照合法程序和条件进行和确定的。

2. 比对刘某某的任职履历及权限范围可见，即使是刘某某曾经帮助马某某与四个电厂的相关人员打招呼，也非利用职务之便。尤其是内蒙古自治区的布连工程，无论刘某某在河北省任什么职务，其职务便利都触及不到内蒙古自治区。再者，这四个电厂均系中央直属企业，根本不归河北省管理，刘某某跟相关人员打招呼，是基于朋友关系。

3. 认定1000余万元为马某某承建四个电厂工程的利润，没有证据。要证明这1000余万元为四个电厂工程的利润，不仅应有这四个工程的预决算资料，还要有马某某公司的账目。而本案只凭马某某的证人证言这个单一的、没有其他证据佐证的言词证据来认定，不符合法律要求。公诉机关以马某某说其有购买的机器设备及内蒙古电厂七八百万元的未结算的工程款为由，认定这是马某某的利润，这是错误的。机器设备作为固定资产，未结算工程款作为应收款，在财务账目上的存在，不等于利润。马某某这四个工程的利润，应为马某某的总决算款，减去其总投入。所得之差如果是正数，即为利润，如果是负数，即为亏损，如果是零，即为持平。本案中，没有这方面的证据。

4. 即便这1000余万元真的是四个电厂工程的利润，那么，这四个工程的总利润是多少，本案中更无任何证据证明。一个承包商将工程的全部利润都行贿给帮助联系工程的人，任何一个智力健全的人都不会相信其真实性。至于马某某说，之所以将全部工程利润都给了刘某某，是为了让刘某某以后给他联系更多的工程，赚更多的钱，这一说法绝对不真实，因为那时刘某某已经要退休了。可见，认定这1000余万元系马某某对刘某某的行贿款，严重违背情理。

5. 涉案各犯罪嫌疑人各自的供述不稳定，且他们的供述之间存在诸多足以否定有罪供述真实性的矛盾。在这种情况下，司法机关在罪与非罪问题上，从存在诸多实质性矛盾的证据中，采信各个证据中能够证明有罪的内容，违背了疑罪从无原则。

《刑事诉讼法》(2012 年修正)第 53 条第 2 款第 3 项①规定,证据确实、充分,应当符合“综合全案证据,对所认定事实已排除合理怀疑”的条件。另外,最高人民法院《关于适用〈中华人民共和国刑事诉讼法〉的解释》(法释〔2012〕21 号)第 74 条②规定,在审查证人证言时,应特别注意“证人与案件当事人、案件处理结果有无利害关系”以及“证言之间以及与其他证据之间能否相互印证,有无矛盾”。在本案中,马某某是涉嫌行贿的犯罪嫌疑人,根据《刑法》相关规定以及相关刑事政策,行贿人主动交代行贿行为的,最轻可以免除处罚。马某某显然与当事人及其案件结论存在利害关系,极有可能为了免受或者减轻法律处罚而作出不真实供述。在这种情况下,刘某某、高某某、刘某的口供以及马某某的证人证言之间存在的冲突和矛盾,就值得慎重对待,不能轻易排除合理怀疑。仅仅依靠这种尚不稳定的言词证据定案,存在一定的错案风险,即目前的证据尚未达到确实、充分的程度。

6. 两个小额贷款公司的股东名单、工商登记的一切原始书证都证明,500 万元、450 万元的投资者亦为持股人,均系马某某。两个公司中,分别有众多代持股份的情况,但这些代持股份,除均有双方一致的言词证据外,还有实际股权人出资、代持协议等书证。而对于马某某名下的 500 万元、450 万元,仅以上述存在诸多矛盾和疑点的言词证据否定原始书证,认定是马某某为刘某某代持,不符合证据规则。

7. 如果这 500 万元、450 万元确系马某某为刘某某家代持,就算是为了规避法律而没有签订代持协议,存放在两个小额贷款公司,刘某某为了其这部分财产安全、为了避免马某某日后赖账,也要与马某某签订一个协议或让马某某出具一个承诺,留在自己手中,作为权利凭证。但本案并没有这类协议或承诺。

2005 年,刘某某家以马某某的名字在北京买房,为了房产权属安全,让马某某于 2005 年 2 月 1 日出具了该房产虽登记在马某某名下,但是由刘家出资购买,所有权属于刘家的证明,这也佐证了上述 950 万元如果确系马某某为刘某某家代持,刘家也一定会让马某某出具证明。

8. 退一步讲,即使不签订协议和承诺,如果马某某的 500 万元、450 万元确系为刘某某家代持,那么,股权证明也一定在刘某某家人手中保管,但马某某投入两个小额贷款公司的 500 万元、450 万元的股权证明均在马某某手中。

9. 还有更重要的一点就是,以收受财物这种方式构成受贿罪的,必须是财物所

---

① 参见 2018 年修正的《刑事诉讼法》第 55 条第 2 款第 3 项。

② 参见 2021 年施行的最高人民法院《关于适用〈中华人民共和国刑事诉讼法〉的解释》第 87 条。

有权,至少是财物实际控制权已经转移给受贿人。本案中,刘某某及其家人是否已经取得了这950万元股份的所有权,哪怕是实际控制权呢?回答当然应该是否定的。

(1)从资金往来看,这500万元、450万元,是从马某某账户转入两个小额贷款的;

(2)从两个公司的股东名单及份额等相关文件看,股东均系马某某,且入股收据、股权证等均在马某某手中;

(3)两个公司其他股东均认同马某某是股东;

(4)刘某某与马某某没有股权代持协议,刘某某对这950万元股份的所有权和实际控制权,没有任何法律保障,如果马某某否认这950万元股份是刘某某的,刘某某无任何法律途径实现该财产的所有权;

(5)500万元、450万元股份没有任何分红给刘某某,这也是认定950万元股份系马某某代刘某某持有的理由不充分,如果说这950万元股份是马某某自己的理由更充分的一个原因;

(6)更能充分说明马某某的500万元、450万元不是马某某为刘某某代持,而是其自己的有力的证明是,我们调取了三河市润堂科技小额贷款有限公司的工商档案,显示:2015年3月2日,马某某与刘某甲签署了“股权转让协议”,将其持有的三河市润堂科技小额贷款有限公司10%的股权500万元出资额以500万元转让给了刘某甲,并且国家工商行政管理部门已经为该公司办理了工商变更登记,股东马某某已变更为刘某甲。

关于这一协议的真实性,卷内马某某的辩护律师张某某让马某某在协议上签名的会见笔录已充分证明。当时会见人让马某某仔细阅读协议后,问其是否同意转让,马某某回答同意,并在五份协议上签名。会见人并没有说这个协议是为了办理工商登记,不是真实转让。马某某也没有提出“股份是我为刘某某家代持的,刘家人是否打招呼了,他们是否同意”“这股份不是我的,我无权或不能签这个字”“为什么要签这个协议”等问题。

就马某某所签上述股权转让协议,检方以“协议签署前,检察院已经将500万元扣押”为由,否定该协议的真实性和法律效力,没有法律依据。从法理上讲,扣押等刑事行为,在其被审判机关确认为合法有效前,不能对抗在此期间发生的民事行为的法律效力。

如果这500万元系刘某某的受贿款,马某某怎么能仍然实际控制并转让?如果这500万元股份系马某某为刘某某代持，马某某又怎么可能在刘某某及其任何家人都不知情的情况下，自主地将股份转让出去？这500万元刘某某不要说所有权，就连实际控制权都没有，一切权利都在马某某手中。以此认定马某某向刘某某行贿，于情于理都说不通。另一笔450万元，与这500万元同理。

无论马某某如何坚持供述这950万元股份是为刘某某家代持的，其在未经刘某某以其家人同意，甚至刘某某及其家人根本不知道的情况下就能依自己的意志将股权转让，且这种转让行为被国家工商管理部门确认有效，就充分说明马某某才是950万元股份的真正所有人，而非其为刘某某代持。

通过上述分析、论证可知，本案认定刘某某收受这950万元，因而构成了受贿罪，不能成立。

### (三)犯罪中止

在犯罪过程中，自动放弃犯罪或者自动有效地防止犯罪结果发生的，是犯罪中止。

**法条链接**

**《刑法》第二十四条 【犯罪中止】**在犯罪过程中，自动放弃犯罪或者自动有效地防止犯罪结果发生的，是犯罪中止。

对于中止犯，没有造成损害的，应当免除处罚；造成损害的，应当减轻处罚。

实践中，往往会出现犯罪中止被认定为犯罪未遂的情形。区分这两种形态的关键点是，犯罪中止是能够将犯罪进行到既遂状态，但行为人自动放弃犯罪，或者实施了犯罪行为后，自动有效地防止了犯罪结果的发生，是出于行为人的主观意愿；而犯罪未遂是由于行为人意志以外的原因使犯罪行为无法继续实施至既遂状态，或者犯罪行为已经实施终了，但未出现法定的犯罪既遂所要求的，并且是行为人追求的结果。

按照《刑法》的相关规定，显然犯罪中止的刑事责任轻于犯罪未遂，因此，对于被认定为犯罪未遂的被告人，刑事辩护律师要注重考量是否应是犯罪中止。

以下列举一个被指控为犯罪未遂，经二审改判为犯罪中止的案例。

## 案例 34 | 饶某向故意杀人案①

**【起诉书指控】**

2013 年 6 月 1 日 2 时许，在乌鲁木齐市，被告人饶某向持菜刀砍击同居女友即被害人袁某某的头部、颈部、两臂等多处数刀，后又持菜刀将自己脖颈处划伤意欲自杀。自杀未成后被告人饶某向让房东於某某报警，后被告人饶某向被抓获。

公诉机关基于上述事实，指控被告人饶某向犯故意杀人罪。

**【一审法院裁判结果】**

一审法院以被告人饶某向犯故意杀人罪（未遂），判处有期徒刑 15 年。

**【二审期间律师辩护意见】**

辩护人提出，饶某向属犯罪中止而非犯罪未遂；有自首法定从轻减轻情节；被害人伤残等级为八级，后果并非特别严重；本案因家庭关系引起，案发后被告人积极救治被害人，原判量刑过重。另外，饶某向在案发后将自己的债权转让给被害人，且已得到被害人谅解，希望对其从轻量刑。

**【二审法院裁判结果】**

二审法院认为，上诉人饶某向持刀使用暴力砍击被害人袁某某致命部位数刀，致袁某某重伤，其行为构成故意杀人罪，饶某向在犯罪过程中自动放弃犯罪，到邻居家求救要求报警，后又将被害人抱至楼下等待警察和救援，有效防止了危害结果的发生，构成犯罪中止。其放弃继续犯罪出于自愿而非其意志以外原因导致不能得逞，故原判认定其系犯罪未遂不当，应予纠正。饶某向犯罪后要求他人报警，并在现场等待警察，被抓获后如实供述主要犯罪事实，可认定为自首。饶某向及其辩护人提出的饶某向同时具备犯罪中止和自首情节，请求从轻处罚的诉辩意见可予采纳。

综上所述，原判认定饶某向故意杀人的犯罪事实清楚，证据确实充分，但认定饶某向故意杀人犯罪未遂不当，适用法律错误，导致量刑过重，应予纠正。根据《刑法》（2011 年修正）第 232 条、第 24 条第 1 款、第 67 条第 1 款、第 64 条及《刑事诉讼法》（2012 年修正）第 225 条第 2 款②之规定，判决如下：

（1）维持一审判决第一项中对饶某向的定罪部分以及第二项，即饶某向犯故意杀人罪；作案工具刀具一把依法予以没收。

---

① 参见新疆维吾尔自治区高级人民法院刑事判决书，（2014）新刑一终字第 59 号。

② 参见 2018 年修正的《刑事诉讼法》第 236 条第 2 款。

(2)撤销一审判决第一项中对饶某向的量刑部分。

(3)上诉人饶某向犯故意杀人罪,判处有期徒刑9年。

## 六、强调被害人过错

### (一)被害人过错的含义及认定

刑法意义上的被害人过错,是指被害人出于故意实施违背社会伦理或者违反法律的行为,侵犯了被告人的合法权利或者正当利益,引发被告人实施犯罪或者激化加害行为危害程度的情形。

认定被害人过错应从以下几方面来判断:

1. 过错方是被害人本人

被告人犯罪行为针对的只能是有过错行为的被害人本人,如果是与被害人有关的其他人,即使是其近亲属,也不能成为减轻被告人罪责的理由。

2. 被害人所实施的必须是严重违背社会伦理或者违反法律的行为

被害人的过错从性质上说是违反法律或者违背道德的行为,但只有当这种过错达到一定的严重程度时才可能被认定为刑法意义上的被害人过错,也就是有些法律文件中所规定的"明显过错"。至于什么样的过错是"明显过错",目前法律尚无明确、具体的规定,只能按照道德及其他法律的一般规定,以社会一般人的认识、判断标准来评价和判断。

3. 被害人的过错行为侵犯了被告人的合法权益

合法权益,是符合法律规定的权利和利益。在我国,公民的合法权益包括法律所规定的政治权利、民主权利、人身权利、经济权利、教育权利等。

这里需要排除两种情形:一是被害人侵犯的是不合法的利益,如赃款、赌债等;二是被害人的过错行为没有侵犯被告人的合法权益,甚至被告人因此获益,如被害人保管不当导致财物被盗、非法吸收公众存款中的被害人贪利导致财产损失、被害人欲以行贿手段谋取某种利益被骗等。这些过错,不能成为减轻被告人罪责的刑法意义上的被害人过错。

4. 必须是被害人的过错行为引起了被告人的犯罪行为或者激化了加害行为

被害人的过错行为可能引起刑事犯罪的发生和犯罪中的矛盾激化,使被告人提升加害程度,被害人的过错行为与被告人的犯罪行为之间有引起与被引起的因果联系,才是刑法意义上的被害人过错。需要注意的是,判断被告人的犯罪行为与被害人的过错行为是否有因果关系，不能仅凭被告人自称，应当按照常情、常理、正常思维去判断。有的被告人思维或者行为偏激，做出常人不可理解的行为，就不能将过错强加于被害人。

（二）被害人过错减轻被告人罪责的依据

我国《刑法》没有对“被害人过错”及其对犯罪嫌疑人/被告人刑事责任轻重的影响如何进行直接表述的条款，但在总则和分则中的某些条款中，隐含了该内容。

法条链接

**《刑法》第六十一条 【量刑的一般原则】**对于犯罪分子决定刑罚的时候，应当根据犯罪的事实、犯罪的性质、情节和对于社会的危害程度，依照本法的有关规定判处。

《刑法》第61条所列的决定行为人罪名及相应的刑事责任轻重的诸多要素中的“情节”要素，通过对司法实践的判例考察，就包括案件起因、行为激化、后果加重等方面的被害人过错。

法条链接

**《刑法》第二十条 【正当防卫】**为了使国家、公共利益、本人或者他人的人身、财产和其他权利免受正在进行的不法侵害，而采取的制止不法侵害的行为，对不法侵害人造成损害的，属于正当防卫，不负刑事责任。

正当防卫明显超过必要限度造成重大损害的，应当负刑事责任，但是应当减轻或者免除处罚。

对正在进行行凶、杀人、抢劫、强奸、绑架以及其他严重危及人身安全的暴力犯罪，采取防卫行为，造成不法侵害人伤亡的，不属于防卫过当，不负刑事责任。

《刑法》第20条第1款、第3款的行为性质之所以被认定为正当防卫，第2款的行为之所以减轻或者免除处罚，就是缘于此行为的发生、后果的出现完全是因为行为对象的严重过错。《刑法》的这一规定，可以理解为以被害人过错决定行为人行为性质、责任有无、责任轻重的法律和理论根据。

《刑法》分则中的有些罪名，也根据被害人过错的有无及大小来决定行为人罪责的轻重。如交通肇事罪中事故责任的划分，就直接影响定罪量刑，最高人民法院

《关于审理交通肇事刑事案件具体应用法律若干问题的解释》第2条、第4条明确规定了交通肇事行为人只有在负事故全部或者主要责任或者同等责任的情况下才构成交通肇事罪,其中第2条第1项规定,“死亡一人或者重伤三人以上,负事故全部或者主要责任的”“处三年以下有期徒刑或者拘役”。

1999年10月27日发布的最高人民法院《全国法院维护农村稳定刑事审判工作座谈会会议纪要》提出:在故意杀人、故意伤害案件中,“对于被害人一方有明显过错或对矛盾激化负有直接责任,或者被告人有法定从轻处罚情节的,一般不应判处死刑立即执行”。这是我国第一次以司法文件的形式将“被害人过错”情节规定下来,而且与法定从轻处罚情节并列于同一语句中,表明对“被害人过错”情节的重视。该会议纪要出台后,最高人民检察院的相关司法解释中也提及了该情节。

2007年8月28日发布的最高人民法院《关于进一步加强刑事审判工作的决定》再次指出,“……因被害方的过错行为引起的案件……应慎用死刑立即执行”。

2001年3月2日发布的最高人民检察院《关于刑事抗诉工作的若干意见》“三、不宜抗诉的情形”中明确提出,包括“因婚姻家庭、邻里纠纷等民间矛盾激化引发的故意杀人案件,由于被害人一方有明显过错或者对矛盾激化负有直接责任,人民法院根据案件具体情况,判处被告人死刑缓期二年执行的”。

2010年11月6日发布的最高人民法院、最高人民检察院、公安部、国家安全部、司法部《关于加强协调配合积极推进量刑规范化改革的通知》规定:“……3、要高度重视调查取证工作。侦查机关、检察机关不但要注重收集各种证明犯罪嫌疑人、被告人有罪、罪重的证据,而且要注重收集各种证明犯罪嫌疑人、被告人无罪、罪轻的证据;不但要注重收集各种法定量刑情节,而且要注重查明各种酌定量刑情节,例如,案件起因、被害人过错、退赃退赔、民事赔偿、犯罪嫌疑人、被告人一贯表现等,确保定罪量刑事实清楚,证据确实充分。为量刑规范化和公正量刑,以及做好调解工作、化解社会矛盾奠定基础。”

2010年12月31日发布的最高人民法院《关于充分发挥刑事审判职能作用深入推进社会矛盾化解的若干意见》中规定:“……24、充分发挥刑事被害人救助在贯彻宽严相济刑事政策方面的积极作用。对于因婚姻家庭、邻里纠纷等民间矛盾激化引发的案件,特别是被害人一方有明显过错、对矛盾激化有直接责任,或者被告人有法定从轻处罚情节的,通过及时救助,舒缓被害人及其近亲属的情绪,保证案件正常审理。对于严重危害社会治安的恶性犯罪,必须毫不动摇地依法严惩犯罪分子,同时注重通过及时救助,切实维护被害人的合法权益,促进社会和谐、稳定。”

2010年6月13日发布的最高人民法院、最高人民检察院、公安部、国家安全部、司法部《关于办理死刑案件审查判断证据若干问题的规定》第36条规定："在对被告人作出有罪认定后，人民法院认定被告人的量刑事实，除审查法定情节外，还应审查以下影响量刑的情节：……（二）被害人有无过错及过错程度，是否对矛盾激化负有责任及责任大小……"

从上述司法解释可见，被害人过错的有无及大小，对犯罪嫌疑人/被告人的罪责轻重有着一定的影响，因此，刑事辩护律师在为被告人辩护时，不能忽略被害人过错这一情节和理由。

以下列举一起由于被害人过错减轻被告人罪责的案例。

## 案例35 | 宋某某故意伤害案①

**【起诉书指控】**

2006年6月4日14时许，在敦化林业局光明林场许某某家院内，丁某某、被害人万某某因琐事与被告人宋某某发生争吵并厮打，宋某某挣脱后，丁某某、万某某继续追赶，万某某追上宋某某后，被其用刀将腹部刺伤，致万某某腹部穿透创口，小肠破裂。经鉴定，万某某构成重伤。

基于上述事实，公诉机关指控被告人宋某某犯故意伤害罪。

**【律师辩护意见】**

辩护人对被告人宋某某的行为所造成的伤害后果无异议，但对量刑情节提出了异议，认为被害人万某某及丁某某在案件中存在重大过错；本案的发生，被告人行为具有一定的防卫情形，对被告人的量刑应给予从轻处罚、减轻处罚；被告人平时表现较好，无前科劣迹，在本案中认罪态度较好，其自身亦被他人打成轻伤，具有酌定从轻情节。

**【法院裁判结果】**

法院认为，被告人宋某某故意伤害他人身体，致人重伤，其行为已构成故意伤害罪。公诉机关指控的事实清楚，证据确实充分，指控罪名成立，应依法判处。鉴于被告人宋某某在归案后及庭审中认罪态度好，系初犯，无前科劣迹，确有悔罪表现，在纠纷的起因及过程中，被告人宋某某无过错，被害人万某某有重大过错。公诉机

① 参见吉林省敦化林区基层法院刑事判决书，(2014)敦林刑初字第4号。

关提出被害人过错在先,被告人宋某某认罪态度好,可酌情从轻处罚的建议,有事实和法律根据,应予支持。辩护人认为被害人及同伙丁某某在案件中存在重大过错及被告人有其酌定的从轻情节的辩护观点,有事实和法律依据,法院予以支持。根据本案的事实、性质、情节及对社会危害程度,依照《刑法》(2011 年修正)第 234 条第 2 款、第 72 条之规定,判决被告人宋某某犯故意伤害罪,判处有期徒刑 3 年,缓刑 5 年。

# 第六章　量 刑 辩 护

## 一、量刑辩护概述

### （一）量刑辩护的含义

量刑辩护，是辩护人在认同指控犯罪成立的前提下，就对被告人应如何裁量决定刑罚所作的辩护。这是辩护人依法针对刑罚量化的抗辩，旨在一定尺度内减少刑罚，维护被告人的合法权益。

量刑是依附于定罪的、审判机关的重要诉讼活动，是在刑事诉讼中，法院通过确认被告人被控犯罪行为的社会或人身危害性的大小，确定对其如何适用刑罚的刑事司法裁量活动，是对被控犯罪行为予以司法评估裁量的细化过程。

### （二）量刑辩护作为独立程序的由来

量刑规范化改革自 2010 年 10 月在全国中级、基层人民法院全面试行，试行最高人民法院颁布的《人民法院量刑指导意见（试行）》（已失效）和最高人民法院、最高人民检察院、公安部、国家安全部、司法部联合颁布的《关于规范量刑程序若干问题的意见（试行）》（已失效）两个文件。之后相关改革成果被修改后的《刑事诉讼法》和相关司法解释所吸纳。为巩固和持续推进量刑规范化工作，最高人民法院在全面总结试行经验的基础上，结合修改后的《刑法》和《刑事诉讼法》，对《人民法院量刑指导意见（试行）》作了重要修改和完善，于 2013 年 12 月 23 日发布了《关于常见犯罪的量刑指导意见》（已失效）。自 2017 年 4 月 1 日起，修订后的《关于常见犯罪的量刑指导意见》（已失效）实施。2021 年 6 月 16 日，最高人民法院、最高人民检察院印发《关于常见犯罪的量刑指导意见》。量刑辩护也随着量刑规范化改革的过程发展而来。

量刑规范化改革主要体现在四个方面：第一，明确了量刑步骤，改变了传统的“估堆式”的量刑方法，统一量刑思维，使法官的内心活动公开透明；第二，将量化引入了量刑机制,确立定性分析和定量分析相结合的量刑方法,保证量刑不会偏离大方向,实现公正量刑;第三,引入量刑建议,增强控辩双方的有效对抗,使法官做到兼听则明;第四,建立相对独立的量刑程序,充分发挥法庭查明量刑事实的功能,增强量刑的公开性和透明度,实现阳光审判和透明司法。

### (三)律师在量刑辩护中的作用

为了用统计学的方法来说明刑事辩护律师在量刑辩护中的作用,笔者随机提取了200件刑事案件作为样本,其中一审刑事案件150件,二审刑事案件50件。

在150件一审案件样本中,没有律师作辩护人的案件有95件,有律师作辩护人的案件有55件。就量刑事实的证明而言,上述没有律师作辩护人的案件与有律师作辩护人的案件相比,存在以下两个特点:第一,没有律师作辩护人的案件中有22件没有量刑事实,而在55件有律师作辩护人的案件中,所有的案件都有量刑事实。第二,在没有律师作辩护人的案件中,被告人对常见的量刑事实都没有发表有价值的辩护意见。如在95件没有律师作辩护人的案件中,对自首、累犯等量刑情节均没有提出有实际意义的量刑意见,只有5件案件的被告人对自己的初次犯罪情节提出了辩护意见。

在50件二审案件样本中,有律师作辩护人的案件有40件,没有律师作辩护人的案件有10件。样本二审案件的量刑辩护具有以下特点:第一,在没有律师作辩护人的二审案件中被告人对量刑事实均没有提出有价值的量刑意见,在上述10件没有律师作辩护人的二审案件中,7件案件的上诉人提出的量刑事实在一审中已经被采纳;3件案件的上诉人虽然提出从轻处罚、一审法院量刑过重等意见,但均没有提出有价值的事实证明。第二,在有律师作辩护人的二审案件中,在量刑事实的证明方面,律师起到了重要作用。在22件有律师作辩护人的二审案件中,律师从自首、立功、认罪、悔罪等方面提出了新的量刑事实,且都得到了法院的采纳。另外,在有律师作辩护人的案件中,有12件案件的辩护人为上诉人与被害人进行调解,并最终达成和解协议,取得了被害人谅解,其中8件案件的上诉人获得了缓刑判决。

综合上述分析可以看出,刑事辩护律师对量刑事实的辩护对被告人的量刑起着极为重要的作用。

## 二、量刑辩护与无罪辩护之间的关系

在司法实践中,经常会碰到一些案件既有无罪的理由也有罪轻的观点,这种情况下,是作无罪辩护,还是作罪轻辩护?如果选择作无罪辩护,罪轻的观点还能否提及?如果能,该如何提及?这就涉及如何理解和处理无罪辩护与量刑辩护之间关系的问题。

对于这个问题的困惑由来已久,也争论了很久,早在量刑作为一个独立的庭审程序之前就存在。随着最高人民法院《关于规范量刑程序若干问题的意见(试行)》(已失效),最高人民法院《人民法院量刑指导意见(试行)》(已失效)和最高人民法院、最高人民检察院《关于常见犯罪的量刑指导意见(试行)》的相继颁布施行,相对独立的量刑程序在我国正式确立并已推广实施,进而无罪辩护和量刑辩护产生了激烈的冲突,使律师有时在法庭辩护时会处于一种不知如何取舍的困境。在司法实践中,有人会采取折中的办法,在发表量刑意见时以"首先,辩护人认为被告人不构成犯罪,但如果法庭认为被告人构成犯罪的话,请合议庭注意本案存在以下从轻处罚的量刑情节……"之类的表述在无罪辩护后进行量刑辩护。这种辩护策略又被称为"骑墙式辩护"。对此,有人表示肯定,当然也有人表示批判。两种观点各有各的理由。

### (一)两种观点的冲突

持批判态度的观点认为,这是自相矛盾、否定的、不符合逻辑思维的工作方法。任何量刑都是在定罪的基础上展开的,这种做法虽然提请法庭关注有利于被告人的量刑证据,但却无法从根本上落实"无罪推定原则"在定罪环节对被告人的保护。"骑墙式辩护"的目的在于想左右逢源,实际上却处境尴尬,犹如墙上的芦苇一般,"头重脚轻根底浅",无法达到辩护律师逻辑上的自洽。持批判态度方指出"骑墙式辩护"有"四个弊端":

第一,容易给人留下辩护立场"不坚定"的印象。"骑墙式辩护"的直观表现就是辩护人发表了两种或者两种以上的辩护意见,无论其所发表的辩护意见是完全相反还是存在递进关系,给审判人员留下的印象都是辩护人缺乏明确的辩护观点,辩护立场不坚定。

第二,容易让人感觉辩护人能力"欠缺"。律师作为"法律共同体"的重要组成部分,理应具备相应的处理法律问题的能力,在担任辩护人时,必须做到准确分析判断证据,提出确定性法律意见。从刑事诉讼架构层面看,法律要求公诉人必须提出确定性的指控意见,法官必须作出确定性的裁判意见,那么同样作为"法律共同体"的辩护人也应当提出确定性的辩护意见。辩护人作"骑墙式辩护",未能提出确定性的辩护意见,容易给人形成能力不及的印象。

第三,“骑墙式辩护”实际上违背客观事实唯一性。辩护人的职责便是依据事实和法律提出对被告人有利的辩护意见。案件客观事实有且仅有一个,辩护人应以唯一性的案件事实为依据提出辩护意见。如果案件事实是唯一的,辩护人如何能对同一个事实发表不同的意见呢?“骑墙式辩护”中的不同辩护观点通常是基于不同的案件事实得出的,显然违背了案件客观事实的唯一性特征。

第四,“骑墙式辩护”影响刑事辩护的效果。在刑事诉讼过程中,法官处于居中裁判地位,公诉人代表国家行使公诉权力并监督法庭审理,辩护人依法为被告人辩护。从控辩双方的力量对比看,公诉人明显属于强势,具有天生的优越性。辩护人唯有提出强有力的辩护意见,才可撼动控方证据体系,方能引起法庭重视。“骑墙式辩护”是对案件进行多角度、多层面剖析,一定程度上分散了辩护重点,而且容易被法官打断,很多法官在遇到辩护律师作“骑墙式辩护”时均会质问律师:“你是作有罪辩护还是作无罪辩护?”这样的辩护策略势必影响辩护效果。

对“骑墙式辩护”持肯定态度的观点却认为,这是对被告人负责任、肯定、正确的辩护思路和方法。量刑辩护有其相对独立性,发表量刑辩护意见并不影响无罪辩护的观点,之所以发表从轻量刑的意见,是对被告人权利的保护,真正实现有效辩护。支持这种观点的人还认为,根据2023年最高人民法院的工作报告,我国的无罪判决率平均维持在0.06%,无罪判决率是很低的。那么,对于选择作无罪辩护的被告人来说,难道他们就不存在罪轻的情节,难道他们存在的罪轻情节都被客观、直接地反映到案件中了?律师对此难道不该有所作为?故此,持支持、肯定态度的观点亦大有市场。持这种观点的人认为“骑墙式辩护”有如下合理性:

第一,“骑墙式辩护”有其哲学基础。根据唯物辩证法,一个人不可能对所有事物都能准确认知。人的思维是至上的,同样又是不至上的。人的认识能力是无限的,同时又是有限的。人只能在其所处的时代背景下进行认识,而且这些条件达到什么程度,人便认识到什么程度。当前社会关系日趋复杂,刑事疑难案件层出不穷,很多刑法专家、资深刑事法官在对某些疑难案件的认识、把握上都存在分歧,不应苛求辩护律师对所有案件都能准确判断。正因为“认知的有限性”,所以应当允许辩护律师根据自己对案件事实的判断,采用“骑墙式辩护”策略。

第二,“骑墙式辩护”有法理依据。刑事案件本身是客观存在的,但由于时间的一维性,在案件发生之后,无法再充分还原全部事实,侦查机关通过一系列侦查活动,收集的证据也只能部分还原案件事实。我们的认识可以无限接近客观事实,但永远无法达到与客观事实的完全一致。法官面对的往往不是"客观事实",即使收集到的证据再充分确凿,法官面对的也只能是证据及证据链所能证明的"破碎的""断裂的"事实。因此,在司法中,作为判决的依据不是客观事实而是经过"剪裁"的法律事实。也就是说,证据证明的事实(法律事实)与案件事实本身(客观事实)之间并不同一。在司法实践中,证据收集不完整或者证据本身不客观,可能造成案件事实不清或者无法排除其他合理怀疑。在这些案件中,法律事实的不确定性是存在的,而这种不确定性恰恰为"骑墙式辩护"提供了依据。

第三,"骑墙式辩护"系职责要求。刑事辩护律师的职责是在法律允许的范围之内积极、有力且全面地为其当事人辩护。根据《刑事诉讼法》和《律师法》的规定,律师作为辩护人的职责是根据事实和法律,提出犯罪嫌疑人/被告人无罪、罪轻或者减轻、免除其刑事责任的材料和意见,维护犯罪嫌疑人/被告人的合法权益。从上述法律规定不难看出,律师作为辩护人,既可以提出无罪的意见又可以提出罪轻的意见,而且并未禁止同时提出无罪及罪轻意见。如果案件中既存在犯罪嫌疑人/被告人无罪的材料和意见,又存在犯罪嫌疑人/被告人罪轻的材料和意见,辩护人都应当依法提出。因此,在某些案件中,辩护人进行"骑墙式"辩护是依法履行职责的要求。

第四,"骑墙式辩护"有其法律依据。最高人民法院《关于适用〈中华人民共和国刑事诉讼法〉的解释》,最高人民法院、最高人民检察院、公安部、国家安全部、司法部《关于依法保障律师执业权利的规定》中均有相关规定。

**法条链接**

**最高人民法院《关于适用〈中华人民共和国刑事诉讼法〉的解释》第二百八十三条**
对被告人认罪的案件,法庭辩论时,应当指引控辩双方主要围绕量刑和其他有争议的问题进行。

对被告人不认罪或者辩护人作无罪辩护的案件,法庭辩论时,可以指引控辩双方先辩论定罪问题,后辩论量刑和其他问题。

**最高人民法院、最高人民检察院、公安部、国家安全部、司法部《关于依法保障律师执业权利的规定》第三十五条** 辩护律师作无罪辩护的,可以当庭就量刑问题发表辩护意见,也可以庭后提交量刑辩护意见。

需要注意的是,量刑程序是法庭审理的必备程序,无论被告人是否认罪。首先,法庭要保障量刑活动的相对独立性。其次,被告人同意参与审理量刑问题,按照被告人认罪案件的程序审理量刑问题;不同意参与的,合议庭告知权利后,法庭审理继续进行。

### (二)对"骑墙式辩护"的几点思考

1."骑墙式辩护"的逻辑矛盾的有效化解

量刑辩护,是辩护人在认同指控犯罪成立的前提下,就对被告人应如何裁量决定刑罚所作的辩护。从量刑辩护的定义上看,已经认同犯罪成立了,才进行量刑辩护,这确实与先前所作无罪辩护相矛盾。笔者认为,这一"矛盾",可通过以下几方面的深入分析和理解来化解:

首先,既然公诉机关的指控包括定罪指控和量刑指控,为何辩护人不能就定罪指控进行辩护后,再针对量刑指控进行辩护?即使就定罪指控作了无罪辩护。如果作无罪辩护就不能再作量刑辩护,等于剥夺了被告人及其辩护人的部分辩护权。

其次,尽管量刑辩护是在认同指控犯罪成立的前提下进行的,但这种"认同"是被告人及其辩护人的认识,不能等同于法律上的认同。按照《刑事诉讼法》第12条规定的"无罪推定"原则,未经法院依法判决,对任何人不得确定其有罪。这就等于说,公诉机关的有罪指控和被告人及其辩护人的无罪辩解,都只是法院判决的考量因素,并不直接决定被告人是否有罪。所以,当然不能认为作量刑辩护就等于认同犯罪,作无罪辩护就不能再作量刑辩护。

2.无罪辩护可能实现量刑辩护的效果,量刑辩护不会对无罪辩护形成冲击

首先,从无罪辩护率与无罪判决率的巨大差异即可判断,无罪辩护多数情况下很难达成无罪判决。但无罪辩护却可以促使罪轻的裁量,特别是那些重大、敏感、法院很难独立审判的案件,律师的无罪观点,如果动摇了公诉机关的指控,即使无法说服法院作出无罪判决,也可能促使法院作出罪名不变,量刑从轻的判决。所以说,有时候无罪辩护可能会实现量刑辩护的效果。

其次,量刑辩护不会对无罪辩护形成冲击。律师在相对独立的量刑程序中可以提交有利于被告人的证据材料,并依此提出对被告人从轻处罚的量刑辩护意见。如前所述,就量刑指控提出辩护意见,不是必然对定罪指控作了有效认同。被告人在"构成犯罪的前提下",具有一定的从轻处罚的量刑情节,不能反推犯罪成立。"具有从轻处罚的情节,即构成犯罪"这一判断,在逻辑上是违背因果关系的。

3. 有些案件只作无罪辩护，不作量刑辩护

辩护律师认为可能会被判决无罪的案件，以及被告人在与律师沟通之后仍然不认罪的案件，辩护律师应当着眼于无罪辩护，建议不作量刑辩护。如果被告人不认罪而律师却进行量刑辩护，则表明其默认了被告人有罪之事实，不仅无法有效地维护当事人之合法权利，反而在一定程度上充当了“第二公诉人”之角色，与辩护制度之内涵南辕北辙。

## 三、量刑情节

我国现行《刑法》(含刑法修正案)中明文规定了大量的量刑情节，如《刑法》总则规定的一般性的量刑情节和《刑法》分则规定的对具体犯罪适用的量刑情节除了这些立法上相对典型、常见的情节，我国最高人民法院、最高人民检察院单独或会同其他部门发布的司法解释中亦含有大量的量刑情节，例如，2021 年 7 月 1 日起实施的最高人民法院、最高人民检察院《关于常见犯罪的量刑指导意见(试行)》等。除此之外，还有散见于司法实践中未被明文规定的酌定情节。因此，我国的量刑情节可以分为法定(司法解释规定)量刑情节和酌定量刑情节两大类。下面将分别举例阐述：

### (一)法定量刑情节

1.《关于常见犯罪的量刑指导意见(试行)》提及的量刑情节

2021 年 7 月 1 日起实施的最高人民法院、最高人民检察院《关于常见犯罪的量刑指导意见(试行)》提及的量刑情节规定为 18 类，具体包括：(1)未成年人犯罪；(2)年满 75 周岁以上的老年人犯罪；(3)又聋又哑的人或者盲人犯罪；(4)未遂犯；(5)从犯；(6)自首；(7)坦白；(8)当庭自愿认罪；(9)立功；(10)退赃、退赔；(11)积极赔偿损失与取得谅解；(12)刑事和解；(13)被告人在羁押期间表现好；(14)被告人认罪认罚；(15)累犯；(16)具有犯罪前科；(17)针对弱势人员犯罪；(18)灾害期间犯罪。下文结合相关案例判决进行具体分析说明。

(1)未成年人犯罪

从相关规定可以看出，犯罪时刚满 18 周岁的，可作为酌定从轻处罚情节。对于未成年人一人犯不同种数罪，先适用未成年人犯罪情节对各罪基准刑进行调节，确定各罪宣告刑后，再依法实行数罪并罚，决定执行的刑罚。

对于一人犯同种数罪，有部分是满 18 周岁前的犯罪，有部分是满 18 周岁后的犯罪的，首先要根据全部犯罪构成事实确定基准刑，然后综合考虑未成年时犯罪事

实在全部犯罪事实中的比重,确定合适的从宽比例。

以“金某原、廉某某贩卖毒品冰毒案”①为例,最高人民法院复核认定,原审被告人金某原、廉某某贩卖毒品冰毒136克的事实清楚,证据确实、充分,其行为构成贩卖毒品罪。金某原、廉某某共同贩卖毒品数量大,应依法惩处。鉴于二原审被告人系因公安特情人员引诱犯罪,廉某某犯罪时已满16周岁未满18周岁,系未成年人,且有立功表现,故依法可对二被告人减轻处罚。裁定如下:核准吉林省延边朝鲜族自治州中级人民法院(2012)延中刑再终字第1号对原审被告人金某原以犯贩卖毒品罪判处有期徒刑4年,并处罚金20,000元;对原审被告人廉某某以犯贩卖毒品罪判处有期徒刑2年6个月,缓刑3年,并处罚金15,000元的刑事判决。

**法条链接**

**《刑法》第十七条　【刑事责任年龄】**已满十六周岁的人犯罪,应当负刑事责任。

已满十四周岁不满十六周岁的人,犯故意杀人、故意伤害致人重伤或者死亡、强奸、抢劫、贩卖毒品、放火、爆炸、投放危险物质罪的,应当负刑事责任。

已满十二周岁不满十四周岁的人,犯故意杀人、故意伤害罪,致人死亡或者以特别残忍手段致人重伤造成严重残疾,情节恶劣,经最高人民检察院核准追诉的,应当负刑事责任。

对依照前三款规定追究刑事责任的不满十八周岁的人,应当从轻或者减轻处罚。

因不满十六周岁不予刑事处罚的,责令其父母或者其他监护人加以管教;在必要的时候,依法进行专门矫治教育。

**最高人民法院《关于审理未成年人刑事案件具体应用法律若干问题的解释》第一条**　本解释所称未成年人刑事案件,是指被告人实施被指控的犯罪时已满十四周岁不满十八周岁的案件。

**第二条**　刑法第十七条规定的“周岁”,按照公历的年、月、日计算,从周岁生日的第二天起算。

**第三条**　审理未成年人刑事案件,应当查明被告人实施被指控的犯罪时的年龄。裁判文书中应当写明被告人出生的年、月、日。

**第四条**　对于没有充分证据证明被告人实施被指控的犯罪时已经达到法定刑事责任年龄且确实无法查明的,应当推定其没有达到相应法定刑事责任年龄。

① 参见最高人民法院刑事裁定书,(2012)刑核字第44号。

相关证据足以证明被告人实施被指控的犯罪时已经达到法定刑事责任年龄,但是无法准确查明被告人具体出生日期的,应当认定其达到相应法定刑事责任年龄。

**第五条** 已满十四周岁不满十六周岁的人实施刑法第十七条第二款规定以外的行为,如果同时触犯了刑法第十七条第二款规定的,应当依照刑法第十七条第二款的规定确定罪名,定罪处罚。

**第六条** 已满十四周岁不满十六周岁的人偶尔与幼女发生性行为,情节轻微、未造成严重后果的,不认为是犯罪。

**第七条** 已满十四周岁不满十六周岁的人使用轻微暴力或者威胁,强行索要其他未成年人随身携带的生活、学习用品或者钱财数量不大,且未造成被害人轻微伤以上或者不敢正常到校学习、生活等危害后果的,不认为是犯罪。

已满十六周岁不满十八周岁的人具有前款规定情形的,一般也不认为是犯罪。

**第八条** 已满十六周岁不满十八周岁的人出于以大欺小、以强凌弱或者寻求精神刺激,随意殴打其他未成年人、多次对其他未成年人强拿硬要或者任意损毁公私财物,扰乱学校及其他公共场所秩序,情节严重的,以寻衅滋事罪定罪处罚。

**第九条** 已满十六周岁不满十八周岁的人实施盗窃行为未超过三次,盗窃数额虽已达到"数额较大"标准,但案发后能如实供述全部盗窃事实并积极退赃,且具有下列情形之一的,可以认定为"情节显著轻微危害不大",不认为是犯罪:

(一)系又聋又哑的人或者盲人;

(二)在共同盗窃中起次要或者辅助作用,或者被胁迫;

(三)具有其他轻微情节的。

已满十六周岁不满十八周岁的人盗窃未遂或者中止的,可不认为是犯罪。

已满十六周岁不满十八周岁的人盗窃自己家庭或者近亲属财物,或者盗窃其他亲属财物但其他亲属要求不予追究的,可不按犯罪处理。

**第十条** 已满十四周岁不满十六周岁的人盗窃、诈骗、抢夺他人财物,为窝藏赃物、抗拒抓捕或者毁灭罪证,当场使用暴力,故意伤害致人重伤或者死亡,或者故意杀人的,应当分别以故意伤害罪或者故意杀人罪定罪处罚。

已满十六周岁不满十八周岁的人犯盗窃、诈骗、抢夺罪,为窝藏赃物、抗拒抓捕或者毁灭罪证而当场使用暴力或者以暴力相威胁的,应当依照刑法第二百六十九条的规定定罪处罚;情节轻微的,可不以抢劫罪定罪处罚。

**第十一条** 对未成年罪犯适用刑罚,应当充分考虑是否有利于未成年罪犯的教育和矫正。

对未成年罪犯量刑应当依照刑法第六十一条的规定,并充分考虑未成年人实施犯罪行为的动机和目的、犯罪时的年龄、是否初次犯罪、犯罪后的悔罪表现、个人成长经历和一贯表现等因素。对符合管制、缓刑、单处罚金或者免予刑事处罚适用条件的未成年罪犯,应当依法适用管制、缓刑、单处罚金或者免予刑事处罚。

**第十二条** 行为人在达到法定刑事责任年龄前后均实施了危害社会的行为,只能依法追究其达到法定刑事责任年龄后实施的危害社会行为的刑事责任。

行为人在年满十八周岁前后实施了不同种犯罪行为,对其年满十八周岁以前实施的犯罪应当依法从轻或者减轻处罚。行为人在年满十八周岁前后实施了同种犯罪行为,在量刑时应当考虑对年满十八周岁以前实施的犯罪,适当给予从轻或者减轻处罚。

**第十三条** 未成年人犯罪只有罪行极其严重的,才可以适用无期徒刑。对已满十四周岁不满十六周岁的人犯罪一般不判处无期徒刑。

**第十四条** 除刑法规定"应当"附加剥夺政治权利外,对未成年罪犯一般不判处附加剥夺政治权利。

如果对未成年罪犯判处附加剥夺政治权利的,应当依法从轻判处。

对实施被指控犯罪时未成年、审判时已成年的罪犯判处附加剥夺政治权利,适用前款的规定。

**第十五条** 对未成年罪犯实施刑法规定的"并处"没收财产或者罚金的犯罪,应当依法判处相应的财产刑;对未成年罪犯实施刑法规定的"可以并处"没收财产或者罚金的犯罪,一般不判处财产刑。

对未成年罪犯判处罚金刑时,应当依法从轻或者减轻判处,并根据犯罪情节,综合考虑其缴纳罚金的能力,确定罚金数额。但罚金的最低数额不得少于五百元人民币。

对被判处罚金刑的未成年罪犯,其监护人或者其他人自愿代为垫付罚金的,人民法院应当允许。

**第十六条** 对未成年罪犯符合刑法第七十二条第一款规定的,可以宣告缓刑。如果同时具有下列情形之一,对其适用缓刑确实不致再危害社会的,应当宣告缓刑:

(一)初次犯罪;

(二)积极退赃或赔偿被害人经济损失;

(三)具备监护、帮教条件。

**第十七条** 未成年罪犯根据其所犯罪行,可能被判处拘役、三年以下有期徒刑,如果悔罪表现好,并具有下列情形之一的,应当依照刑法第三十七条的规定免予刑事处罚:

(一)系又聋又哑的人或者盲人;

(二)防卫过当或者避险过当;

(三)犯罪预备、中止或者未遂;

（四）共同犯罪中从犯、胁从犯；

（五）犯罪后自首或者有立功表现；

（六）其他犯罪情节轻微不需要判处刑罚的。

**第十八条**　对未成年罪犯的减刑、假释，在掌握标准上可以比照成年罪犯依法适度放宽。

未成年罪犯能认罪服法，遵守监规，积极参加学习、劳动的，即可视为"确有悔改表现"予以减刑，其减刑的幅度可以适当放宽，间隔的时间可以相应缩短。符合刑法第八十一条第一款规定的，可以假释。

未成年罪犯在服刑期间已经成年的，对其减刑、假释可以适用上述规定。

**第十九条**　刑事附带民事案件的未成年被告人有个人财产的，应当由本人承担民事赔偿责任，不足部分由监护人予以赔偿，但单位担任监护人的除外。

被告人对被害人物质损失的赔偿情况，可以作为量刑情节予以考虑。

**最高人民法院、最高人民检察院《关于常见犯罪的量刑指导意见（试行）》**

**三、常见量刑情节的适用**

量刑时应当充分考虑各种法定和酌定量刑情节，根据案件的全部犯罪事实以及量刑情节的不同情形，依法确定量刑情节的适用及其调节比例。对黑恶势力犯罪、严重暴力犯罪、毒品犯罪、性侵未成年人犯罪等危害严重的犯罪，在确定从宽的幅度时，应当从严掌握；对犯罪情节较轻的犯罪，应当充分体现从宽。具体确定各个量刑情节的调节比例时，应当综合平衡调节幅度与实际增减刑罚量的关系，确保罪责刑相适应。

（一）对于未成年人犯罪，综合考虑未成年人对犯罪的认知能力、实施犯罪行为的动机和目的、犯罪时的年龄、是否初犯、偶犯、悔罪表现、个人成长经历和一贯表现等情况，应当予以从宽处罚。

1. 已满十二周岁不满十六周岁的未成年人犯罪，减少基准刑的30% –60%；

2. 已满十六周岁不满十八周岁的未成年人犯罪，减少基准刑的10% –50%。

……

（2）年满75周岁的老年人犯罪

对于这部分人实施犯罪的，综合考虑犯罪的性质、情节、后果等，从轻处罚。以"方某科故意伤害案"①为例，法院认定，被告人方某科于2017年6月21日至22日，在北京市东城区琉璃井东街×号楼×单元6×3号唐某菊（已判刑）家中，通过威慑

① 参见北京市第二中级人民法院刑事判决书，（2018）京02刑初83号。

被害人张某2使其不敢反抗,给唐某菊提供打人木棍及踢踹张某2的方式,帮助唐某菊实施故意伤害张某2的行为,造成张某2大面积软组织出血,致创伤失血性休克死亡。被告人方某科伙同他人故意伤害被害人身体,并致人死亡,其行为已构成故意伤害罪,依法应予惩处。鉴于被告人作案时已满75周岁,对其予以减轻处罚,并宣告缓刑。公诉机关指控被告人方某科犯故意伤害罪的事实清楚,证据确实、充分,指控罪名成立。依照《刑法》(2017年修正)第234条第2款,第25条第1款,第27条,第17条之一,第45条,第61条,第67条第1款,第72条第1款,第73条第2款、第3款,第36条第1款,最高人民法院《关于处理自首和立功具体应用法律若干问题的解释》第1条、第3条,以及最高人民法院《关于适用〈中华人民共和国刑事诉讼法〉的解释》(法释〔2012〕21号,已失效)第155条第1款、第2款,第157条[①]之规定,判处被告人方某科犯故意伤害罪,判处有期徒刑1年,缓刑1年。

**法条链接**

**《刑法》第十七条之一　【刑事责任年龄】**已满七十五周岁的人故意犯罪的,可以从轻或者减轻处罚;过失犯罪的,应当从轻或者减轻处罚。

**最高人民法院、最高人民检察院《关于常见犯罪的量刑指导意见(试行)》三、常见量刑情节的适用**

……

(二)对于已满七十五周岁的老年人故意犯罪,综合考虑犯罪的性质、情节、后果等情况,可以减少基准刑的40%以下;过失犯罪的,减少基准刑的20%－50%。

……

(3)又聋又哑的人或者盲人犯罪

以“李某春盗窃罪案”[②]为例,法院认定,2022年6月8日22时许,被告人李某春(听力、言语一级残疾)窜入滔溪镇滔溪社区某组姚某家中,从放置在1楼大门右侧房间衣架上的一浅绿色衣服口袋内盗走现金3000余元,从衣架另一深绿色衣服口袋内盗走现金2000余元,又从放置电视的桌子抽屉内盗走1400元,共计盗得6900余元。被告人李某春以非法占有为目的,入室窃取他人财物,数额较大,其行

① 参见最高人民法院《关于适用〈中华人民共和国刑事诉讼法〉的解释》(法释〔2021〕1号)第192条第2款、第3款,第194条。

② 参见湖南省安化县人民法院刑事判决书,(2022)湘0923刑初403。

为触犯了《刑法》(2020 年修正)第 264 条之规定,应当以盗窃罪追究被告人李某春的刑事责任。被告李某春系听障人士,依法可从轻处理。依照《刑法》(2020 年修正)第 264 条、第 19 条、第 52 条、第 53 条、第 64 条、第 65 条、第 67 条第 1 款,《刑事诉讼法》(2018 年修正)第 15 条之规定,判处有期徒刑 6 个月,并处罚金 3000 元,上缴国库。

**法条链接**

**《刑法》第十九条　【又聋又哑的人或盲人犯罪的刑事责任】**又聋又哑的人或者盲人犯罪,可以从轻、减轻或者免除处罚。

**最高人民法院、最高人民检察院《关于常见犯罪的量刑指导意见(试行)》三、常见量刑情节的适用**

……

(三)对于又聋又哑的人或者盲人犯罪,综合考虑犯罪性质、情节、后果以及聋哑人或者盲人犯罪时的控制能力等情况,可以减少基准刑的 50% 以下;犯罪较轻的,可以减少基准刑的 50% 以上或者依法免除处罚。

……

(4)未遂犯

以"张某旺故意杀人案"①为例,该案一审法院判处被告人张某旺无期徒刑,二审法院改判有期徒刑 15 年。二审法院认定,被告人张某旺持斧头连续劈砍他人头面部等要害部位,故意非法剥夺他人生命,致一人重伤,构成八级伤残,并砍伤劝阻人员,其行为已构成故意杀人罪。鉴于本案因感情纠纷引发,张某旺犯罪未遂,如实供述罪行,并取得了被害人谅解,可以从轻处罚。张某旺及其辩护人请求从轻处罚的部分理由成立,予以采纳。原判定性和适用法律正确,审判程序合法。依照《刑法》(2011 年修正)第 232 条、第 23 条、第 67 条第 3 款、第 56 条第 1 款,《刑事诉讼法》(2012 年修正)第 225 条第 1 款第 2 项②之规定,判决如下:(1)撤销一审刑事附带民事判决第一项的量刑部分,维持判决的其余部分;(2)被告人张某旺犯故意杀人罪,判处有期徒刑 15 年,剥夺政治权利 5 年。

---

① 参见浙江省高级人民法院刑事判决书,(2013)浙刑一终字第 132 号。

② 参见 2018 年修正的《刑事诉讼法》第 236 条第 1 款第 2 项的规定。

**法条链接**

**《刑法》第二十三条 【犯罪未遂】**已经着手实行犯罪,由于犯罪分子意志以外的原因而未得逞的,是犯罪未遂。

对于未遂犯,可以比照既遂犯从轻或者减轻处罚。

**最高人民法院、最高人民检察院《关于常见犯罪的量刑指导意见(试行)》**

**三、常见量刑情节的适用**

……

(四)对于未遂犯,综合考虑犯罪行为的实行程度、造成损害的大小、犯罪未得逞的原因等情况,可以比照既遂犯减少基准刑的50%以下。

……

(5)从犯

对于均是主犯的案件,各主犯之间在共同犯罪中的地位和作用并非完全一样,在量刑时应有所区别。

以"金某松、亚某、吕某军走私珍贵动物制品案"①为例,法院认定,被告人金某松、亚某、吕某军违反我国海关法规,逃避海关监管,采用隐蔽手段从俄罗斯运输价值人民币1,067,130元的珍贵动物制品棕熊熊掌进入我国境内,其行为均已构成走私珍贵动物制品罪,情节特别严重。在共同犯罪中,金某松根据瓦某嘉的要求联系吕某军找人运输熊掌入境,并且在走私车辆被查时联系有关人员帮忙,企图逃避海关检查,行为积极主动,亚某具体实施走私熊掌入境行为,均为主犯。吕某军系受金某松的邀约帮忙联系他人运输熊掌入境,其在犯罪中的地位、作用小于金某松,系从犯,且其在侦查机关电话通知接受调查后主动到案并如实供述自己的罪行,有自首情节,应当减轻处罚。

**法条链接**

**《刑法》第二十七条 【从犯】**在共同犯罪中起次要或者辅助作用的,是从犯。

对于从犯,应当从轻、减轻处罚或者免除处罚。

① 参见最高人民法院刑事裁定书,(2015)刑核字第4号。

**最高人民法院、最高人民检察院《关于常见犯罪的量刑指导意见(试行)》**

**三、常见量刑情节的适用**

……

(五)对于从犯,综合考虑其在共同犯罪中的地位、作用等情况,应当予以从宽处罚,减少基准刑的20% -50%;犯罪较轻的,减少基准刑的50%以上或者依法免除处罚。

……

(6)自首

犯罪事实或犯罪嫌疑人未被办案机关发觉,主动直接投案构成自首的,可以减少基准刑的40%以下,一般不超过4年;犯罪事实和犯罪嫌疑人已被办案机关发觉,但尚未受到调查谈话、讯问,或者未被宣布采取调查措施或强制措施,主动直接投案构成自首的,可以减少基准刑的30%以下,一般不超过3年;犯罪嫌疑人/被告人如实供述办案机关尚未掌握的不同种罪行,以自首论,可以减少基准刑的30%以下,一般不超过3年;并非出于被告人主动,而是经亲友规劝、陪同投案,或亲友送去投案等情形构成自首的,可以减少基准刑的30%以下,一般不超过3年;罪行尚未被办案机关发觉,仅因形迹可疑被有关组织或办案机关盘问、教育后,主动交代自己的罪行构成自首的,可以减少基准刑的30%以下,一般不超过3年;强制戒毒期间主动交代自己的罪行,构成自首的,可以减少基准刑的30%以下,一般不超过3年;其他类型的自首,可以减少基准刑的20%以下,一般不超过2年;犯罪较轻的自首,可以减少基准刑的40%以上或者依法免除处罚。①

以"吴某军故意伤害案"②为例,二审法院认定,原审被告人吴某军持匕首故意伤害他人身体,致一人死亡,其行为构成故意伤害罪。吴某军案发后自动向公安机关投案,并如实供述自己的犯罪事实,系自首,依法可以从轻或减轻处罚。公诉机关抗诉及其上级检察院支持抗诉提出,原判认定本案系纠纷引起属认定事实不准;本案犯罪后果极其严重,吴某军作案后未及时足额赔偿,也未获得被害人家属谅解,虽有自首情节,依法也应在无期徒刑以上量刑,建议二审予以改判的意见。经查,吴某军酒后因听其弟弟吴某甲说谢某成借钱不还,多拿吴某甲的钱,不顾吴某甲的劝

① 参见南英主编、戴长林副主编、最高人民法院刑事审判第三庭编著:《量刑规范化实物手册》,法律出版社2014年版,第66页。

② 参见湖南省高级人民法院刑事裁定书,(2014)湘高法刑三终字第181号。

阻,执意持刀行凶,致谢某成死亡,情节恶劣,犯罪后果严重,依法应予严惩。但鉴于吴某军具有自首情节,在二审期间积极赔偿被害人家属经济损失,能与被害人家属达成民事赔偿协议,并取得了被害人家属的谅解,原审判决以故意伤害罪判处吴某军有期徒刑14年,已不属于量刑明显不当的情形。故该抗诉及支持抗诉意见,二审法院不予支持。原审判决认定的犯罪事实清楚,证据确实、充分,定罪准确,量刑适当。审判程序合法。

法条链接

**《刑法》第六十七条　【自首】**犯罪以后自动投案,如实供述自己的罪行的,是自首。对于自首的犯罪分子,可以从轻或者减轻处罚。其中,犯罪较轻的,可以免除处罚。

被采取强制措施的犯罪嫌疑人、被告人和正在服刑的罪犯,如实供述司法机关还未掌握的本人其他罪行的,以自首论。

犯罪嫌疑人虽不具有前两款规定的自首情节,但是如实供述自己罪行的,可以从轻处罚;因其如实供述自己罪行,避免特别严重后果发生的,可以减轻处罚。

**最高人民法院、最高人民检察院《关于常见犯罪的量刑指导意见(试行)》**

**三、常见量刑情节的适用**

……

(六)对于自首情节,综合考虑自首的动机、时间、方式、罪行轻重、如实供述罪行的程度以及悔罪表现等情况,可以减少基准刑的40%以下;犯罪较轻的,可以减少基准刑的40%以上或者依法免除处罚。恶意利用自首规避法律制裁等不足以从宽处罚的除外。

……

(7)坦白

以"邬某故意杀人案"①为例,法院认为,被告人邬某因琐事纠纷,持刀不计后果捅刺他人身体,明知他人要害部位受伤后采取放任的做法,致他人死亡后果的发生,其行为构成故意杀人罪。犯罪情节、后果严重,应依法惩处。一审、二审判决认定的邬某故意杀人事实清楚,证据确实、充分,定罪准确。审判程序合法。鉴于本案系朋友间酒后因琐事引发,被告人邬某能认罪坦白,对其判处死刑,可不立即执行。

---

① 参见内蒙古自治区高级人民法院刑事判决书,(2016)内刑终292号。

**法条链接**

**《刑法》第六十七条第三款** 犯罪嫌疑人虽不具有前两款规定的自首情节,但是如实供述自己罪行的,可以从轻处罚;因其如实供述自己罪行,避免特别严重后果发生的,可以减轻处罚。

**最高人民法院、最高人民检察院《关于常见犯罪的量刑指导意见(试行)》**

**三、常见量刑情节的适用**

……

(七)对于坦白情节,综合考虑如实供述罪行的阶段、程度、罪行轻重以及悔罪表现等情况,确定从宽的幅度。

1. 如实供述自己罪行的,可以减少基准刑的20%以下;

2. 如实供述司法机关尚未掌握的同种较重罪行的,可以减少基准刑的10% -30%;

3. 因如实供述自己罪行,避免特别严重后果发生的,可以减少基准刑的30% -50%。

……

(8)当庭自愿认罪

以"周某贩卖毒品案"①为例,法院认定,被告人周某曾因贩卖毒品犯罪被判处刑罚,又犯贩卖毒品罪,系毒品再犯,依法应从重处罚;其归案后如实供述主要犯罪事实,当庭自愿认罪,依法可从轻处罚。原审判决认定事实清楚,证据确实、充分,适用法律正确,量刑适当。

**法条链接**

**《刑事诉讼法》第二百一十四条 【简易程序的适用范围】**基层人民法院管辖的案件,符合下列条件的,可以适用简易程序审判:

(一)案件事实清楚、证据充分的;

(二)被告人承认自己所犯罪行,对指控的犯罪事实没有异议的;

(三)被告人对适用简易程序没有异议的。

人民检察院在提起公诉的时候,可以建议人民法院适用简易程序。

**最高人民法院《关于适用〈中华人民共和国刑事诉讼法〉的解释》第二百七十八条** 对被告人认罪的案件,在确认被告人了解起诉书指控的犯罪事实和罪名,自愿认罪且知悉

① 参见安徽省淮北市中级人民法院刑事裁定书,(2016)皖06刑终130号。

认罪的法律后果后,法庭调查可以主要围绕量刑和其他有争议的问题进行。

对被告人不认罪或者辩护人作无罪辩护的案件,法庭调查应当在查明定罪事实的基础上,查明有关量刑事实。

**第二百八十三条** 对被告人认罪的案件,法庭辩论时,应当指引控辩双方主要围绕量刑和其他有争议的问题进行。

对被告人不认罪或者辩护人作无罪辩护的案件,法庭辩论时,可以指引控辩双方先辩论定罪问题,后辩论量刑和其他问题。

**最高人民法院、最高人民检察院《关于常见犯罪的量刑指导意见(试行)》**

**三、常见量刑情节的适用**

……

(八)对于当庭自愿认罪的,根据犯罪的性质、罪行的轻重、认罪程度以及悔罪表现等情况,可以减少基准刑的10%以下。依法认定自首、坦白的除外。

……

(9)立功

对于一般立功,一般情况下,都应当依法从轻处罚;对于重大立功情节,一般应依法减轻处罚,犯罪较轻的,可以免除处罚;对于数种不同犯罪,先适用立功情节分别对各罪基准刑进行调节,依法确定各罪宣告刑后,再依法数罪并罚,决定执行的刑罚。[①]

以"邵某棚、齐某、杜某贩卖毒品案"[②]为例,法院认定,上诉人邵某棚、齐某、杜某多次贩卖毒品,其行为均构成贩卖毒品罪。上诉人姚某科故意运输毒品,其行为构成运输毒品罪。案发后,上诉人邵某棚协助侦查机关抓获了上诉人齐某、杜某,有重大立功表现,但上诉人邵某棚是上诉人齐某和杜某的上线,社会危害性更大,罪行更严重,根据最高人民法院《全国部分法院审理毒品犯罪案件工作座谈会纪要》"对于毒枭等严重毒品犯罪分子立功的,从轻或者减轻处罚应当从严掌握"的规定,对上诉人邵某棚从轻处罚。上诉人齐某、杜某、姚某科认罪态度较好,可酌情从轻处罚。公诉机关出庭意见认为,原判认定被告人邵某棚、齐某犯贩卖毒品罪不准确,该意见正确。根据最高人民法院《全国部分法院审理毒品犯罪案件工作座谈会纪要》

---

① 参见南英主编、戴长林副主编、最高人民法院刑事审判第三庭编著:《量刑规范化实物手册》,法律出版社2014年版,第66页。

② 参见江西省高级人民法院刑事裁定书,(2014)赣刑一终字第27号。

"下级法院在判决中确定罪名不准确的，上级法院可以减少选择性罪名中的部分罪名或者改动罪名顺序，在不加重原判刑罚的情况下，也可以改变罪名，但不得增加罪名"的规定，定性不改变。

**法条链接**

**《刑法》第六十八条　【立功】**犯罪分子有揭发他人犯罪行为，查证属实的，或者提供重要线索，从而得以侦破其他案件等立功表现的，可以从轻或者减轻处罚；有重大立功表现的，可以减轻或者免除处罚。

**最高人民法院、最高人民检察院《关于常见犯罪的量刑指导意见（试行）》**

**三、常见量刑情节的适用**

……

（九）对于立功情节，综合考虑立功的大小、次数、内容、来源、效果以及罪行轻重等情况，确定从宽的幅度。

1. 一般立功的，可以减少基准刑的20%以下；

2. 重大立功的，可以减少基准刑的20%－50%；犯罪较轻的，减少基准刑的50%以上或者依法免除处罚。

……

（10）退赃、退赔

以"朱某群、夏某、曹某华、戴某华、毛某、邹某、戴某甲、陈甲、胡某星、陈某飞、汪某军、曾某荣、谭某辉、杨某、李某甲、沈某中、徐某、陈乙、邓某平、赵某甲诈骗案"①为例，法院认定，在审理期间，胡某星退赃50万元、曹某华退赃26万元、徐某退赃16.8万元、夏某退赃15万元、李某甲退赃87,028元、谭某辉退赃6万元、赵某甲退赃55,872元、戴某甲退赃5万元、陈某飞退赃5万元、杨某退赃30,001元、沈某中退赃1万元、陈乙退赃25,000元、曾某荣退赃50,000元，以上款项已缴入法院账户，该退赔行为既反映了上述上诉人、原审被告人的悔罪态度，也在一定程度上减轻了被害人的损失，在量刑时酌情从轻处罚。

① 参见广东省高级人民法院刑事裁定书，（2016）粤刑终416、417、418号。

法条链接

**《刑法》第六十四条 【犯罪物品的处理】**犯罪分子违法所得的一切财物,应当予以追缴或者责令退赔;对被害人的合法财产,应当及时返还;违禁品和供犯罪所用的本人财物,应当予以没收。没收的财物和罚金,一律上缴国库,不得挪用和自行处理。

**最高人民法院《关于适用〈中华人民共和国刑事诉讼法〉的解释》第一百七十六条** 被告人非法占有、处置被害人财产的,应当依法予以追缴或者责令退赔。被害人提起附带民事诉讼的,人民法院不予受理。追缴、退赔的情况,可以作为量刑情节考虑。

**最高人民法院、最高人民检察院《关于常见犯罪的量刑指导意见(试行)》**

**三、常见量刑情节的适用**

……

(十)对于退赃、退赔的,综合考虑犯罪性质,退赃、退赔行为对损害结果所能弥补的程度,退赃、退赔的数额及主动程度等情况,可以减少基准刑的30%以下;对抢劫等严重危害社会治安犯罪的,应当从严掌握。

……

(11)积极赔偿损失与取得谅解

以"罗某、邓某某故意杀人案"①为例,法院认定,关于罗某及辩护人上诉提出罗某系临时起意犯罪,无前科,自首,认罪悔罪,被害人有一定过错,罗某已与被害人亲属协商赔偿,并取得谅解,原判量刑过重的意见。经查,罗某与邓某某深夜到黄某甲、李某甲夫妇经营的超市买酒,被黄某甲夫妇拒绝后,仍继续敲门纠缠,引发本案,黄某甲、李某甲对案件发生并无过错,鉴于罗某能投案自首,赔偿取得被害人亲属的谅解,有一定的悔罪表现,可以对罗某从轻处罚。

法条链接

**《刑法》第三十六条 【赔偿经济损失与民事优先原则】**由于犯罪行为而使被害人遭受经济损失的,对犯罪分子除依法给予刑事处罚外,并应根据情况判处赔偿经济损失。

承担民事赔偿责任的犯罪分子,同时被判处罚金,其财产不足以全部支付的,或者被判处没收财产的,应当先承担对被害人的民事赔偿责任。

① 参见四川省高级人民法院刑事判决书,(2014)川刑终字第56号。

**最高人民法院《关于适用〈中华人民共和国刑事诉讼法〉的解释》第一百九十四条** 审理刑事附带民事诉讼案件，人民法院应当结合被告人赔偿被害人物质损失的情况认定其悔罪表现，并在量刑时予以考虑。

**最高人民法院、最高人民检察院《关于常见犯罪的量刑指导意见（试行）》**

**三、常见量刑情节的适用**

……

（十一）对于积极赔偿被害人经济损失并取得谅解的，综合考虑犯罪性质、赔偿数额、赔偿能力以及认罪悔罪表现等情况，可以减少基准刑的40%以下；积极赔偿但没有取得谅解的，可以减少基准刑的30%以下；尽管没有赔偿，但取得谅解的，可以减少基准刑的20%以下。对抢劫、强奸等严重危害社会治安犯罪的，应当从严掌握。

……

（12）刑事和解

以“梁某、黄某、彭某灵故意伤害案”[①]为例，法院认定，因二审出现当事人达成刑事和解的新事实，梁某及其辩护人请求从轻处罚的意见成立，予以采纳。

**法条链接**

**《刑事诉讼法》第二百八十八条　【和解协议的适用范围】**下列公诉案件，犯罪嫌疑人、被告人真诚悔罪，通过向被害人赔偿损失、赔礼道歉等方式获得被害人谅解，被害人自愿和解的，双方当事人可以和解：

（一）因民间纠纷引起，涉嫌刑法分则第四章、第五章规定的犯罪案件，可能判处三年有期徒刑以下刑罚的；

（二）除渎职犯罪以外的可能判处七年有期徒刑以下刑罚的过失犯罪案件。

犯罪嫌疑人、被告人在五年以内曾经故意犯罪的，不适用本章规定的程序。

**第二百八十九条　【和解协议的审查与制作】**双方当事人和解的，公安机关、人民检察院、人民法院应当听取当事人和其他有关人员的意见，对和解的自愿性、合法性进行审查，并主持制作和解协议书。

**第二百九十条　【和解协议的效力】**对于达成和解协议的案件，公安机关可以向人民检察院提出从宽处理的建议。人民检察院可以向人民法院提出从宽处罚的建议；对于犯

① 参见广东省高级人民法院刑事判决书，（2014）粤高法刑四终字第138号。

罪情节轻微,不需要判处刑罚的,可以作出不起诉的决定。人民法院可以依法对被告人从宽处罚。

**最高人民法院、最高人民检察院《关于常见犯罪的量刑指导意见(试行)》**

**三、常见量刑情节的适用**

……

(十二)对于当事人根据刑事诉讼法第二百八十八条达成刑事和解协议的,综合考虑犯罪性质、赔偿数额、赔礼道歉以及真诚悔罪等情况,可以减少基准刑的50%以下;犯罪较轻的,可以减少基准刑的50%以上或者依法免除处罚。

……

(13)被告人在羁押期间表现好

以“曹某某、檀某某、陈某某盗窃案”[①]为例,法院认定,被告人檀某某、陈某某部分退赃,三被告人在羁押期间表现好,可酌定从轻处罚。

**法条链接**

**最高人民法院、最高人民检察院《关于常见犯罪的量刑指导意见(试行)》**

**三、常见量刑情节的适用**

……

(十三)对于被告人在羁押期间表现好的,可以减少基准刑的10%以下。

……

(14)被告人认罪认罚

以“杨某利等盗窃案”为例[②],法院认定,鉴于二被告人当庭自愿认罪认罚,法院对其所犯罪行依法从轻处罚。辩护人的相关辩护意见,予以采纳。

**法条链接**

**最高人民法院《关于适用〈中华人民共和国刑事诉讼法〉的解释》第三百四十七条**

刑事诉讼法第十五条规定的“认罪”,是指犯罪嫌疑人、被告人自愿如实供述自己的罪行,

① 参见安徽省怀宁县人民法院刑事判决书,(2017)皖0822刑初85号。

② 参见北京市朝阳区人民法院刑事判决书,(2022)京0105刑初133号。

对指控的犯罪事实没有异议。

刑事诉讼法第十五条规定的"认罚",是指犯罪嫌疑人、被告人真诚悔罪,愿意接受处罚。

被告人认罪认罚的,可以依照刑事诉讼法第十五条的规定,在程序上从简、实体上从宽处理。

**第三百四十八条** 对认罪认罚案件,应当根据案件情况,依法适用速裁程序、简易程序或者普通程序审理。

**第三百五十五条** 对认罪认罚案件,人民法院一般应当对被告人从轻处罚;符合非监禁刑适用条件的,应当适用非监禁刑;具有法定减轻处罚情节的,可以减轻处罚。

对认罪认罚案件,应当根据被告人认罪认罚的阶段早晚以及认罪认罚的主动性、稳定性、彻底性等,在从宽幅度上体现差异。

共同犯罪案件,部分被告人认罪认罚的,可以依法对该部分被告人从宽处罚,但应当注意全案的量刑平衡。

**最高人民法院、最高人民检察院《关于常见犯罪的量刑指导意见(试行)》**

**三、常见量刑情节的适用**

……

(十四)对于被告人认罪认罚的,综合考虑犯罪的性质、罪行的轻重、认罪认罚的阶段、程度、价值、悔罪表现等情况,可以减少基准刑的30%以下;具有自首、重大坦白、退赃退赔、赔偿谅解、刑事和解等情节的,可以减少基准刑的60%以下,犯罪较轻的,可以减少基准刑的60%以上或者依法免除处罚。认罪认罚与自首、坦白、当庭自愿认罪、退赃退赔、赔偿谅解、刑事和解、羁押期间表现好等量刑情节不作重复评价。

……

**最高人民检察院《人民检察院办理认罪认罚案件开展量刑建议工作的指导意见》第一条** 犯罪嫌疑人认罪认罚的,人民检察院应当就主刑、附加刑、是否适用缓刑等提出量刑建议。

对认罪认罚案件,人民检察院应当在全面审查证据、查明事实、准确认定犯罪的基础上提出量刑建议。

**第二条** 人民检察院对认罪认罚案件提出量刑建议,应当坚持以下原则:

(一)宽严相济。应当根据犯罪的具体情况,综合考虑从重、从轻、减轻或者免除处罚等各种量刑情节提出量刑建议,做到该宽则宽,当严则严,宽严相济,轻重有度。

(二)依法建议。应当根据犯罪的事实、性质、情节和对于社会的危害程度等,依照刑法、刑事诉讼法以及相关司法解释的规定提出量刑建议。

(三)客观公正。应当全面收集、审查有罪、无罪、罪轻、罪重、从宽、从严等证据,依法听取犯罪嫌疑人、被告人、辩护人或者值班律师、被害人及其诉讼代理人的意见,客观公正提出量刑建议。

(四)罪责刑相适应。提出量刑建议既要体现认罪认罚从宽,又要考虑犯罪嫌疑人、被告人所犯罪行的轻重、应负的刑事责任和社会危险性的大小,确保罚当其罪,避免罪责刑失衡。

(五)量刑均衡。涉嫌犯罪的事实、情节基本相同的案件,提出的量刑建议应当保持基本均衡。

(15)累犯

以"张某伟故意杀人案"①为例,法院认定,被告人张某伟故意非法剥夺他人生命,其行为已构成故意杀人罪。张某伟因不能正确处理婚恋纠纷,持菜刀砍击二被害人要害部位多刀,致一人死亡、一人重伤,犯罪手段残忍,情节恶劣,后果和罪行极其严重,应依法惩处。张某伟曾因犯强奸罪被判处刑罚,在刑罚执行完毕以后 5 年内又犯罪,系累犯,说明其不思悔改,主观恶性深,人身危险性大,应依法从重处罚。

法条链接

**《刑法》第六十五条　【一般累犯】**被判处有期徒刑以上刑罚的犯罪分子,刑罚执行完毕或者赦免以后,在五年以内再犯应当判处有期徒刑以上刑罚之罪的,是累犯,应当从重处罚,但是过失犯罪和不满十八周岁的人犯罪的除外。

前款规定的期限,对于被假释的犯罪分子,从假释期满之日起计算。

**第六十六条　【特别累犯】**危害国家安全犯罪、恐怖活动犯罪、黑社会性质的组织犯罪的犯罪分子,在刑罚执行完毕或者赦免以后,在任何时候再犯上述任一类罪的,都以累犯论处。

**最高人民法院、最高人民检察院《关于常见犯罪的量刑指导意见(试行)》**

**三、常见量刑情节的适用**

……

(十五)对于累犯,综合考虑前后罪的性质、刑罚执行完毕或赦免以后至再犯罪时间的长短以及前后罪罪行轻重等情况,应当增加基准刑的 10% -40%,一般不少于 3 个月。

……

① 参见河南省高级人民法院刑事裁定书,(2012)豫法刑四终字第 222 号。

(16)具有犯罪前科

以“王某容留他人吸毒案”[①]为例,法院认定,被告人王某为他人吸食毒品提供场所,其行为已构成容留他人吸毒罪,依法应予惩处。公诉机关对被告人王某犯容留他人吸毒罪的指控成立,法院予以支持。被告人王某自动投案并如实供述自己的罪行,是自首,依法可以从轻处罚。被告人王某具有犯罪前科和多次吸毒劣迹,可酌情从重处罚。

**法条链接**

**《刑法》第一百条　【前科报告制度】**依法受过刑事处罚的人,在入伍、就业的时候,应当如实向有关单位报告自己曾受过刑事处罚,不得隐瞒。

犯罪的时候不满十八周岁被判处五年有期徒刑以下刑罚的人,免除前款规定的报告义务。

**最高人民检察院《人民检察院办理认罪认罚案件开展量刑建议工作的指导意见》第七条第三款**　对于累犯、惯犯以及前科、劣迹等情节,应当调取相关的判决、裁定、释放证明等材料,并重点审查前后行为的性质、间隔长短、次数、罪行轻重等情况。

**第八条**　人民检察院应当根据案件情况对犯罪嫌疑人犯罪手段、犯罪动机、主观恶性、是否和解谅解、是否退赃退赔、有无前科劣迹等酌定量刑情节进行审查,并结合犯罪嫌疑人的家庭状况、成长环境、心理健康情况等进行审查,综合判断。

有关个人品格方面的证据材料不得作为定罪证据,但与犯罪相关的个人品格情况可以作为酌定量刑情节予以综合考虑。

**最高人民法院、最高人民检察院《关于常见犯罪的量刑指导意见(试行)》**

**三、常见量刑情节的适用**

……

(十六)对于有前科的,综合考虑前科的性质、时间间隔长短、次数、处罚轻重等情况,可以增加基准刑的10%以下。前科犯罪为过失犯罪和未成年人犯罪的除外。

……

(17)针对弱势人员犯罪

以“赖某智故意杀人案”[②]为例,最高人民法院复核认定,被告人赖某智故意非

① 参见江苏省泰兴市人民法院刑事判决书,(2017)苏1283刑初44号。

② 参见江西省高级人民法院刑事裁定书,(2014)赣刑一终字第103号。

法剥夺他人生命,其行为已构成故意杀人罪。赖某智酒后持刀捅刺无辜被害人数刀,致被害人及其腹中胎儿死亡,犯罪手段特别残忍,情节特别恶劣,后果特别严重,实属罪行极其严重,应依法惩处。

**法条链接**

**最高人民法院、最高人民检察院《关于常见犯罪的量刑指导意见(试行)》**

**三、常见量刑情节的适用**

……

(十七)对于犯罪对象为未成年人、老年人、残疾人、孕妇等弱势人员的,综合考虑犯罪的性质、犯罪的严重程度等情况,可以增加基准刑的20%以下。

……

(18)灾害期间犯罪

以“许某甲、许某乙、蓝某某盗窃案”①为例,法院认定,被告人许某甲、许某乙、蓝某某以非法占有为目的,在自然灾害期间,在自然灾害发生地结伙采用秘密手段窃取他人财物,数额较大,其行为侵犯公民的财产权利,均已构成盗窃罪。公诉机关指控被告人许某甲、许某乙、蓝某某犯盗窃罪的罪名成立。鉴于被告人许某甲、许某乙、蓝某某当庭自愿认罪,以及案后其亲属积极赔偿被害方的经济损失并取得其谅解等情节,酌情均对三被告人予以从轻处罚。被告人许某甲的辩护人提出的被告人许某甲归案后认罪态度较好,系初犯,其亲属积极赔偿被害方的经济损失并取得其谅解,请求对被告人许某甲从轻处罚的辩护意见,有事实和法律依据,理由成立,予以采纳;但提出的被告人许某甲犯罪情节轻微的辩护意见,经查,被告人许某甲伙同同案被告人在自然灾害期间实施盗窃,其行为依法不能认定为犯罪情节轻微,因此,被告人许某甲的辩护人提出的上述辩护意见,理由依据不足,不予采纳。

**法条链接**

**最高人民法院、最高人民检察院《关于办理危害药品安全刑事案件适用法律若干问题的解释》第一条** 生产、销售、提供假药,具有下列情形之一的,应当酌情从重处罚:

……

① 参见广东省汕头市潮南区人民法院刑事判决书,(2014)汕南法刑初字第250号。

（四）涉案药品系用于应对自然灾害、事故灾难、公共卫生事件、社会安全事件等突发事件的；

……

**最高人民法院、最高人民检察院《关于常见犯罪的量刑指导意见（试行）》**

**三、常见量刑情节的适用**

……

（十八）对于在重大自然灾害、预防、控制突发传染病疫情等灾害期间故意犯罪的，根据案件的具体情况，可以增加基准刑的20%以下。

……

2. 司法解释中涉及的量刑情节

具体犯罪的司法解释涉及大量量刑情节，下文选取2010年至2022年的司法解释中的量刑情节，结合相关案例判决进行具体分析说明。

（1）交通肇事罪

以“邢某超交通肇事案”[①]为例，法院认定，被告人邢某超违反交通运输管理法规，忽视交通安全，驾驶机动车发生重大交通事故，致一人重伤，负事故主要责任，为逃避法律追究而逃跑，其行为已构成交通肇事罪，且属于交通运输肇事后逃逸，依法应予惩处。公诉机关指控的罪名成立。被告人邢某超自动投案，如实供述自己的罪行，系自首，且自愿认罪认罚，依法可以从轻或者减轻处罚。对被告人邢某超在事故发生后及时救助伤者、其犯罪行为给被害人造成的损伤后果及其无犯罪记录等情节，在量刑时予以考虑。根据本案的具体情节，法院依法决定对被告人邢某超减轻处罚。依照最高人民法院《关于审理交通肇事刑事案件具体应用法律若干问题的解释》第2条第2款第2项、第3条之规定，判决邢某超犯交通肇事罪，判处有期徒刑2年。

**法条链接**

**《刑法》第一百三十三条　【交通肇事罪】**违反交通运输管理法规，因而发生重大事故，致人重伤、死亡或者使公私财产遭受重大损失的，处三年以下有期徒刑或者拘役；交通

① 参见北京市通州区人民法院刑事判决书，（2022）京0112刑初386号。

运输肇事后逃逸或者有其他特别恶劣情节的,处三年以上七年以下有期徒刑;因逃逸致人死亡的,处七年以上有期徒刑。

**最高人民法院《关于审理交通肇事刑事案件具体应用法律若干问题的解释》第二条** 交通肇事具有下列情形之一的,处三年以下有期徒刑或者拘役:

(一)死亡一人或者重伤三人以上,负事故全部或者主要责任的;

(二)死亡三人以上,负事故同等责任的;

(三)造成公共财产或者他人财产直接损失,负事故全部或者主要责任,无能力赔偿数额在三十万元以上的。

交通肇事致一人以上重伤,负事故全部或者主要责任,并具有下列情形之一的,以交通肇事罪定罪处罚:

(一)酒后、吸食毒品后驾驶机动车辆的;

(二)无驾驶资格驾驶机动车辆的;

(三)明知是安全装置不全或者安全机件失灵的机动车辆而驾驶的;

(四)明知是无牌证或者已报废的机动车辆而驾驶的;

(五)严重超载驾驶的;

(六)为逃避法律追究逃离事故现场的。

**第三条** "交通运输肇事后逃逸",是指行为人具有本解释第二条第一款规定和第二款第(一)至(五)项规定的情形之一,在发生交通事故后,为逃避法律追究而逃跑的行为。

(2)危险驾驶罪

以"马某雨危险驾驶案"①为例,二审法院认定,原审被告人马某雨违反交通运输管理法规,在道路上醉酒后无证驾驶机动车,其行为已构成危险驾驶罪。马某雨醉酒且酒精含量高达230.86毫克/100毫升,无驾驶资格驾驶机动车辆在道路上行驶,又发生事故,应当从重处罚。一审公诉机关当庭建议对马某雨判处拘役2~3个月,并处罚金,一审法院判处马某雨拘役3个月,缓刑3个月,并处罚金5000元,但根据南阳市中级人民法院、南阳市人民检察院、南阳市公安局印发的《关于办理醉酒驾驶机动车刑事案件适用法律若干问题的意见》的规定,不宜对马某雨适用缓刑,一审判决量刑不当,应予改判。抗诉机关的抗诉理由成立,二审法院予以采纳。

① 参见河南省南阳市中级人民法院刑事判决书,(2017)豫13刑终389号。

**法条链接**

**《刑法》第一百三十三条之一　【危险驾驶罪】**在道路上驾驶机动车，有下列情形之一的，处拘役，并处罚金：

（一）追逐竞驶，情节恶劣的；

（二）醉酒驾驶机动车的；

（三）从事校车业务或者旅客运输，严重超过额定乘员载客，或者严重超过规定时速行驶的；

（四）违反危险化学品安全管理规定运输危险化学品，危及公共安全的。

机动车所有人、管理人对前款第三项、第四项行为负有直接责任的，依照前款的规定处罚。

有前两款行为，同时构成其他犯罪的，依照处罚较重的规定定罪处罚。

**最高人民法院、最高人民检察院、公安部《关于办理醉酒驾驶机动车刑事案件适用法律若干问题的意见》**

……

二、醉酒驾驶机动车，具有下列情形之一的，依照刑法第一百三十三条之一第一款的规定，从重处罚：

（一）造成交通事故且负事故全部或者主要责任，或者造成交通事故后逃逸，尚未构成其他犯罪的；

（二）血液酒精含量达到200毫克/100毫升以上的；

（三）在高速公路、城市快速路上驾驶的；

（四）驾驶载有乘客的营运机动车的；

（五）有严重超员、超载或者超速驾驶，无驾驶资格驾驶机动车，使用伪造或者变造的机动车牌证等严重违反道路交通安全法的行为的；

（六）逃避公安机关依法检查，或者拒绝、阻碍公安机关依法检查尚未构成其他犯罪的；

（七）曾因酒后驾驶机动车受过行政处罚或者刑事追究的；

（八）其他可以从重处罚的情形。

三、醉酒驾驶机动车，以暴力、威胁方法阻碍公安机关依法检查，又构成妨害公务罪等其他犯罪的，依照数罪并罚的规定处罚。

(3)非法吸收公众存款罪

以“邱某伶非法吸收公众存款罪案”①为例,二审法院认定,上诉人邱某伶负责的顺德片区非法吸收公众投资款219.3万元,造成公众实际损失186.17万元。该事实有被害人周某慧、胡某中等人提供的报警简况、借款协议及陈述材料和辨认笔录等证据证明。上诉人及其辩护人提出邱某伶负责的片区仅非法吸收公众投资款184万元、造成被害人实际损失164.18万元的事实没有证据支持,不予采纳。依照最高人民法院《关于审理非法集资刑事案件具体应用法律若干问题的解释》第3条②的规定,邱某伶非法吸收公众存款数额巨大,一审判决对邱某伶的量刑在法定幅度内,量刑适当。

**法条链接**

**《刑法》第一百七十六条 【非法吸收公众存款罪】**非法吸收公众存款或者变相吸收公众存款,扰乱金融秩序的,处三年以下有期徒刑或者拘役,并处或者单处罚金;数额巨大或者有其他严重情节的,处三年以上十年以下有期徒刑,并处罚金;数额特别巨大或者有其他特别严重情节的,处十年以上有期徒刑,并处罚金。

单位犯前款罪的,对单位判处罚金,并对其直接负责的主管人员和其他直接责任人员,依照前款的规定处罚。

有前两款行为,在提起公诉前积极退赃退赔,减少损害结果发生的,可以从轻或者减轻处罚。

**最高人民法院《关于审理非法集资刑事案件具体应用法律若干问题的解释》第三条** 非法吸收或者变相吸收公众存款,具有下列情形之一的,应当依法追究刑事责任:

(一)非法吸收或者变相吸收公众存款数额在100万元以上的;

(二)非法吸收或者变相吸收公众存款对象150人以上的;

(三)非法吸收或者变相吸收公众存款,给存款人造成直接经济损失数额在50万元以上的。

非法吸收或者变相吸收公众存款数额在50万元以上或者给存款人造成直接经济损失数额在25万元以上,同时具有下列情节之一的,应当依法追究刑事责任:

(一)曾因非法集资受过刑事追究的;

① 参见广东省高级人民法院刑事裁定书,(2016)粤刑终179号。

② 参见2022年修正的最高人民法院《关于审理非法集资刑事案件具体应用法律若干问题的解释》第3条相关标准有调整。

(二)二年内曾因非法集资受过行政处罚的;

(三)造成恶劣社会影响或者其他严重后果的。

**第四条** 非法吸收或者变相吸收公众存款,具有下列情形之一的,应当认定为刑法第一百七十六条规定的"数额巨大或者有其他严重情节":

(一)非法吸收或者变相吸收公众存款数额在500万元以上的;

(二)非法吸收或者变相吸收公众存款对象500人以上的;

(三)非法吸收或者变相吸收公众存款,给存款人造成直接经济损失数额在250万元以上的。

非法吸收或者变相吸收公众存款数额在250万元以上或者给存款人造成直接经济损失数额在150万元以上,同时具有本解释第三条第二款第三项情节的,应当认定为"其他严重情节"。

**第五条** 非法吸收或者变相吸收公众存款,具有下列情形之一的,应当认定为刑法第一百七十六条规定的"数额特别巨大或者有其他特别严重情节":

(一)非法吸收或者变相吸收公众存款数额在5000万元以上的;

(二)非法吸收或者变相吸收公众存款对象5000人以上的;

(三)非法吸收或者变相吸收公众存款,给存款人造成直接经济损失数额在2500万元以上的。

非法吸收或者变相吸收公众存款数额在2500万元以上或者给存款人造成直接经济损失数额在1500万元以上,同时具有本解释第三条第二款第三项情节的,应当认定为"其他特别严重情节"。

(4)集资诈骗罪

以"林某雷集资诈骗案"①为例,二审法院认定,上诉人林某雷以非法占有为目的,伙同他人使用诈骗方法非法集资,数额巨大,其行为构成集资诈骗罪,依法应予惩处。林某雷退赔部分被害人的经济损失,可酌予从轻处罚。林某雷的犯罪行为给被害人造成的经济损失,应当责令其退赔。对于林某雷及其辩护人所提被害人李某1的涉案钱款不应认定为本案犯罪金额的上诉理由和辩护意见,经查:根据在案微信聊天记录、银行账户交易明细、被害人李某2陈述、证人谭某1证言等证据可以证明,李某1参与了涉案公司筹建和部分经营活动,与林某雷、王某军存在资金往

① 参见北京市第三中级人民法院刑事裁定书,(2021)京03刑终810号。

来,且其明知涉案钱款的真实用途,未陷入错误认识而处分财物,并非本案被害人。故林某雷及其辩护人所提此节上诉理由和辩护意见成立,法院予以采纳。对于林某雷的辩护人另提一审判决未认定林某雷具有积极退赔被害人李某2经济损失的量刑情节等辩护意见,经查属实,二审法院予以采纳。对于公诉机关的书面审查意见,法院予以采纳。综上所述,一审法院根据林某雷犯罪的事实,犯罪的性质、情节及对于社会的危害程度所作的判决,主要事实清楚,证据确实、充分,定罪正确,审判程序合法,唯对部分事实的认定及法律适用有误,量刑不当,依照《刑法》(2020年修正)第192条、最高人民法院《关于审理非法集资刑事案件具体应用法律若干问题的解释》(2022年修正)第8条、第9条之规定,依法予以改判。

法条链接

**《刑法》第一百九十二条　【集资诈骗罪】**以非法占有为目的,使用诈骗方法非法集资,数额较大的,处三年以上七年以下有期徒刑,并处罚金;数额巨大或者有其他严重情节的,处七年以上有期徒刑或者无期徒刑,并处罚金或者没收财产。

单位犯前款罪的,对单位判处罚金,并对其直接负责的主管人员和其他直接责任人员,依照前款的规定处罚。

**最高人民法院《关于审理非法集资刑事案件具体应用法律若干问题的解释》第八条** 集资诈骗数额在10万元以上的,应当认定为"数额较大";数额在100万元以上的,应当认定为"数额巨大"。

集资诈骗数额在50万元以上,同时具有本解释第三条第二款第三项情节的,应当认定为刑法第一百九十二条规定的"其他严重情节"。

集资诈骗的数额以行为人实际骗取的数额计算,在案发前已归还的数额应予扣除。行为人为实施集资诈骗活动而支付的广告费、中介费、手续费、回扣,或者用于行贿、赠与等费用,不予扣除。行为人为实施集资诈骗活动而支付的利息,除本金未归还可予折抵本金以外,应当计入诈骗数额。

**第九条**　犯非法吸收公众存款罪,判处三年以下有期徒刑或者拘役,并处或者单处罚金的,处五万元以上一百万元以下罚金;判处三年以上十年以下有期徒刑的,并处十万元以上五百万元以下罚金;判处十年以上有期徒刑的,并处五十万元以上罚金。

犯集资诈骗罪,判处三年以上七年以下有期徒刑的,并处十万元以上五百万元以下罚金;判处七年以上有期徒刑或者无期徒刑的,并处五十万元以上罚金或者没收财产。

(5)信用卡诈骗罪

以“王某信用卡诈骗案”[①]为例,二审法院认定,对于上诉人王某所提其只是因资金链断裂而暂时还不上银行欠款,没有出具虚假收入证明,不具有非法占有的目的的上诉理由,以及辩护人所提王某主观上不具有非法占有的目的,虚假材料系银行业务员提供的辩护意见,经查,王某申领涉案信用卡的资信证明包括其在膳养天下(北京)科贸有限公司任总经理的工作收入证明及该公司企业法人营业执照,但在案原北京市工商行政管理局企业登记信息材料查询单、证人董某的证言等证据证明,王某并未在该公司任职,王某在侦查阶段亦供认其是找一个叫李某军的人提供的上述虚假证明材料。王某及其辩护人所提上述上诉理由和辩护意见,无证据支持。现有证据可以认定,王某使用虚假资信证明申领信用卡后透支,无法归还,根据最高人民法院、最高人民检察院《关于办理妨害信用卡管理刑事案件具体应用法律若干问题的解释》(2018 年修正)第 6 条第 3 款第 2 项的规定,应当认定王某“以非法占有为目的”。上诉人王某及其辩护人的上述上诉理由及辩护意见不成立,法院不予采纳。

对于辩护人所提光大银行提供的消费明细等证据没有银行工作人员签名加盖单位公章,不符合证据要求的辩护意见,经查,上述证据有光大银行公章,但无银行工作人员签名,确实不符合最高人民法院、最高人民检察院《关于办理妨害信用卡管理刑事案件具体应用法律若干问题的解释》(2018 年修正)第 7 条第 3 款中“发卡银行提供的相关证据材料,应当有银行工作人员签名和银行公章”的规定,经二审法院通知本案侦查机关,光大银行报案人曹某于 2019 年 9 月 27 日到二审法院对其提供的消费明细等证据加签了其姓名,根据《刑事诉讼法》(2018 年修正)第 56 条中补证的规定,该证据可以作为定案依据。二审法院对该节辩护意见予以采纳。

对于王某所提一审判决量刑过重的上诉理由,以及辩护人所提王某在提起公诉前已经足额偿还,对方出具了谅解书,即使入罪,也应对王某免予刑事处罚的辩护意见,经查,最高人民法院、最高人民检察院《关于办理妨害信用卡管理刑事案件具体应用法律若干问题的解释》第 10 条规定:“恶意透支数额较大,在提起公诉前全部归还或者具有其他情节轻微情形的,可以不起诉;在一审判决前全部归还或者具有其他情节轻微情形的,可以免予刑事处罚。但是,曾因信用卡诈骗受过两次以上处罚的除外。”该条规定的是“可以”不起诉和免予刑事处罚。王某在一审期间未

① 参见北京市第二中级人民法院刑事裁定书,(2019)京 02 刑终 580 号。

认罪悔罪,一审法院鉴于其被抓获后已退还中国光大银行的透支款项并取得谅解,对其从轻判处接近法定最低刑的有期徒刑8个月和法定最低数额的罚金,量刑并无不当,故二审法院对以上上诉理由及辩护意见不予采纳。

**法条链接**

**《刑法》第一百九十六条　【信用卡诈骗罪】**有下列情形之一,进行信用卡诈骗活动,数额较大的,处五年以下有期徒刑或者拘役,并处二万元以上二十万元以下罚金;数额巨大或者有其他严重情节的,处五年以上十年以下有期徒刑,并处五万元以上五十万元以下罚金;数额特别巨大或者有其他特别严重情节的,处十年以上有期徒刑或者无期徒刑,并处五万元以上五十万元以下罚金或者没收财产:

(一)使用伪造的信用卡,或者使用以虚假的身份证明骗领的信用卡的;

(二)使用作废的信用卡的;

(三)冒用他人信用卡的;

(四)恶意透支的。

前款所称恶意透支,是指持卡人以非法占有为目的,超过规定限额或者规定期限透支,并且经发卡银行催收后仍不归还的行为。

**【盗窃罪】**盗窃信用卡并使用的,依照本法第二百六十四条的规定定罪处罚。

**最高人民法院、最高人民检察院《关于办理妨害信用卡管理刑事案件具体应用法律若干问题的解释》第六条**　持卡人以非法占有为目的,超过规定限额或者规定期限透支,经发卡银行两次有效催收后超过三个月仍不归还的,应当认定为刑法第一百九十六条规定的"恶意透支"。

对于是否以非法占有为目的,应当综合持卡人信用记录、还款能力和意愿、申领和透支信用卡的状况、透支资金的用途、透支后的表现、未按规定还款的原因等情节作出判断。不得单纯依据持卡人未按规定还款的事实认定非法占有目的。

具有以下情形之一的,应当认定为刑法第一百九十六条第二款规定的"以非法占有为目的",但有证据证明持卡人确实不具有非法占有目的的除外:

(一)明知没有还款能力而大量透支,无法归还的;

(二)使用虚假资信证明申领信用卡后透支,无法归还的;

(三)透支后通过逃匿、改变联系方式等手段,逃避银行催收的;

(四)抽逃、转移资金,隐匿财产,逃避还款的;

(五)使用透支的资金进行犯罪活动的;

(六)其他非法占有资金,拒不归还的情形。

**第七条** 催收同时符合下列条件的，应当认定为本解释第六条规定的“有效催收”：

（一）在透支超过规定限额或者规定期限后进行；

（二）催收应当采用能够确认持卡人收悉的方式，但持卡人故意逃避催收的除外；

（三）两次催收至少间隔三十日；

（四）符合催收的有关规定或者约定。

对于是否属于有效催收，应当根据发卡银行提供的电话录音、信息送达记录、信函送达回执、电子邮件送达记录、持卡人或者其家属签字以及其他催收原始证据材料作出判断。

发卡银行提供的相关证据材料，应当有银行工作人员签名和银行公章。

**第十条** 恶意透支数额较大，在提起公诉前全部归还或者具有其他情节轻微情形的，可以不起诉；在一审判决前全部归还或者具有其他情节轻微情形的，可以免予刑事处罚。但是，曾因信用卡诈骗受过两次以上处罚的除外。

（6）合同诈骗罪

以“王某明合同诈骗案”①为例，二审法院认定，上诉人王某明以非法占有为目的，冒用他人名义签订合同，其行为已构成合同诈骗罪，且数额特别巨大，依法应予惩处。鉴于王某明合同诈骗中的大部分犯罪金额系未遂；到案后能够如实供述犯罪事实，且退赔全部赃款，取得了被害人的谅解，故可依法对其减轻处罚。一审法院根据王某明犯罪的事实、犯罪的性质、情节及对社会的危害程度作出的判决，事实清楚，证据确实、充分，定性准确，审判程序合法；但认定王某明犯罪数额巨大，确属不当，二审法院予以纠正。公诉机关的抗诉意见及其上级检察院的支持抗诉意见，二审法院予以采纳。根据我国刑法关于诈骗犯罪处罚原则的有关规定，考虑王某明合同诈骗既遂30万元、未遂70万元的数额对应的量刑幅度及可予减轻处罚等因素，原判对其量刑在法定幅度之内，且抗诉机关亦未对量刑提出异议，故应予维持。王某明撤回上诉的申请符合法律规定，二审法院依法准许。

**法条链接**

**《刑法》第二百二十四条 【合同诈骗罪】**有下列情形之一，以非法占有为目的，在签订、履行合同过程中，骗取对方当事人财物，数额较大的，处三年以下有期徒刑或者拘役，

① 参见北京市第一中级人民法院刑事裁定书，（2013）一中刑终字第4134号。

并处或者单处罚金;数额巨大或者有其他严重情节的,处三年以上十年以下有期徒刑,并处罚金;数额特别巨大或者有其他特别严重情节的,处十年以上有期徒刑或者无期徒刑,并处罚金或者没收财产:

(一)以虚构的单位或者冒用他人名义签订合同的;

(二)以伪造、变造、作废的票据或者其他虚假的产权证明作担保的;

(三)没有实际履行能力,以先履行小额合同或者部分履行合同的方法,诱骗对方当事人继续签订和履行合同的;

(四)收受对方当事人给付的货物、货款、预付款或者担保财产后逃匿的;

(五)以其他方法骗取对方当事人财物的。

**最高人民法院、最高人民检察院《关于办理诈骗刑事案件具体应用法律若干问题的解释》第六条** 诈骗既有既遂,又有未遂,分别达到不同量刑幅度的,依照处罚较重的规定处罚;达到同一量刑幅度的,以诈骗罪既遂处罚。

(7)故意伤害罪

以"马某龙故意伤害案"①为例,二审法院认为,关于原审附带民事诉讼原告人肖某强及其诉讼代理人提出的马某龙的犯罪手段特别残忍,犯罪情节特别严重,无悔罪表现,应判处10年以上有期徒刑、无期徒刑或者死刑,原判量刑畸轻的上诉理由及代理意见,根据最高人民法院《关于审理故意杀人、故意伤害案件正确适用死刑问题的指导意见》和最高人民法院《关于常见犯罪的量刑指导意见》(2013年修正)的相关规定,马某龙用刀刺伤肖某强,虽致肖某强六级伤残,但不属以特别残忍手段致人重伤的情形,不应在10年以上有期徒刑、无期徒刑或死刑量刑,故该上诉理由,二审法院不予采纳。

**法条链接**

**《刑法》第二百三十四条 【故意伤害罪】**故意伤害他人身体的,处三年以下有期徒刑、拘役或者管制。

犯前款罪,致人重伤的,处三年以上十年以下有期徒刑;致人死亡或者以特别残忍手段致人重伤造成严重残疾的,处十年以上有期徒刑、无期徒刑或者死刑。本法另有规定的,依照规定。

① 参见河南省平顶山市中级人民法院刑事裁定书,(2015)平刑终字第56号。

**最高人民法院《关于审理故意杀人、故意伤害案件正确适用死刑问题的指导意见》**

**三、关于故意伤害罪的死刑适用**

……

故意伤害案件中“严重残疾”的标准，在有关司法解释出台前，可参照1996年国家技术监督局颁布的《职工工伤与职业病致残程度鉴定标准》确定残疾等级。即“严重残疾”是指下列情形之一：被害人身体器官大部缺损、器官明显畸形、身体器官有中等功能障碍、造成严重并发症等。残疾程度可以分为一般残疾（十至七级）、严重残疾（六至三级）、特别严重残疾（二至一级）六级以上为“严重残疾”。

……

（8）强奸罪

以“张某喜强奸案”①为例，再审法院认定，关于抗诉机关认为原审被告人张某喜的强奸行为已经达到“情节恶劣”的程度，应当判处10年以上有期徒刑、无期徒刑或者死刑的抗诉意见。再审法院认为，（1）被害人张某1出生于1998年7月20日，根据案件审理时证据查明的事实是张某喜第一次强奸被害人的时间在2012年夏季，虽然当时张某1系未成年人，但没有确实、充分的证据证明张某1当时是否未满14周岁，故不能认定其当时系幼女。（2）张某喜利用抚养关系多次强奸被害人并造成被害人怀孕、堕胎的后果，被害人也有自伤、自残、自杀等行为，但尚不构成情节恶劣。（3）根据最高人民法院、最高人民检察院、公安部、司法部《关于依法惩治性侵害未成年人犯罪的意见》第25条：“针对未成年人实施强奸、猥亵犯罪的，应当从重处罚，具有下列情形之一的，更要依法从严惩处：（1）对未成年人负有特殊职责的人员、与未成年人有共同家庭生活关系的人员、国家工作人员或者冒充国家工作人员，实施强奸、猥亵犯罪的……”的规定，原审已经在“三年以上十年以下有期徒刑”的范围内从重处罚。原审被告人张某喜利用与被害人张某1之间的抚养、教养关系，采取胁迫手段，违背未成年少女的意志，多次强行与被害人发生性关系，其行为已构成强奸罪。原审认定的事实清楚、证据确实、充分，定罪准确，审判程序合法。原审已依法在法定幅度范围内对张某喜从重处罚，适用法律并无不当。故湖北省人民检察院的抗诉意见及武汉市人民检察院的出庭意见，再审法院不予采纳。

---

① 参见湖北省武汉市中级人民法院刑事裁定书，（2017）鄂01刑再2号。

**法条链接**

**《刑法》第二百三十六条 【强奸罪】**以暴力、胁迫或者其他手段强奸妇女的,处三年以上十年以下有期徒刑。

奸淫不满十四周岁的幼女的,以强奸论,从重处罚。

强奸妇女、奸淫幼女,有下列情形之一的,处十年以上有期徒刑、无期徒刑或者死刑:

(一)强奸妇女、奸淫幼女情节恶劣的;

(二)强奸妇女、奸淫幼女多人的;

(三)在公共场所当众强奸妇女、奸淫幼女的;

(四)二人以上轮奸的;

(五)奸淫不满十周岁的幼女或者造成幼女伤害的;

(六)致使被害人重伤、死亡或者造成其他严重后果的。

(9)非法拘禁罪

以"张某非法拘禁案"①为例,法院认定,被告人张某无视国法,为索取赌债,非法限制他人人身自由,其行为已构成非法拘禁罪,依法应予惩处。对于附带民事诉讼原告人之诉讼代理人所提本案没有证据证明王某欠张某钱款,张某的行为构成抢劫罪,而不是非法拘禁罪的代理意见,经查:被告人张某主观上以追索赌债为目的,并无非法占有被害人财产的目的;客观上非法限制被害人自由,向被害人索要了与赌债金额相当的钱款。综合全案证据,根据主客观相统一的原则,本案应以非法拘禁罪定罪处罚,故该代理意见缺乏法律根据,法院不予采纳。鉴于本案具有殴打情节,且致被害人轻伤一级,依法应予从重处罚;被告人张某当庭能自愿认罪,且已缴纳赔偿款在案,故法院对其所犯罪行酌予从轻处罚。辩护人的相关辩护意见,法院酌予采纳。依照最高人民法院《关于对为索取法律不予保护的债务非法拘禁他人行为如何定罪问题的解释》的相关规定,判决张某犯非法拘禁罪,判处有期徒刑2年。

**法条链接**

**《刑法》第二百三十八条 【非法拘禁罪】**非法拘禁他人或者以其他方法非法剥夺他人人身自由的,处三年以下有期徒刑、拘役、管制或者剥夺政治权利。具有殴打、侮辱情节的,从重处罚。

① 北京市朝阳区人民法院刑事附带民事判决书,(2014)朝刑初字第501号。

> 犯前款罪，致人重伤的，处三年以上十年以下有期徒刑；致人死亡的，处十年以上有期徒刑。使用暴力致人伤残、死亡的，依照本法第二百三十四条、第二百三十二条的规定定罪处罚。
>
> 为索取债务非法扣押、拘禁他人的，依照前两款的规定处罚。
>
> 国家机关工作人员利用职权犯前三款罪的，依照前三款的规定从重处罚。
>
> **最高人民法院《关于对为索取法律不予保护的债务非法拘禁他人行为如何定罪问题的解释》**为了正确适用刑法，现就为索取高利贷、赌债等法律不予保护的债务，非法拘禁他人行为如何定罪问题解释如下：
>
> 行为人为索取高利贷、赌债等法律不予保护的债务，非法扣押、拘禁他人的，依照刑法第二百三十八条的规定定罪处罚。

(10)抢劫罪

以"霍某坤、姚某峰抢劫案"①为例，一审法院认定，被告人霍某坤、姚某峰以非法占有为目的，共同秘密窃取他人财物，数额较大，其行为均已构成盗窃罪，且属共同犯罪。关于公诉机关对被告人霍某坤、姚某峰犯抢劫罪的罪名指控，经查，被告人霍某坤、姚某峰携带被盗手机驾车驶离足疗店，致索要手机的张某轻微伤、刘某皮肤擦伤的事实，除被害人张某、刘某的陈述和报警记录外，再无其他客观性证据证实被害人的伤情是二被告人驾车逃离所为，且被告人霍某坤、姚某峰的辩护人提出的公安机关在 2016 年 9 月 3 日对被害人张某、证人刘某取证的时间存在冲突，存在公安机关同时询问二被害人的情形，辨认笔录中的见证人员为出警人员，不得作为见证人员，对违反法定程序的证据应予排除的辩护意见，经查属实，法院予以采信，对上述证据予以依法排除。虽然日后公安机关在侦查阶段又对二被害人单独予以询问，其证据效力应当慎重考虑，尤其与被告人供述不一致的部分，又无其他客观证据予以佐证的，不足以排除疑问的，一般不予采纳；另外，被告人驾车逃离属于以摆脱的方式逃脱抓捕，根据最高人民法院《关于审理抢劫刑事案件适用法律若干问题的指导意见》第 3 条第 2 项"对于以摆脱的方式逃脱抓捕，暴力强度较小，未造成轻伤以上后果的，可不认定为'使用暴力'，不以抢劫罪论处"的规定，该案应属于暴力强度较小，未造成轻伤以上后果，可不认定为"使用暴力"，不以抢劫罪论处。综上所述，法院对公诉机关指控二被告人犯抢劫罪不予支持；关于被告人霍某坤、姚

---

① 参见河北省唐山市曹妃甸区人民法院刑事判决书，(2018)冀 0209 刑初 129 号。

某峰的辩护人提出的其他关于证据存在瑕疵,应予以排除的辩护意见,经查,公安机关已对相关证据的瑕疵进行补正或者作出合理解释,法院予以采用,并对被告人霍某坤、姚某峰的辩护人提出的对前述瑕疵证据予以排除的辩护意见不予采信。关于二被告人及其辩护人提出的二被告人无犯罪故意的辩护意见,经查,被告人霍某坤酒后与被告人姚某峰驾车到足疗店内按摩,趁店内服务员张某洗手之机,将其放在床上的苹果手机拿走,张某、刘某在车的副驾驶处索要手机,被告人霍某坤指使被告人姚某峰强行驾车驶离,以及被害人报警后,公安人员现场给二被告人打电话让其送还手机并接受处理,后二被告人将手机送还的事实,有被害人张某、刘某的陈述证实以上全部过程,二被告人在侦查机关的供述,也供述了以上除偷拿手机的其他事实,证人薛某、姚某也证实二被告人当天归还手机的事实,以及被害人因手机被抢而报警的事实,另外还有出警人员张某庭、郭某伟的出警情况说明,证实到现场后通过给被害人张某丢失的手机打电话,让接电话的嫌疑人送还手机并接受处理,另外还有报警记录、手机通话清单等予以佐证,以上证据能够形成一条完整证据链条,证实二被告人盗窃手机后逃离,并在报警后迫于压力送还的事实,因此,被告人霍某坤、姚某峰及其辩护人的该项辩护意见理据不足,法院不予采信。关于被告人霍某坤提出的被害人并无住院记录,霍某坤对被害人的轻微伤鉴定意见有异议,当时并未通知霍某坤,如果通知了,霍某坤可以申请二次鉴定的辩护意见以及被害人伤情与霍某坤无关的辩护意见,经查,被害人张某、刘某受伤后,因被告人霍某坤、姚某峰虽退还手机,但未按公安人员要求到公安机关说明情况,公安机关在抓获被告人霍某坤、姚某峰后,已书面告知该二人张某的轻微伤鉴定意见,被告人霍某坤未提出重新鉴定申请。而且对于致伤的事实的认定,还需相关证据予以佐证,法院未直接采信二被害人的陈述予以认定,故被告人霍某坤关于公安机关影响其申请重新鉴定的辩护意见,法院不予采信,其他辩护意见结合证据予以考虑。被告人姚某峰在共同犯罪中仅在被告人霍某坤的示意下,驾车携赃物逃离,起次要、辅助作用,系从犯,其犯罪情节轻微不需要判处刑罚,法院对其免予刑事处罚。

**法条链接**

**《刑法》第二百六十三条　【抢劫罪】**以暴力、胁迫或者其他方法抢劫公私财物的,处三年以上十年以下有期徒刑,并处罚金;有下列情形之一的,处十年以上有期徒刑、无期徒刑或者死刑,并处罚金或者没收财产:

(一)入户抢劫的;

（二）在公共交通工具上抢劫的；

（三）抢劫银行或者其他金融机构的；

（四）多次抢劫或者抢劫数额巨大的；

（五）抢劫致人重伤、死亡的；

（六）冒充军警人员抢劫的；

（七）持枪抢劫的；

（八）抢劫军用物资或者抢险、救灾、救济物资的。

**最高人民法院《关于审理抢劫刑事案件适用法律若干问题的指导意见》**

**三、关于转化型抢劫犯罪的认定**

根据刑法第二百六十九条的规定，“犯盗窃、诈骗、抢夺罪，为窝藏赃物、抗拒抓捕或者毁灭罪证而当场使用暴力或者以暴力相威胁的”，依照抢劫罪定罪处罚。“犯盗窃、诈骗、抢夺罪”，主要是指行为人已经着手实施盗窃、诈骗、抢夺行为，一般不考察盗窃、诈骗、抢夺行为是否既遂。但是所涉财物数额明显低于“数额较大”的标准，又不具有《两抢意见》第五条所列五种情节之一的，不构成抢劫罪。“当场”是指在盗窃、诈骗、抢夺的现场以及行为人刚离开现场即被他人发现并抓捕的情形。

对于以摆脱的方式逃脱抓捕，暴力强度较小，未造成轻伤以上后果的，可不认定为“使用暴力”，不以抢劫罪论处。

……

（11）盗窃罪

以“白某某、李某某盗窃案”①为例，一审法院认定，鉴于白某某、李某某均系初犯，赃物已起获发还被害人，未造成实际经济损失，后又取得被害人谅解，且二人到案后能如实供述犯罪事实并当庭自愿认罪，有一定悔罪表现，另李某某仍在求学期间，学校出具了同意协助对其矫治、教育的书面证明，综合以上情节，依法对二被告从轻处罚，判处罚金刑。

**法条链接**

**《刑法》第二百六十四条　【盗窃罪】**盗窃公私财物，数额较大的，或者多次盗窃、入户盗窃、携带凶器盗窃、扒窃的，处三年以下有期徒刑、拘役或者管制，并处或者单处罚金；数

① 参见南英主编、戴长林副主编、最高人民法院刑事审判第三庭编著：《量刑规范化指导案例》，法律出版社2014年版，第66页。

额巨大或者有其他严重情节的,处三年以上十年以下有期徒刑,并处罚金;数额特别巨大或者有其他特别严重情节的,处十年以上有期徒刑或者无期徒刑,并处罚金或者没收财产。

**最高人民法院、最高人民检察院《关于办理盗窃刑事案件适用法律若干问题的解释》第七条** 盗窃公私财物数额较大,行为人认罪、悔罪,退赃、退赔,且具有下列情形之一,情节轻微的,可以不起诉或者免予刑事处罚;必要时,由有关部门予以行政处罚:

(一)具有法定从宽处罚情节的;

(二)没有参与分赃或者获赃较少且不是主犯的;

(三)被害人谅解的;

(四)其他情节轻微、危害不大的。

**第八条** 偷拿家庭成员或者近亲属的财物,获得谅解的,一般可不认为是犯罪;追究刑事责任的,应当酌情从宽。

(12)诈骗罪

以"宋某甲诈骗案"①为例,再审法院认定,原审上诉人宋某甲为实施赌博违法活动,诈骗他人钱款,数额巨大,其行为已构成诈骗罪。宋某甲并无最高人民法院、最高人民检察院《关于办理诈骗刑事案件具体应用法律若干问题的解释》规定的"从严惩处"的情节,原二审法院对其判处有期徒刑 3 年,缓刑 5 年,量刑在"三年以上十年以下有期徒刑"的法定刑幅度之内,并非减轻处罚,故不属于量刑畸轻。另外,宋某甲在案发后还款给被害人的钱基本上都来自亲友借款支持,说明亲友还对其存有信任,因此,宋某甲及其丈夫还需加倍努力工作偿还次生借款,以免产生新的社会矛盾。鉴于宋某甲案发后积极退赃,具有认罪悔罪表现,且得到被害人谅解,为教育本人和挽救其家庭,从宽严相济的刑事政策出发,对宋某甲可以适用缓刑。对宋某丙提出的请求从宽处理的辩护理由予以采纳。公诉机关认为原二审判决量刑畸轻的抗诉理由不能成立。原二审判决定罪准确,量刑适当,审判程序合法。

**法条链接**

**《刑法》第二百六十六条 【诈骗罪】**诈骗公私财物,数额较大的,处三年以下有期徒刑、拘役或者管制,并处或者单处罚金;数额巨大或者有其他严重情节的,处三年以上十年

① 参见湖北省高级人民法院刑事裁定书,(2013)鄂刑监一抗字第 00002 号。

以下有期徒刑,并处罚金;数额特别巨大或者有其他特别严重情节的,处十年以上有期徒刑或者无期徒刑,并处罚金或者没收财产。本法另有规定的,依照规定。

**最高人民法院、最高人民检察院《关于办理诈骗刑事案件具体应用法律若干问题的解释》第二条** 诈骗公私财物达到本解释第一条规定的数额标准,具有下列情形之一的,可以依照刑法第二百六十六条的规定酌情从严惩处:

(一)通过发送短信、拨打电话或者利用互联网、广播电视、报刊杂志等发布虚假信息,对不特定多数人实施诈骗的;

(二)诈骗救灾、抢险、防汛、优抚、扶贫、移民、救济、医疗款物的;

(三)以赈灾募捐名义实施诈骗的;

(四)诈骗残疾人、老年人或者丧失劳动能力人的财物的;

(五)造成被害人自杀、精神失常或者其他严重后果的。

诈骗数额接近本解释第一条规定的"数额巨大"、"数额特别巨大"的标准,并具有前款规定的情形之一或者属于诈骗集团首要分子的,应当分别认定为刑法第二百六十六条规定的"其他严重情节"、"其他特别严重情节"。

**第三条** 诈骗公私财物虽已达到本解释第一条规定的"数额较大"的标准,但具有下列情形之一,且行为人认罪、悔罪的,可以根据刑法第三十七条、刑事诉讼法第一百四十二条的规定不起诉或者免予刑事处罚:

(一)具有法定从宽处罚情节的;

(二)一审宣判前全部退赃、退赔的;

(三)没有参与分赃或者获赃较少且不是主犯的;

(四)被害人谅解的;

(五)其他情节轻微、危害不大的。

**第四条** 诈骗近亲属的财物,近亲属谅解的,一般可不按犯罪处理。

诈骗近亲属的财物,确有追究刑事责任必要的,具体处理也应酌情从宽。

**第五条** 诈骗未遂,以数额巨大的财物为诈骗目标的,或者具有其他严重情节的,应当定罪处罚。

利用发送短信、拨打电话、互联网等电信技术手段对不特定多数人实施诈骗,诈骗数额难以查证,但具有下列情形之一的,应当认定为刑法第二百六十六条规定的"其他严重情节",以诈骗罪(未遂)定罪处罚:

(一)发送诈骗信息五千条以上的;

(二)拨打诈骗电话五百人次以上的;

(三)诈骗手段恶劣、危害严重的。

实施前款规定行为,数量达到前款第(一)、(二)项规定标准十倍以上的,或者诈骗手段特别恶劣、危害特别严重的,应当认定为刑法第二百六十六条规定的“其他特别严重情节”,以诈骗罪(未遂)定罪处罚。

(13)抢夺罪

以“伍某强、杨某抢夺案”①为例,二审法院认定,被告人伍某强、杨某以非法占有为目的,驾驶机动车乘人不备抢夺他人财物,其行为均已构成抢夺罪。伍某强曾因抢夺被判刑和驾驶机动车抢夺,一年内多次抢夺、抢夺财物数额达22万余元,属情节特别严重;杨某曾因抢劫被判刑和驾驶机动车抢夺财物数额达16,100余元,属情节严重,应依法分别惩处。伍某强又系累犯,依法应从重处罚。故伍某强要求从轻改判的理由不能成立。原判定罪和适用法律正确,量刑适当,审判程序合法,出庭检察员建议维持原判的意见予以采纳。依照最高人民法院、最高人民检察院《关于办理抢夺刑事案件适用法律若干问题的解释》第1条、第2条、第3条、第4条之规定,裁定驳回被告人伍某强的上诉、维持原判。

法条链接

**《刑法》第二百六十七条　【抢夺罪】**抢夺公私财物,数额较大的,或者多次抢夺的,处三年以下有期徒刑、拘役或者管制,并处或者单处罚金;数额巨大或者有其他严重情节的,处三年以上十年以下有期徒刑,并处罚金;数额特别巨大或者有其他特别严重情节的,处十年以上有期徒刑或者无期徒刑,并处罚金或者没收财产。

**【抢劫罪】**携带凶器抢夺的,依照本法第二百六十三条的规定定罪处罚。

**最高人民法院、最高人民检察院《关于办理抢夺刑事案件适用法律若干问题的解释》**

**第一条**　抢夺公私财物价值一千元至三千元以上、三万元至八万元以上、二十万元至四十万元以上的,应当分别认定为刑法第二百六十七条规定的“数额较大”“数额巨大”“数额特别巨大”。

各省、自治区、直辖市高级人民法院、人民检察院可以根据本地区经济发展状况,并考虑社会治安状况,在前款规定的数额幅度内,确定本地区执行的具体数额标准,报最高人民法院、最高人民检察院批准。

**第二条**　抢夺公私财物,具有下列情形之一的,“数额较大”的标准按照前条规定标准

① 参见浙江省高级人民法院刑事裁定书,(2014)浙刑三终字第13号。

的百分之五十确定：

（一）曾因抢劫、抢夺或者聚众哄抢受过刑事处罚的；

（二）一年内曾因抢夺或者哄抢受过行政处罚的；

（三）一年内抢夺三次以上的；

（四）驾驶机动车、非机动车抢夺的；

（五）组织、控制未成年人抢夺的；

（六）抢夺老年人、未成年人、孕妇、携带婴幼儿的人、残疾人、丧失劳动能力人的财物的；

（七）在医院抢夺病人或者其亲友财物的；

（八）抢夺救灾、抢险、防汛、优抚、扶贫、移民、救济款物的；

（九）自然灾害、事故灾害、社会安全事件等突发事件期间，在事件发生地抢夺的；

（十）导致他人轻伤或者精神失常等严重后果的。

**第三条**　抢夺公私财物，具有下列情形之一的，应当认定为刑法第二百六十七条规定的“其他严重情节”：

（一）导致他人重伤的；

（二）导致他人自杀的；

（三）具有本解释第二条第三项至第十项规定的情形之一，数额达到本解释第一条规定的“数额巨大”百分之五十的。

**第四条**　抢夺公私财物，具有下列情形之一的，应当认定为刑法第二百六十七条规定的“其他特别严重情节”：

（一）导致他人死亡的；

（二）具有本解释第二条第三项至第十项规定的情形之一，数额达到本解释第一条规定的“数额特别巨大”百分之五十的。

（14）职务侵占罪

以“韩某、吕某勃、康某有、林某国、康某生、康某刚、孙某、陈某海盗窃，韩某非法持有枪支案”[①]为例，法院认为，被告人吕某勃与韩某、康某有、林某国、康某生、康某刚、孙某、陈某海分别勾结，利用吕某勃系沈阳某采油厂员工并担任涉案油井承包人的职务便利，共同窃取沈阳某采油厂的原油变卖获利，其行为均已构成职务侵占罪。被告人韩某、吕某勃、康某有、林某国、康某生、康某刚、孙某共同窃取原油数

① 参见辽宁省沈阳市中级人民法院刑事判决书，(2016)辽01刑初99号。

额巨大,林某国、康某生、康某刚在上述共同犯罪中系从犯,可依法减轻处罚;孙某在上述共同犯罪中系从犯,可依法从轻处罚。被告人吕某勃、康某生、康某刚、陈某海共同窃取原油数额较大,陈某海在上述共同犯罪中系从犯,可依法从轻处罚。被告人韩某违反枪支管理规定,非法持有枪支的行为还构成非法持有枪支罪,应与所犯职务侵占罪数罪并罚。公诉机关指控事实清楚,证据确实、充分,但指控盗窃罪罪名不当,应当以职务侵占罪定罪处罚。依照最高人民法院《关于审理贪污、职务侵占案件如何认定共同犯罪几个问题的解释》第2条,最高人民法院、最高人民检察院《关于办理贪污贿赂刑事案件适用法律若干问题的解释》第11条第1款的规定进行判决。

**法条链接**

**《刑法》第二百七十一条　【职务侵占罪】**公司、企业或者其他单位的工作人员,利用职务上的便利,将本单位财物非法占为己有,数额较大的,处三年以下有期徒刑或者拘役,并处罚金;数额巨大的,处三年以上十年以下有期徒刑,并处罚金;数额特别巨大的,处十年以上有期徒刑或者无期徒刑,并处罚金。

**【贪污罪】**国有公司、企业或者其他国有单位中从事公务的人员和国有公司、企业或者其他国有单位委派到非国有公司、企业以及其他单位从事公务的人员有前款行为的,依照本法第三百八十二条、第三百八十三条的规定定罪处罚。

**最高人民法院《关于审理贪污、职务侵占案件如何认定共同犯罪几个问题的解释》第二条**　行为人与公司、企业或者其他单位的人员勾结,利用公司、企业或者其他单位人员的职务便利,共同将该单位财物非法占为己有,数额较大的,以职务侵占罪共犯论处。

**最高人民法院、最高人民检察院《关于办理贪污贿赂刑事案件适用法律若干问题的解释》第十一条**　刑法第一百六十三条规定的非国家工作人员受贿罪、第二百七十一条规定的职务侵占罪中的"数额较大""数额巨大"的数额起点,按照本解释关于受贿罪、贪污罪相对应的数额标准规定的二倍、五倍执行。

刑法第二百七十二条规定的挪用资金罪中的"数额较大""数额巨大"以及"进行非法活动"情形的数额起点,按照本解释关于挪用公款罪"数额较大""情节严重"以及"进行非法活动"的数额标准规定的二倍执行。

刑法第一百六十四条第一款规定的对非国家工作人员行贿罪中的"数额较大""数额巨大"的数额起点,按照本解释第七条、第八条第一款关于行贿罪的数额标准规定的二倍执行。

(15)敲诈勒索罪

以"李某毛敲诈勒索案"[①]为例,二审法院认定,上诉人李某毛以非法占有为目的,采用言语威胁、暴力殴打等手段敲诈勒索他人财物35万元(其中15万元未遂),数额特别巨大,其行为已构成敲诈勒索罪。上诉人李某毛的部分犯罪系未遂,依法可以比照既遂从轻处罚。上诉人李某毛归案后如实供述自己的主要犯罪事实,依法可以从轻处罚。上诉人李某毛已退清全部赃款,并取得被害人谅解,酌情从轻处罚。

**法条链接**

**《刑法》第二百七十四条　【敲诈勒索罪】**敲诈勒索公私财物,数额较大或者多次敲诈勒索的,处三年以下有期徒刑、拘役或者管制,并处或者单处罚金;数额巨大或者有其他严重情节的,处三年以上十年以下有期徒刑,并处罚金;数额特别巨大或者有其他特别严重情节的,处十年以上有期徒刑,并处罚金。

**最高人民法院、最高人民检察院《关于办理敲诈勒索刑事案件适用法律若干问题的解释》第四条**　敲诈勒索公私财物,具有本解释第二条第三项至第七项规定的情形之一,数额达到本解释第一条规定的"数额巨大"、"数额特别巨大"百分之八十的,可以分别认定为刑法第二百七十四条规定的"其他严重情节"、"其他特别严重情节"。

**第五条**　敲诈勒索数额较大,行为人认罪、悔罪,退赃、退赔,并具有下列情形之一的,可以认定为犯罪情节轻微,不起诉或者免予刑事处罚,由有关部门依法予以行政处罚:

(一)具有法定从宽处罚情节的;

(二)没有参与分赃或者获赃较少且不是主犯的;

(三)被害人谅解的;

(四)其他情节轻微、危害不大的。

**第六条**　敲诈勒索近亲属的财物,获得谅解的,一般不认为是犯罪;认定为犯罪的,应当酌情从宽处理。

被害人对敲诈勒索的发生存在过错的,根据被害人过错程度和案件其他情况,可以对行为人酌情从宽处理;情节显著轻微危害不大的,不认为是犯罪。

① 参见浙江省嘉兴市中级人民法院刑事裁定书,(2012)浙嘉刑终字第197号。

(16)妨害公务罪

以“刘某妨害公务案”①为例,法院认定,对于执法主体问题,张某虽然不具有国家机关公务人员的身份,但是根据最高人民检察院《关于以暴力威胁方法阻碍事业编制人员依法执行行政执法职务是否可对侵害人以妨害公务罪论处的批复》的规定,对于以暴力、威胁方法阻碍国有事业单位人员依照法律、行政法规的规定执行行政执法职务的,可以对侵害人以妨害公务罪追究刑事责任。无论是行政编制人员、事业编制人员还是聘用制人员,其执行职务行为的身份都是合法的。案发当时,本案的被告人主观上也没有认识到执法机关存在瑕疵的执法行为,而持斧子砍伤执法人员并不存在反抗不正当执法的主观态度,故刘某应当承担相应的刑事责任。因此,法院对于被告人及其辩护人关于被告人刘某不构成妨害公务罪的辩护意见不予支持。鉴于被告人刘某在案发后能够如实供述、望奎县执法局在执法过程中存在一定瑕疵,故可对被告人刘某从轻处罚。

**法条链接**

**《刑法》第二百七十七条　【妨害公务罪】**以暴力、威胁方法阻碍国家机关工作人员依法执行职务的,处三年以下有期徒刑、拘役、管制或者罚金。

以暴力、威胁方法阻碍全国人民代表大会和地方各级人民代表大会代表依法执行代表职务的,依照前款的规定处罚。

在自然灾害和突发事件中,以暴力、威胁方法阻碍红十字会工作人员依法履行职责的,依照第一款的规定处罚。

故意阻碍国家安全机关、公安机关依法执行国家安全工作任务,未使用暴力、威胁方法,造成严重后果的,依照第一款的规定处罚。

**【袭警罪】**暴力袭击正在依法执行职务的人民警察的,处三年以下有期徒刑、拘役或者管制;使用枪支、管制刀具,或者以驾驶机动车撞击等手段,严重危及其人身安全的,处三年以上七年以下有期徒刑。

**最高人民法院、最高人民检察院《关于常见犯罪的量刑指导意见(试行)》**

**四、常见犯罪的量刑**

……

① 参见黑龙江省望奎县人民法院刑事判决书,(2018)黑1221刑初86号。

（十六）妨害公务罪

1. 构成妨害公务罪的，在二年以下有期徒刑、拘役幅度内确定量刑起点。

2. 在量刑起点的基础上，根据妨害公务造成的后果、犯罪情节严重程度等其他影响犯罪构成的犯罪事实增加刑罚量，确定基准刑。

3. 构成妨害公务罪，依法单处罚金的，根据妨害公务的手段、危害后果、造成的人身伤害以及财物毁损情况等犯罪情节，综合考虑被告人缴纳罚金的能力，决定罚金数额。

4. 构成妨害公务罪的，综合考虑妨害公务的手段、造成的人身伤害、财物的毁损及社会影响等犯罪事实、量刑情节，以及被告人的主观恶性、人身危险性、认罪悔罪表现等因素，决定缓刑的适用。

……

**最高人民检察院《关于以暴力威胁方法阻碍事业编制人员依法执行行政执法职务是否可对侵害人以妨害公务罪论处的批复》**

……

对于以暴力、威胁方法阻碍国有事业单位人员依照法律、行政法规的规定执行行政执法职务的，或者以暴力、威胁方法阻碍国家机关中受委托从事行政执法活动的事业编制人员执行行政执法职务的，可以对侵害人以妨害公务罪追究刑事责任。

……

（17）聚众斗殴罪

以“杜某聚众斗殴案”①为例，二审法院认定，关于上诉人杜某提出“聚众斗殴双方已达成谅解，一审法院未予认定”的上诉理由。经查，最高人民法院研究室《关于对参加聚众斗殴受重伤或者死亡的人及其家属提出的民事赔偿请求能否予以支持问题的答复》中明确指出，“聚众斗殴的参加者，无论是否首要分子，均明知自己的行为有可能产生伤害他人以及自己被他人的行为伤害的后果，其仍然参加聚众斗殴的，应当自行承担相应的刑事和民事责任”，参加聚众斗殴的违法犯罪人员之间达成谅解的，不宜作为对其从轻处罚的依据，故上诉人杜某的此项上诉理由，法院不予采纳。关于上诉人杜某提出“一审法院对上诉人量刑过重，没有综合考虑全案案情”的上诉理由。经查，原审判决根据杜某的犯罪事实、情节及对社会的危害程度，结合其认罪态度、悔罪表现，量刑适当，故上诉人杜某的此项上诉理由，法院不予采纳。

---

① 参见山东省菏泽市中级人民法院刑事裁定书，（2017）鲁17刑终469号。

**法条链接**

**《刑法》第二百九十二条　【聚众斗殴罪】**聚众斗殴的,对首要分子和其他积极参加的,处三年以下有期徒刑、拘役或者管制;有下列情形之一的,对首要分子和其他积极参加的,处三年以上十年以下有期徒刑:

(一)多次聚众斗殴的;

(二)聚众斗殴人数多,规模大,社会影响恶劣的;

(三)在公共场所或者交通要道聚众斗殴,造成社会秩序严重混乱的;

(四)持械聚众斗殴的。

**【故意伤害罪】【故意杀人罪】**聚众斗殴,致人重伤、死亡的,依照本法第二百三十四条、第二百三十二条的规定定罪处罚。

**最高人民法院研究室《关于对参加聚众斗殴受重伤或者死亡的人及其家属提出的民事赔偿请求能否予以支持问题的答复》**

……

根据《刑法》第二百九十二条第一款的规定,聚众斗殴的参加者,无论是否首要分子,均明知自己的行为有可能产生伤害他人以及自己被他人的行为伤害的后果,其仍然参加聚众斗殴的,应当自行承担相应的刑事和民事责任。根据《刑法》第二百九十二条第二款的规定,对于参加聚众斗殴,造成他人重伤或者死亡的,行为性质发生变化,应认定为故意伤害罪或者故意杀人罪。聚众斗殴中受重伤或者死亡的人,既是故意伤害罪或者故意杀人罪的受害人,又是聚众斗殴犯罪的行为人。对于参加聚众斗殴受重伤或者死亡的人或其家属提出的民事赔偿请求,依法应予支持,并适用混合过错责任原则。

(18)寻衅滋事罪

以“黄某阳寻衅滋事案”①为例,二审法院认定,依照最高人民法院、最高人民检察院《关于办理寻衅滋事刑事案件适用法律若干问题的解释》第1条第3款、第3条第1项、第5项、第6项、第4条第1项的规定,黄某阳因经济纠纷,纠集伙同他人追逐、拦截、恐吓被害人,任意损毁被害人财物,经有关部门批评制止后仍继续实施寻衅滋事行为,破坏社会秩序,其行为已构成寻衅滋事罪。上诉人黄某阳纠集他人多次实施前述寻衅滋事犯罪行为,严重破坏社会秩序,依法应当在5年以上10年以下有期徒刑,可以并处罚金的量刑幅度内量刑。其与恶势力团伙成员勾结,纠集利用

① 参见福建省高级人民法院刑事裁定书,(2019)闽刑终163号。

恶势力团伙成员实施寻衅滋事犯罪行为，犯罪的主观恶性和人身危险性大，应酌情对其所犯寻衅滋事罪予以从重处罚。其自动投案并如实供述寻衅滋事罪行，是自首，可对其所犯寻衅滋事罪从轻或者减轻处罚。

**法条链接**

**《刑法》第二百九十三条　【寻衅滋事罪】**有下列寻衅滋事行为之一，破坏社会秩序的，处五年以下有期徒刑、拘役或者管制：

（一）随意殴打他人，情节恶劣的；

（二）追逐、拦截、辱骂、恐吓他人，情节恶劣的；

（三）强拿硬要或者任意损毁、占用公私财物，情节严重的；

（四）在公共场所起哄闹事，造成公共场所秩序严重混乱的。

纠集他人多次实施前款行为，严重破坏社会秩序的，处五年以上十年以下有期徒刑，可以并处罚金。

**最高人民法院、最高人民检察院《关于办理寻衅滋事刑事案件适用法律若干问题的解释》第一条**　行为人为寻求刺激、发泄情绪、逞强耍横等，无事生非，实施刑法第二百九十三条规定的行为的，应当认定为“寻衅滋事”。

行为人因日常生活中的偶发矛盾纠纷，借故生非，实施刑法第二百九十三条规定的行为的，应当认定为“寻衅滋事”，但矛盾系由被害人故意引发或者被害人对矛盾激化负有主要责任的除外。

行为人因婚恋、家庭、邻里、债务等纠纷，实施殴打、辱骂、恐吓他人或者损毁、占用他人财物等行为的，一般不认定为“寻衅滋事”，但经有关部门批评制止或者处理处罚后，继续实施前列行为，破坏社会秩序的除外。

**第三条**　追逐、拦截、辱骂、恐吓他人，破坏社会秩序，具有下列情形之一的，应当认定为刑法第二百九十三条第一款第二项规定的“情节恶劣”：

（一）多次追逐、拦截、辱骂、恐吓他人，造成恶劣社会影响的；

（二）持凶器追逐、拦截、辱骂、恐吓他人的；

（三）追逐、拦截、辱骂、恐吓精神病人、残疾人、流浪乞讨人员、老年人、孕妇、未成年人，造成恶劣社会影响的；

（四）引起他人精神失常、自杀等严重后果的；

（五）严重影响他人的工作、生活、生产、经营的；

（六）其他情节恶劣的情形。

**第四条**　强拿硬要或者任意损毁、占用公私财物，破坏社会秩序，具有下列情形之一

的,应当认定为刑法第二百九十三条第一款第三项规定的"情节严重":

(一)强拿硬要公私财物价值一千元以上,或者任意损毁、占用公私财物价值二千元以上的;

(二)多次强拿硬要或者任意损毁、占用公私财物,造成恶劣社会影响的;

(三)强拿硬要或者任意损毁、占用精神病人、残疾人、流浪乞讨人员、老年人、孕妇、未成年人的财物,造成恶劣社会影响的;

(四)引起他人精神失常、自杀等严重后果的;

(五)严重影响他人的工作、生活、生产、经营的;

(六)其他情节严重的情形。

(19)掩饰、隐瞒犯罪所得、犯罪所得收益罪

以"赵某平掩饰、隐瞒犯罪所得案"①为例,二审法院认定,原审被告人赵某平明知滕某交给其的410万元系犯罪所得,仍将该笔款项存入他人名下银行账户,帮助滕某掩饰、隐瞒财产的来源和性质,其行为构成掩饰、隐瞒犯罪所得罪,且情节严重。

法条链接

**《刑法》第三百一十二条　【掩饰、隐瞒犯罪所得、犯罪所得收益罪】**明知是犯罪所得及其产生的收益而予以窝藏、转移、收购、代为销售或者以其他方法掩饰、隐瞒的,处三年以下有期徒刑、拘役或者管制,并处或者单处罚金;情节严重的,处三年以上七年以下有期徒刑,并处罚金。

单位犯前款罪的,对单位判处罚金,并对其直接负责的主管人员和其他直接责任人员,依照前款的规定处罚。

**最高人民法院《关于审理掩饰、隐瞒犯罪所得、犯罪所得收益刑事案件适用法律若干问题的解释》第二条**　掩饰、隐瞒犯罪所得及其产生的收益行为符合本解释第一条的规定,认罪、悔罪并退赃、退赔,且具有下列情形之一的,可以认定为犯罪情节轻微,免予刑事处罚:

(一)具有法定从宽处罚情节的;

(二)为近亲属掩饰、隐瞒犯罪所得及其产生的收益,且系初犯、偶犯的;

(三)有其他情节轻微情形的。

① 参见天津市高级人民法院刑事判决书,(2016)津刑终46号。

**第三条**　掩饰、隐瞒犯罪所得及其产生的收益,具有下列情形之一的,应当认定为刑法第三百一十二条第一款规定的"情节严重":

(一)掩饰、隐瞒犯罪所得及其产生的收益价值总额达到十万元以上的;

(二)掩饰、隐瞒犯罪所得及其产生的收益十次以上,或者三次以上且价值总额达到五万元以上的;

(三)掩饰、隐瞒的犯罪所得系电力设备、交通设施、广播电视设施、公用电信设施、军事设施或者救灾、抢险、防汛、优抚、扶贫、移民、救济款物,价值总额达到五万元以上的;

(四)掩饰、隐瞒行为致使上游犯罪无法及时查处,并造成公私财物重大损失无法挽回或其他严重后果的;

(五)实施其他掩饰、隐瞒犯罪所得及其产生的收益行为,严重妨害司法机关对上游犯罪予以追究的。

司法解释对掩饰、隐瞒涉及机动车、计算机信息系统数据、计算机信息系统控制权的犯罪所得及其产生的收益行为认定"情节严重"已有规定的,审理此类案件依照该规定。

(20)走私、贩卖、运输、制造毒品罪

以"王某、陈某明、赵某蕊、汪某凯犯贩卖毒品案"①为例,二审法院认定,王某、陈某明贩卖甲基苯丙胺均达7克以上,原判依照最高人民法院《关于审理毒品案件定罪量刑标准有关问题的解释》(已失效)之规定,认定为"情节严重"并无不当;但一审判决之后,最高人民法院《关于审理毒品犯罪案件适用法律若干问题的解释》颁布实施,未将上述情形认定为"情节严重",故对二被告人应适用新的司法解释予以从轻改判。

法条链接

**《刑法》第三百四十七条　【走私、贩卖、运输、制造毒品罪】**走私、贩卖、运输、制造毒品,无论数量多少,都应当追究刑事责任,予以刑事处罚。

走私、贩卖、运输、制造毒品,有下列情形之一的,处十五年有期徒刑、无期徒刑或者死刑,并处没收财产:

(一)走私、贩卖、运输、制造鸦片一千克以上、海洛因或者甲基苯丙胺五十克以上或者其他毒品数量大的;

① 参见浙江省高级人民法院刑事判决书,(2016)浙刑终73号。

(二)走私、贩卖、运输、制造毒品集团的首要分子;

(三)武装掩护走私、贩卖、运输、制造毒品的;

(四)以暴力抗拒检查、拘留、逮捕,情节严重的;

(五)参与有组织的国际贩毒活动的。

走私、贩卖、运输、制造鸦片二百克以上不满一千克、海洛因或者甲基苯丙胺十克以上不满五十克或者其他毒品数量较大的,处七年以上有期徒刑,并处罚金。

走私、贩卖、运输、制造鸦片不满二百克、海洛因或者甲基苯丙胺不满十克或者其他少量毒品的,处三年以下有期徒刑、拘役或者管制,并处罚金;情节严重的,处三年以上七年以下有期徒刑,并处罚金。

单位犯第二款、第三款、第四款罪的,对单位判处罚金,并对其直接负责的主管人员和其他直接责任人员,依照各该款的规定处罚。

利用、教唆未成年人走私、贩卖、运输、制造毒品,或者向未成年人出售毒品的,从重处罚。

对多次走私、贩卖、运输、制造毒品,未经处理的,毒品数量累计计算。

**第三百四十八条 【非法持有毒品罪】**非法持有鸦片一千克以上、海洛因或者甲基苯丙胺五十克以上或者其他毒品数量大的,处七年以上有期徒刑或者无期徒刑,并处罚金;非法持有鸦片二百克以上不满一千克、海洛因或者甲基苯丙胺十克以上不满五十克或者其他毒品数量较大的,处三年以下有期徒刑、拘役或者管制,并处罚金;情节严重的,处三年以上七年以下有期徒刑,并处罚金。

**第三百四十九条 【包庇毒品犯罪分子罪】【窝藏、转移、隐瞒毒品、毒赃罪】**包庇走私、贩卖、运输、制造毒品的犯罪分子的,为犯罪分子窝藏、转移、隐瞒毒品或者犯罪所得的财物的,处三年以下有期徒刑、拘役或者管制;情节严重的,处三年以上十年以下有期徒刑。

**【包庇毒品犯罪分子罪】**缉毒人员或者其他国家机关工作人员掩护、包庇走私、贩卖、运输、制造毒品的犯罪分子的,依照前款的规定从重处罚。

犯前两款罪,事先通谋的,以走私、贩卖、运输、制造毒品罪的共犯论处。

**第三百五十条 【非法生产、买卖、运输制毒物品、走私制毒物品罪】**违反国家规定,非法生产、买卖、运输醋酸酐、乙醚、三氯甲烷或者其他用于制造毒品的原料、配剂,或者携带上述物品进出境,情节较重的,处三年以下有期徒刑、拘役或者管制,并处罚金;情节严重的,处三年以上七年以下有期徒刑,并处罚金;情节特别严重的,处七年以上有期徒刑,并处罚金或者没收财产。

明知他人制造毒品而为其生产、买卖、运输前款规定的物品的,以制造毒品罪的共犯论处。

单位犯前两款罪的，对单位判处罚金，并对其直接负责的主管人员和其他直接责任人员，依照前两款的规定处罚。

**第三百五十一条 【非法种植毒品原植物罪】**非法种植罂粟、大麻等毒品原植物的，一律强制铲除。有下列情形之一的，处五年以下有期徒刑、拘役或者管制，并处罚金：

（一）种植罂粟五百株以上不满三千株或者其他毒品原植物数量较大的；

（二）经公安机关处理后又种植的；

（三）抗拒铲除的。

非法种植罂粟三千株以上或者其他毒品原植物数量大的，处五年以上有期徒刑，并处罚金或者没收财产。

非法种植罂粟或者其他毒品原植物，在收获前自动铲除的，可以免除处罚。

**第三百五十二条 【非法买卖、运输、携带、持有毒品原植物种子、幼苗罪】**非法买卖、运输、携带、持有未经灭活的罂粟等毒品原植物种子或者幼苗，数量较大的，处三年以下有期徒刑、拘役或者管制，并处或者单处罚金。

**第三百五十三条 【引诱、教唆、欺骗他人吸毒罪】**引诱、教唆、欺骗他人吸食、注射毒品的，处三年以下有期徒刑、拘役或者管制，并处罚金；情节严重的，处三年以上七年以下有期徒刑，并处罚金。

**【强迫他人吸毒罪】**强迫他人吸食、注射毒品的，处三年以上十年以下有期徒刑，并处罚金。

引诱、教唆、欺骗或者强迫未成年人吸食、注射毒品的，从重处罚。

**最高人民法院《关于审理毒品犯罪案件适用法律若干问题的解释》第三条** 在实施走私、贩卖、运输、制造毒品犯罪的过程中，携带枪支、弹药或者爆炸物用于掩护的，应当认定为刑法第三百四十七条第二款第三项规定的“武装掩护走私、贩卖、运输、制造毒品”。枪支、弹药、爆炸物种类的认定，依照相关司法解释的规定执行。

在实施走私、贩卖、运输、制造毒品犯罪的过程中，以暴力抗拒检查、拘留、逮捕，造成执法人员死亡、重伤、多人轻伤或者具有其他严重情节的，应当认定为刑法第三百四十七条第二款第四项规定的“以暴力抗拒检查、拘留、逮捕，情节严重”。

**第四条** 走私、贩卖、运输、制造毒品，具有下列情形之一的，应当认定为刑法第三百四十七条第四款规定的“情节严重”：

（一）向多人贩卖毒品或者多次走私、贩卖、运输、制造毒品的；

（二）在戒毒场所、监管场所贩卖毒品的；

（三）向在校学生贩卖毒品的；

(四)组织、利用残疾人、严重疾病患者、怀孕或者正在哺乳自己婴儿的妇女走私、贩卖、运输、制造毒品的;

(五)国家工作人员走私、贩卖、运输、制造毒品的;

(六)其他情节严重的情形。

**第五条** 非法持有毒品达到刑法第三百四十八条或者本解释第二条规定的"数量较大"标准,且具有下列情形之一的,应当认定为刑法第三百四十八条规定的"情节严重":

(一)在戒毒场所、监管场所非法持有毒品的;

(二)利用、教唆未成年人非法持有毒品的;

(三)国家工作人员非法持有毒品的;

(四)其他情节严重的情形。

**第六条** 包庇走私、贩卖、运输、制造毒品的犯罪分子,具有下列情形之一的,应当认定为刑法第三百四十九条第一款规定的"情节严重":

(一)被包庇的犯罪分子依法应当判处十五年有期徒刑以上刑罚的;

(二)包庇多名或者多次包庇走私、贩卖、运输、制造毒品的犯罪分子的;

(三)严重妨害司法机关对被包庇的犯罪分子实施的毒品犯罪进行追究的;

(四)其他情节严重的情形。

为走私、贩卖、运输、制造毒品的犯罪分子窝藏、转移、隐瞒毒品或者毒品犯罪所得的财物,具有下列情形之一的,应当认定为刑法第三百四十九条第一款规定的"情节严重":

(一)为犯罪分子窝藏、转移、隐瞒毒品达到刑法第三百四十七条第二款第一项或者本解释第一条第一款规定的"数量大"标准的;

(二)为犯罪分子窝藏、转移、隐瞒毒品犯罪所得的财物价值达到五万元以上的;

(三)为多人或者多次为他人窝藏、转移、隐瞒毒品或者毒品犯罪所得的财物的;

(四)严重妨害司法机关对该犯罪分子实施的毒品犯罪进行追究的;

(五)其他情节严重的情形。

包庇走私、贩卖、运输、制造毒品的近亲属,或者为其窝藏、转移、隐瞒毒品或者毒品犯罪所得的财物,不具有本条前两款规定的"情节严重"情形,归案后认罪、悔罪、积极退赃,且系初犯、偶犯,犯罪情节轻微不需要判处刑罚的,可以免予刑事处罚。

**第七条** 违反国家规定,非法生产、买卖、运输制毒物品、走私制毒物品,达到下列数量标准的,应当认定为刑法第三百五十条第一款规定的"情节较重":

(一)麻黄碱(麻黄素)、伪麻黄碱(伪麻黄素)、消旋麻黄碱(消旋麻黄素)一千克以上不满五千克;

(二)1-苯基-2-丙酮、1-苯基-2-溴-1-丙酮、3,4-亚甲基二氧苯基-2-丙酮、羟亚胺二千克以上不满十千克；

（三）3－氧－2－苯基丁腈、邻氯苯基环戊酮、去甲麻黄碱（去甲麻黄素）、甲基麻黄碱（甲基麻黄素）四千克以上不满二十千克；

（四）醋酸酐十千克以上不满五十千克；

（五）麻黄浸膏、麻黄浸膏粉、胡椒醛、黄樟素、黄樟油、异黄樟素、麦角酸、麦角胺、麦角新碱、苯乙酸二十千克以上不满一百千克；

（六）N－乙酰邻氨基苯酸、邻氨基苯甲酸、三氯甲烷、乙醚、哌啶五十千克以上不满二百五十千克；

（七）甲苯、丙酮、甲基乙基酮、高锰酸钾、硫酸、盐酸一百千克以上不满五百千克；

（八）其他制毒物品数量相当的。

违反国家规定，非法生产、买卖、运输制毒物品、走私制毒物品，达到前款规定的数量标准最低值的百分之五十，且具有下列情形之一的，应当认定为刑法第三百五十条第一款规定的“情节较重”：

（一）曾因非法生产、买卖、运输制毒物品、走私制毒物品受过刑事处罚的；

（二）二年内曾因非法生产、买卖、运输制毒物品、走私制毒物品受过行政处罚的；

（三）一次组织五人以上或者多次非法生产、买卖、运输制毒物品、走私制毒物品，或者在多个地点非法生产制毒物品的；

（四）利用、教唆未成年人非法生产、买卖、运输制毒物品、走私制毒物品的；

（五）国家工作人员非法生产、买卖、运输制毒物品、走私制毒物品的；

（六）严重影响群众正常生产、生活秩序的；

（七）其他情节较重的情形。

易制毒化学品生产、经营、购买、运输单位或者个人未办理许可证明或者备案证明，生产、销售、购买、运输易制毒化学品，确实用于合法生产、生活需要的，不以制毒物品犯罪论处。

**第八条** 违反国家规定，非法生产、买卖、运输制毒物品、走私制毒物品，具有下列情形之一的，应当认定为刑法第三百五十条第一款规定的“情节严重”：

（一）制毒物品数量在本解释第七条第一款规定的最高数量标准以上，不满最高数量标准五倍的；

（二）达到本解释第七条第一款规定的数量标准，且具有本解释第七条第二款第三项至第六项规定的情形之一的；

（三）其他情节严重的情形。

违反国家规定，非法生产、买卖、运输制毒物品、走私制毒物品，具有下列情形之一的，

应当认定为刑法第三百五十条第一款规定的“情节特别严重”:

(一)制毒物品数量在本解释第七条第一款规定的最高数量标准五倍以上的;

(二)达到前款第一项规定的数量标准,且具有本解释第七条第二款第三项至第六项规定的情形之一的;

(三)其他情节特别严重的情形。

**第十一条** 引诱、教唆、欺骗他人吸食、注射毒品,具有下列情形之一的,应当认定为刑法第三百五十三条第一款规定的“情节严重”:

(一)引诱、教唆、欺骗多人或者多次引诱、教唆、欺骗他人吸食、注射毒品的;

(二)对他人身体健康造成严重危害的;

(三)导致他人实施故意杀人、故意伤害、交通肇事等犯罪行为的;

(四)国家工作人员引诱、教唆、欺骗他人吸食、注射毒品的;

(五)其他情节严重的情形。

**第十三条** 依法从事生产、运输、管理、使用国家管制的麻醉药品、精神药品的人员,违反国家规定,向吸食、注射毒品的人提供国家规定管制的能够使人形成瘾癖的麻醉药品、精神药品,具有下列情形之一的,应当依照刑法第三百五十五条第一款的规定,以非法提供麻醉药品、精神药品罪定罪处罚:

(一)非法提供麻醉药品、精神药品达到刑法第三百四十七条第三款或者本解释第二条规定的“数量较大”标准最低值的百分之五十,不满“数量较大”标准的;

(二)二年内曾因非法提供麻醉药品、精神药品受过行政处罚的;

(三)向多人或者多次非法提供麻醉药品、精神药品的;

(四)向吸食、注射毒品的未成年人非法提供麻醉药品、精神药品的;

(五)非法提供麻醉药品、精神药品造成严重后果的;

(六)其他应当追究刑事责任的情形。

具有下列情形之一的,应当认定为刑法第三百五十五条第一款规定的“情节严重”:

(一)非法提供麻醉药品、精神药品达到刑法第三百四十七条第三款或者本解释第二条规定的“数量较大”标准的;

(二)非法提供麻醉药品、精神药品达到前款第一项规定的数量标准,且具有前款第三项至第五项规定的情形之一的;

(三)其他情节严重的情形。

(21)非法持有毒品罪

以“杨某华非法持有毒品案”①为例,二审法院认定,本案上诉人杨某华仅是国家机关中从事劳务活动的驾驶员,不具有国家工作人员身份,不能认定其属最高人民法院《关于审理毒品犯罪案件适用法律若干问题的解释》第5条第3项规定的“国家工作人员非法持有毒品的”情形,应以非法持有毒品罪数量较大的一般情形量刑,故上诉人杨某华及其辩护人的上诉理由和辩护意见,二审法院予以采纳。

**法条链接**

**《刑法》第三百四十八条 【非法持有毒品罪】**非法持有鸦片一千克以上、海洛因或者甲基苯丙胺五十克以上或者其他毒品数量大的,处七年以上有期徒刑或者无期徒刑,并处罚金;非法持有鸦片二百克以上不满一千克、海洛因或者甲基苯丙胺十克以上不满五十克或者其他毒品数量较大的,处三年以下有期徒刑、拘役或者管制,并处罚金;情节严重的,处三年以上七年以下有期徒刑,并处罚金。

**最高人民法院《关于审理毒品犯罪案件适用法律若干问题的解释》第五条** 非法持有毒品达到刑法第三百四十八条或者本解释第二条规定的“数量较大”标准,且具有下列情形之一的,应当认定为刑法第三百四十八条规定的“情节严重”:

(一)在戒毒场所、监管场所非法持有毒品的;

(二)利用、教唆未成年人非法持有毒品的;

(三)国家工作人员非法持有毒品的;

(四)其他情节严重的情形。

(22)容留他人吸毒罪

以“朱某容留他人吸毒案”②为例,法院认定,被告人朱某四次在其轿车内容留多人吸食毒品海洛因,依照最高人民法院《关于审理毒品犯罪案件适用法律若干问题的解释》第12条之规定,其行为已构成容留他人吸毒罪。公诉机关指控的罪名成立,应予支持。被告人朱某在刑罚执行完毕后5年内再犯,应当判处有期徒刑以上刑罚之罪,是累犯,依法应当从重处罚。被告人朱某在归案后能如实供述自己的罪行,属坦白,依法可以从轻处罚。

---

① 参见云南省怒江傈僳族自治州中级人民法院刑事判决书,(2016)云33刑终46号。

② 参见浙江省平湖市人民法院刑事判决书,(2016)浙0482刑初1139号。

**法条链接**

**《刑法》第三百五十四条 【容留他人吸毒罪】**容留他人吸食、注射毒品的，处三年以下有期徒刑、拘役或者管制，并处罚金。

**最高人民法院《关于审理毒品犯罪案件适用法律若干问题的解释》第十二条** 容留他人吸食、注射毒品，具有下列情形之一的，应当依照刑法第三百五十四条的规定，以容留他人吸毒罪定罪处罚：

(一)一次容留多人吸食、注射毒品的；

(二)二年内多次容留他人吸食、注射毒品的；

(三)二年内曾因容留他人吸食、注射毒品受过行政处罚的；

(四)容留未成年人吸食、注射毒品的；

(五)以牟利为目的容留他人吸食、注射毒品的；

(六)容留他人吸食、注射毒品造成严重后果的；

(七)其他应当追究刑事责任的情形。

向他人贩卖毒品后又容留其吸食、注射毒品，或者容留他人吸食、注射毒品并向其贩卖毒品，符合前款规定的容留他人吸毒罪的定罪条件的，以贩卖毒品罪和容留他人吸毒罪数罪并罚。

容留近亲属吸食、注射毒品，情节显著轻微危害不大的，不作为犯罪处理；需要追究刑事责任的，可以酌情从宽处罚。

(23)引诱、容留、介绍卖淫罪

以“王某娜引诱、容留、介绍卖淫案”①为例，二审法院认定，上诉人王某娜无视国法，伙同他人利用经营场所容留、介绍他人卖淫，其行为已构成容留、介绍卖淫罪，且情节严重，依法应予惩处。鉴于王某娜能够自愿如实供述主要犯罪事实，认罪态度较好，并能积极退缴部分赃款，故对其酌予从轻处罚。公诉机关的出庭意见成立，二审法院予以采纳。一审法院根据王某娜犯罪的事实、性质、情节及对于社会的危害程度所作出的判决，定罪准确，审判程序合法，扣押物品处理亦无不当；唯认定犯罪所得数额有误，且判处罚金刑的数额违反了最高人民法院、最高人民检察院《关于办理组织、强迫、引诱、容留、介绍卖淫刑事案件适用法律若干问题的解释》第13条的规定，系适用法律错误，依法应予改判。

---

① 参见北京市第二中级人民法院刑事判决书，(2019)京02刑终431号。

**法条链接**

**《刑法》第三百五十九条 【引诱、容留、介绍卖淫罪】**引诱、容留、介绍他人卖淫的，处五年以下有期徒刑、拘役或者管制，并处罚金；情节严重的，处五年以上有期徒刑，并处罚金。

**【引诱幼女卖淫罪】**引诱不满十四周岁的幼女卖淫的，处五年以上有期徒刑，并处罚金。

**最高人民法院、最高人民检察院《关于办理组织、强迫、引诱、容留、介绍卖淫刑事案件适用法律若干问题的解释》第九条** 引诱、容留、介绍他人卖淫，具有下列情形之一的，应当认定为刑法第三百五十九条第一款规定的"情节严重"：

（一）引诱五人以上或者引诱、容留、介绍十人以上卖淫的；

（二）引诱三人以上的未成年人、孕妇、智障人员、患有严重性病的人卖淫，或者引诱、容留、介绍五人以上该类人员卖淫的；

（三）非法获利人民币五万元以上的；

（四）其他情节严重的情形。

**第十三条** 犯组织、强迫、引诱、容留、介绍卖淫罪的，应当依法判处犯罪所得二倍以上的罚金。共同犯罪的，对各共同犯罪人合计判处的罚金应当在犯罪所得的二倍以上。

对犯组织、强迫卖淫罪被判处无期徒刑的，应当并处没收财产。

（24）内幕交易、泄露内幕信息罪；利用未公开信息交易罪

以"徐某庭内幕交易、泄露内幕信息案"①为例，二审法院认定，根据徐某庭在侦查阶段的供述，其与喻某关系密切，其供认与喻某在一起时不可避免地会谈到网络整合、台网分离及天威视讯需要重组等事情。从徐某庭与喻某手机通话的情况看，徐某庭的手机 186××××0089 与喻某的手机 138××××9956 于 2012 年 2 月 24 日通话一次，26 日通话三次，27 日通话两次；徐某庭的手机 139××××1024 与喻某的手机 138××××9956 于 2012 年 6 月 11 日通话一次。从喻某买卖天威视讯股票的时间看，喻某使用其妻子程某乙的证券账户于 2012 年 2 月 27 日买入天威视讯股票 55,000 股，成交金额 984,500 元；于 2012 年 2 月 28 日买入天威视讯股票 117,088 股，成交金额 2,008,907 元；喻某于 2012 年 2 月 28 日开立证券账户，买入天威视讯股票 306,949 股，成交金额 5,271,907.09 元。可见，徐某庭有关向喻某谈及网络整合、台网分离等事情的供述与两人之间手机通话记录以及喻某购买天威

① 参见广东省高级人民法院刑事裁定书，（2015）粤高法刑二终字第 134 号。

视讯股票的时间能吻合,足以认定在内幕信息敏感期内,徐某庭将深圳有线广播电视网络改革重组的内幕信息泄露给喻某。在内幕信息敏感期内,喻某及其妻子买卖天威视讯股票,成交金额共计 8,265,314.09 元。依照最高人民法院、最高人民检察院《关于办理内幕交易、泄露内幕信息刑事案件具体应用法律若干问题的解释》第 7 条第 1 项的规定,应认定徐某庭的行为属情节特别严重的情形。

**法条链接**

**《刑法》第一百八十条 【内幕交易、泄露内幕信息罪】**证券、期货交易内幕信息的知情人员或者非法获取证券、期货交易内幕信息的人员,在涉及证券的发行,证券、期货交易或者其他对证券、期货交易价格有重大影响的信息尚未公开前,买入或者卖出该证券,或者从事与该内幕信息有关的期货交易,或者泄露该信息,或者明示、暗示他人从事上述交易活动,情节严重的,处五年以下有期徒刑或者拘役,并处或者单处违法所得一倍以上五倍以下罚金;情节特别严重的,处五年以上十年以下有期徒刑,并处违法所得一倍以上五倍以下罚金。

单位犯前款罪的,对单位判处罚金,并对其直接负责的主管人员和其他直接责任人员,处五年以下有期徒刑或者拘役。

内幕信息、知情人员的范围,依照法律、行政法规的规定确定。

**【利用未公开信息交易罪】**证券交易所、期货交易所、证券公司、期货经纪公司、基金管理公司、商业银行、保险公司等金融机构的从业人员以及有关监管部门或者行业协会的工作人员,利用因职务便利获取的内幕信息以外的其他未公开的信息,违反规定,从事与该信息相关的证券、期货交易活动,或者明示、暗示他人从事相关交易活动,情节严重的,依照第一款的规定处罚。

**最高人民法院、最高人民检察院《关于办理内幕交易、泄露内幕信息刑事案件具体应用法律若干问题的解释》第六条** 在内幕信息敏感期内从事或者明示、暗示他人从事或者泄露内幕信息导致他人从事与该内幕信息有关的证券、期货交易,具有下列情形之一的,应当认定为刑法第一百八十条第一款规定的"情节严重":

(一)证券交易成交额在五十万元以上的;

(二)期货交易占用保证金数额在三十万元以上的;

(三)获利或者避免损失数额在十五万元以上的;

(四)三次以上的;

(五)具有其他严重情节的。

**第七条** 在内幕信息敏感期内从事或者明示、暗示他人从事或者泄露内幕信息导致他人从事与该内幕信息有关的证券、期货交易，具有下列情形之一的，应当认定为刑法第一百八十条第一款规定的“情节特别严重”：

（一）证券交易成交额在二百五十万元以上的；

（二）期货交易占用保证金数额在一百五十万元以上的；

（三）获利或者避免损失数额在七十五万元以上的；

（四）具有其他特别严重情节的。

（25）妨害国（边）境管理罪

以“洛某某、扎某犯偷越国境罪案”①为例，二审法院认定，上诉人洛某某、原审被告人扎某违反国境管理法规，与他人结伙偷越国境到越南，情节严重，其二人行为已触犯了《刑法》（2011 年修正）第 322 条的规定，构成偷越国境罪。

**法条链接**

**《刑法》第三百一十八条　【组织他人偷越国（边）境罪】**组织他人偷越国（边）境的，处二年以上七年以下有期徒刑，并处罚金；有下列情形之一的，处七年以上有期徒刑或者无期徒刑，并处罚金或者没收财产：

（一）组织他人偷越国（边）境集团的首要分子；

（二）多次组织他人偷越国（边）境或者组织他人偷越国（边）境人数众多的；

（三）造成被组织人重伤、死亡的；

（四）剥夺或者限制被组织人人身自由的；

（五）以暴力、威胁方法抗拒检查的；

（六）违法所得数额巨大的；

（七）有其他特别严重情节的。

犯前款罪，对被组织人有杀害、伤害、强奸、拐卖等犯罪行为，或者对检查人员有杀害、伤害等犯罪行为的，依照数罪并罚的规定处罚。

**第三百一十九条　【骗取出境证件罪】**以劳务输出、经贸往来或者其他名义，弄虚作假，骗取护照、签证等出境证件，为组织他人偷越国（边）境使用的，处三年以下有期徒刑，并处罚金；情节严重的，处三年以上十年以下有期徒刑，并处罚金。

单位犯前款罪的，对单位判处罚金，并对其直接负责的主管人员和其他直接责任人

① 参见广西壮族自治区崇左市中级人民法院刑事裁定书，（2015）崇刑终字第 50 号。

员,依照前款的规定处罚。

**第三百二十条 【提供伪造、变造的出入境证件罪】【出售出入境证件罪】**为他人提供伪造、变造的护照、签证等出入境证件,或者出售护照、签证等出入境证件的,处五年以下有期徒刑,并处罚金;情节严重的,处五年以上有期徒刑,并处罚金。

**第三百二十一条 【运送他人偷越国(边)境罪】**运送他人偷越国(边)境的,处五年以下有期徒刑、拘役或者管制,并处罚金;有下列情形之一的,处五年以上十年以下有期徒刑,并处罚金:

(一)多次实施运送行为或者运送人数众多的;

(二)所使用的船只、车辆等交通工具不具备必要的安全条件,足以造成严重后果的;

(三)违法所得数额巨大的;

(四)有其他特别严重情节的。

在运送他人偷越国(边)境中造成被运送人重伤、死亡,或者以暴力、威胁方法抗拒检查的,处七年以上有期徒刑,并处罚金。

犯前两款罪,对被运送人有杀害、伤害、强奸、拐卖等犯罪行为,或者对检查人员有杀害、伤害等犯罪行为的,依照数罪并罚的规定处罚。

**第三百二十二条 【偷越国(边)境罪】**违反国(边)境管理法规,偷越国(边)境,情节严重的,处一年以下有期徒刑、拘役或者管制,并处罚金;为参加恐怖活动组织、接受恐怖活动培训或者实施恐怖活动,偷越国(边)境的,处一年以上三年以下有期徒刑,并处罚金。

**最高人民法院、最高人民检察院《关于办理妨害国(边)境管理刑事案件应用法律若干问题的解释》第二条** 为组织他人偷越国(边)境,编造出境事由、身份信息或者相关的境外关系证明的,应当认定为刑法第三百一十九条第一款规定的“弄虚作假”。

刑法第三百一十九条第一款规定的“出境证件”,包括护照或者代替护照使用的国际旅行证件,中华人民共和国海员证,中华人民共和国出入境通行证,中华人民共和国旅行证,中国公民往来香港、澳门、台湾地区证件,边境地区出入境通行证,签证、签注,出国(境)证明、名单,以及其他出境时需要查验的资料。

具有下列情形之一的,应当认定为刑法第三百一十九条第一款规定的“情节严重”:

(一)骗取出境证件五份以上的;

(二)非法收取费用三十万元以上的;

(三)明知是国家规定的不准出境的人员而为其骗取出境证件的;

(四)其他情节严重的情形。

**第三条** 刑法第三百二十条规定的“出入境证件”,包括本解释第二条第二款所列的证件以及其他入境时需要查验的资料。

具有下列情形之一的，应当认定为刑法第三百二十条规定的“情节严重”：

（一）为他人提供伪造、变造的出入境证件或者出售出入境证件五份以上的；

（二）非法收取费用三十万元以上的；

（三）明知是国家规定的不准出入境的人员而为其提供伪造、变造的出入境证件或者向其出售出入境证件的；

（四）其他情节严重的情形。

**第四条** 运送他人偷越国（边）境人数在十人以上的，应当认定为刑法第三百二十一条第一款第（一）项规定的“人数众多”；违法所得数额在二十万元以上的，应当认定为刑法第三百二十一条第一款第（三）项规定的“违法所得数额巨大”。

（26）行贿罪

以“杨某行贿案”[①]为例，二审法院认为，经查，杨某的行贿行为应当适用1997年修订的《刑法》。杨某行贿数额为500万元，依照最高人民法院、最高人民检察院《关于办理行贿刑事案件具体应用法律若干问题的解释》第2条的规定，属于《刑法》第390条第1款规定的“情节特别严重”的情形，对杨某适用的法定量刑幅度为10年以上有期徒刑或者无期徒刑。

**法条链接**

**《刑法》第三百八十九条 【行贿罪】**为谋取不正当利益，给予国家工作人员以财物的，是行贿罪。

在经济往来中，违反国家规定，给予国家工作人员以财物，数额较大的，或者违反国家规定，给予国家工作人员以各种名义的回扣、手续费的，以行贿论处。

因被勒索给予国家工作人员以财物，没有获得不正当利益的，不是行贿。

**第三百九十条 【行贿罪的处罚规定】**对犯行贿罪的，处五年以下有期徒刑或者拘役，并处罚金；因行贿谋取不正当利益，情节严重的，或者使国家利益遭受重大损失的，处五年以上十年以下有期徒刑，并处罚金；情节特别严重的，或者使国家利益遭受特别重大损失的，处十年以上有期徒刑或者无期徒刑，并处罚金或者没收财产。

行贿人在被追诉前主动交待行贿行为的，可以从轻或者减轻处罚。其中，犯罪较轻的，对侦破重大案件起关键作用的，或者有重大立功表现的，可以减轻或者免除处罚。

① 参见广东省高级人民法院刑事裁定书，（2016）粤刑终94号。

**第三百九十条之一 【对有影响力的人行贿罪】**为谋取不正当利益,向国家工作人员的近亲属或者其他与该国家工作人员关系密切的人,或者向离职的国家工作人员或者其近亲属以及其他与其关系密切的人行贿的,处三年以下有期徒刑或者拘役,并处罚金;情节严重的,或者使国家利益遭受重大损失的,处三年以上七年以下有期徒刑,并处罚金;情节特别严重的,或者使国家利益遭受特别重大损失的,处七年以上十年以下有期徒刑,并处罚金。

单位犯前款罪的,对单位判处罚金,并对其直接负责的主管人员和其他直接责任人员,处三年以下有期徒刑或者拘役,并处罚金。

**最高人民法院、最高人民检察院《关于办理行贿刑事案件具体应用法律若干问题的解释》第二条** 因行贿谋取不正当利益,具有下列情形之一的,应当认定为刑法第三百九十条第一款规定的"情节严重":

(一)行贿数额在二十万元以上不满一百万元的;

(二)行贿数额在十万元以上不满二十万元,并具有下列情形之一的:

1. 向三人以上行贿的;

2. 将违法所得用于行贿的;

3. 为实施违法犯罪活动,向负有食品、药品、安全生产、环境保护等监督管理职责的国家工作人员行贿,严重危害民生、侵犯公众生命财产安全的;

4. 向行政执法机关、司法机关的国家工作人员行贿,影响行政执法和司法公正的;

(三)其他情节严重的情形。

**第三条** 因行贿谋取不正当利益,造成直接经济损失数额在一百万元以上的,应当认定为刑法第三百九十条第一款规定的"使国家利益遭受重大损失"。

**第四条** 因行贿谋取不正当利益,具有下列情形之一的,应当认定为刑法第三百九十条第一款规定的"情节特别严重":

(一)行贿数额在一百万元以上的;

(二)行贿数额在五十万元以上不满一百万元,并具有下列情形之一的:

1. 向三人以上行贿的;

2. 将违法所得用于行贿的;

3. 为实施违法犯罪活动,向负有食品、药品、安全生产、环境保护等监督管理职责的国家工作人员行贿,严重危害民生、侵犯公众生命财产安全的;

4. 向行政执法机关、司法机关的国家工作人员行贿,影响行政执法和司法公正的;

(三)造成直接经济损失数额在五百万元以上的;

(四)其他情节特别严重的情形。

**第十条** 实施行贿犯罪，具有下列情形之一的，一般不适用缓刑和免予刑事处罚：

（一）向三人以上行贿的；

（二）因行贿受过行政处罚或者刑事处罚的；

（三）为实施违法犯罪活动而行贿的；

（四）造成严重危害后果的；

（五）其他不适用缓刑和免予刑事处罚的情形。

具有刑法第三百九十条第二款规定的情形的，不受前款规定的限制。

(27)拒不支付劳动报酬罪

以“吕某某、新疆某公司拒不支付劳动报酬案”①为例，法院认定，开庭审理后，被告人吕某某认识到自己的错误，积极筹措资金，将拖欠的劳动工资789,185.30元全部交至鄯善县人民法院，属悔罪态度诚恳，可酌情从轻处罚。据此，两被告均免予刑事处罚。

**法条链接**

**《刑法》第二百七十六条之一【拒不支付劳动报酬罪】**以转移财产、逃匿等方法逃避支付劳动者的劳动报酬或者有能力支付而不支付劳动者的劳动报酬，数额较大，经政府有关部门责令支付仍不支付的，处三年以下有期徒刑或者拘役，并处或者单处罚金；造成严重后果的，处三年以上七年以下有期徒刑，并处罚金。

单位犯前款罪的，对单位判处罚金，并对其直接负责的主管人员和其他直接责任人员，依照前款的规定处罚。

有前两款行为，尚未造成严重后果，在提起公诉前支付劳动者的劳动报酬，并依法承担相应赔偿责任的，可以减轻或者免除处罚。

**最高人民法院《关于审理拒不支付劳动报酬刑事案件适用法律若干问题的解释》第六条** 拒不支付劳动者的劳动报酬，尚未造成严重后果，在刑事立案前支付劳动者的劳动报酬，并依法承担相应赔偿责任的，可以认定为情节显著轻微危害不大，不认为是犯罪；在提起公诉前支付劳动者的劳动报酬，并依法承担相应赔偿责任的，可以减轻或者免除刑事处罚；在一审宣判前支付劳动者的劳动报酬，并依法承担相应赔偿责任的，可以从轻处罚。

对于免除刑事处罚的，可以根据案件的不同情况，予以训诫、责令具结悔过或者赔礼

① 参见新疆维吾尔自治区吐鲁番市人民法院刑事裁定书，(2016)新21刑终79号。

道歉。

拒不支付劳动者的劳动报酬,造成严重后果,但在宣判前支付劳动者的劳动报酬,并依法承担相应赔偿责任的,可以酌情从宽处罚。

(28)生产、销售有毒、有害食品罪

以"王某某生产、销售不符合安全标准的食品案"[①]为例,法院认定,依照《刑法》(2011年修正)第143条、第67条第3款,最高人民法院、最高人民检察院《关于办理危害食品安全刑事案件适用法律若干问题的解释》(2013年修正)第3条第2项、第5项,第17条[②]之规定,判决被告人王某某犯生产、销售不符合安全标准的食品罪,判处有期徒刑3年,并处罚金20万元(刑期从判决执行之日起计算)。

**法条链接**

**《刑法》第一百四十四条 【生产、销售有毒、有害食品罪】**在生产、销售的食品中掺入有毒、有害的非食品原料的,或者销售明知掺有有毒、有害的非食品原料的食品的,处五年以下有期徒刑,并处罚金;对人体健康造成严重危害或者有其他严重情节的,处五年以上十年以下有期徒刑,并处罚金;致人死亡或者有其他特别严重情节的,依照本法第一百四十一条的规定处罚。

**最高人民法院、最高人民检察院《关于办理危害食品安全刑事案件适用法律若干问题的解释》第二条** 生产、销售不符合食品安全标准的食品,具有下列情形之一的,应当认定为刑法第一百四十三条规定的"对人体健康造成严重危害":

(一)造成轻伤以上伤害的;

(二)造成轻度残疾或者中度残疾的;

(三)造成器官组织损伤导致一般功能障碍或者严重功能障碍的;

(四)造成十人以上严重食物中毒或者其他严重食源性疾病的;

(五)其他对人体健康造成严重危害的情形。

**第三条** 生产、销售不符合食品安全标准的食品,具有下列情形之一的,应当认定为刑法第一百四十三条规定的"其他严重情节":

(一)生产、销售金额二十万元以上的;

---

① 参见山西省晋城市中级人民法院刑事裁定书,(2015)晋市法刑终字第191号。

② 参见2021年修正的最高人民法院、最高人民检察院《关于办理危害食品安全刑事案件适用法律若干问题的解释》第3条第2项、第5项,第21条。

（二）生产、销售金额十万元以上不满二十万元，不符合食品安全标准的食品数量较大或者生产、销售持续时间六个月以上的；

（三）生产、销售金额十万元以上不满二十万元，属于特殊医学用途配方食品、专供婴幼儿的主辅食品的；

（四）生产、销售金额十万元以上不满二十万元，且在中小学校园、托幼机构、养老机构及周边面向未成年人、老年人销售的；

（五）生产、销售金额十万元以上不满二十万元，曾因危害食品安全犯罪受过刑事处罚或者二年内因危害食品安全违法行为受过行政处罚的；

（六）其他情节严重的情形。

**第四条**　生产、销售不符合食品安全标准的食品，具有下列情形之一的，应当认定为刑法第一百四十三条规定的“后果特别严重”：

（一）致人死亡的；

（二）造成重度残疾以上的；

（三）造成三人以上重伤、中度残疾或者器官组织损伤导致严重功能障碍的；

（四）造成十人以上轻伤、五人以上轻度残疾或者器官组织损伤导致一般功能障碍的；

（五）造成三十人以上严重食物中毒或者其他严重食源性疾病的；

（六）其他特别严重的后果。

**第五条**　在食品生产、销售、运输、贮存等过程中，违反食品安全标准，超限量或者超范围滥用食品添加剂，足以造成严重食物中毒事故或者其他严重食源性疾病的，依照刑法第一百四十三条的规定以生产、销售不符合安全标准的食品罪定罪处罚。

在食用农产品种植、养殖、销售、运输、贮存等过程中，违反食品安全标准，超限量或者超范围滥用添加剂、农药、兽药等，足以造成严重食物中毒事故或者其他严重食源性疾病的，适用前款的规定定罪处罚。

**第六条**　生产、销售有毒、有害食品，具有本解释第二条规定情形之一的，应当认定为刑法第一百四十四条规定的“对人体健康造成严重危害”。

（29）诽谤罪

以“陈某保指控欧某诽谤案”①为例，二审法院认定，一审法院以欧某是否有捏造并散布虚假事实的行为，自诉人提供的证据无法予以证实，其提起的刑事自诉不符合自诉案件的受理条件为由，裁定对自诉人陈某保的起诉不予受理，按举证责任

① 参见广西壮族自治区桂林市中级人民法院刑事裁定书，（2015）桂市立刑终字第2号。

的划分,一审法院归责错误。根据最高人民法院、最高人民检察院《关于办理利用信息网络实施诽谤等刑事案件适用法律若干问题的解释》第 2 条“利用信息网络诽谤他人,具有下列情形之一的,应当认定为刑法第二百四十六条第一款规定的‘情节严重’:(一)同一诽谤信息实际被点击、浏览次数达到五千次以上,或者被转发次数达到五百次以上的……”的规定,欧某在网络上的发帖,仅凤凰视频的浏览次数就为 5312 次,符合上述规定。一审法院裁定对自诉人陈某保的起诉不予受理错误,二审法院依法予以纠正。

**法条链接**

**《刑法》第二百四十六条 【侮辱罪】【诽谤罪】**以暴力或者其他方法公然侮辱他人或者捏造事实诽谤他人,情节严重的,处三年以下有期徒刑、拘役、管制或者剥夺政治权利。

前款罪,告诉的才处理,但是严重危害社会秩序和国家利益的除外。

通过信息网络实施第一款规定的行为,被害人向人民法院告诉,但提供证据确有困难的,人民法院可以要求公安机关提供协助。

**最高人民法院、最高人民检察院《关于办理利用信息网络实施诽谤等刑事案件适用法律若干问题的解释》第二条** 利用信息网络诽谤他人,具有下列情形之一的,应当认定为刑法第二百四十六条第一款规定的“情节严重”:

(一)同一诽谤信息实际被点击、浏览次数达到五千次以上,或者被转发次数达到五百次以上的;

(二)造成被害人或者其近亲属精神失常、自残、自杀等严重后果的;

(三)二年内曾因诽谤受过行政处罚,又诽谤他人的;

(四)其他情节严重的情形。

**第三条** 利用信息网络诽谤他人,具有下列情形之一的,应当认定为刑法第二百四十六条第二款规定的“严重危害社会秩序和国家利益”:

(一)引发群体性事件的;

(二)引发公共秩序混乱的;

(三)引发民族、宗教冲突的;

(四)诽谤多人,造成恶劣社会影响的;

(五)损害国家形象,严重危害国家利益的;

(六)造成恶劣国际影响的;

(七)其他严重危害社会秩序和国家利益的情形。

(30)生产、销售、提供假药罪

以“赵某销售假药案”[1]为例,二审法院认定,上诉人赵某违反国家药品管理法,销售未经批准进口的国外药品,其行为已构成销售假药罪。赵某销售的药品属于麻醉药品、医疗用毒性药品、注射剂药品,应酌情从重处罚。

法条链接

**《刑法》第一百四十条 【生产、销售伪劣产品罪】**生产者、销售者在产品中掺杂、掺假,以假充真,以次充好或者以不合格产品冒充合格产品,销售金额五万元以上不满二十万元的,处二年以下有期徒刑或者拘役,并处或者单处销售金额百分之五十以上二倍以下罚金;销售金额二十万元以上不满五十万元的,处二年以上七年以下有期徒刑,并处销售金额百分之五十以上二倍以下罚金;销售金额五十万元以上不满二百万元的,处七年以上有期徒刑,并处销售金额百分之五十以上二倍以下罚金;销售金额二百万元以上的,处十五年有期徒刑或者无期徒刑,并处销售金额百分之五十以上二倍以下罚金或者没收财产。

**最高人民法院、最高人民检察院《关于办理危害药品安全刑事案件适用法律若干问题的解释》第一条** 生产、销售、提供假药,具有下列情形之一的,应当酌情从重处罚:

(一)涉案药品以孕产妇、儿童或者危重病人为主要使用对象的;

(二)涉案药品属于麻醉药品、精神药品、医疗用毒性药品、放射性药品、生物制品,或者以药品类易制毒化学品冒充其他药品的;

(三)涉案药品属于注射剂药品、急救药品的;

(四)涉案药品系用于应对自然灾害、事故灾难、公共卫生事件、社会安全事件等突发事件的;

(五)药品使用单位及其工作人员生产、销售假药的;

(六)其他应当酌情从重处罚的情形。

(31)走私武器、弹药罪、走私核材料罪、走私假币罪;走私文物罪、走私贵重金属罪、走私珍贵动物罪、走私珍贵动物制品罪;走私国家禁止进出口的货物、物品罪

以“代某龙走私武器、弹药案”[2]为例,二审法院认定,关于代某龙上诉称量刑过重的意见。根据最高人民法院、最高人民检察院《关于办理走私刑事案件适用法律若干问题的解释》第3条“走私枪支散件,构成犯罪的,依照刑法第一百五十一条第

① 参见浙江省温州市中级人民法院刑事裁定书,(2016)浙03刑终319号。

② 参见四川省高级人民法院刑事裁定书,(2015)川刑终字第224号。

一款的规定,以走私武器罪定罪处罚。成套枪支散件以相应数量的枪支计,非成套枪支散件以每三十件为一套枪支散件计”的规定,本案中,查获已出境的枪支散件1609件,折合成套枪支散件53套;在深圳皇岗海关查获枪支散件65件,折合成套枪支散件2套;在代某龙加工厂内查获311件枪支散件,折合成套枪支散件10套。故代某龙等人走私既遂非军用成套枪支散件计55套,共1674件;走私未遂非军用成套枪支散件计10套,共311件。由此可见,代某龙走私武器弹药的数量已经达到情节特别严重的量刑幅度,应予严惩。

**法条链接**

**《刑法》第一百五十一条 【走私武器、弹药罪】【走私核材料罪】【走私假币罪】**走私武器、弹药、核材料或者伪造的货币的,处七年以上有期徒刑,并处罚金或者没收财产;情节特别严重的,处无期徒刑,并处没收财产;情节较轻的,处三年以上七年以下有期徒刑,并处罚金。

**【走私文物罪】【走私贵重金属罪】【走私珍贵动物、珍贵动物制品罪】**走私国家禁止出口的文物、黄金、白银和其他贵重金属或者国家禁止进出口的珍贵动物及其制品的,处五年以上十年以下有期徒刑,并处罚金;情节特别严重的,处十年以上有期徒刑或者无期徒刑,并处没收财产;情节较轻的,处五年以下有期徒刑,并处罚金。

**【走私国家禁止进出口的货物、物品罪】**走私珍稀植物及其制品等国家禁止进出口的其他货物、物品的,处五年以下有期徒刑或者拘役,并处或者单处罚金;情节严重的,处五年以上有期徒刑,并处罚金。

单位犯本条规定之罪的,对单位判处罚金,并对其直接负责的主管人员和其他直接责任人员,依照本条各款的规定处罚。

**最高人民法院、最高人民检察院《关于办理走私刑事案件适用法律若干问题的解释》第一条** 走私武器、弹药,具有下列情形之一的,可以认定为刑法第一百五十一条第一款规定的“情节较轻”:

(一)走私以压缩气体等非火药为动力发射枪弹的枪支二支以上不满五支的;

(二)走私气枪铅弹五百发以上不满二千五百发,或者其他子弹十发以上不满五十发的;

(三)未达到上述数量标准,但属于犯罪集团的首要分子,使用特种车辆从事走私活动,或者走私的武器、弹药被用于实施犯罪等情形的;

(四)走私各种口径在六十毫米以下常规炮弹、手榴弹或者枪榴弹等分别或者合计不满五枚的。

具有下列情形之一的，依照刑法第一百五十一条第一款的规定处七年以上有期徒刑，并处罚金或者没收财产：

（一）走私以火药为动力发射枪弹的枪支一支，或者以压缩气体等非火药为动力发射枪弹的枪支五支以上不满十支的；

（二）走私第一款第二项规定的弹药，数量在该项规定的最高数量以上不满最高数量五倍的；

（三）走私各种口径在六十毫米以下常规炮弹、手榴弹或者枪榴弹等分别或者合计达到五枚以上不满十枚，或者各种口径超过六十毫米以上常规炮弹合计不满五枚的；

（四）达到第一款第一、二、四项规定的数量标准，且属于犯罪集团的首要分子，使用特种车辆从事走私活动，或者走私的武器、弹药被用于实施犯罪等情形的。

具有下列情形之一的，应当认定为刑法第一百五十一条第一款规定的"情节特别严重"：

（一）走私第二款第一项规定的枪支，数量超过该项规定的数量标准的；

（二）走私第一款第二项规定的弹药，数量在该项规定的最高数量标准五倍以上的；

（三）走私第二款第三项规定的弹药，数量超过该项规定的数量标准，或者走私具有巨大杀伤力的非常规炮弹一枚以上的；

（四）达到第二款第一项至第三项规定的数量标准，且属于犯罪集团的首要分子，使用特种车辆从事走私活动，或者走私的武器、弹药被用于实施犯罪等情形的。

走私其他武器、弹药，构成犯罪的，参照本条各款规定的标准处罚。

**第六条**　走私伪造的货币，数额在二千元以上不满二万元，或者数量在二百张（枚）以上不满二千张（枚）的，可以认定为刑法第一百五十一条第一款规定的"情节较轻"。

具有下列情形之一的，依照刑法第一百五十一条第一款的规定处七年以上有期徒刑，并处罚金或者没收财产：

（一）走私数额在二万元以上不满二十万元，或者数量在二千张（枚）以上不满二万张（枚）的；

（二）走私数额或者数量达到第一款规定的标准，且具有走私的伪造货币流入市场等情节的。

具有下列情形之一的，应当认定为刑法第一百五十一条第一款规定的"情节特别严重"：

（一）走私数额在二十万元以上，或者数量在二万张（枚）以上的；

（二）走私数额或者数量达到第二款第一项规定的标准，且属于犯罪集团的首要分子，使用特种车辆从事走私活动，或者走私的伪造货币流入市场等情形的。

**第八条** 走私国家禁止出口的三级文物二件以下的,可以认定为刑法第一百五十一条第二款规定的"情节较轻"。

具有下列情形之一的,依照刑法第一百五十一条第二款的规定处五年以上十年以下有期徒刑,并处罚金:

(一)走私国家禁止出口的二级文物不满三件,或者三级文物三件以上不满九件的;

(二)走私国家禁止出口的三级文物不满三件,且具有造成文物严重毁损或者无法追回等情节的。

具有下列情形之一的,应当认定为刑法第一百五十一条第二款规定的"情节特别严重":

(一)走私国家禁止出口的一级文物一件以上,或者二级文物三件以上,或者三级文物九件以上的;

(二)走私国家禁止出口的文物达到第二款第一项规定的数量标准,且属于犯罪集团的首要分子,使用特种车辆从事走私活动,或者造成文物严重毁损、无法追回等情形的。

**第九条** 走私国家一、二级保护动物未达到本解释附表中(一)规定的数量标准,或者走私珍贵动物制品数额不满二十万元的,可以认定为刑法第一百五十一条第二款规定的"情节较轻"。

具有下列情形之一的,依照刑法第一百五十一条第二款的规定处五年以上十年以下有期徒刑,并处罚金:

(一)走私国家一、二级保护动物达到本解释附表中(一)规定的数量标准的;

(二)走私珍贵动物制品数额在二十万元以上不满一百万元的;

(三)走私国家一、二级保护动物未达到本解释附表中(一)规定的数量标准,但具有造成该珍贵动物死亡或者无法追回等情节的。

具有下列情形之一的,应当认定为刑法第一百五十一条第二款规定的"情节特别严重":

(一)走私国家一、二级保护动物达到本解释附表中(二)规定的数量标准的;

(二)走私珍贵动物制品数额在一百万元以上的;

(三)走私国家一、二级保护动物达到本解释附表中(一)规定的数量标准,且属于犯罪集团的首要分子,使用特种车辆从事走私活动,或者造成该珍贵动物死亡、无法追回等情形的。

不以牟利为目的,为留作纪念而走私珍贵动物制品进境,数额不满十万元的,可以免予刑事处罚;情节显著轻微的,不作为犯罪处理。

**第十一条** 走私国家禁止进出口的货物、物品,具有下列情形之一的,依照刑法第一百五十一条第三款的规定处五年以下有期徒刑或者拘役，并处或者单处罚金：

（一）走私国家一级保护野生植物五株以上不满二十五株，国家二级保护野生植物十株以上不满五十株，或者珍稀植物、珍稀植物制品数额在二十万元以上不满一百万元的；

（二）走私重点保护古生物化石或者未命名的古生物化石不满十件，或者一般保护古生物化石十件以上不满五十件的；

（三）走私禁止进出口的有毒物质一吨以上不满五吨，或者数额在二万元以上不满十万元的；

（四）走私来自境外疫区的动植物及其产品五吨以上不满二十五吨，或者数额在五万元以上不满二十五万元的；

（五）走私木炭、硅砂等妨害环境、资源保护的货物、物品十吨以上不满五十吨，或者数额在十万元以上不满五十万元的；

（六）走私旧机动车、切割车、旧机电产品或者其他禁止进出口的货物、物品二十吨以上不满一百吨，或者数额在二十万元以上不满一百万元的；

（七）数量或者数额未达到本款第一项至第六项规定的标准，但属于犯罪集团的首要分子，使用特种车辆从事走私活动，造成环境严重污染，或者引起甲类传染病传播、重大动植物疫情等情形的。

具有下列情形之一的，应当认定为刑法第一百五十一条第三款规定的“情节严重”：

（一）走私数量或者数额超过前款第一项至第六项规定的标准的；

（二）达到前款第一项至第六项规定的标准，且属于犯罪集团的首要分子，使用特种车辆从事走私活动，造成环境严重污染，或者引起甲类传染病传播、重大动植物疫情等情形的。

**第十三条**　以牟利或者传播为目的，走私淫秽物品，达到下列数量之一的，可以认定为刑法第一百五十二条第一款规定的“情节较轻”：

（一）走私淫秽录像带、影碟五十盘（张）以上不满一百盘（张）的；

（二）走私淫秽录音带、音碟一百盘（张）以上不满二百盘（张）的；

（三）走私淫秽扑克、书刊、画册一百副（册）以上不满二百副（册）的；

（四）走私淫秽照片、画片五百张以上不满一千张的；

（五）走私其他淫秽物品相当于上述数量的。

走私淫秽物品在前款规定的最高数量以上不满最高数量五倍的，依照刑法第一百五十二条第一款的规定处三年以上十年以下有期徒刑，并处罚金。

走私淫秽物品在第一款规定的最高数量五倍以上，或者在第一款规定的最高数量以上不满五倍，但属于犯罪集团的首要分子，使用特种车辆从事走私活动等情形的，应当认定为刑法第一百五十二条第一款规定的“情节严重”。

**第十四条** 走私国家禁止进口的废物或者国家限制进口的可用作原料的废物,具有下列情形之一的,应当认定为刑法第一百五十二条第二款规定的“情节严重”:

(一)走私国家禁止进口的危险性固体废物、液态废物分别或者合计达到一吨以上不满五吨的;

(二)走私国家禁止进口的非危险性固体废物、液态废物分别或者合计达到五吨以上不满二十五吨的;

(三)走私国家限制进口的可用作原料的固体废物、液态废物分别或者合计达到二十吨以上不满一百吨的;

(四)未达到上述数量标准,但属于犯罪集团的首要分子,使用特种车辆从事走私活动,或者造成环境严重污染等情形的。

具有下列情形之一的,应当认定为刑法第一百五十二条第二款规定的“情节特别严重”:

(一)走私数量超过前款规定的标准的;

(二)达到前款规定的标准,且属于犯罪集团的首要分子,使用特种车辆从事走私活动,或者造成环境严重污染等情形的;

(三)未达到前款规定的标准,但造成环境严重污染且后果特别严重的。

走私置于容器中的气态废物,构成犯罪的,参照前两款规定的标准处罚。

**第十六条** 走私普通货物、物品,偷逃应缴税额在十万元以上不满五十万元的,应当认定为刑法第一百五十三条第一款规定的“偷逃应缴税额较大”;偷逃应缴税额在五十万元以上不满二百五十万元的,应当认定为“偷逃应缴税额巨大”;偷逃应缴税额在二百五十万元以上的,应当认定为“偷逃应缴税额特别巨大”。

走私普通货物、物品,具有下列情形之一,偷逃应缴税额在三十万元以上不满五十万元的,应当认定为刑法第一百五十三条第一款规定的“其他严重情节”;偷逃应缴税额在一百五十万元以上不满二百五十万元的,应当认定为“其他特别严重情节”:

(一)犯罪集团的首要分子;

(二)使用特种车辆从事走私活动的;

(三)为实施走私犯罪,向国家机关工作人员行贿的;

(四)教唆、利用未成年人、孕妇等特殊人群走私的;

(五)聚众阻挠缉私的。

(32)拒不执行判决、裁定罪

以“王某某拒不执行裁定案”[①]为例，二审法院认定，王某某在裁定书生效后，收到法院报告财产令、执行通知书但拒绝报告财产情况，被司法拘留后仍拒不执行法院裁定，其间，其有房租收入，银行卡上有大量资金往来，法院在其拘留期间从其银行卡上冻结并划拨到5.7万余元，王某某对法院的裁定有能力执行而拒不执行，情节严重。

**法条链接**

**《刑法》第三百一十三条　【拒不执行判决、裁定罪】**对人民法院的判决、裁定有能力执行而拒不执行，情节严重的，处三年以下有期徒刑、拘役或者罚金；情节特别严重的，处三年以上七年以下有期徒刑，并处罚金。

单位犯前款罪的，对单位判处罚金，并对其直接负责的主管人员和其他直接责任人员，依照前款的规定处罚。

**最高人民法院《关于审理拒不执行判决、裁定刑事案件适用法律若干问题的解释》第二条**　负有执行义务的人有能力执行而实施下列行为之一的，应当认定为全国人民代表大会常务委员会关于刑法第三百一十三条的解释中规定的“其他有能力执行而拒不执行，情节严重的情形”：

(一)具有拒绝报告或者虚假报告财产情况、违反人民法院限制高消费及有关消费令等拒不执行行为，经采取罚款或者拘留等强制措施后仍拒不执行的；

(二)伪造、毁灭有关被执行人履行能力的重要证据，以暴力、威胁、贿买方法阻止他人作证或者指使、贿买、胁迫他人作伪证，妨碍人民法院查明被执行人财产情况，致使判决、裁定无法执行的；

(三)拒不交付法律文书指定交付的财物、票证或者拒不迁出房屋、退出土地，致使判决、裁定无法执行的；

(四)与他人串通，通过虚假诉讼、虚假仲裁、虚假和解等方式妨害执行，致使判决、裁定无法执行的；

(五)以暴力、威胁方法阻碍执行人员进入执行现场或者聚众哄闹、冲击执行现场，致使执行工作无法进行的；

(六)对执行人员进行侮辱、围攻、扣押、殴打，致使执行工作无法进行的；

(七)毁损、抢夺执行案件材料、执行公务车辆和其他执行器械、执行人员服装以及执

---

① 参见河南省安阳市中级人民法院刑事裁定书，(2016)豫05刑终520号。

行公务证件,致使执行工作无法进行的;

(八)拒不执行法院判决、裁定,致使债权人遭受重大损失的。

(33)谎报安全事故罪

以"戴某权不报安全事故案"①为例,一审法院认定,2014年10月7日21时许,由广东华隧公司负责施工的南宁轨道交通1号线土建7标工地发生一起坍塌事故,当场导致3名工人被掩埋。事故发生后,被告人戴某权作为广东华隧公司7标项目部项目经理没有按照规定,将事故发生情况立即上报南宁市轨道公司、监理公司、南宁安全生产监督管理局等单位,直到2014年10月11日才让华隧公司7标项目部安全总监王某1上报上述单位。在此期间,广东华隧公司先后与3名被害人家属达成赔偿协议,要求家属不得对外透露事故信息,并在南宁市安全生产监督管理局等单位向项目部进行核实时均予以否认,私自进行坍塌地段土方回填,导致延误事故上报抢救。被告人戴某权作为负有报告职责的人员,隐瞒不报事故情况,贻误事故抢救,情节严重,其行为构成不报安全事故罪。公诉机关指控罪名成立。

法条链接

**《刑法》第一百三十九条之一【不报、谎报安全事故罪】**在安全事故发生后,负有报告职责的人员不报或者谎报事故情况,贻误事故抢救,情节严重的,处三年以下有期徒刑或者拘役;情节特别严重的,处三年以上七年以下有期徒刑。

**最高人民法院、最高人民检察院《关于办理危害生产安全刑事案件适用法律若干问题的解释》第八条** 在安全事故发生后,负有报告职责的人员不报或者谎报事故情况,贻误事故抢救,具有下列情形之一的,应当认定为刑法第一百三十九条之一规定的"情节严重":

(一)导致事故后果扩大,增加死亡一人以上,或者增加重伤三人以上,或者增加直接经济损失一百万元以上的;

(二)实施下列行为之一,致使不能及时有效开展事故抢救的:

1. 决定不报、迟报、谎报事故情况或者指使、串通有关人员不报、迟报、谎报事故情况的;

2. 在事故抢救期间擅离职守或者逃匿的;

① 参见广西壮族自治区南宁市西塘区人民法院刑事判决书,(2016)桂0107刑初266号。

3. 伪造、破坏事故现场,或者转移、藏匿、毁灭遇难人员尸体,或者转移、藏匿受伤人员的;

4. 毁灭、伪造、隐匿与事故有关的图纸、记录、计算机数据等资料以及其他证据的;

(三)其他情节严重的情形。

具有下列情形之一的,应当认定为刑法第一百三十九条之一规定的“情节特别严重”:

(一)导致事故后果扩大,增加死亡三人以上,或者增加重伤十人以上,或者增加直接经济损失五百万元以上的;

(二)采用暴力、胁迫、命令等方式阻止他人报告事故情况,导致事故后果扩大的;

(三)其他情节特别严重的情形。

(34)走私文物罪;故意损毁文物罪;故意损毁名胜古迹罪;过失损毁文物罪

以“李某生倒卖文物案”①为例,二审法院认定,被告人李某生以牟利为目的,伙同他人倒卖二级珍贵文物1件,一般文物2件,情节特别严重,其行为已构成倒卖文物罪。原判认定事实清楚,证据确实、充分,定罪准确,量刑适当,审判程序合法。被告人李某生请求减轻或从轻处罚的上诉理由不足,不予采纳。

法条链接

**《刑法》第一百五十一条 【走私武器、弹药罪】【走私核材料罪】【走私假币罪】**走私武器、弹药、核材料或者伪造的货币的,处七年以上有期徒刑,并处罚金或者没收财产;情节特别严重的,处无期徒刑,并处没收财产;情节较轻的,处三年以上七年以下有期徒刑,并处罚金。

**【走私文物罪】【走私贵重金属罪】【走私珍贵动物、珍贵动物制品罪】**走私国家禁止出口的文物、黄金、白银和其他贵重金属或者国家禁止进出口的珍贵动物及其制品的,处五年以上十年以下有期徒刑,并处罚金;情节特别严重的,处十年以上有期徒刑或者无期徒刑,并处没收财产;情节较轻的,处五年以下有期徒刑,并处罚金。

**【走私国家禁止进出口的货物、物品罪】**走私珍稀植物及其制品等国家禁止进出口的其他货物、物品的,处五年以下有期徒刑或者拘役,并处或者单处罚金;情节严重的,处五年以上有期徒刑,并处罚金。

单位犯本条规定之罪的,对单位判处罚金,并对其直接负责的主管人员和其他直接责

① 参见浙江省丽水市中级人民法院刑事裁定书,(2016)浙11刑终33号。

任人员,依照本条各款的规定处罚。

**第三百二十四条　【故意损毁文物罪】**故意损毁国家保护的珍贵文物或者被确定为全国重点文物保护单位、省级文物保护单位的文物的,处三年以下有期徒刑或者拘役,并处或者单处罚金;情节严重的,处三年以上十年以下有期徒刑,并处罚金。

**【故意损毁名胜古迹罪】**故意损毁国家保护的名胜古迹,情节严重的,处五年以下有期徒刑或者拘役,并处或者单处罚金。

**【过失损毁文物罪】**过失损毁国家保护的珍贵文物或者被确定为全国重点文物保护单位、省级文物保护单位的文物,造成严重后果的,处三年以下有期徒刑或者拘役。

**最高人民法院、最高人民检察院《关于办理妨害文物管理等刑事案件适用法律若干问题的解释》第一条**　刑法第一百五十一条规定的"国家禁止出口的文物",依照《中华人民共和国文物保护法》规定的"国家禁止出境的文物"的范围认定。

走私国家禁止出口的二级文物的,应当依照刑法第一百五十一条第二款的规定,以走私文物罪处五年以上十年以下有期徒刑,并处罚金;走私国家禁止出口的一级文物的,应当认定为刑法第一百五十一条第二款规定的"情节特别严重";走私国家禁止出口的三级文物的,应当认定为刑法第一百五十一条第二款规定的"情节较轻"。

走私国家禁止出口的文物,无法确定文物等级,或者按照文物等级定罪量刑明显过轻或者过重的,可以按照走私的文物价值定罪量刑。走私的文物价值在二十万元以上不满一百万元的,应当依照刑法第一百五十一条第二款的规定,以走私文物罪处五年以上十年以下有期徒刑,并处罚金;文物价值在一百万元以上的,应当认定为刑法第一百五十一条第二款规定的"情节特别严重";文物价值在五万元以上不满二十万元的,应当认定为刑法第一百五十一条第二款规定的"情节较轻"。

**第三条**　全国重点文物保护单位、省级文物保护单位的本体,应当认定为刑法第三百二十四条第一款规定的"被确定为全国重点文物保护单位、省级文物保护单位的文物"。

故意损毁国家保护的珍贵文物或者被确定为全国重点文物保护单位、省级文物保护单位的文物,具有下列情形之一的,应当认定为刑法第三百二十四条第一款规定的"情节严重":

(一)造成五件以上三级文物损毁的;

(二)造成二级以上文物损毁的;

(三)致使全国重点文物保护单位、省级文物保护单位的本体严重损毁或者灭失的;

(四)多次损毁或者损毁多处全国重点文物保护单位、省级文物保护单位的本体的;

(五)其他情节严重的情形。

实施前款规定的行为,拒不执行国家行政主管部门作出的停止侵害文物的行政决定或者命令的，酌情从重处罚。

**第四条** 风景名胜区的核心景区以及未被确定为全国重点文物保护单位、省级文物保护单位的古文化遗址、古墓葬、古建筑、石窟寺、石刻、壁画、近代现代重要史迹和代表性建筑等不可移动文物的本体，应当认定为刑法第三百二十四条第二款规定的“国家保护的名胜古迹”。

故意损毁国家保护的名胜古迹，具有下列情形之一的，应当认定为刑法第三百二十四条第二款规定的“情节严重”：

(一)致使名胜古迹严重损毁或者灭失的；

(二)多次损毁或者损毁多处名胜古迹的；

(三)其他情节严重的情形。

实施前款规定的行为，拒不执行国家行政主管部门作出的停止侵害文物的行政决定或者命令的，酌情从重处罚。

故意损毁风景名胜区内被确定为全国重点文物保护单位、省级文物保护单位的文物的，依照刑法第三百二十四条第一款和本解释第三条的规定定罪量刑。

**第六条** 出售或者为出售而收购、运输、储存《中华人民共和国文物保护法》规定的“国家禁止买卖的文物”的，应当认定为刑法第三百二十六条规定的“倒卖国家禁止经营的文物”。

倒卖国家禁止经营的文物，具有下列情形之一的，应当认定为刑法第三百二十六条规定的“情节严重”：

(一)倒卖三级文物的；

(二)交易数额在五万元以上的；

(三)其他情节严重的情形。

实施前款规定的行为，具有下列情形之一的，应当认定为刑法第三百二十六条规定的“情节特别严重”：

(一)倒卖二级以上文物的；

(二)倒卖三级文物五件以上的；

(三)交易数额在二十五万元以上的；

(四)其他情节特别严重的情形。

(35)贪污贿赂罪

以"付某平、刘某伟、张某清犯受贿案"①为例,二审法院认定,上诉人付某平、刘某伟、张某清身为国家工作人员,利用他人或自己职务上的便利,非法收受他人财物,为他人谋取利益,其行为均已构成受贿罪。其中付某平受贿数额特别巨大,刘某伟、张某清受贿数额巨大,依法应予惩处。付某平在共同犯罪中起主要作用,系主犯,且到案后基本能如实供述所犯罪行,赃款已全部退缴,可对其从轻处罚。一审法院根据付某平、刘某伟、张某清犯罪的事实、性质、情节及对于社会的危害程度所作的判决,事实清楚,证据确实、充分,定罪正确,审判程序合法,对付某平的量刑适当,应予维持。鉴于在二审法院审理期间,最高人民法院、最高人民检察院《关于办理贪污贿赂刑事案件适用法律若干问题的解释》施行,对受贿数额认定标准作出了明确规定,且根据最高人民法院、最高人民检察院《关于适用刑事司法解释时间效力问题的规定》和量刑规范化的有关规定,刘某伟、张某清在共同犯罪中起次要作用,系从犯,且到案后均能如实供述所犯罪行,并能主动退缴全部赃款,可对其大幅度从轻处罚,故对刘某伟、张某清的量刑予以改判。刘某伟、张某清及其辩护人所提有关上诉理由和辩护意见,二审法院酌予采纳。

再以"侯某洲贪污案"②为例,原审法院认为,被告人侯某洲作为国家机关工作人员,利用受委托经营、管理国有财产的职务便利,采用隐瞒、欺诈的手段签订合同非法转让国有资产,将所得转让费据为已有,用于偿还赌债的行为,已构成贪污罪。为保护国有财产不受侵犯,维护国家工作人员的职务廉洁性,严惩国家工作人员职务犯罪,且被告人侯某洲贪污数额特别巨大,到案后拒不认罪,涉案赃款全部未追回,加之被告人将贪污所得用于偿还赌债等犯罪情节,经原审法院审判委员会讨论决定,依照《刑法》(2015 年修正)第 282 条第 2 款、第 383 条第 1 款第 3 项、第 61 条、第 64 条及最高人民法院、最高人民检察院《关于办理贪污贿赂刑事案件适用法律若干问题的解释》第 3 条第 1 款、第 18 条、第 19 条第 1 款之规定,判决被告人侯某洲犯贪污罪,判处有期徒刑 15 年,并处罚金 100 万元。二审法院认定,原审判决认定事实清楚,证据确实、充分,定罪准确,量刑适当,审判程序合法,适用法律正确。驳回上诉,维持原判。

---

① 参见北京市高级人民法院刑事判决书,(2016)京刑终 64 号。

② 参见甘肃省高级人民法院刑事裁定书,(2016)甘刑终 174 号。

而在“粟某挪用公款案”[1]中，原审法院认为，被告人粟某利用身为中国石油西藏拉萨销售公司曲水加油站经理的职务便利，将依职权经手的该单位油料款232.176521万元挪用后进行营利性活动，挪用公款29.138106万元用于偿还个人债务，超过三个月未归还，其行为已构成挪用公款罪，且情节严重，依法应予惩处。起诉书指控的犯罪事实清楚，证据确实、充分，但指控犯罪金额有误，依法予以更正。鉴于被告人粟某自动投案，如实供述犯罪事实，系自首，依法予以从轻处罚。关于辩护人提出粟某挪用公款29.138106万元用于偿还个人贷款，至案发未超过三个月，其行为不构成犯罪的辩护意见，不予采纳；关于辩护人提出粟某具有自首情节的辩护意见，予以采纳。根据《刑法》(2015年修正)第12条第1款、第384条第1款、第67条第1款、第61条、第64条，以及最高人民法院、最高人民检察院《关于办理贪污贿赂刑事案件适用法律若干问题的解释》第6条第1项的规定，判决：(1)被告人粟某犯挪用公款罪，判处有期徒刑6年；(2)责令被告人粟某向中国石油西藏拉萨销售公司退赔261.314627万元。二审法院认定：原判认定事实清楚，证据确实、充分，定性准确，量刑适当，适用法律准确，审判程序合法。驳回上诉，维持原判。

**法条链接**

**《刑法》第三百八十三条　【贪污罪的处罚规定】**对犯贪污罪的，根据情节轻重，分别依照下列规定处罚：

(一)贪污数额较大或者有其他较重情节的，处三年以下有期徒刑或者拘役，并处罚金。

(二)贪污数额巨大或者有其他严重情节的，处三年以上十年以下有期徒刑，并处罚金或者没收财产。

(三)贪污数额特别巨大或者有其他特别严重情节的，处十年以上有期徒刑或者无期徒刑，并处罚金或者没收财产；数额特别巨大，并使国家和人民利益遭受特别重大损失的，处无期徒刑或者死刑，并处没收财产。

对多次贪污未经处理的，按照累计贪污数额处罚。

犯第一款罪，在提起公诉前如实供述自己罪行、真诚悔罪、积极退赃，避免、减少损害结果的发生，有第一项规定情形的，可以从轻、减轻或者免除处罚；有第二项、第三项规定情形的，可以从轻处罚。

① 参见西藏自治区高级人民法院刑事裁定书，(2016)藏刑终19号。

犯第一款罪,有第三项规定情形被判处死刑缓期执行的,人民法院根据犯罪情节等情况可以同时决定在其死刑缓期执行二年期满依法减为无期徒刑后,终身监禁,不得减刑、假释。

**第三百八十四条 【挪用公款罪】**国家工作人员利用职务上的便利,挪用公款归个人使用,进行非法活动的,或者挪用公款数额较大、进行营利活动的,或者挪用公款数额较大、超过三个月未还的,是挪用公款罪,处五年以下有期徒刑或者拘役;情节严重的,处五年以上有期徒刑。挪用公款数额巨大不退还的,处十年以上有期徒刑或者无期徒刑。

挪用用于救灾、抢险、防汛、优抚、扶贫、移民、救济款物归个人使用的,从重处罚。

**第三百九十条 【行贿罪的处罚规定】**对犯行贿罪的,处五年以下有期徒刑或者拘役,并处罚金;因行贿谋取不正当利益,情节严重的,或者使国家利益遭受重大损失的,处五年以上十年以下有期徒刑,并处罚金;情节特别严重的,或者使国家利益遭受特别重大损失的,处十年以上有期徒刑或者无期徒刑,并处罚金或者没收财产。

行贿人在被追诉前主动交待行贿行为的,可以从轻或者减轻处罚。其中,犯罪较轻的,对侦破重大案件起关键作用的,或者有重大立功表现的,可以减轻或者免除处罚。

**第三百九十条之一 【对有影响力的人行贿罪】**为谋取不正当利益,向国家工作人员的近亲属或者其他与该国家工作人员关系密切的人,或者向离职的国家工作人员或者其近亲属以及其他与其关系密切的人行贿的,处三年以下有期徒刑或者拘役,并处罚金;情节严重的,或者使国家利益遭受重大损失的,处三年以上七年以下有期徒刑,并处罚金;情节特别严重的,或者使国家利益遭受特别重大损失的,处七年以上十年以下有期徒刑,并处罚金。

单位犯前款罪的,对单位判处罚金,并对其直接负责的主管人员和其他直接责任人员,处三年以下有期徒刑或者拘役,并处罚金。

**最高人民法院、最高人民检察院《关于办理贪污贿赂刑事案件适用法律若干问题的解释》第一条** 贪污或者受贿数额在三万元以上不满二十万元的,应当认定为刑法第三百八十三条第一款规定的"数额较大",依法判处三年以下有期徒刑或者拘役,并处罚金。

贪污数额在一万元以上不满三万元,具有下列情形之一的,应当认定为刑法第三百八十三条第一款规定的"其他较重情节",依法判处三年以下有期徒刑或者拘役,并处罚金:

(一)贪污救灾、抢险、防汛、优抚、扶贫、移民、救济、防疫、社会捐助等特定款物的;

(二)曾因贪污、受贿、挪用公款受过党纪、行政处分的;

(三)曾因故意犯罪受过刑事追究的;

(四)赃款赃物用于非法活动的;

(五)拒不交待赃款赃物去向或者拒不配合追缴工作,致使无法追缴的;

(六)造成恶劣影响或者其他严重后果的。

受贿数额在一万元以上不满三万元,具有前款第二项至第六项规定的情形之一,或者具有下列情形之一的,应当认定为刑法第三百八十三条第一款规定的“其他较重情节”,依法判处三年以下有期徒刑或者拘役,并处罚金:

(一)多次索贿的;

(二)为他人谋取不正当利益,致使公共财产、国家和人民利益遭受损失的;

(三)为他人谋取职务提拔、调整的。

**第二条** 贪污或者受贿数额在二十万元以上不满三百万元的,应当认定为刑法第三百八十三条第一款规定的“数额巨大”,依法判处三年以上十年以下有期徒刑,并处罚金或者没收财产。

贪污数额在十万元以上不满二十万元,具有本解释第一条第二款规定的情形之一的,应当认定为刑法第三百八十三条第一款规定的“其他严重情节”,依法判处三年以上十年以下有期徒刑,并处罚金或者没收财产。

受贿数额在十万元以上不满二十万元,具有本解释第一条第三款规定的情形之一的,应当认定为刑法第三百八十三条第一款规定的“其他严重情节”,依法判处三年以上十年以下有期徒刑,并处罚金或者没收财产。

**第三条** 贪污或者受贿数额在三百万元以上的,应当认定为刑法第三百八十三条第一款规定的“数额特别巨大”,依法判处十年以上有期徒刑、无期徒刑或者死刑,并处罚金或者没收财产。

贪污数额在一百五十万元以上不满三百万元,具有本解释第一条第二款规定的情形之一的,应当认定为刑法第三百八十三条第一款规定的“其他特别严重情节”,依法判处十年以上有期徒刑、无期徒刑或者死刑,并处罚金或者没收财产。

受贿数额在一百五十万元以上不满三百万元,具有本解释第一条第三款规定的情形之一的,应当认定为刑法第三百八十三条第一款规定的“其他特别严重情节”,依法判处十年以上有期徒刑、无期徒刑或者死刑,并处罚金或者没收财产。

**第四条** 贪污、受贿数额特别巨大,犯罪情节特别严重、社会影响特别恶劣、给国家和人民利益造成特别重大损失的,可以判处死刑。

符合前款规定的情形,但具有自首,立功,如实供述自己罪行、真诚悔罪、积极退赃,或者避免、减少损害结果的发生等情节,不是必须立即执行的,可以判处死刑缓期二年执行。

符合第一款规定情形的,根据犯罪情节等情况可以判处死刑缓期二年执行,同时裁判决定在其死刑缓期执行二年期满依法减为无期徒刑后,终身监禁,不得减刑、假释。

**第五条** 挪用公款归个人使用,进行非法活动,数额在三万元以上的,应当依照刑法

第三百八十四条的规定以挪用公款罪追究刑事责任;数额在三百万元以上的,应当认定为刑法第三百八十四条第一款规定的"数额巨大"。具有下列情形之一的,应当认定为刑法第三百八十四条第一款规定的"情节严重":

(一)挪用公款数额在一百万元以上的;

(二)挪用救灾、抢险、防汛、优抚、扶贫、移民、救济特定款物,数额在五十万元以上不满一百万元的;

(三)挪用公款不退还,数额在五十万元以上不满一百万元的;

(四)其他严重的情节。

**第六条** 挪用公款归个人使用,进行营利活动或者超过三个月未还,数额在五万元以上的,应当认定为刑法第三百八十四条第一款规定的"数额较大";数额在五百万元以上的,应当认定为刑法第三百八十四条第一款规定的"数额巨大"。具有下列情形之一的,应当认定为刑法第三百八十四条第一款规定的"情节严重":

(一)挪用公款数额在二百万元以上的;

(二)挪用救灾、抢险、防汛、优抚、扶贫、移民、救济特定款物,数额在一百万元以上不满二百万元的;

(三)挪用公款不退还,数额在一百万元以上不满二百万元的;

(四)其他严重的情节。

**第七条** 为谋取不正当利益,向国家工作人员行贿,数额在三万元以上的,应当依照刑法第三百九十条的规定以行贿罪追究刑事责任。

行贿数额在一万元以上不满三万元,具有下列情形之一的,应当依照刑法第三百九十条的规定以行贿罪追究刑事责任:

(一)向三人以上行贿的;

(二)将违法所得用于行贿的;

(三)通过行贿谋取职务提拔、调整的;

(四)向负有食品、药品、安全生产、环境保护等监督管理职责的国家工作人员行贿,实施非法活动的;

(五)向司法工作人员行贿,影响司法公正的;

(六)造成经济损失数额在五十万元以上不满一百万元的。

**第八条** 犯行贿罪,具有下列情形之一的,应当认定为刑法第三百九十条第一款规定的"情节严重":

(一)行贿数额在一百万元以上不满五百万元的;

(二)行贿数额在五十万元以上不满一百万元,并具有本解释第七条第二款第一项至第五项规定的情形之一的；

（三）其他严重的情节。

为谋取不正当利益，向国家工作人员行贿，造成经济损失数额在一百万元以上不满五百万元的，应当认定为刑法第三百九十条第一款规定的“使国家利益遭受重大损失”。

**第九条**　犯行贿罪，具有下列情形之一的，应当认定为刑法第三百九十条第一款规定的“情节特别严重”：

（一）行贿数额在五百万元以上的；

（二）行贿数额在二百五十万元以上不满五百万元，并具有本解释第七条第二款第一项至第五项规定的情形之一的；

（三）其他特别严重的情节。

为谋取不正当利益，向国家工作人员行贿，造成经济损失数额在五百万元以上的，应当认定为刑法第三百九十条第一款规定的“使国家利益遭受特别重大损失”。

（36）非法采矿罪；破坏性采矿罪

以“刘某武、刘某龙非法采矿案”①为例，二审法院认定，根据最高人民法院、最高人民检察院《关于办理非法采矿、破坏性采矿刑事案件适用法律若干问题的解释》的规定，刘某武的犯罪金额尚达不到“情节特别严重”，对其应认定为“情节严重”，量刑应予纠正。根据该司法解释，刘某龙的犯罪金额仍属“情节特别严重”，但刘某龙入股股数较少，采砂船重新运作之后刘某龙在船上仅从事一般的杂务，在共同犯罪中起次要作用，对其可认定为从犯，予以减轻处罚。

**法条链接**

**《刑法》第三百四十三条　【非法采矿罪】**违反矿产资源法的规定，未取得采矿许可证擅自采矿，擅自进入国家规划矿区、对国民经济具有重要价值的矿区和他人矿区范围采矿，或者擅自开采国家规定实行保护性开采的特定矿种，情节严重的，处三年以下有期徒刑、拘役或者管制，并处或者单处罚金；情节特别严重的，处三年以上七年以下有期徒刑，并处罚金。

**【破坏性采矿罪】**违反矿产资源法的规定，采取破坏性的开采方法开采矿产资源，造成矿产资源严重破坏的，处五年以下有期徒刑或者拘役，并处罚金。

① 参见浙江省温州市中级人民法院刑事判决书，（2016）浙03刑终1880号。

**最高人民法院、最高人民检察院《关于办理非法采矿、破坏性采矿刑事案件适用法律若干问题的解释》第三条** 实施非法采矿行为,具有下列情形之一的,应当认定为刑法第三百四十三条第一款规定的“情节严重”:

(一)开采的矿产品价值或者造成矿产资源破坏的价值在十万元至三十万元以上的;

(二)在国家规划矿区、对国民经济具有重要价值的矿区采矿,开采国家规定实行保护性开采的特定矿种,或者在禁采区、禁采期内采矿,开采的矿产品价值或者造成矿产资源破坏的价值在五万元至十五万元以上的;

(三)二年内曾因非法采矿受过两次以上行政处罚,又实施非法采矿行为的;

(四)造成生态环境严重损害的;

(五)其他情节严重的情形。

实施非法采矿行为,具有下列情形之一的,应当认定为刑法第三百四十三条第一款规定的“情节特别严重”:

(一)数额达到前款第一项、第二项规定标准五倍以上的;

(二)造成生态环境特别严重损害的;

(三)其他情节特别严重的情形。

**第四条** 在河道管理范围内采砂,具有下列情形之一,符合刑法第三百四十三条第一款和本解释第二条、第三条规定的,以非法采矿罪定罪处罚:

(一)依据相关规定应当办理河道采砂许可证,未取得河道采砂许可证的;

(二)依据相关规定应当办理河道采砂许可证和采矿许可证,既未取得河道采砂许可证,又未取得采矿许可证的。

实施前款规定行为,虽不具有本解释第三条第一款规定的情形,但严重影响河势稳定,危害防洪安全的,应当认定为刑法第三百四十三条第一款规定的“情节严重”。

**第五条** 未取得海砂开采海域使用权证,且未取得采矿许可证,采挖海砂,符合刑法第三百四十三条第一款和本解释第二条、第三条规定的,以非法采矿罪定罪处罚。

实施前款规定行为,虽不具有本解释第三条第一款规定的情形,但造成海岸线严重破坏的,应当认定为刑法第三百四十三条第一款规定的“情节严重”。

**第十条** 实施非法采矿犯罪,不属于“情节特别严重”,或者实施破坏性采矿犯罪,行为人系初犯,全部退赃退赔,积极修复环境,并确有悔改表现的,可以认定为犯罪情节轻微,不起诉或者免予刑事处罚。

(37)非法行医罪

以“李某石非法行医案”①为例，再审法院认定，非法行医罪，是指未取得医生执业资格的人非法行医，情节严重的行为。李某石在没有医生执业资格的情况下，经常在其经营的凉茶铺开药给病人吃，并于2014年5月在其与梁某某聊天的过程中得知曾某某患有严重的类风湿病后主动表示可以医治该病，给曾某某开具了含断肠草成分的中药，曾某某在服用该药数天后死亡。可见，李某石的非法行医行为情节严重，已构成非法行医罪，原判定罪正确。

**法条链接**

**《刑法》第三百三十六条　【非法行医罪】**未取得医生执业资格的人非法行医，情节严重的，处三年以下有期徒刑、拘役或者管制，并处或者单处罚金；严重损害就诊人身体健康的，处三年以上十年以下有期徒刑，并处罚金；造成就诊人死亡的，处十年以上有期徒刑，并处罚金。

**【非法进行节育手术罪】**未取得医生执业资格的人擅自为他人进行节育复通手术、假节育手术、终止妊娠手术或者摘取宫内节育器，情节严重的，处三年以下有期徒刑、拘役或者管制，并处或者单处罚金；严重损害就诊人身体健康的，处三年以上十年以下有期徒刑，并处罚金；造成就诊人死亡的，处十年以上有期徒刑，并处罚金。

**最高人民法院《关于审理非法行医刑事案件具体应用法律若干问题的解释》第二条**　具有下列情形之一的，应认定为刑法第三百三十六条第一款规定的“情节严重”：

(一)造成就诊人轻度残疾、器官组织损伤导致一般功能障碍的；

(二)造成甲类传染病传播、流行或者有传播、流行危险的；

(三)使用假药、劣药或不符合国家规定标准的卫生材料、医疗器械，足以严重危害人体健康的；

(四)非法行医被卫生行政部门行政处罚两次以后，再次非法行医的；

(五)其他情节严重的情形。

(38)污染环境罪；非法处置进口的固体废物罪；擅自进口固体废物罪；走私废物罪

以“许某、朱某犯污染环境案”②为例，法院认定，二被告人伙同他人在居民区等

① 参见广东省高级人民法院刑事判决书，(2017)粤刑再8号。

② 参见江苏省苏州市姑苏区人民法院刑事判决书，(2017)苏0508刑初52号。

人口集中地区附近倾倒有害物质，根据最高人民法院、最高人民检察院《关于办理环境污染刑事案件适用法律若干问题的解释》第4条第3项之规定，酌情从重处罚。

**法条链接**

**《刑法》第三百三十八条 【污染环境罪】**违反国家规定，排放、倾倒或者处置有放射性的废物、含传染病病原体的废物、有毒物质或者其他有害物质，严重污染环境的，处三年以下有期徒刑或者拘役，并处或者单处罚金；情节严重的，处三年以上七年以下有期徒刑，并处罚金；有下列情形之一的，处七年以上有期徒刑，并处罚金：

（一）在饮用水水源保护区、自然保护地核心保护区等依法确定的重点保护区域排放、倾倒、处置有放射性的废物、含传染病病原体的废物、有毒物质，情节特别严重的；

（二）向国家确定的重要江河、湖泊水域排放、倾倒、处置有放射性的废物、含传染病病原体的废物、有毒物质，情节特别严重的；

（三）致使大量永久基本农田基本功能丧失或者遭受永久性破坏的；

（四）致使多人重伤、严重疾病，或者致人严重残疾、死亡的。

有前款行为，同时构成其他犯罪的，依照处罚较重的规定定罪处罚。

**第三百三十九条 【非法处置进口的固体废物罪】**违反国家规定，将境外的固体废物进境倾倒、堆放、处置的，处五年以下有期徒刑或者拘役，并处罚金；造成重大环境污染事故，致使公私财产遭受重大损失或者严重危害人体健康的，处五年以上十年以下有期徒刑，并处罚金；后果特别严重的，处十年以上有期徒刑，并处罚金。

**【擅自进口固体废物罪】**未经国务院有关主管部门许可，擅自进口固体废物用作原料，造成重大环境污染事故，致使公私财产遭受重大损失或者严重危害人体健康的，处五年以下有期徒刑或者拘役，并处罚金；后果特别严重的，处五年以上十年以下有期徒刑，并处罚金。

**【走私废物罪】**以原料利用为名，进口不能用作原料的固体废物、液态废物和气态废物的，依照本法第一百五十二条第二款、第三款的规定定罪处罚。

**最高人民法院、最高人民检察院《关于办理环境污染刑事案件适用法律若干问题的解释》第四条** 实施刑法第三百三十八条、第三百三十九条规定的犯罪行为，具有下列情形之一的，应当从重处罚：

（一）阻挠环境监督检查或者突发环境事件调查，尚不构成妨害公务等犯罪的；

（二）在医院、学校、居民区等人口集中地区及其附近，违反国家规定排放、倾倒、处置有放射性的废物、含传染病病原体的废物、有毒物质或者其他有害物质的；

（三）在重污染天气预警期间、突发环境事件处置期间或者被责令限期整改期间，违反国家规定排放、倾倒、处置有放射性的废物、含传染病病原体的废物、有毒物质或者其他有害物质的；

（四）具有危险废物经营许可证的企业违反国家规定排放、倾倒、处置有放射性的废物、含传染病病原体的废物、有毒物质或者其他有害物质的。

**第五条** 实施刑法第三百三十八条、第三百三十九条规定的行为，刚达到应当追究刑事责任的标准，但行为人及时采取措施，防止损失扩大、消除污染，全部赔偿损失，积极修复生态环境，且系初犯，确有悔罪表现的，可以认定为情节轻微，不起诉或者免予刑事处罚；确有必要判处刑罚的，应当从宽处罚。

**第六条** 无危险废物经营许可证从事收集、贮存、利用、处置危险废物经营活动，严重污染环境的，按照污染环境罪定罪处罚；同时构成非法经营罪的，依照处罚较重的规定定罪处罚。

实施前款规定的行为，不具有超标排放污染物、非法倾倒污染物或者其他违法造成环境污染的情形的，可以认定为非法经营情节显著轻微危害不大，不认为是犯罪；构成生产、销售伪劣产品等其他犯罪的，以其他犯罪论处。

（39）组织、利用会道门、邪教组织、利用迷信破坏法律实施罪；组织、利用会道门、邪教组织、利用迷信致人重伤、死亡罪；强奸罪；诈骗罪

以“许某荣犯利用邪教组织破坏法律实施案”①为例，二审法院认定，本案事实清楚，证据确实、充分，足以认定。关于上诉人许某荣提出“量刑过重”的上诉理由。经查，原审判决根据当时的量刑情节及相关规定，量刑适当，但鉴于上诉人许某荣在邪教组织中作用较小、传播邪教宣传品范围较小、大部分宣传品被查获、能够如实供述等情况，可以认定为“情节较轻”，可对其酌情从轻处罚。

**法条链接**

**《刑法》第三百条 【组织、利用会道门、邪教组织、利用迷信破坏法律实施罪】**组织、利用会道门、邪教组织或者利用迷信破坏国家法律、行政法规实施的，处三年以上七年以下有期徒刑，并处罚金；情节特别严重的，处七年以上有期徒刑或者无期徒刑，并处罚金或者没收财产；情节较轻的，处三年以下有期徒刑、拘役、管制或者剥夺政治权利，并处或者单处罚金。

① 参见山东省菏泽市中级人民法院刑事判决书，(2017)鲁17刑终82号。

**【组织、利用会道门、邪教组织、利用迷信致人重伤、死亡罪】**组织、利用会道门、邪教组织或者利用迷信蒙骗他人,致人重伤、死亡的,依照前款的规定处罚。

犯第一款罪又有奸淫妇女、诈骗财物等犯罪行为的,依照数罪并罚的规定处罚。

**最高人民法院、最高人民检察院《关于办理组织、利用邪教组织破坏法律实施等刑事案件适用法律若干问题的解释》第三条** 组织、利用邪教组织,破坏国家法律、行政法规实施,具有下列情形之一的,应当认定为刑法第三百条第一款规定的"情节特别严重",处七年以上有期徒刑或者无期徒刑,并处罚金或者没收财产:

(一)实施本解释第二条第一项至第七项规定的行为,社会危害特别严重的;

(二)实施本解释第二条第八项至第十二项规定的行为,数量或者数额达到第二条规定相应标准五倍以上的;

(三)其他情节特别严重的情形。

**第四条** 组织、利用邪教组织,破坏国家法律、行政法规实施,具有下列情形之一的,应当认定为刑法第三百条第一款规定的"情节较轻",处三年以下有期徒刑、拘役、管制或者剥夺政治权利,并处或者单处罚金:

(一)实施本解释第二条第一项至第七项规定的行为,社会危害较轻的;

(二)实施本解释第二条第八项至第十二项规定的行为,数量或者数额达到相应标准五分之一以上的;

(三)其他情节较轻的情形。

**第八条** 实施本解释第二条至第五条规定的行为,具有下列情形之一的,从重处罚:

(一)与境外机构、组织、人员勾结,从事邪教活动的;

(二)跨省、自治区、直辖市建立邪教组织机构、发展成员或者组织邪教活动的;

(三)在重要公共场所、监管场所或者国家重大节日、重大活动期间聚集滋事,公开进行邪教活动的;

(四)邪教组织被取缔后,或者被认定为邪教组织后,仍然聚集滋事,公开进行邪教活动的;

(五)国家工作人员从事邪教活动的;

(六)向未成年人宣扬邪教的;

(七)在学校或者其他教育培训机构宣扬邪教的。

**第九条** 组织、利用邪教组织破坏国家法律、行政法规实施,符合本解释第四条规定情形,但行为人能够真诚悔罪,明确表示退出邪教组织、不再从事邪教活动的,可以不起诉或者免予刑事处罚。其中,行为人系受蒙蔽、胁迫参加邪教组织的,可以不作为犯罪处理。

组织、利用邪教组织破坏国家法律、行政法规实施,行为人在一审判决前能够真诚悔罪，明确表示退出邪教组织、不再从事邪教活动的，分别依照下列规定处理：

（一）符合本解释第二条规定情形的，可以认定为刑法第三百条第一款规定的“情节较轻”；

（二）符合本解释第三条规定情形的，可以不认定为刑法第三百条第一款规定的“情节特别严重”，处三年以上七年以下有期徒刑，并处罚金。

（40）侵犯公民个人信息罪

以“张某某侵犯公民个人信息案”①为例，一审法院认定，根据最高人民法院、最高人民检察院《关于办理侵犯公民个人信息刑事案件适用法律若干问题的解释》第5条第1款第5项之规定，被告人非法出售该款第3项、第4项规定以外的姓名、手机号码等公民个人信息达47,681条，应当认定为《刑法》（2015年修正）第253条之一规定的“情节严重”，该数量接近该条第1款第5项规定标准的10倍，即接近该条第2款第3项规定的情节特别严重的情形。根据最高人民法院、最高人民检察院《关于办理侵犯公民个人信息刑事案件适用法律若干问题的解释》第10条之规定，实施侵犯公民个人信息罪，不属情节特别严重，行为人系初犯，全部退赃，并确有悔罪表现的，可以认定为情节轻微，不起诉或者免予刑事处罚；确有必要判处刑罚的应当从宽处罚。本案被告人的行为符合上述不属情节特别严重，行为人系初犯，并确有悔罪表现的规定，相关赃款由于无被害人，无法退赃，现已主动上缴国库，故可依上述规定免予刑事处罚或从宽处罚。但由于本罪系行为犯而非结果犯，且被告人非法出售公民姓名、手机号码等信息数量接近“情节特别严重”的情形，不宜免予刑事处罚，辩护人提出的被告人的行为目前尚未造成严重后果、可以免除刑事处罚的辩护意见不成立，法院不予采纳。法院决定对于被告人张某某依法从宽处罚，可以对其适用缓刑，同时依法实行社区矫正。

法条链接

**《刑法》第二百五十三条之一　【侵犯公民个人信息罪】**违反国家有关规定，向他人出售或者提供公民个人信息，情节严重的，处三年以下有期徒刑或者拘役，并处或者单处罚金；情节特别严重的，处三年以上七年以下有期徒刑，并处罚金。

违反国家有关规定，将在履行职责或者提供服务过程中获得的公民个人信息，出售或

① 参见山东省日照市东港区人民法院刑事判决书，（2017）鲁1102刑初71号。

者提供给他人的,依照前款的规定从重处罚。

窃取或者以其他方法非法获取公民个人信息的,依照第一款的规定处罚。

单位犯前三款罪的,对单位判处罚金,并对其直接负责的主管人员和其他直接责任人员,依照各该款的规定处罚。

**最高人民法院、最高人民检察院《关于办理侵犯公民个人信息刑事案件适用法律若干问题的解释》第五条** 非法获取、出售或者提供公民个人信息,具有下列情形之一的,应当认定为刑法第二百五十三条之一规定的“情节严重”:

(一)出售或者提供行踪轨迹信息,被他人用于犯罪的;

(二)知道或者应当知道他人利用公民个人信息实施犯罪,向其出售或者提供的;

(三)非法获取、出售或者提供行踪轨迹信息、通信内容、征信信息、财产信息五十条以上的;

(四)非法获取、出售或者提供住宿信息、通信记录、健康生理信息、交易信息等其他可能影响人身、财产安全的公民个人信息五百条以上的;

(五)非法获取、出售或者提供第三项、第四项规定以外的公民个人信息五千条以上的;

(六)数量未达到第三项至第五项规定标准,但是按相应比例合计达到有关数量标准的;

(七)违法所得五千元以上的;

(八)将在履行职责或者提供服务过程中获得的公民个人信息出售或者提供给他人,数量或者数额达到第三项至第七项规定标准一半以上的;

(九)曾因侵犯公民个人信息受过刑事处罚或者二年内受过行政处罚,又非法获取、出售或者提供公民个人信息的;

(十)其他情节严重的情形。

实施前款规定的行为,具有下列情形之一的,应当认定为刑法第二百五十三条之一第一款规定的“情节特别严重”:

(一)造成被害人死亡、重伤、精神失常或者被绑架等严重后果的;

(二)造成重大经济损失或者恶劣社会影响的;

(三)数量或者数额达到前款第三项至第八项规定标准十倍以上的;

(四)其他情节特别严重的情形。

**第六条** 为合法经营活动而非法购买、收受本解释第五条第一款第三项、第四项规定以外的公民个人信息,具有下列情形之一的,应当认定为刑法第二百五十三条之一规定的“情节严重”:

（一）利用非法购买、收受的公民个人信息获利五万元以上的；

（二）曾因侵犯公民个人信息受过刑事处罚或者二年内受过行政处罚，又非法购买、收受公民个人信息的；

（三）其他情节严重的情形。

实施前款规定的行为，将购买、收受的公民个人信息非法出售或者提供的，定罪量刑标准适用本解释第五条的规定。

## （二）酌定量刑情节

在我国，除立法、司法解释中被类型化的量刑情节之外，还有大量存在于司法实践个案中适用的量刑情节，举例如下：

1. 认罪态度好、初犯、偶犯

以“刘某、李某运输毒品案”[①]为例，二审法院认定，刘某、李某受雇于他人运输毒品，且是初犯、偶犯，毒品含量较低且没有流入社会，故对其可酌情从轻处罚。

2. 受指使、雇用

以“李某某走私毒品案”[②]为例，二审法院认定，鉴于李某某是受同案人何某某的雇用和指使参与走私毒品，对其判处死刑可不必立即执行。

3. 特情介入、犯罪行为在公安机关控制下、认罪态度好

以“王某、刘某贩卖毒品案”[③]为例，最高人民法院复核认为，王某第二起贩卖的408克海洛因，因特情介入，其犯罪行为处在公安机关控制之下；被告人归案后认罪态度较好，对其可不判处死刑立即执行。

4. 亲属协助公安机关抓获在逃犯罪嫌疑人

以“邓某某故意杀人案”[④]为例，二审法院认为，考虑邓某某的归案与其亲属协助抓捕有一定关系等情节，可对其依法予以酌情从轻处罚。

---

① 参见广西壮族自治区高级人民法院刑事裁定书，（2013）桂刑一终字第60号。

② 参见广东省高级人民法院刑事裁定书，（2013）粤高法刑一终字第216号。

③ 参见最高人民法院刑事审判第一至五庭主办：《刑事审判参考（总第67集）》，法律出版社2009年版，第60～64页。

④ 参见辽宁省高级人民法院刑事裁定书，（2012）辽刑四终字第83号。

5. 案件事实存疑

以“李某运输毒品案”[①]为例,最高人民法院复核认为,鉴于不能排除李某系受他人雇用、指使而运输毒品,对其依法可不判处死刑立即执行。

6. 认罪态度、悔罪表现、醉酒状态

以“侯某故意杀人案”[②]为例,最高人民法院给出如下复核意见:鉴于侯某犯罪时处于醉酒状态,对自己行为的辨认和控制能力有所减弱;其与被害人素无矛盾,案发后对被害人有施救行为,且归案后认罪态度较好,有悔罪表现,对其判处死刑,可不立即执行。

7. 积极抢救、认罪态度较好

以“李某某抢劫、故意杀人案”[③]为例,法院意见为,鉴于李某某故意杀人未遂,能送潘某某到医院治疗,并交纳了医疗费,可以对李某某从轻处罚。李某某系初犯,交纳了罚金,认罪态度较好,且将被抢赃物归还被害人,对其所犯抢劫罪亦可酌情从轻处罚。

8. 社会危害性小、认罪态度好、有未成年子女扶养

以“姚某某故意杀人案”[④]为例,法院意见为,被告人姚某某持械故意杀害其丈夫徐某,其行为构成故意杀人罪。鉴于被告人长期遭受虐待和家庭暴力而杀夫的行为受到民众高度同情,社会危害性相对较小,且被告人具有自首情节,认罪态度较好,家中又尚有未成年的女儿需要抚养,根据其犯罪情节和悔罪表现,对其适用缓刑不致再危害社会,可依法宣告缓刑。

9. 婚姻家庭、民间纠纷

以“罗某甲故意伤害案”[⑤]为例,法院意见为,辩护人辩称被告人与被害人系恋人关系,双方因婚姻家庭民间纠纷引发,有坦白情节,依法应从轻处罚法人辩护意见,与查明的事实相符,对其辩护意见法院予以采纳。

---

① 参见最高人民法院刑事审判第一至五庭主办:《刑事审判参考(总第67集)》,法律出版社2009年版,第50~54页。

② 参见最高人民法院刑事审判第一至五庭主办:《刑事审判参考(总第73集)》,法律出版社2010年版,第11~16页。

③ 参见最高人民法院刑事审判第一至五庭主办:《刑事审判参考(总第73集)》,法律出版社2010年版,第17~24页。

④ 参见最高人民法院刑事审判第一至五庭主办:《刑事审判参考(总第73集)》,法律出版社2010年版,第28~32页。

⑤ 参见湖北省荆州市荆州区人民法院刑事判决书,(2014)鄂荆州区刑初字第00029号。

10. 积极缴纳罚金

以“李某某非法经营案”①为例，二审法院认定，李某某负责组织伪劣烟草制品的货源并联系销售客户，在共同犯罪中起主要作用，系主犯，但其能在一审期间积极缴纳罚金，可酌情从轻处罚。

11. 被害人过错

以“祁某某故意杀人案”②为例，二审法院认定，鉴于本案系民间矛盾引发，被害人在案件起因上有一定过错，祁某某认罪、悔罪，且得到被害人女儿谅解等情节，对其可依法从轻处罚。

## 四、法官量刑时的考量因素

从成文法的角度来看，《刑法》第61条规定了量刑的一般原则。决定对犯罪分子的刑罚的时候，应当根据犯罪的事实、犯罪的性质情节和对于社会的危害程度，依照《刑法》的有关规定判处。也就是说，量刑是把抽象的法律规范和具体的案情相结合，形成一个判决，是一个动态的过程。在这个过程中，既要遵循统一的法律规范，又要涉及具体案件中的社会危害性、行为人的人身危险性等问题的相关事实，通过逻辑论证，最后形成一个具体的量刑判决。在这个过程中，对具体案情的把握离不开一个最重要的问题——法官的自由裁量权。

尽管有了统一的量刑指导意见，但在具体案件的量刑过程中，不同的法官有不同的考量。量刑规范化就是试图解决这个问题，给出统一的答案。但是，量刑规范化改革进行了十余年，推进得非常缓慢。实践证明，就法官如何量刑，给出统一答案的难度很大。因此，我们只能从总体上、共性上探究法官如何量刑。

法官量刑不是简单、直观地进行数学运算，而是在对诸多考量因素综合研判后，作出结论。法官量刑时会考虑哪些因素？笔者归纳了六点，概括为两个方面。这些也是刑事辩护律师进行有效的、专业的量刑辩护的思路和方向。

### （一）犯罪事实因素

量刑要“以事实为根据，以法律为准绳”，这是显而易见的。法官量刑时往往会考虑下列三个事实因素：

① 参见陕西省高级人民法院刑事裁定书，(2014)陕刑二终字第00021号。

② 参见吉林省高级人民法院刑事裁定书，(2015)吉刑一终字第8号。

1. 定罪事实

定罪事实就是依法认定被告人犯罪成立所依据的事实。定罪事实原则上只在定罪时使用,量刑时不再考虑。但有两个例外:

第一个例外是,有些事实既在定罪时做了考虑,又在量刑时予以考虑。也就是说,它既是定罪情节,又是量刑情节,这显然违背了不得重复评价原则。例如,盗窃罪、贪污受贿罪的司法解释都明确规定,有犯罪前科的,定罪入刑的标准降低一半。

**法条链接**

**最高人民法院、最高人民检察院《关于办理盗窃刑事案件适用法律若干问题的解释》**

**第二条** 盗窃公私财物,具有下列情形之一的,"数额较大"的标准可以按照前条规定标准的百分之五十确定:

(一)曾因盗窃受过刑事处罚的;

(二)一年内曾因盗窃受过行政处罚的;

(三)组织、控制未成年人盗窃的;

(四)自然灾害、事故灾害、社会安全事件等突发事件期间,在事件发生地盗窃的;

(五)盗窃残疾人、孤寡老人、丧失劳动能力人的财物的;

(六)在医院盗窃病人或者其亲友财物的;

(七)盗窃救灾、抢险、防汛、优抚、扶贫、移民、救济款物的;

(八)因盗窃造成严重后果的。

类似的规定还有不少。有观点认为,一方面降低入罪数额门槛,另一方面又按照累犯从重处罚,有双重从重之嫌。此种观点具有一定的合理性,但上述解释的规定也不是完全没有道理。这是在法律规定的框架内,对盗窃"数额较大"的具体认定标准所作的解释。故对根据该条已构成盗窃罪的行为人,如同时符合累犯成立条件的,依法从重处罚,并不存在双重从重问题。当然,由于已将累犯作为定罪情节考虑,体现了对累犯从严惩处的立法精神,因此,在具体量刑时,要掌握好从重处罚的幅度,不宜增加过多的刑罚量,以免造成实质上的不公。这时辩护称不能认定为累犯,可能没有效果。但如果辩护称认可累犯的认定,但不宜从重处罚,只定性不定量,辩护效果也许更佳,实质上也仍然遵循了不重复评价原则。

第二个例外是,有些事实证据有些瑕疵,或程序有些问题、定性有些争议,虽然勉强认定了,但法官往往会在量刑上从宽处理。如定性为抢劫罪还是敲诈勒索罪,争议很大,各有道理。如果认定为重罪抢劫罪,或者证据有些瑕疵而勉强认定,量刑时就会从轻;如果认定为轻罪敲诈勒索罪,量刑时可能就会适当从重。总之,有经验的法官,对案件的定罪量刑一定会进行总体上的平衡和把握,在定罪上做了让步的,量刑上就不会作过多让步;反之亦然,在定罪上体现了从重的,量刑上就会从宽,以实现罪责刑相适应。这也提醒辩护律师,量刑辩护也应做到整体思维、全局思维,要在总体上平衡和把握。

2. 定罪剩余的犯罪构成事实

定罪剩余的犯罪构成事实,是重要的量刑情节。根据量刑规范化规定,即指在量刑起点的基础上增加刑罚量。例如,故意杀人造成二人死亡,杀死一个人就已经构成了故意杀人罪,那么杀死另外一个人的情节就会作为量刑情节考虑。如果只有一般立功情节,是不足以抵销死刑的。再如,抢劫 10 起,其中的 3 起抢劫属于情节严重,另外的 7 起抢劫就会作为量刑情节考虑。这些定罪剩余的犯罪构成事实对量刑轻重有一定的决定作用,因此在量刑辩护时应认真审查、把关,从中寻找辩护机会。

3. 未认定的事实

未认定的事实也能影响量刑,听起来感觉是无稽之谈,其实不然。当法官根据卷宗记载或者案件审判情况,了解到被告人还有其他犯罪,只是由于证据原因不能认定,甚至也没有起诉的,这些事实常常会有意无意地影响法官的量刑。例如,认定被告人贩卖毒品海洛因 100 克,但下家供述还曾多次向被告人购买毒品海洛因 500 克,但因被告人不承认,毒品也没有查获,所以认定不了。而法官根据种种证据细节,认为下家的供述是可信的,但无认定犯罪事实的证据,法官在内心确认被告人不诚实之后,在量刑时就会在法律允许的幅度内,对被告人从重处罚。所以,辩护人不可忽视这些未认定的事实,在作量刑辩护时,应极力通过法理、情理等多角度论证,最大限度地减少这些事实对法官量刑的影响。

### (二)被告人因素

被告人因素,主要指被告人犯罪的主观恶性、人身危险性,以及犯罪后是否认罪悔罪等情况。法官据此得出被告人是否值得理解、同情、原谅、宽恕的结论,这也是法官量刑时的重要考量因素。法官考量的被告人因素有以下几个方面:

1. 被告人犯罪的动机、目的和起因

既然被告人因素是法官决定量刑的一个重要考量因素,刑事辩护律师在作量刑辩护时,就要深入挖掘被告人犯罪的动机、目的和起因。在论证说明被告人犯罪的动机、目的和起因时,要把与之相关的社会因素、制度因素、政策因素、家庭因素等统统整理出来,证明被告人的主观动机不是那么恶劣,而是有太多的不得已,虽然犯罪了,但情有可原。犯罪是社会现象,其形成往往有多方面的原因。刑法的“期待可能性”理论,本质是“法律不强人所难”。如果有期待可能性,即能够期待行为人在行为时实施合法行为,行为人违反此期待实施了违法行为,即产生责任;如果无期待可能性,即行为人在行为时只能实施严重违法行为,不能期待其实施合法行为,行为人就不负刑事责任。我国法律虽然尚未完全认同期待可能性理论,但《刑法》的一些规定也已反映了期待可能性的思想。在司法实践中,法官在处理很多案件时,都会考虑日常生活上的“情理”对司法结论的影响,尽量保持刑罚的谦抑性。要注意的是,对于被害人的过错,辩护人在法庭上可以强调,但绝不能渲染,以免对被害人及其家属造成第二次伤害。一旦形成双方的对立,就不利于法官从宽量刑了。

2. 被告人犯罪后的认罪悔罪表现

一是认罪表现,主要指被告人是否承认犯罪、认识错误,并勇于承担责任。法官可以据此得出被告人是否容易改造、是否可能再犯的结论。如果被告人不认罪悔罪,继续为非作歹的可能较大,法官就不太可能对其从宽处罚。

二是悔罪表现,主要指被告人是否立功赎罪、赔偿损失、减轻危害。如果被告人具备了上述情节,法官自然会对被告人适度地从宽处罚。因此,在对指控事实及罪名无异议的情况下,及时退赃退赔、赔偿损失、赔礼道歉,取得被害方的谅解,达成和解是很重要的,对量刑轻重有很大的影响。

3. 被告人的一贯表现及其现实困境

第一,若被告人是初犯、偶犯,或者是激情犯、过激犯,且犯罪后有认罪、悔罪表现,都是从宽处罚的情节。关于上述量刑酌定情节,仅列举出被告人一贯表现好的村委会、居委会证明是不够的,应当辅以证人证言等证据来增强证据的采信度。

第二,若被告人有疾病、家庭有困难等,都可以罗列出来,入情入理地请求对被告人从轻处罚。特别是争取缓刑的案件,一定要注重打好“感情牌”。

了解了上述法官量刑的考量因素,刑事辩护律师在作量刑辩护时,就应宏观、全面地对案件中可能影响量刑的事实、情节进行梳理、归纳,并作充分的论证,这样才可能取得良好的量刑辩护效果。

# 第二版后记

《刑事辩护实务操作技巧》(第二版)在法律出版社朱铁佳编辑及同事认真、严谨地审阅、指导下,经过反复修改、完善,终于付梓。

在书稿修订过程中,我感受到了法律出版社众编辑一丝不苟、精益求精的精神和工作态度,对此深表钦佩,也备受感召! 得益于此,我等将秉承这种精神和态度,从事法律工作,服务当事人。

此次修订工作,还得到了北京市北斗鼎铭律师事务所的大力支持。同事酒媛媛、潘若莹亦做了大量辛苦工作。在此,深表感谢!

相比第一版,此书虽臻于完善,但受制于笔者能力和水平,缺点与不当在所难免。感恩大家阅读,并恳请多提宝贵意见。

2023 年 7 月